十一五高职高专经贸管理类规划教材

广告原理与策划

GUANGGAO YUANLI YU CEHUA

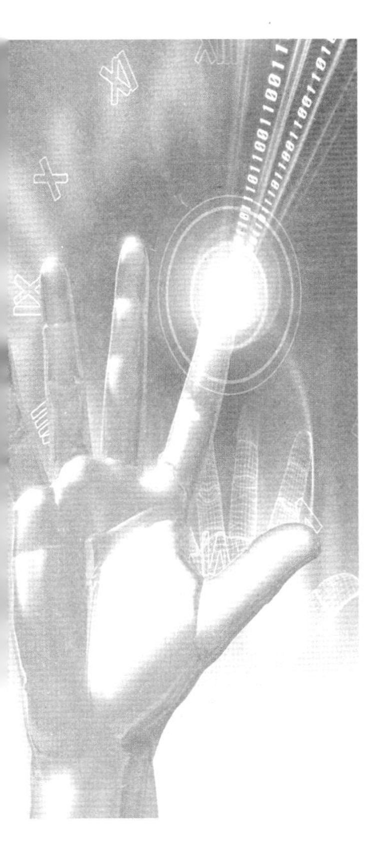

◆ 运用大量图文框，使全书条理清晰，易于阅读。
YUNYONGDALIANGTUWENKUANG, SHIQUANSHUTIAOLI QINGXI, YIYUYUEDU。

◆ 运用大量案例配合理论教学。
YUNYONGDALIANGANLIPEIHELILUNJIAOXUE。

◆ 强调实践操作，注重学生动手能力的培养。
QIANGDIAOSHIJIANCAOZUO, ZHUZHONGXUESHENG DONGSHOUNENGLIDEPEIYANG。

主　编/周　峰　袁长明
副主编/刘必兰　丁　蓉　何雪英
主　审/陈福明

中国经济出版社
CHINA ECONOMIC PUBLISHING HOUSE

图书在版编目（CIP）数据

广告原理与策划/周峰　袁长明主编．-北京：中国经济出版社，2008.5
ISBN 978-7-5017-8565-0

Ⅰ．广…　Ⅱ．①周…　②袁　Ⅲ．广告学—高等学校：技术学校—教材　Ⅳ．F713.8

中国版本图书馆CIP数据核字（2008）第063904号

出版发行：中国经济出版社（100037·北京市西城区百万庄北街3号）
网　　址：www.economyph.com
责任编辑：许秀江　（电话：68319290　E-mail：xxj09@163.com）
责任印制：张江虹
封面设计：任燕飞
经　　销：各地新华书店
承　　印：北京市人民文学印刷厂
开　　本：787×1092mm　16开　　印张：16.75　字数：439千字
版　　次：2008年7月第1版　　印次：2013年1月第2次印刷
书　　号：ISBN 978-7-5017-8565-0/F·7556　　定价：30.00元

出版说明

中国经济出版社"十一五"高职高专经贸管理类规划教材是为适应高等职业教育发展和教材建设的需要，由我们组织安徽财贸职业学院、安徽城市管理职业学院、安徽审计职业学院、北京财贸职业技术学院、北京联合大学、渤海石油职业学院、河北建材职业技术学院、河北石家庄职业技术学院、河北唐山职业技术学院、湖南大学、湖南师范大学、华北电力大学、嘉兴职业技术学院、江苏经贸职业技术学院、廊坊广播电视大学、南京师范大学、宁夏财经职业技术学院、山东东营职业学院、山东工商学院、山东经贸职业学院、山东淄博科技职业学院、山东淄博职业学院、山西财经职业学院、山西省财政税务专科学校、陕西国防工业职业技术学院、首都经贸大学、四川财经职业学院、苏州大学、苏州经贸职业技术学院、新疆财经大学、浙江工商职业技术学院、浙江金融职业技术学院、浙江经贸职业技术学院、中国传媒大学、中国人民大学、中国人民公安大学、中央财经大学、重庆财经职业学院和重庆工商职业学院等三十几所国内院校共同编写的。

本套教材立足于经贸管理类及相关专业，涵盖了专业课及专业基础课的基本教学内容，具有以下特点：

1. 紧密结合高职高专经贸管理类专业教学的实际，按照教育部对我国高职高专的教学要求，根据高职高专的教学特点进行教材品种设计，选取内容并安排授课方式。

2. 以就业为导向，以培养高技能人才为目标，注重培养学生的实践能力。

3. 将学历教育与职业资格认证考试相结合，做到了一学多能，学以致用。

4. 通用性强，在组织编写过程中注重不同学校不同专业的教学要求。

5. 本套教材编写者均是在教学一线工作多年的优秀教师，具有较高的学术水平，并具有丰富的教学研究经验。在教学设计和编写上还注重教师授课与学生学习的特点，为教师备课提供了尽可能的便利。

本套教材共有《市场营销》《市场营销原理》《市场营销策划》《市场营销实务》《市场营销综合实训》《市场调查与预测》《市场营销理论与实务》《网络营销》《消费者行为分析》《广告原理与策划》《商务谈判与沟通》《分销渠道设计与管理》《实用推销技术》《电子商务概论》《电子商务技术》《电子商务实务》《电子商务综合实训》《电子商务网站建设与维护》《电子商务与现代物流》《商务网页制作》《网络信息编辑与发布》《网络商务信息采集》《物流与信息技术》《商务英语会话》和《外贸单证与函电》等25种。随着我们教材开发工作的展开，中国经济出版社还将陆续推出更多更优秀的"十一五"高职高专规划教材。

本套教材能够顺利编撰完成与各位老师的辛勤劳动、通力合作是分不开的，在此对各位参编老师表示衷心的感谢！同时，我们也非常感谢各参编院校相关领导的大力支持！感谢在教材编写过程中，对我们的工作提供支持和帮助的各有关老师。我们也欢迎各院校师生在使用本套教材的同时多提宝贵意见，以利于教材的日臻完善。

中国经济出版社

2008年5月

前　言

广告,是当今企业重要的活动之一。广告,曾经给大量企业带来辉煌,也曾给很多企业带来遗憾。但不管怎样,不管是在过去、现在,还是未来,没有一家企业,特别是面向最终消费群体的企业,会说,成功的企业不需要广告。

因此,为了让未来会接触广告活动的财经类专业的学生和有志于从事广告策划工作的人员,了解广告活动的基础知识,掌握广告活动的基本规律和技能,本书从现代企业经营的角度出发,介绍了广告的原理,以及广告策划的相关知识与技能,希望能够对使用人员有所裨益。

本教材适用于高等职业教育中营销、广告、策划、管理、贸易、物流、连锁、商务管理等财经类专业的教学,也可作为其他专业学生增加知识面与技能教学所用。特别适宜作为营销、策划专业学生的专业课程教材。

本教材第一、三章由江苏经贸职业技术学院的周峰编写,第二章由淄博职业学院的王晓莉编写,第四章由安徽财贸职业学院的高静编写,第五章由安徽财贸职业学院的丁蓉编写,第六章由应天学院的石林编写,第七章由应天学院的刘必兰编写,第八章由江苏经贸职业技术学院的郑伟编写,第九章由应天学院的唐东霞编写,第十章由浙江经贸职业技术学院的何雪英编写,第十一章由江苏经贸职业技术学院的姚洁编写;由周峰负责统稿,刘必兰、丁蓉、何雪英、郑伟等老师分别对全书做了仔细地研讨、校对;苏州经贸职业技术学院贸经系的陈福明主任承担全书主审的繁重任务。在此,对各位老师辛苦、认真的工作表示衷心地感谢!同时,也对中国经济出版社的各位领导和工作人员为本教材出版付出的劳动表示衷心地感谢!

申明:本教材所引用的文字、数据、图片、影视作品、企业名称、人名等各类信息,皆用于教学研究,不用于商业盈利目的。在此,对原作者、作品所有人或相关企业、个人表示衷心地感谢!

如有疑问,请与编者或出版社联系。

编　者

二〇〇八年五月

目　　录

第一篇　广告基本原理

第二篇　广告策划基础

第三篇　广告策划实务

第一篇

广告基本原理

第一章　广告概述

【引入案例】

可口可乐公司的前任老板厄内斯特·伍德拉夫(Ernest Woodruff)曾经这样描述广告对可口可乐的作用:"可口可乐99.61%是碳酸、糖浆和水。如果不进行广告宣传,那还有谁会喝它呢?"

1886年可口可乐营业额仅为50美元,广告费却为46美元;1901年营业额12万美元,广告费为10万美元;2006年经营收入超过200亿美元,广告费超过6亿美元。

从1886年5月在《亚特兰大日报》上打出了第一次广告:"可口可乐,可口!清新!欢乐!活力!是新潮苏打饮料,含有神奇的可卡叶和著名的可乐果的特性。"开始,可口可乐便与广告联系在一起。不仅是巨大的广告投入,可口可乐广告中精彩的画面、引人入胜的情节、知名的代言人、……使其成为亿万消费者心中的最爱。

广告,成为可口可乐成功的法宝。

(案例来源:连锁与特许网 http://www.3216.com)

【本章概述】

本章作为全书的引导,主要介绍了广告活动的基本原理,包括广告的基本概念与特征,广告的产生与发展,广告的功能与类型,广告的构成要素等,以便于广告初学者对广告活动有较为全面的、初步的了解,为全书的学习打下基础。

【学习目标】

希望读者通过本章的介绍,了解广告的基本概念与特征,广告的产生与发展;熟悉广告的功能与类型,广告的构成要素。特别是充分认识到,虽然市场纷繁变化,企业销售手段日新月异,但广告仍然是吸引消费需求的最主要的手段之一。

【本章重难点】

本章重点在于广告的特征、类型与构成。本章难点在于把握广告构成要素之间的联系。

第一节　广告的内涵

一、广告的定义

现代企业面对纷繁复杂的市场，需要生存、发展，它们会采用各种理念与策略在商海中搏击。但是，不管手段多么复杂，技巧多么精巧，企业的工作归结起来无外乎两大类：内部的“管理”和外部的“营销”。内部管理，强调的是协调和有序；外部营销，则需要敏锐与创新。而且，企业只有将两者有机地结合起来，才能发挥真正的作用。就像一把剪刀，如果分成两半，仍会产生一定的功用，但使用起来终究不是那么顺手。

广告，是企业市场营销工作的重要构成之一。不管是经典的4P（产品、价格、渠道、促销）理论，还是后来的IMC（整合营销），再到现今对品牌的关注；不管是新诞生的企业，还是如日中天的巨擘；不管是传统的行业，还是新兴的高科技企业，……，恐怕没有几位敢说，企业可以不做任何广告！

但是，广告并不是万能的，也不是可以不需要借助企业的其他活动就可以产生需要的效果和效益的。这点所有广告从业人员必须牢牢记住，只有融入企业管理与营销工作整体的广告才具有生命力。

而且，广告对于不同的人可能有不同的定义。对企业家来说，广告就是提升企业知名度、增加企业利润的工具；对消费者来说，广告就是获得产品和服务信息的工具；对政治家来说，广告就是宣传政治观点的工具。因此，作为未来从事企业营销工作的预备队，有必要首先了解什么是“广告”。

世界各国对广告的界定各有千秋，但不管什么定义，从法律范畴界定广告是不管在什么时代、什么环境下，大家必须共同遵守的。

我国广告法对广告的定义是：商品经营者或者服务提供者承担费用，通过一定媒介和形式，直接或者间接地介绍自己所推销的商品或者所提供的服务的商业广告。

这就是我们需要研究的广告，简单地说，广告就是以企业盈利为最终目的的付费的宣传。

本教材所提及的广告，除了特别说明，皆指商业广告及其相关活动。

二、广告的特征

（一）以营利为目的

商业广告主要就是为企业获得商业利益服务的广告。虽然它们的形式多样，表现各异，但以盈利为目的这一点是不容质疑的。

（二）需要相应的资源投入

广告活动由很多工作组成，包括管理、策划、制作、发布等，因此需要占用一定的人、财、物等资源。特别是广告发布的环节，往往需要较多的资金。

（三）是一种信息传播活动

广告就是把企业需要向广大公众传播的信息，向受众发布的过程。其主要内容就是说服受众接受企业的产品、服务，乃至企业自身，从而产生有利于企业的行为。

（四）是一种文化活动

广告的受众是社会中的各类人，他们的活动都与一定的文化氛围相伴。广告要想获得受众的认同，吸引受众的注意，必须要具有一定的文化特征，并通过文化背景的衬托，有效地传情达意。如果广告不能很好地满足各类特殊需求，可能会出现在一个地区获得很好的效果，但在另一个地区却面临公众抵制的情况。

（五）需要一定的媒介

信息的发布需要一定的载体，这就是各类的广告媒介。作为信息的发布者，选择恰当的广告媒介可以保证广告的传播效果。

（六）属于非人员促销

广告是企业促销工作的重要形式之一，但各类广告工作人员在广告发布期（促销期）一般不直接面对消费者进行诉求，即不直接与受众接触。但需要注意的是，这并不代表广告从业人员不需要与受众接触。在广告活动的始终，与消费者的有效沟通，都是保证广告成功的重要基础。

三、广告的产生与发展

（一）我国广告的产生与发展

1. 古代广告

广告活动的历史悠久，可以说有了商品交换活动就开始出现了广告。屈原在《天问》中写道："师望在肆，昌何识？鼓刀扬声，后何喜？"说的是，姜太公（师望）在市场上卖肉时，敲打刀，高声吆喝，以此招揽顾客。这是3000年多前的殷周时期的事。

我国古代的广告形式多样，但缺乏系统的广告运作。

古代广告的媒介主要有吆喝、道具（见图1－1宋．李嵩《货郎图》，绢本水墨）、招牌、幌子（帷幔）、印刷品（见图1－2北宋．"济南刘家功夫针铺"广告，雕刻铜印版），等等。

图1－1　宋李嵩《货郎图》

（图片来源：中国艺术网，http://www.86art.net/art/hl/zghl/rw/200703/20070331222241.html）

图1-2 北宋“济南刘家功夫针铺”广告

（图片来源：慧聪网，http://info. ad. hc360. com/2007/11/23103942843. shtml）

2. 近代广告

鸦片战争以后，西方的企业运营模式开始逐渐进入我国，开始出现了报纸、杂志广告。

1827年11月，第一家英文报纸《广州纪录和行情报》在广州创办，其刊附的《广州行情周报》就具有广告的性质。1853年8月，英国传教士在香港创办《遐迩贯珍》杂志，其1855年刊登的《布告篇》也具有广告性质。20世纪20年代的上海开始出现广告社、广告公司。

3. 现代广告

新中国成立以后，尤其是改革开放后，广告媒介、广告企业、广告管理、广告教育与研究都得到迅速地发展。

广播、电视与报纸、杂志广告构成广告的“四大媒介”。此外，交通、路牌、霓虹灯、互联网等等也相继出现。相继颁布了《广告管理条例施行细则》、《广告管理条例》、《中华人民共和国广告法》等一系列法律、法规，广告市场越来越规范。统计显示，2006年中国广告年经营额达到1573亿元，广告从业人员1040099人，中国已成为继美国、日本、英国之后的第四大广告市场。

图1-3 美女牌葡萄干，《大公报》，1924年5月18、19、20、21日

（图片来源：南方报业，http://www. nanfangdaily. com. cn/southnews/tszk/nfdsb/gzzz/fxgz/200604210440. asp）

（二）国外广告的产生与发展

1. 古代

古巴比伦时期，就出现叫卖形式的售卖广告。公元前1000年，古埃及出现了广告传单。世界上最早的文字广告，是现存英国博物馆中写在莎草纸上，记录了埃及一名奴隶主悬赏缉拿逃奴的广告，距今已有3000多年的历史。公元1141年，法国的贝星州出现了一个由12人组成的口头广告组织，并得到了法国国王路易斯世的特许，在大街小巷进行叫卖活动。1258年，法国路易七世还公布了《叫喊人的法则》，这是早期广告管理规范。

当时主要的广告形式为叫卖、印刷等。

图1-4 庞贝（Pompeii）古城中的壁画广告，号召斗士参加竞技

（图片来源：百度图片）

2. 近代

近代广告产业快速发展。1472 年,英国人威廉·坎克斯顿印制了推销宗教书籍的广告,张贴在伦敦街头,这标志着西方印刷品广告的开端。1622 年英国托马斯·阿切尔创办了《每周新闻》,第一次登广告。1666 年,《伦敦报》正式在报纸上开辟了广告专栏,这是第一个报纸广告专栏,各报争相效法,报纸广告从此占据了报纸的一角之地,并成为报业最重要的经济来源。

广告代理商也是 17 世纪在英国首先出现的。1610 年,英国第一家广告代理店是詹姆斯一世让两个骑士建立的。

1853 年,在摄影技术发明不到几年的时间里,纽约的《每日论坛报》第一次采用照片为一家帽子店做广告。从此,摄影图片成了广告的重要表现手段。

1891 年,可口可乐公司在投产 5 年后就开始用挂历作广告,这是世界上最早的挂历广告。

1911 年,在巴黎蒙巴特林荫大道时装店,安装了第一个霓虹灯广告招牌。

图 1－5　1900 年,可口可乐广告年历

(图片来源:精彩图库,http://www.jcpic.net/html/human_arts/advers/20040411234943(3).htm)

近代广告以报纸、杂志为主。

3. 现代

20 世纪以来,随着科技革命和经济的发展,广告进入兴盛时代,广告成为一个重要的行业。

特别是广播、电视、电影、录像、卫星通讯、电子计算机等电讯设备的发明创造,使广告进入了现代化的电子技术时代,这是现代广告走向成熟的标志。

现代广告的另一个重大发展是广告管理水平的提高。

(三)当代广告的特点

当代广告为社会提供了全面的信息服务,在生产生活中发挥着巨大的作用。其发展展现了全新的特点:

1. 媒介多样化

报纸、杂志、广播、电视、网络、霓虹灯、路牌、POP、邮递、空中,……,广告媒介层出不穷,为信息的传递提供了广阔的途径。

2. 宣传策略化

广告受众的要求越来越高,广告工作的挑战也越来越大。因此,广告活动需要综合考虑各种影响因素,提出全面的解决方案。更具吸引力和思想性的软性广告正大行其道。

3. 管理科学化

广告宣传不再是靠个人吆喝可以维持的时代,广告已经作为企业经营管理工作的重要组成部分而展开。从企业内部的广告部门,到各类广告设计、制作、发布企业,科学化、规范化的组织运营与管理,已经成为在广告领域生存和发展的必备元素。

4. 信息产业化

现代广告公司已发展成为集多种职能于一身的综合性信息服务机构,成为企业与企业、企业与市场之间信息沟通的桥梁。

5. 内涵人性化

广告的受众是各类的人群,而人类的特质决定了广告宣传需要注重人性的层面,同时也需要突出企业的社会责任感。

6. 外延个性化

产品的丰富、生活的富裕、竞争的多样,要求企业必须提供个性化的产品,并用个性化的广告宣传,以满足个性化的消费者,只有这样才能在纷繁复杂的市场中脱颖而出。

7. 手段科技化

由于电脑技术的运用,广告的组织管理与创意设计效率大幅度提高。随着电子工业和信息科学的不断发展,科学广告的时代必将到来。市场经济的高度发展会促使广告信息量的增加,广告信息量的增加又促使广告空间的不断扩大。广告不仅仅是推销商品与劳务的手段,更担负着向社会提供不断更新的知识与情报,指导社会生产与社会生活的职能。高科技的发展使世界广告业已经发生和正在发生巨大的变化,全球广告将向着电子化、现代化、艺术化、空间化的方向发展。

特别是网络,不仅成为第五大媒体,并可能成为新新人类的主要媒体,而且为企业广告的发展提供了新的空间。

8. 传播国际化

“地球村”正逐渐形成,特别是经济的全球化,必然使广告国际化。

第二节　广告的功能与类型

一、广告的功能

现代广告业的发展和进步,其主要原因在于生产力的极大进步,造成的大多数商品已经处于供过于求的状态。消费者在物质需要方面有了更大的选择范围,同时也由于物质生活的高度发达,带来的更高层面的文化和精神需求,也就是所谓的对“品牌”的消费需求。广告宣传活动作为向消费者传达商品信息,树立企业形象的重要工具,就变成了企业促销的重要工具,也成为密切联系生产和消费的桥梁,成为企业市场营销工作的重要组成部分。而且,由于广告的大众传播功能,也使得广告成为社会文化的重要组分。总体来看,现代广告具有以下功能:

(一)传播功能

在当代社会,信息已成为社会联系的一种重要形式,发挥着日益普遍、日益广泛的作用。商业广告最主要的功能就是把有关生产方面的信息传递给消费者,向消费者提供商品或劳务信息。而且,通过从消费市场得来的消费者的需求信息,以及对广告的反馈,可以使企业活动更加符合市场的需求。因此,广告对于生产者来说,是了解市场信息的渠道,而对消费者来说,则是商品信息的来源。在现代广告业蓬勃发展的今天,信息作为广告的基本内容,成为社会信息的重要源泉之一,在报知、释疑、求解、指导等方面具有积极的功能。企业或经营者运用广告手段向市场、消费者提供商品和服务信息,并力求使消费者接受信息,以促成购买行为。企业通过广告活动了解市场和商品信息,根据市场信息的反馈不断地调整企业的经营策略,根据市场的需要制定相应的产品和销售策略，以增强企业的生存竞争能力，才能在市场竞争中取得主动，立于不败之地。

随着信息技术的进一步普及和发展，广告的信息传递功能将进一步发展和强化，广告机构将与商情调研机构和市场预测机构融为一体，为社会商业经济生活提供更完美的服务。

例如，我国很多地方电视台播出的美食节目，向消费者传达了很多地方美食的信息，为消费者发现并满足“食”这一基本需求提供了丰富的信息。

（二）经济功能

广告的经济功能，也就是其对经济和商业或者说市场所带来的效应，它是广告的重要功能，也是人们承认并肯定广告的原因之一。广告的经济功能体现在沟通产供销的整个经济活动中所起的作用与效能上，广告的信息流动时刻与经济活动联系在一起，促进产品销售和经济发展，有助于社会生产与商品流通的良性循环，加速商品流通和资金周转，提高社会生产活动的效率，为社会创造更多的财富。广告能有效地促进产品销售、指导消费，同时又能指导生产，对企业发展有不可估量的作用。

广告对消费者购买行为的影响，不仅是起一般的让消费者认识商品的作用，更重要的是广告在指导消费的同时，还有刺激消费需求的作用。广告的连续出现，就是对消费者的消费兴趣与欲求的不断刺激过程。

广告刺激需求包括两方面的内容：初级需求和选择性消费。初级需求是指对某类商品的需求。新产品进入市场后，多数运用广告来刺激初级需求，如1979年及其以后的十年内电视机市场的变化。刚开始是黑白电视机的上市，厂家通过广告宣传，介绍该产品的视听兼具的优越性；晚些时候，彩色电视机上市，广告则通过突出宣传彩色电视机的逼真效果和清晰图象来刺激消费者的初级消费欲求，从而使消费者的消费欲求发生转移。随后出现的电脑选台彩色电视机、电脑遥控彩色电视机和平面直角遥控彩色电视机的上市，也基本上根据其产品各自的特色，进行了旨在刺激消费者的初级消费欲求的广告宣传。选择性需求（消费）是指对特定商品牌子的需求，这是在初级需求形成后的进一步发展。广告通过介绍某一牌子商品的优点和有别于其他同类产品的特色，从而刺激选择性需求，引导消费者认牌购买。

广告在指导消费、刺激需求方面，还起着创造流行时尚的作用。许多流行性商品的出现，是与广告的大肆渲染分不开的；消费者的消费习惯，也会受到广告的影响而改变，接受新的消费观念，雀巢咖啡的流行就是一例。

广告的消费指导作用，为人们提供了丰富的商品信息，介绍了各类商品的质量特点，提供了劳务服务，从而使人们及时地购买到自己所需要的商品或劳务，丰富人们的物质文化生活，节约购买时间，使人们有更多的时间从事工作、学习和娱乐，为广大消费者的生活提供了方便。

例如，宝洁公司的各类产品被全球消费者广泛使用，这与其大量的广告宣传是密不可分的。其每推出一个新产品，必然有大量的广告投入，如佳洁士牙膏的广告支出为2900万美元，帮宝适尿布的广告支出为1900万美元，汰渍洗衣粉的广告支出为1700万美元。巨大的投入换来的是巨大的市场和效益。

（三）社会功能

广告并不单纯是为经济服务的，还具有相应的社会功能。广告具有一定的宣传新知识与新技术的社会教育功能，向社会大众传播科技领域的新知识、新发明和新创造，有利于开拓社会大众的视野、活跃人们的思想、丰富物质和文化生活。

广告通过传播新的生活观念，提倡新的生活方式和消费方式，形成一种适合国情和与一定生活水准相协调的社会消费结构,推动社会经济的发展,促进社会公共事业的进步。

(四)审美功能

广告作品的产生必须遵循美的原则。只有以美的形象、美的语言、美的形态等向消费大众传播信息,才具有感染力与冲击力,有效地激发消费者的兴趣与欲望,使其接受劝说,改变其行为方式。

二、广告的类型

广告分类是为了适应广告策划的需要,按照不同的目的与要求将广告划分为不同类型。广告分类的适当与否,直接关系到广告目标能否实现。因为只有分类合理准确,才能为策划提供基础,为广告设计和制作提供依据,使整个广告活动运转正常,从而取得最佳广告效益。广告可以按照不同的区分标准进行分类,常见分类有以下广告形式:

(一)按广告是否盈利分

从广告的最终目的划分广告,可以把广告划分为两大类:盈利性广告;非盈利性广告。盈利性广告又称商业广告或经济广告,广告的目的是通过宣传推销商品或劳务,从而取得利润。非盈利性广告,一般是指具有非盈利目的并通过一定的媒介而发布的广告,主要有寻人启事、职员招聘、征婚、挂失等以启事形式发布的广告和有关政府、社会团体或企事业集团、单位的会议通知、公告和通告等。此外,由一些团体或组织、机构以宣传招贴的形式发布的涉及有关观念立场宣传的广告也是非盈利性广告。

(二)按广告信息内容分

经济广告传播的信息内容主要包括商品销售广告、企业形象广告和企业观念广告。

商品销售广告是以销售商品为目的,从中直接获取经济利益的广告形式。

企业形象广告是以建立商业信誉为目的的广告,它不直接介绍商品和宣传商品的优点,而是宣传企业的宗旨和信誉、企业的历史与成就、经营与管理情况,其目的是为了加强企业自身的形象,沟通企业与消费者的公共关系,从而达到推销商品的目的。实践证明,企业形象广告不仅有利于商品的销售,而且对企业提高自身的社会地位、为企业在社会事务中发挥其影响力以及从社会上招来更多更好的人才、使企业能够加快发展速度等都很有好处。

企业观念广告又可分为政治性和务实性两类。政治性的企业观念广告,是通过广告宣传,把企业对某一社会问题的看法公之于众,力求唤起社会公众的同感,以达到影响政府立法或制订政策的目的。在这里企业所关心的社会问题,一般是能直接影响到企业的利益的问题。其中,立法或政策将直接影响到企业的长远利益。如美国伯明翰钢铁公司通过企业观念广告向美国人民公告他们对进口钢铁的看法,从而赢得公众支持,使美国的保护钢铁工业的法案得以顺利通过,就是典型的一例。务实性广告,是建立或改变消费者对企业或某一产品在心目中的形象、从而建立或改变一种消费习惯或消费观念的广告,而这种观念的建立是有利于广告者获取长久利益的。例如,在国外饮料市场中,在可口可乐独霸天下的情况下,生产七喜汽水的厂商有意识地通过广告宣传,把饮料分为可乐型与非可乐型两大类,从而使七喜饮料脱颖而出,打破了可乐型饮料的垄断地位,就是一个很成功的例证。

(三)按广告诉求对象分

商品的消费、流通各有其不同的主体对象,这些主体对象就是:消费者、工业厂商、批发商以及能直接对消费习惯施加影响的社会专业人士或职业团体。不同的主体对象所处的地位不同，其购买目的、购买习惯和消费方式等也有所不同。广告活动必须根据不同的对象实施不同的诉求，从而可以按广告的诉求对象对广告进行分类。

1. 消费者广告

此类广告的诉求对象为直接消费者，是由生产者或商品经营者向消费者推销其产品的广告，因而，也可以称之为商业零售广告。此类广告占广告的大部分。

2. 工业用户广告

此类广告的诉求对象为产品的工业用户、由工农业生产部门或商业物资批发部门发布，旨在向使用产品的工业用户推销其产品。广告的内容一般为原材料、机器、零配件、供应品等，广告形式多采用报导式，对产品作较为详细介绍。

3. 商业批发广告

其诉求对象为商业批发商和零售商，主要由生产企业向商业批发企业、批发商之间或批发商向零售商推销其所生产或经营的商品。这种广告所涉及的都是比较大宗的产品交易，也多用报导式广告形式。

4. 媒介性广告

其诉求对象是对社会消费习惯具有影响力的职业团体或专业人员，广告发布者——工商企业旨在通过他们来影响最终消费者。此类广告专用于介绍一些专业性产品，如药品和保健品由医疗单位或医生来介绍。消费者考虑到权威的可靠性、易使用购买。

（四）按广告覆盖地区分

由于广告所选用的媒体不同，广告影响所及范围不同，因此，按广告传播的地区又可分为全球性广告、全国性广告、区域性广告和地区性广告。

1. 全球性广告

又称国际性广告，选择具有国际性影响力的广告媒介，如国际性报刊等，进行发布。这是随着国际贸易的发展、出现了国际市场一体化倾向之后出现的广告形式。典型的例子，有美国的可口可乐、百事可乐、万宝路香烟和柯达胶卷等产品广告。广告的产品多是通用性强、销售量大、选择性小的具有国际影响的产品。

2. 全国性广告

选择全国性的传播媒介，如报纸、杂志、电视和广播等，发布广告，其目的是通过全国性广告激起国内消费者的普遍反响，产生对其产品的需求。同国际广告一样，这种广告所宣传的产品也多是通用性强、销售量大、选择性小的商品，或者是专业性强、使用区域分散的商品。

3. 区域性广告

选择区域性的广告媒体，如省报、省电台、省电视台等，其传播面在一定的区域范围内。此类广告多是为配合差异性市场营销策略而进行，广告的产品也多数是一些地方性产品，销售量有限，选择性较强，为中小型工商企业所乐用。

4. 地方性广告

此类广告比之区域性广告传播范围更窄，市场范围更小，选用的媒介多是地方性传播媒介，如地方报纸、路牌、霓虹灯等。这类广告多为配合密切型市场的营销策略的实施，广告主主要是商业零售企业和地方性工业企业，广告宣传的重点是促使人们使用地方性产品，或认店购买。

（五）按广告媒体分

按广告所选用的媒体，可把广告分为：

印刷广告，包括报纸、杂志、书籍、电话簿、悬挂品、传单、时刻表广告等；

电波广告，包括广播、电视、电影、网络广告等；

户外广告，包括招贴、海报、旗帜、气球、模型、霓虹灯、灯箱、路牌、招牌广告等；

邮寄广告，包括商品目录、说明书、宣传册、明信片、信函、挂历广告等；

交通广告，包括各种交通工具广告；

展示广告，包括橱窗、柜台、门头、条幅、模特广告等；

其他广告，包括包装袋、流动、气体广告等。

（六）按广告诉求方式分

按照广告的诉求方式来分类，是指广告借用什么样的表达方式以引起消费者的购买欲望并采取购买行动的一种分类方法。它可以分为理性诉求广告与感性诉求广告两大类。

理性诉求广告，采取理性的说服手法，有理有据地直接论证产品的优点与长处，让顾客自己判断，进而购买使用。

感性诉求广告，采取感性的说服方式，向消费者诉之以情，使他们对广告产品产生好感，进而购买使用。

（七）按广告产生效益的快慢分

广告发布的目的是引起顾客的马上购买还是持久性购买的一种广告分类方法。它可以分为速效性广告与迟效性广告。

1. 速效性广告

指广告发布后要求立即引起购买行为的一种广告，又叫直接行动广告。

2. 迟效性广告

指广告发出后并不要求立即引起购买，只是希望消费者对商品和劳务留下良好的深刻印象，日后需要时再购买使用，又叫间接行动广告。

（八）按商品生命周期不同阶段的广告分

按照商品生命周期不同阶段分类的广告可分为开拓期广告、竞争期广告和维持期广告。

1. 开拓期广告

指新产品刚进入市场期间的广告。它主要是介绍新产品功能、特点、使用方法等，以吸引消费者购买使用（此阶段也是创牌阶段）。

2. 竞争期广告

指商品在成长期与成熟期阶段所作的广告。它主要是介绍产品优于竞争产品的优点特色，如价格便宜、技术先进、原料上乘等等，以使其在竞争中取胜，扩大市场占有率。

3. 维持期广告

指商品在衰退期阶段所作的广告。它主要是宣传本身的厂牌、商标来提醒消费者，使消费者继续购买使用其商品。其目的是为延缓其销售量的下降速度。

（九）按广告时间分

均衡广告，指在一段时期内反复宣传的广告。

时机广告，指在特定时点或时段进行突击宣传的广告。如奥运广告。

第三节　广告的构成

一、广告作品的构成

（一）广告主题

广告主题常见的形式就是广告标题。商业广告的目的性非常明显，因而主题是广告需要传播的信息中最核心的构成要素。好的主题既揭示了广告的核心诉求，又给受众留下深刻的印象。俗话说，"题好一半文"，成功的广告留给受众的往往就是那几个字。如 NIKE（耐克）的"just do it"，DeBeers（戴比尔斯）的"钻石恒久远，一颗永流传"，等等。

（二）广告文案

广告文案指广告的主体文字部分。大部分广告都有文字部分，特别是那些需要对受众作较详细的信息沟通的广告。即使是音像广告，也常常需要借助文字提高信息的容量。

（三）广告音画

广告音画主要包括各种形式的感观刺激，这是引起受众关注、吸引兴趣的重要构成要素。

二、广告活动的构成

（一）市场调查

调查内容包括目标市场的顾客构成、消费水平、消费心理、广告的接受与理解能力。所谓"兵马未动，粮草先行"。

（二）广告策划

广告策划是广告成功与否的重要因素，包括确定广告目标、内容、媒体、调查、设计、预算、实施、评估等各个环节的工作的安排及策略，是整个广告活动的纲领。

（三）广告投放

对整个各个活动有了总体的把握和目标后，就需要贯彻、执行，开展广告投放。其中特别重要的是广告媒介的选择，不仅因为其占有广告花费的主体，更因为其为影响广告传播效果的重要因素。

（四）效果评估

广告工作的整个过程中，都需要对广告活动做充分的效果评估，包括事前、事中和事后的评价。这样才能保障广告活动合理、有序、有益地展开。

三、广告参与者的构成

广告活动的参与者，包括广告主、广告受众、广告监管者、广告经营者（广告公司，广告媒体）等。

（一）广告主

广告主是指为推销商品或服务自行或者委托他人设计、制作、发布广告的法人，或其他经济组织或个人。广告主负责提供市场及商品资料给广告经营者，监督广告经营者的运作过程并验收广告作品。

很多企业拥有自己的广告组织，与其他职能部门共同构成企业组织系统。一般来说，广告主会把监督的责任交付给本公司的广告组织，而把策划创意制作等业务委托给外界的专业公司，主要是广告代理公司。因为，广告活动的策划是一件繁杂的工作，需要有各方面专业人才的配合，广告主的广告组织一般经历比较单一，缺乏更精更专的技术与技巧，代替不了广告代理公司的工作；而且，广告代理公司就像是广告主的一个营销推广方面的得力助手，广告主常常可借广告代理公司的服务获得市场资料、业界动态等，甚至可以得到许多免费或廉价的咨询、协助；另外，如果广告主自行策划制作广告，势必要增加人事管理、硬件设备等，从而导致成本的增加。

广告主广告部门的主要职责主要有以下几个方面：

(1)参与制定企业的战略决策。

(2)参与制定广告活动计划与目标。每个企业都有各自的市场目标，广告工作以实现企业市场目标为目的。

(3)从事与广告有关的活动，如公共关系、市场调查等。特别要注意的是，企业营销活动是企业综合性、整体性的工作，只有协调各有关活动，广告才可能会产生实际的效果。

(4)有效地选择和使用广告代理公司、广告调查公司、促销公司、制作公司等；

(5)制定广告预算方案并取得上级对广告预算方案的认可。

对企业来说最重要的是要找到能够协调公司内外关系、利用社会分工协作全面完成公司广告的策划与实施的广告部门员工。他们的作用是否得到充分发挥，与企业广告活动的成败有着密切的联系。作为一个广告部门员工，应该具备以下知识和能力：

(1)市场营销知识。企业的广告策略是企业市场营销策略的一部分，而广告的目的，无论是促销还是树立企业形象，最终的目的都是销售。因此，作为企业的广告部门员工，必须懂得市场营销、市场调查知识与技能，懂得如何制定企业的市场营销策略，理解企业的广告策略与企业的市场营销策略之间的关系。

(2)有效沟通能力。对外要同广告公司、市场调查公司、媒介单位合作；对内要同公司内部的销售部门、市场部门沟通。因此，沟通能力是企业广告部门员工必备的素质之一。

(3)广告知识。应具备丰富的广告知识以便及时解决广告活动中各类问题的能力。

(4)丰富的知识。广告是通过创意来表现的，广告主管必须具备丰富的知识和良好的素质，才能确定一个好的方案。

以下思路可以帮助企业很快找到合适的广告公司：首先翻阅报纸、杂志，或抽出几个晚上来看电视，记下令人满意的广告，查出是哪些广告公司制作的；其次，查出其中为竞争对手工作的广告公司，弃之不用；再次，安排和选中的广告公司的老板以及策划总监见面，了解其服务内容及收费情况，确定彼此之间是否能很好合作；最后，挑出有合作意向的广告公司，向有关人员打听这些公司制作最好的几个广告，挑出其中广告方案最令人感兴趣的那家广告公司作为合作伙伴。

(二)广告受众

从广告对受众发生作用的方式和过程来看，广告本质上是一种非常典型的传播行为。广告主和广告公司是广告的传播者，通过各种媒介将广告传播给受众，并对他们产生不同程度的作用。因此，要使广告信息得到有效的传播就必须要研究受众的广告心理。广告受众在接受广告信息后，他们或者出于某种特殊的心理，对广告宣传产生本能的抵抗和抵制；或者因为不符合自身的心理期待、兴趣与爱好,从而拒绝接受甚至反感,等等。广告受众对广告活动的对应态度直接影响广告活动的成败和广告效果的优劣。因此,分析和认识广告受众,也就成了广告活动中的一个重要内容。

1. 制约传播者和受众对广告信息理解的要素

在传播过程中,传播者要对广告信息进行编码传播给受众,首要的步骤就是对信息的理解和选择,而受众要接受传播者传播的信息,也要经过选择和理解的过程。在对信息进行理解的过程中,传播者和受众都会受到某些因素的影响,从而使他们对同样的信息产生不同的理解。影响信息理解的主要因素有以下几种:

(1)心理预设

人们在理解活动开始之前,都不同程度地根据生活经验预设了理解对象的应有面貌。这种预先设定事物格局的心理定势非常顽强,它常常把理解导向理解者本人所期待的方向,导致对实际情况理解的扭曲和变形。也就是说,人们看到的东西往往都是他们想看到的东西。

(2)文化背景

每一个人都生活在一定的文化背景中,因此人的行为、观念、习惯、性情都会受到某种文化模式的塑造和熏陶,人们对事物的理解也就不可避免地受到自身文化背景的影响,从而带有鲜明的文化烙印。

(3)动机

许多研究表明,动机与理解有着密切的关联,尽管在有些理解活动中动机隐藏得很深,甚至理解者本人都未必能觉察,但是它们确实对形成某种理解有重要的影响和制约作用。

(4)情绪

在进行理解时,理解者总是处于某种特定的情绪中,而不同的情绪会对同一事物产生不同的理解,如一个人在愉快的情绪中,可能会将别人称自己的绰号当作友好的表示,而处于愤怒情绪中的人则可能将它视为一种挑战。

(5)态度

尽管制约理解的因素很多,但是人们对事物的认识归根到底还是由理解时所持的态度决定的,不管人们的心理期待、文化背景、动机、情绪有多大的不同,在态度一致的前提下,还是会对有确定含义的事物产生相同的理解。

总之,在确定广告传播的内容时,应该对自身和诉求对象心理预设、文化背景、动机、情绪、态度进行分析,以保证广告传播者自身和诉求对象对同样的诉求重点有相同的理解。

2. 受众信息接收的选择性

选择性是针对受众接受、理解和储存信息而言,它包括选择性接触、选择性理解和选择性记忆三层含义。其基本内容是:受众在接收信息时必然会根据各人需要有所选择、有所侧重,甚至有所曲解,以便使接受的信息同自己的固有价值体系和既定的思维方式尽量地协调一致。一些传播学者认为,选择性接触、选择性理解、选择性记忆就像是保护着受众的三个防卫圈,它们从外到里依此环绕着受众,使得他们能够抵御反面的信息。

(1)选择性接触

又称选择性注意,指人们尽量地接触与自己的观点相吻合的信息,同时竭力避开相抵触的信息的一种本能倾向。选择性接触既包括对某类信息的接触,也包括对另一类信息的不接触。因此,要使广告的诉求重点能够顺利地为受众所接受,首先要突破他们选择性接触的防御,引起他们的注意。这一定律对于广告诉求策略具有重要的意义,它决定了广告必须根据受众的需求传达受众感兴趣的信息。

(2)选择性理解

受众总要根据自己的价值观及思维方式对接触到的信息作出独特的个人解释,使之同受众固有的认识相互协调而不是相互冲突。所以,传播的信息的含义不是强加给受众的,而是受众自己去发现的。明白这一规律,可以帮助广告策划者在进行广告信息的选择时,主动接近受众的理解方式,使受众对广告信息的理解与广告主达到统一。

(3)选择性记忆

选择性记忆就是受众根据自己的需求,在已被接收和理解的信息中选择出对自己有用、有利、有价值的信息储存在大脑中。选择性接触和选择性理解都是有意识的行为,而选择性记忆则是无意识的行为。对于广告受众,他们很少有意识地记忆广告信息,一些广告信息给他们留下了深刻的印象只能说明这些信息恰好与受众的兴趣,利益相吻合。掌握这一规律,可以使广告策划者更好地选择容易引起受众兴趣的信息,加深受众对广告信息的记忆。

3. 影响媒介对受众的说服效果的因素

媒介对受众的说服效果受到传播来源、传播方式和传播对象自身特征的影响。

(1)传播来源

传播的来源对说服力的影响包括传播来源的可信程度、传播来源的知名度和传播来源的动机三个因素。传播来源的知名度越高,在受众看来越可信;传播来源的动机在受众看来越没有威胁,传播的说服力越强;反之则越弱。因此,广告策划者在进行媒介策略的决策时应该充分考虑这些因素对诉求效果的影响。

(2)传播方式

传播方式对说服力的影响包括媒介传播的是一面之词还是多面之词、信息传播的顺序、给出结论的方式、采取理性诉求还是感性诉求等因素。一般来说,只传达单方面的事实或者意见的诉求方式在受众看来比较不可信,因为受众会认为传播者有意隐瞒了某些不利的事实;在信息传达的顺序上,先得出结论后进行解释的传播方式,比先传达充分的事实和前提性的原因,再得出结论的传播方式的说服力要小;只传达事实,由受众自己得出结论的方式,比既传播事实又传达结论的传播方式的说服力要小;一般的受众更容易接受情感性的诉求,而对于理性的诉求则有比较强的抵触心理。因此,广告策划者在进行广告诉求策略的决策时,要对这些因素给予充分的重视。但也并不是所有的广告诉求都要绝对地按照这些原则来进行,具体采用什么样的方式,要在对受众的需求和媒介接触习惯进行充分了解的基础上决定。

(3)传播对象

传播对象对说服效果的影响包括传播对象的听从性、对利益遭受损害的恐惧程度、立场的稳定程度、相关群体的影响程度等因素。受众对媒介本身和媒介所传播的信息了解越少,越具有听从性。趋利避害是受众具有的普遍性心理,因此恐惧性的诉求会引起受众注意,但是在进行恐惧性诉求时,所传达的关于恐惧的信息要适度,轻微的恐惧诉求比强烈的恐惧诉求更有效果。如果受众所处的群体与传播媒介传播的信息持有一致的意见,那么受众很可能因为压力的作用和从众心理而接受媒介传播的信息,并受到他们的影响。受众对媒介和媒介所传播的信息的了解程度越低,对媒介的抵御心理越弱,反之则越强;媒介传播信息的方式越有说服力,受众对媒介的抵御心理越弱,反之则越强;媒介传播的信息越符合受众的需求,越能引起受众的兴趣,受众的抵御心理越弱,反之则越强。

（三）广告监管者

广告活动既具有经济效益,更具有社会效益。广告不仅可以影响消费者的消费,还会影响社会文化环境,那些虚假广告,那些低级趣味的广告,不仅会对受众的身体造成危害,更会对受众的心理和社会的健康发展带来危害。因此,任何国家都会对广告活动进行合法、合理的监督与管理。

1. 法规监管

国家的法律、法规是对广告活动进行管理的根本依据,任何行为都必须依法行事。我国大到宪法,小到地方规章,都对广告行为产生或多或少的制约与影响。关于这一内容详见本教材第十一章。

2. 行政监管

我国各级各类政府及其相关部门是对广告活动进行监管的主体,包括工商部门、广电部门、卫生部门、质检部门、食品与药品监管部门、版权管理部门、教育部门等等,都有责任和义务对广告及其相关行为开展监督与管理。

3. 道德监管

除了正式的监管机构外,各类广告还受到社会及其道德规范的制约,这些无形的力量是影响广告决策与行为的重要因素。一些广告可能会对政府监管采取欺骗、蒙混的策略,但他们一定不敢忽视受众及社会的声音。

（四）广告经营者

广告经营者主要指以广告策划、创作、发布为盈利方式的企业或个人。

1. 广告公司

广告公司是站在广告主的立场制定广告方案并根据这个方案购买媒介、实施广告活动的机构。

(1)广告公司类型

根据广告公司的服务功能和经营范围,可以将广告公司分为全面服务型公司和有限服务型公司。

①全面服务型广告公司,是可以为客户提供包括市场调研、广告计划、创意设计、媒介购买及监控、广告效果测定、营销咨询等在内的全方位服务的广告公司。目前来说,尽管国内的广告公司数量很多,但全面服务型广告公司的数量很少,主要集中在少数大城市。全面服务型广告公司一般客户数量很少,但客户较为稳定,每一客户的业务量很大,一般不再代理其他类似产品的企业或品牌广告。

②有限服务型广告公司,这些公司不具备综合性服务能力,只从事企业广告活动的一部分。一般来说,大多是只负责承担广告的策划、设计、制作和发布,不承担市场调查与广告策略的制定等。虽然这些广告公司不如全面服务型广告公司那么专业,但这些公司一般规模较小,有些在特定领域内(如创意和设计)的水平甚至超过全面服务型广告公司,而且收费相对低廉。因此对那些业务量较低,不被全面服务型广告公司所重视的广告主来说,有限服务型广告公司不失为一个好的选择。同全面服务型广告公司相比,有限服务型广告公司的客户数量较多,但客户的稳定性较差,每一客户的业务量较少。

(2)广告公司的人员配置及分工

广告公司的作业方式是高度的专业分工与细密的群体合作。

①客户部门(也叫业务部门)。广告公司最重要的部门就是客户服务部,一方面它要代表广告主,替广告主规划广告活动;另一方面又要代表媒介向广告主争取广告。作为客户服务人员必须深入了解客户及其产品,不断接触市场与消费者,具备丰富的广告及相关知识。客户人员首先要能代表广告主督促并协助广告公司保质保量按期完成委托的业务。面对广告主时,客户人员要能代表广告公司将任务争取到手,将广告公司的一切想法准确及时地传达给广告主。

②创意部门。创意部门的工作包括文案和设计两个方面,由创意总监统一督导创意工作。文案方面一般由文案指导和文案撰写组成,设计方面设有艺术指导、视觉化人员、插图绘制人员以及广告素材布局人员等。创意部门就是将广告创意具体化,通过文案的撰写、图片的选用或绘制,再加上整体的编排,使抽象的创意概念成为具体现实的广告作品。

③市场调研部门。主要由市场分析人员、市调设计人员、统计人员、访问员、资料处理人员组成。市场调研部的主要工作分为事前、事中、事后三个部分,在广告活动策划前,从事市场、产品、消费行为、媒介调研等工作,以提供完整的情报作为广告策划的参考;在广告活动执行中,从事广告文案测试的调研工作,作为广告内容的修改依据;广告活动结束后,从事广告效果评估的调研工作。

④媒介部门。主要包括媒介策划人员和媒介购买人员两部分。媒介部门必须与各媒介建立良好的关系并熟悉媒介的情况。其主要任务就是选择媒介与购买媒介。

⑤制作部门。包括完稿人员、流程监控人员等。完稿人员负责将创意部门交付的广告原稿制作成在媒介刊播的完稿形式;流程监控人员负责监控广告制作的进度,以及与外界协作厂商的沟通协调工作。

⑥其他行政管理部门。包括行政、财务、人事、会计、公关等管理人员。

(3)广告公司的报酬

广告公司一般通过三种方式获得报酬:代理费、制作费和佣金。这三种方式并不彼此排斥,广告公司可以同时从某位客户处收取代理费和制作费。

代理费的收取标准世界各国不尽相同,多为广告费的10%~15%。广告公司除了支付购买空间和时间的费用外,还要支付一些别的费用,其中主要是制作费用。这部分费用主要用来支付演播人员、制作、摄影、录像、胶卷磁带等费用。广告公司的收入还来源于公司向广告主收取的佣金,这种方式是最主要的获取报酬方式。

不管怎样,广告公司的利润由市场成果来决定的比重越来越大。

(4)广告代理制

广告代理制是国际上通行的经营体制。所谓代理制就是在广告活动中,广告客户、广告公司和广告媒介之间明确分工,广告客户委托广告公司实施广告宣传计划,广告媒介通过广告公司承揽广告业务。广告公司处于中心地位,为广告客户和广告媒介双向提供服务,起着主导作用。现代广告代理制最大的特点就是强调广告业内部合理分工、各司其职、互相合作、共同发展。广告主、广告公司、广告媒介是广告市场中最基本的要素。

实行广告代理制对广告主、媒介、广告公司都有相应的要求,只有达到一定的条件,才能够实行真正的广告代理制度。

1)广告代理制对广告公司的要求

取得广告代理业务的资格。"广告代理业务"是广告经营的一种方式,要事先经过国家广告管理部门批准。广告公司要获得广告代理业务的资格,必须具备国家规定的资质条件,向工商行政管理机关提出申请,经审查批准,取得"代理广告业务"的经营范围,方可从事广告代理业务。

广告客户对广告公司的要求。广告公司代理广告业务,要为广告客户提供市场调查服务,提供广告活动全面策划书,并提供、落实媒介计划。

媒介对广告公司的要求。广告公司为媒介承揽广告业务,应有与媒介发布水平相适应的广告设计、制作能力,能够提供广告客户广告费支付能力的经济担保。广告公司必须对广告客户负责,对媒介负责。广告客户送交媒介发布的广告,在技术上要符合媒介的要求,媒介发布广告后,广告公司要按合同支付广告费,即使广告客户因故不能支付广告费,广告公司也不能以此作为不履行媒介合同的理由。

2)广告代理制对广告主的要求

实行广告代理制给企业带来的好处:①实行代理制能够减少企业广告的浪费。目前,我国企业广告宣传计划性差,广告浪费严重,这不仅损坏企业的利益,也助长了社会上的不正之风。例如有些企业的广告不惜牺料本企业的利益,公饱私囊。实行广告代理制度后的企业可以将全部广告业务委托给广告公司,由广告公司为企业制定、实施广告宣传计划,包括广告预算计划,按计划合理分配广告费的投入。这样可以解决广告费流失和分散、失控的问题,堵住广告费开支上的漏洞,提高企业的广告宣传效益。②推行广告代理制,能够抑制向企业乱拉广告的现象。长期以来,社会各方伸手向企业乱拉广告,严重困扰着企业。实行广告代理制后,国家明文规定,企业的广告应委托广告公司代理,新闻媒介单位不得直接向企业承揽广告业务。这样使企业的利益有了法律保障,企业可以选择服务水平高的广告公司作为自己的广告代理公司,拒绝其他任何单位和个人拉广告。③推行广告代理制,企业会获得全面的广告服务。在市场竞争中,广告成功与否是直接关系到企业兴衰的大问题,国家推行广告代理制的目的就是使企业从广告公司得到更多更好的专业化广告服务,在激烈的市场竞争中立于不败之地。④推行广告代理制不会增加企业的负担。广告公司为企业代理广告时,其收费标准按国家规定执行。代理费支付的方式有的由媒介单位从广告费中返回给广告公司,有的是广告公司从广告费中扣除,因此不会增加企业的额外广告费支出。⑤广告代理制不会妨碍企业的自主经营权。广告代理是国家从加强广告管理、发展广告业的需要出发规定的经营体制。实行广告代理制后,广告媒介单位没有直接向企业承揽业务的权利,企业的广告业务应委托给广告公司代理,但国家并不指定企业必须委托代理业务的广告公司的名单。因此,企业对自己的广告宣传活动有充分的自主权,企业可以在平等自愿、等价有偿的原则下,自主地选择合适的广告宣传媒介,而广告公司争取企业成为广告客户的唯一条件是服务质量。广告公司是企业的助手和合作伙伴,广告公司的一切工作都要服从企业的营销计划和具体要求。因此,代理制条件下,任何单位包括广告公司都不会干涉企业的自主权。

实行广告代理制,我国企业面临的任务:①提高广告主的广告意识。广告公司的业务来源是广告主,广告主具有强烈的广告意识,才会给广告公司提供施展全面策划代理的舞台。市场经济的发展把企业推向市场,直接参与激烈的市场竞争,这会促使广告主不断提高其广告意识,寻求广告公司为其全面策划代理广告业务,不断开拓市场,促进销售。②准确把握广告在市场营销中的位置。完整的市场策略包括产品策略、价格策略、渠道策略和促销策略,广告只是促销的一种。因此广告对市场营销来说并不是万能的,但是广告在市场营销策略中又是不可替代的。通过广告可以提高品牌的知名度,塑造企业的良好形象,唤起消费者感官上的认同,激发他们的购买欲望,因此,广告主要准确把握广告在市场营销中的位置。③要有对广告进行全面策划的战略意识。对企业来说,应该把企业做广告的工作全权委托给所信任的广告公司。因为专业广告公司熟悉市场,熟悉媒介,能恰当制定广告计划,提供优秀的创意和作品,从而系统有效地实施和评估。这些工作是企业本身能力难以办到的,企业也没有必要去花这个精力。企业在全权委托所信任的广告公司代理广告业务时,应具备对自己的广告进行全面策划的战略意识。④学会选择广告公司。目前,我国广告公司已有相当数量,还会有大量的广告公司诞生,但是很难保证所有的广告公司都具备为企业进行全面策划代理的能力,就是具备这种能力的广告公司,其水平也各不相同。因此,广告主为求得广告的最大效益,必须学会选择广告公司。在选择广告公司时,广告主可以从两方面考虑:一方面是从广告公司的广告策划能力、市场分析能力、创意水平、制作设计水平、与广告媒介的关系去考虑,选择广告公司。另一方面广告主要学会评估广告效果,这是广告主选择广告公司的秘诀,也是广告主监督广告公司的工作原则。广告主评估广告,要看这个广告是否找到了消费者?品牌是否让消费者记住?消费者是否接受这个广告的表现形式等。广告主可以不懂广告创意,不懂策划,但不能不懂广告评估。否则就无法判断广告公司的优劣,也谈不上科学的广告意识。

3)广告代理制对媒介的要求

实行广告代理制对媒介的好处:①实行广告代理制后,媒介的广告业务委托给广告公司承揽,广告媒介与广告公司之间有了明确的分工,媒介单位可以集中人力、物力办好版面和节目,提高本媒介的质量和竞争力。②实行广告代理制后,媒介的广告业务可以由广告部直接与若干家广告公司联系,统一了广告业务渠道。这有利于克服媒介单位内部各部门拉广告所产生的不正之风,避免新闻记者凭借手中掌握的媒介时间或版面向企业索要好处的腐败现象,纯洁了新闻队伍。③广告代理制的实行也使媒介单位能够将广告的来源渠道与新闻消息等文章的来源渠道清清楚楚地分开,堵住了有偿新闻的渠道,从而维护新闻宣传单位的信誉和新闻的客观性、公正性。

2. 广告媒体

广告发布者主要就是各类媒介(或称媒体),其主要功能是发布各种有效的广告信息。关于广告媒体详见本教材第八章。

【本章小结】

广告是企业营销活动的重要组成之一,是促进当代企业产品销售和企业品牌建立的重要手段。作为企业的经营管理者,必须对广告在企业工作中的重要性给予充分的认识;必须能够充分合理地利用广告这一手段,为企业的生存与发展服务。

本章作为广告基本原理的介绍,希望读者掌握以下基本理念:

广告是商品经营者或者服务提供者承担费用,通过一定媒介和形式,直接或者间接地介绍自己所推销的商品或者所提供的服务的商业活动。

广告以营利为目的,需要相应的资源投入,是一种信息传播活动,也是一种文化活动;广告需要一定的媒介,属于非人员促销。

广告应具有信息传播功能,经济功能,社会功能和审美功能。

广告的类型多样,应根据不同的需求,选择恰当的方式。

广告的作品包括主题、正文、音画等基本构成;广告的活动包括市场调查、广告策划、广告投放、效果评估等基本构成;广告的参与者包括广告主、广告受众、广告监管者、广告经营者(广告公司,广告媒体)等基本构成。

【复习思考】

1. 广告的基本特征有哪些?
2. 广告的功能有哪些?
3. 广告的类型有哪些?
4. 广告作品的基本构成有哪些?
5. 广告活动的构成有哪些?
6. 广告活动的参与者有哪些?

【实训练习】

谈谈给你印象比较深的一则广告(正面和负面皆可)。

第二篇

广告策划基础

第二章　广告策划概述

【引入案例】

蒙牛搭载“神州五号”

2003年10月16日，“神州五号”顺利返回，6时46分，北京指挥控制中心宣布：中国首次载人航天飞行取得圆满成功！几乎与此同时蒙牛总裁牛根生一声令下，举国沸腾。候车亭在行动，超市在行动，电视台在行动，报纸在行动……

几小时后，伴随着“举起你的右手，为中国喝彩”的口号，蒙牛“航天员专用牛奶”的广告便铺天盖地出现在北京、广州、上海等大城市的路牌和建筑上，全国30多个城市的大街小巷蒙牛广告随处可见；蒙牛的电视广告也出现在了全国几十家电视台的节目中，“发射—补给—对接篇”在央视和地方台各频道同步亮相，气势夺人，展开了新一轮大规模的电视广告攻势；同时，印有“航天员专用牛奶”标志的新包装牛奶和相应的众多POP、宣传页也及时出现在各卖场和销售终端。一时间蒙牛宣传攻势锐不可当。

“神州五号”载人航天，在中华民族发展史上是开天辟地的大事。对于营销来说，这是一次千载难逢的搭载机会。这一年，蒙牛销售额达到40多亿元人民币！

（资料来源：《商界》，总第139期）

【本章概述】

本章重点介绍了广告策划的特点和程序，以及广告策划的内容、广告预算的方法等相关知识。

【学习目标】

通过本章学习，使学生了解广告策划的含义及特点；掌握广告策划的一般程序；掌握广告策划的内容；理解广告预算的方法；能够进行基本的广告策划，提升营销策划能力。

【本章重难点】

本章重点在于广告策划的程序；难点广告策划书的拟定。

第一节 广告策划的内涵

一、广告策划的含义及特点

(一)广告策划的含义

广告策划经过数十年的发展,其含义也历经了不同的变化。狭义的广告策划是把广告策划看成是整个广告活动中的一个环节,在某种确定的条件下将广告活动方案进行排列组合和计划安排,以广告策划方案或策划书的编写为终结。广义的广告策划是从广告角度对企业市场营销管理进行系统整合和策划的全过程,从市场调查开始,根据消费者的需求,对企业活动进行指导,对生产过程进行协调,并通过广告促进销售,实现既定传播任务。

现代意义的广告策划基本上以广义的定义为共识,把广告策划看作是以企业营销组合为基础,对企业广告活动进行的规划、决策、组织和协调。具体来说,就是根据广告主的营销策略,按照一定的程序对广告活动的总体战略进行前瞻性规划的活动。它以科学、客观的市场调查为基础,以富于创造性和效益性的定位策略、诉求策略、表现策略、媒介策略为核心内容,以具可操作性的广告策划文本为直接结果,以广告活动的效果调查为终结,追求广告活动进程的合理化和广告效果的最大化。

(二)广告策划的特点

广告策划作为企业运作业务的战略性统筹谋划,具有以下不同于一般计划的特殊性:

1. 战略性

广告策划是从广告角度对企业市场营销管理进行系统整合和策划的全过程,因而它要配合企业的整体营销进行战略层面上的运筹,眼界应高远、宽广,对广告活动具有战略指向性。

2. 全局性

广告策划对于未来的广告计划、广告执行具有统领指导作用,因而它必须既要有前瞻性,又要有全局性。广告策划者在策划时必须尽量全面地考虑到一切因素,包括常规的和突发的,这样的策划才能不会轻易地被外界因素所干扰。

3. 策略性

广告策划的灵魂和核心是战略指导思想、基本原则和方向的确立,是决定“做什么”的问题;但一旦战略确定,就要有与此相匹配的可操作性的、巧妙的战术和方法,就要同时制定出关于“如何做”的一系列策略,例如广告表现策略、广告媒体策略等。

4. 动态性

广告策划要适应变化多端的未来环境和条件,就应该是富于弹性的、动态有变化的。广告策划是伴随着整个广告活动全过程,包括事前谋划、事中指导、事后监测,因而是周而复始、循环调整的。在整个广告活动过程中都有相应的阶段性策划工作重点,应该把策划作为广告活动的调控器来运用。

5. 创新性

广告策划活动是一项创造性思维活动。创造性是广告策划的关键和保证,创造性的策划具有从别人的所有特点中找出空隙的能力,具有找出别人所没有做过事情的功能,其具体表现在广告定位、广告语言、广告表现、广告媒体等各个方面。

6. 效益性

广告策划是制定广告宣传的长远目标和阶段目标，使长远效益与短期效益有机地结合在一起。广告客户企业的眼前利益与长远利益是一致的，当二者发生矛盾时，眼前利益应当服从长远利益。

二、广告策划的意义

广告策划是广告活动的核心和关键，也是企业在市场竞争中取得领先地位的保证措施之一。在现代生产条件和市场竞争条件下，企业如何推出新产品，开拓市场，赢得顾客青睐，已成为广告策划的重要课题，并对企业的生存和发展发挥着极为关键的作用。广告策划的意义有以下几个方面：

(1)广告策划是提高广告效果、保证广告目标实现的重要手段；

(2)广告策划能帮助企业明确广告活动的目标，显著提高企业的广告活动效益，使企业的广告活动更具竞争性；

(3)广告策划能够发现客户的特点，从而使其运筹帷幄，制定并实施正确的市场营销组合策略；

(4)成功的广告策划能够提高企业的知名度和美誉度，获得良好的经济效益和社会效益；

(5)广告策划能够提高企业的应变能力，遇到突发事件时能将不利因素的影响缩小到最低限度，保证广告活动正常进行，并不断提高广告业的服务水平。

三、广告策划的原则

广告策划的特点决定了广告策划的原则，因而它也决定了广告策划活动不是随心所欲的行为。广告策划者必须遵循一定的原则来从事广告策划活动。

(一)系统性原则

广告策划的系统性原则，要求我们从系统工程的观点出发去认识广告策划，把广告策划作为一个有机整体系统来考察。从系统的整体与部分之间的相互依赖、相互制约的关系中，揭示广告策划这一系统工程的特征和运动规律，以实现最佳的广告效果。要求进行广告策划时必须从整体协调的角度来考虑问题，要素要齐备，环节要齐全，内容要完整，考虑问题要全面，各部门和人员在进行团队作业时要注意分工与协作、协调与配合，切忌广告策划活动中各自为政，互不相关。

(二)可行性原则

可行性指达到广告策划目标的可能性、可靠性、价值性、效益性等方面的分析、预测和评估。可行性研究具有超前性、最佳化、有效性的特点，是对事物进行定量、定性的精确分析。

广告策划中的可行性分析的内容很多，概括起来可归纳以下几点：

(1)决策目标的可行性研究；

(2)实现目标的内外条件的可行性研究；

(3)对整体和局部，以及各个环节的实施方案之间的相互配合和协调的可行性研究；

(4)对经济效益和社会效益的可行性研究。

同时，策划出来的每一个环节、每一个步骤、每一个方法都是可以实际操作的，并且广告策划能给广告主带来效益。

(三)针对性原则

对广告策划来讲,即使是对同一品牌或企业,随着时间的推移,原来的策划也必然会失去其存在的客观基础。那么,在对某特定品牌、特定企业的广告活动实施策划时,照搬其他品牌或企业的广告策划方案就不可行了。广告策划必须为每一个具体的客户提出针对其实际情况的策略和战术,使其具有独创性、差异性和个性。那种不论是什么企业、产品、市场、消费者、竞争者,广告策划者都以"不变应万变",进行千篇一律的广告策划的现象必须杜绝。

(四)创造性原则

广告策划的成功最重要的在于策划要有新意,广告活动的构想要与众不同,要善于创造,善于标新立异,避免一个模式、一个腔调、一个手法;更避免人云亦云、盲目模仿。

广告策划永远都是面对未来而进行的,其本性就是要面对未来广告活动的需要而进行创造,未来的不确定性总是给广告策划者提出新的问题和新的困难。所以广告策划者必须创造性地提出广告战略和策略,提出具有创新意义的广告谋略。

(五)效益性原则

讲求实效是广告策划的基本要求。企业进行广告策划时,除了考虑策划的目标外,还必须考虑企业的资源状况。广告主不仅关心广告目标以及广告目标能否达成,也同样关心他要为之投入的广告费用,关心投入与产出的比较。广告策划者必须从广告主的利益出发,一方面精打细算,巧妙安排和选用媒体,尽量节省广告投入;另一方面,又要想方设法达到预期广告目标。经过策划的广告活动要获得广告效益,没有效益的广告策划既不是广告活动所需要的,也不是企业所要的。这里所说的广告效益包括广告的经济效益、社会效益和心理效益,广告策划要做到这三种效益的统一。

(六)心理原则

广告是通过刺激人们的感觉器官并经过人们一系列的心理活动过程而起作用的。因此,广告学界有一句名言:"科学的广告应该是依照心理学法则的。"人们在接受广告信息时,必然遵循着一定心理规律。广告策划必须注意广告事实性部分与心理性部分的巧妙搭配。在广告内容、时间等的编排上要适应人们心理活动规律的要求。

四、广告策划的主要内容

广告策划要对整个广告活动进行全面的策划,其内容千头万绪,主要包括市场分析、广告目标、广告定位、广告创意表现、广告媒介、广告预算、广告实施计划以及广告效果评估与监控等。这些内容彼此间密切联系,相互影响又相互制约。

(一)市场分析

市场分析是广告策划和创意的基础,也是必不可少的第一步。广告市场分析基于市场调查,通过一系列的定量和定性分析得出广告主和竞争对手及其在市场的地位,为后续的策划工作提供依据。市场调查主要是以营销活动为中心展开的,围绕着市场供求关系来进行。市场分析的主要内容包括营销环境分析、企业经营情况分析、产品分析、市场竞争性分析以及消费者分析。通过深入细致的调查分析,了解市场信息,把握市场动态,研究消费者的需求方向和心理偏好,并且明确广告主及其产品在人们心目中的实际地位和形象。

(二)确定广告目标

广告目标是指广告活动要达到的目的,而且这样的目标必须是可以测量的,否则目标的制定就失去了意义。具体而言,它要回答这样的问题:

(1)广告活动后,企业或产品的知名度及美誉度提高的百分比;

(2)市场占有率提高的百分比及销售额或销售量提高的百分比;

(3)消费者对企业或产品态度或评价转变的情况。

但是,营销活动和其他活动有千丝万缕的关系,广告目标仅属于营销目标的一部分,有时销售额的增长很难说明是广告的作用,还涉及到产品、渠道、价格等诸多问题。因而,广告目标的确立要有明确的衡量指标,既有实际性,又有可操作性。

(三)广告定位

20 世纪 70 年代末,艾·里斯和特劳特创立了定位学说,从此揭开了广告乃至营销史上新的篇章。定位的核心理念就是寻找消费者心智中的阶梯,是站在消费者的角度,重新对产品定位,是将产品定位和确立消费者合而为一,而不是将它们彼此分离。在对消费群体进行细分的基础上确立目标消费者,然后在这群消费者的心智中寻求还未被占用的空间,再将产品的信息渗透到这个未被其他品牌或产品使用的空间,牢牢地抓住消费者的心智。广告定位就是要在目标消费者心智中寻找产品的最有利于接受的信息。

(四)广告创意表现

广告创意表现是要将广告策划人头脑中的东西从无形转为有形,是广告策划的重点。首先是广告主题的确立,即明确要表达的重点和中心思想。广告主题由产品信息和消费者心理构成,信息个性是广告主题的基础与依据,消费者是广告主题的角色和组成,消费心理是广告主题的灵魂和生命。只有将两者融合的主题才能打动消费者,在此基础上,进行广告创意,并将创意表现出来。广告创意是个极其复杂的创造性思维活动过程,其作用是要把广告主题生动形象地表现出来,它的确定也是广告表现的重要环节。

(五)广告媒介选择和规划

媒介策划是针对既定的广告目标,在一定的预算约束条件下利用各种媒体的选择、组合和发布策略,把广告信息有效地传达到市场目标受众而进行的策划和安排。广告活动最基本的功能即广告信息的传递,选择广告信息传递的媒介,是广告运作中最重要的环节之一,也是广告媒介策略需要解决的问题。广告活动是有价的传播活动,它需要付出费用,而广告预算是有限的。因此,要在有限的费用里,得到比较理想的传播效益,如何运用好广告媒介,便是一个关键问题。广告媒介策略主要包括媒体的选择、广告发布日程和方式的确定等项内容。

(六)广告预算

广告是种付费活动,常听说"花的广告费一半浪费掉了,但却不知道是哪一半。"如果不对广告活动进行科学合理的预算,浪费的将不只是一半的广告费。广告预算就是企业对广告活动所需费用的规划,它规定在一定的广告时期内,从事广告活动所需的经费总额、使用范围和使用方法。准确地编制广告预算是广告策划的重要内容之一,是企业广告活动得以顺利展开的保证。广告预算的制定会受到各方面因素的制约,如产品生命周期、竞争对手、广告媒介和发布频率以及产品的可替代性等。

（七）广告实施策划

这是广告策划在上述各主要内容的基础上，为广告活动的顺利实施而制定的具体措施和手段。一项周密的广告策划，对广告实施的每一步骤、每一层次、每一项宣传，都规定了具体的实施办法。其内容主要包括：广告应在什么时间、什么地点发布出去？发布的频率如何？广告推出应采取什么样的方式？广告活动如何与企业整体营销策略相配合等。其中较为重要的是广告时间的选择和广告区域的选择，这二者都与媒介发布的具体实施有着密切关系，可以说是媒介策略的具体化。

（八）广告效果评估与监控

广告发布的前后，是否能达到广告的目的或有没有产生对其他方面的影响，就要对广告效果进行全面的评估。通过广告效果的评估，可以了解到消费者对整个广告活动的反应，对广告主题是否突出、诉求是否准确有效以及媒体组合是否合理等做出科学判断，从而使有关当事人对广告效果做到心中有数。广告效果的评估和监控不能仅仅局限在销售效果上，而传播效果作为广告效果的核心应该受到重视。此外，广告还会对整个社会的文化、道德、伦理等方面造成影响。

（九）整合营销传播

随着整合营销传播的作用越来越受到营销和广告人士的认同，企业为了能在爆炸的媒体环境中追求统一的声音，更多地将其他传播方法，如人员推销、直销、公共关系、销售促进等与广告结合，以产生协同作用。

第二节　广告策划的程序

广告策划是一种遵照一定的步骤和程序进行运作的系统工程，其基本程序大致可分为以下几个阶段：

一、调查分析阶段

（一）整体安排和规划

广告策划工作需要集合各方面的人士进行集体决策。因此，首先要成立一个广告策划团队，具体负责广告策划整体工作。一般而言，策划团队应主要包括：客服人员、策划创意人员、设计制作人员、媒介公关人员以及市场调查人员。这些人员通常由一个策划总监或主管之类的负责人统领。

然后规定任务和人员安排，设定各项时间进程。这是对策划前期工作的落实。

（二）调查研究

市场调查、搜集信息和相关材料。立足于与消费者的良好沟通，有选择地吸取营销调查的相关成果。或者通过直接调查获得第一手资料，或者通过其他间接途径搜集有关信息，最大限度地搜集相关材料。

研究和分析相关资料。对所得的材料进行整理、归类，剔除多余信息，将有用信息总结分析，制定出真实确凿的数据报告，为进一步制定策略提供依据。

二、决策计划阶段

经过调查和预测，广告策划人员对于企业的经营状况和广告环境有了全面和充分的了解之后，即进入决策阶段。在这个阶段，策划团队的主要任务是对广告活动的整个过程进行战略决策。

（一）战略规划

战略规划是关系到任何组织生存发展的重要活动，已越来越引起人们的广泛重视。做好战略规划是企业高层管理者和广告公司的共同职责，决定着广告活动的前途和命运。

1. 制定广告战略目标

这是广告规划期内广告活动的核心，所有其他有关内容都是围绕这一中心展开的。不同的广告战略目标直接决定着后期广告开展的不同走向。其主要解决四个问题：确定广告目标；确定目标市场；明确竞争对象；确定销售区域。

2. 广告战略选择

根据广告战略目标，寻找实现战略任务的途径、方法，即制定出广告策略。这方面包括广告主题的策划、广告表现的策划、广告媒体的策划等内容。处于不同生命周期的产品，其广告战略有明显的不同。例如脑白金的广告活动，市场导入期采取的是高曝光率、追求高知名度的广告战略；而成长期采取稳健、理性说服、多种媒体组合的广告战略。此外，位于不同市场地位的广告主，其广告战略选择也应该有明显的区别。

3. 编制广告预算

根据调查的结果及广告战略和策略，编制广告预算。主要包括广告的总费用及费用支出计划。广告预算应尽量细致精确，应通过表格的方式表现，且要与企业期望的总额大致相符。

4. 制定计划

编制广告策划文本，即策划书，确定广告运作的时间和空间范围，制定具体的媒介组合表，明确广告的频率以及把广告的预算经费分配具体到各项事物上。把市场研究成果和策略及操作步骤用文本的形式加以规范表达，便于客户认知及对策划结果予以检验、核实和调整。

（二）策略思考

这是整个广告策划的核心运作阶段，也是广告策划的主体。

（1）集中并总结归纳前期调查分析的成果，对调查研究结果做出决定性选择。

（2）以策划创意人员为中心，结合相关人员对广告战略目标加以分析；根据广告战略选择确定广告的定位策略、诉求策略，进而发展出广告的创意和表现策略；根据产品、市场及广告特征提出合理的媒介组合策略、其他传播策略等。

（3）这个阶段还包括广告时机的把握、广告地域的选择，广告活动的预算安排、与其他整合传播活动的配合以及广告活动的评估标准等。

三、执行实施阶段

（一）制定计划并形成文本

这是把策略思想用具体系统的形式加以规范化，把此前属于策略性、思想性的各种意向，以一种详细的展露和限定形式加以确定，以确保策略的实施。

将在策略思考阶段形成的意向具体细化，确定广告运作的时间和空间范围，制定具体的媒介组合表,明确广告的频率以及把广告的预算经费分配具体到各项事物上。

(二)实施与监控

按照策划书的规划,组织人员进行创作设计、媒介发布以及一切需要在市场中实施的细节,并对整个过程进行监控和必要的调节。

四、评价总结阶段

在广告活动实施中进行评估,并及时地对广告策划做出适度的调整。在整个广告策划运作完毕后,按照既定的目标对广告活动结果加以评价,并对整个工作予以总结。

广告策划的程序见图 2-1。

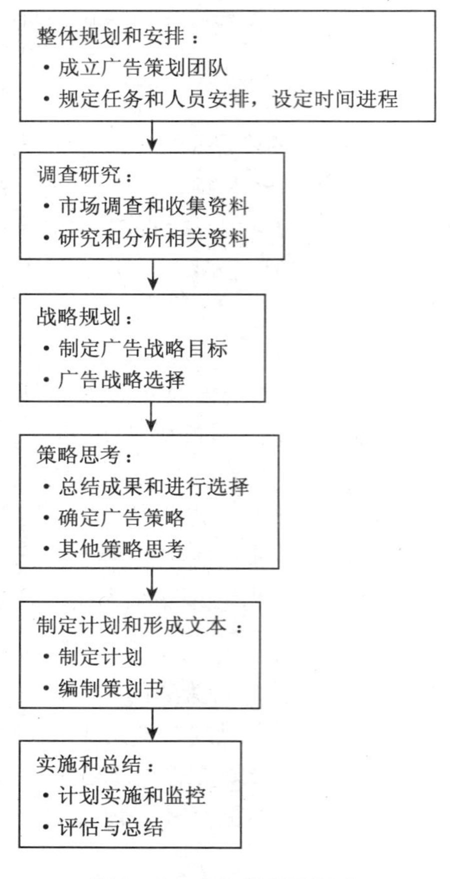

图 2-1　广告策划的程序

第三节　广告计划

一、广告计划的概念、特点及作用

(一)广告计划的概念

计划是管理的首要职能,没有计划就没有管理。广义的广告计划,是指包括广告市场调查、广告目标计划、广告时间计划、广告对象、广告地区、广告媒介策略、广告预算和广告实施、广告效果测定在内的广告活动的决策。狭义的广告计划，则指广告目标、广告地区、广告时间和广告对象等的确定。在此，广告计划是指其广义的含义。

（二）广告计划的特点

广告计划是一项行动文件。实施一项广告活动是复杂的、需要与各方面协同配合的工作。广告计划是把主要的步骤、时间安排写成行动文件。

广告计划是对某一广告目标及完成这一目标的一种解释。广告计划对企业及其品牌面临的问题及机会加以陈述，解释各项指标及步骤的制定，解释怎样才能达到最终目标。

广告计划也是对企业实现经营战略的一种承诺纲要。广告计划的重点是完成广告目标需要多少费用、为什么需要这些费用、这些费用是如何安排的以及它可能带来的效益。

广告计划一旦制定，就成为广告活动必须遵守的行动准则和努力方向。

（三）广告计划的作用

广告计划是关于未来广告活动的规划。它是根据企业的生产目标、营销目标、营销策略和促销手段以及广告任务来制定的，是企业有计划地进行广告活动的规划，也是检验和总结广告效益的根据。企业在制定出广告计划后，在策划广告活动时就可以合理地安排广告预算，密切配合企业的营销活动，并为广告效果测定提供依据。广告计划可以使广告活动科学化、规范化，决定着广告活动的基本方向。

二、广告计划的类别

广告计划按其时间来划分，可以分为长期广告计划、年度广告计划和临时性广告计划。长期广告计划是一些大型企业依据市场营销的战略要求，以三年至五年为年限的大型广告规划，具有长期性和系统性的特点。年度广告计划是企业在一年内按季分月制定的系列广告活动规划。临时广告计划是一些企业为当时的市场营销需要、针对市场环境所做出的补充性和机动性广告计划。

广告计划按其内容来划分，可以分为专项广告计划和综合广告计划。专项广告计划是为单项产品或劳务而制定的广告计划。综合广告计划则是企业制定的各项产品或劳务的综合广告宣传计划。

三、广告计划的内容及流程

广告计划是广告计划期限内的广告活动的整体规划。它有一套完整的内容，一般包括广告任务、广告预算、广告媒介策略、广告实施策略、广告设计方案、广告调查和广告效果测定等项内容。

（一）广告任务

广告任务包括广告内容、广告对象、广告目标、广告时限等主要内容。

广告内容是明确广告的诉求范围和诉求重点。广告诉求的范围主要分为商品广告诉求、劳务广告诉求、企业广告诉求、观念广告诉求和公共关系广告诉求等几大类。其目的是让消费者认识广告的内容信息，并通过广告来促使消费者产生印象。广告诉求的重点则是指在广告诉求范围内突出宣传的内容。一般而言，商品广告诉求的突出宣传重点或是商品的新功能，或是商品的使用利益，或是商品的优秀工艺和原材料等。明确广告内容是进一步确定广告目标、选择广告媒介、提出广告设计方案和确定广告策略的先决条件。

广告对象是指对什么地区、什么阶层、什么集团实施广告宣传。不同的广告对象,决定不同的诉求重点,选用不同的广告媒体,同时还要运用不同的广告策略。

广告目标是指广告所要达到的目的,即通过广告宣传要得到什么结果。企业的目标、营销目标和广告目标是有机联系的。比如,公司目标——赚得利润;营销目标——扩大市场占有率;广告目标——提高商品品牌的知名度。广告目标必须为企业的总目标和营销目标服务。因此,广告宣传的目标,是通过宣传,在消费者中提高广告商品的知名度,树立品牌印象,促使消费者在购买同类商品时能够指牌认购和不断再消费。扩大产品的市场占有率,使公司赚取更多的利益,这是广告的最终目标。关于广告目标的内容详见第三章第二节。

(二)广告预算

广告预算是对广告活动的费用的框定,是广告活动的经费来源。它是广告计划的重要组成部分。广告预算提出广告宣传可以开支的费用和具体的分配方案。

(三)广告媒介策略

广告要经选定的媒介来传播经济信息。广告活动使用的媒介不同,广告费用、广告设计、广告策略和广告效果的内容也就不一样。不同广告媒介的配合运用,其广告效果也不同。因此,广告计划必须选定广告媒介,并制定媒介的使用策略,使其经济、准确地传达广告内容。

(四)广告实施策略

广告实施策略是规划广告和实施广告的基本手段,主要包括差别化策略、广告时间策略、系列广告策略等内容。广告策略的制定,是根据市场情况、企业营销策略和广告预算等广告计划内容的要求而明确制定的。有了正确的广告实施策略,才能正确地确立广告创作方针,提出广告设计方案,制定完整的广告活动步骤,这是广告活动具有计划性和科学性的基础和前提。

(五)广告设计制作方案

是依照既定的广告任务、广告预算、广告媒介策略和广告实施策略的要求,确立广告创作方针和对广告设计制作的基本要求,并委托有关部门和人员设计和制作的具体方案。

(六)广告调查

广告调查包括广告的前期市场调查、媒介调查和广告实施后的广告效果调查。前者是为制定广告计划而进行的,后者是在广告活动中或广告活动后进行的。

此外,广告计划的内容还应该包括广告活动的组织和执行人员的规划。要明确规定,广告活动是由企业自身还是委托广告公司来执行,是部分委托还是全部委托,委托哪一家广告公司等内容,并要作出分工明确的工作计划。

(七)广告效果测定

主要包括什么时间进行广告测定,以及确定时间的依据;测定的指标体系;如何进行测定。(见图 2 - 2)

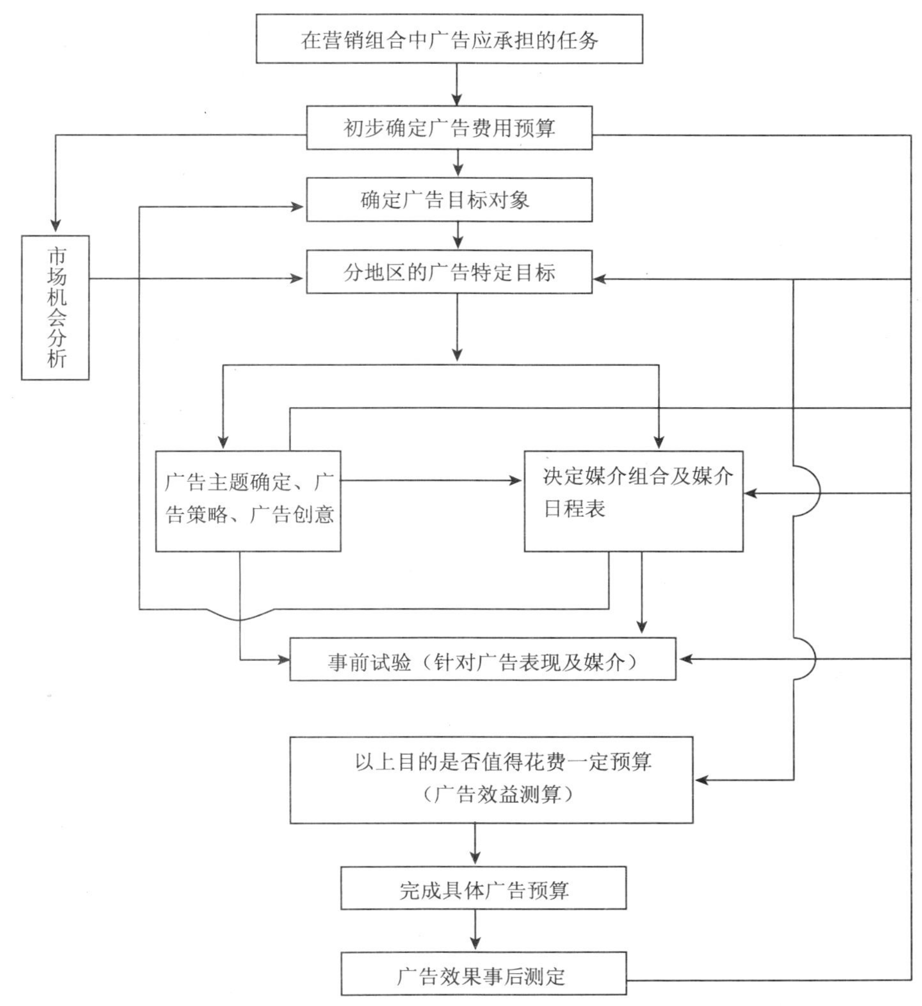

图2-2　广告计划的构成要素

（图表来源：广告理论与实务/娄炳林，廖洪元．—北京：高等教育出版社，2001.）

四、广告计划的拟定

广告计划的拟定，必须按一定的工作程序来完成。原则上，企业自己执行广告活动可以由企业自己制定，也可委托广告公司代为拟定，可根据企业或广告公司的人员条件而定。

一般而言，拟定广告计划时，对人员组织有一些具体的要求：①具有市场调查机构和市场调查、分析人员；②有设计制作广告作品的机构和人才；③熟悉各种媒介，并同媒介单位有密切联系；④具备策划决策的人才。

这些条件只有大型企业才符合要求，因此，在国外，一些大型企业的广告计划多由自己企业的广告部门制定并付诸实施，而中小企业则应该委托具有以上条件的广告公司代为拟定。

广告计划作为一种书面资料，撰写时要注意以下问题：

（1）简短扼要。一般要有明确和准确的结论表述，文字不能有疑义。用简明的事实或资料给予支持。

(2)少用代词。广告计划中少用“我们”之类的代词。

(3)先写结论,然后简要证明。

(4)应说明论证资料来源。

(5)既要完整全面又要突出重点问题。

第四节　广告预算

一、广告预算的概念和内容

(一)广告预算的概念

广告预算是指企业投入广告活动的费用计划,它规定了在广告计划期限内开展广告活动所需要的经费总额、使用范围和使用方法。正确编制广告预算,可以使广告主有计划地使用广告费用,使有限的经费满足整个计划期限内的营销需要,也可以使广告主有效地管理和控制广告活动,确保广告主意图的贯彻落实,同时还可以为广告活动评价得以顺利开展提供保证。

编制广告预算,可以合理地解决广告费与企业利益的关系。对一个企业而言,广告费既不是越少越好,也不是多多益善。广告活动的规模和广告费用的大小,应与企业的生产和流通规模相适应,在发展中求节约。在正常的情况下,商品的销售量与广告的相对费用是成反比的。由于广告促进了商品销售,也就促使生产成本和销售成本降低,也包括单位广告成本的降低,因此,广告宣传费用的投入是有其利益产生的。但是从经济学的角度来考察,任何现实投入都存在着边际产出的问题。也就是说,广告的费用投入同样应该适度,过度的投入不但不会使投入产出比增加,相反会引起投入产出比的降低,使产品的生产和流通成本增加。因此,广告宣传也必须掌握适度原则。

(二)广告预算的内容

广告预算的内容主要包括广告调研策划费、广告设计费、广告制作费、广告媒介费和广告管理费以及广告活动所需的机动费用。

广告调研和策划费用约占广告费总额的5%左右。但是,目前国内许多企业不太重视这一部分。

广告设计和制作费约占广告费用的5% ~15%。一般而言,电视广告制作费远远高于广播和报刊广告的制作费。

广告媒介费是指购买广告媒介使用权的费用。这是广告费用的主要组成部分,约占总费用的80% ~85%。这部分费用是影响广告主决定是否做广告的关键因素。

广告管理费用是指广告机构的办公费用和人员工资,约占总费用的10%。

广告机动费用是指用于应付临时事件和意外变故的费用,一般约占广告费用的5%左右。

以上五项是一般意义上的广告费用构成,其中广告媒介费和广告设计与制作费是两项最基本的费用,任何企业的广告预算都少不了这两项。

二、广告预算的作用

广告预算对广告活动具有计划和控制作用。作为计划手段,广告预算以经费的形式说明广告

计划;作为控制手段,广告预算在财务上决定广告计划执行的规模和进程。广告预算的具体作用表现在以下几个方面:

(一)控制广告活动

广告活动是靠广告预算来支持的,广告传播的时间、范围,广告作品的设计和制作,媒体的选择与使用等都受到广告预算的支配。因此,企业或广告部门可通过广告预算实现对广告活动的控制和管理,从而使企业的广告目标与企业的经营目标协调一致,使广告活动按计划开展。

(二)评估广告效率

广告预算为企业广告效果的评估提供了经济指标。广告预算对广告经费的使用提出了明确的目标,对广告经费的每一项开支都做出了明确的规定。因此,在广告活动结束后,可根据广告预算衡量广告的经济效果。

(三)规划广告费用使用

广告经费明确规定了广告费用的使用范围、项目、数额及经济指标,可以使广告费用支出稳定,保持适度。同时,有计划的开支,可以提高广告费用使用的合理性,避免造成浪费。

(四)提高广告效率

广告预算可以提高广告活动的效率。通过预算,一方面可增强广告人员的责任心,监督广告费用的开支,避免浪费和使用不当;另一方面,事先对广告活动的各个环节进行财务安排,提高各个活动各个环节的工作效率。

三、广告预算的分配及影响因素

在框定广告预算之后,要针对广告计划的各项细目的要求,将广告预算总额分摊到各个广告活动的项目。这是通过广告预算对广告活动进行组织、协调和控制广告计划实施的手段。

(一)广告预算的分配范围

1. 媒介间分配

广告计划所选定的各种媒介间的广告费用分配,是根据广告的媒介策略来划块分配的,如报纸广告占多少、电视广告占多少。

2. 媒介内分配

在媒介内分配中,同种媒介的划块分配结果在不同媒介单位间的再分配,如报纸项中各种报纸分配多少。

3. 地域分配

广告计划规定广告对象在不同区域依据需要在各区域间摊分广告费,实行切块分配,如城乡间、国内外、南北方等。

4. 时间分配

长期的广告计划有年度广告费的分配,年度广告计划则有季度、月度广告费分配。此外,还应留有一部分作为机动费用。

5. 商品分配

指广告计划中,不同广告产品间的广告费用分配。此外,公共关系、企业形象广告和观念广告,也要分摊一部分费用。

6. 广告对象分配

按照广告计划中的不同广告对象，如团体用户和企业用户、最终消费者等分配广告费。

7. 部门分配

这是指企业内外的广告费分配，如自营广告费与他营广告费的分配。在自营广告费中，还需依据各广告业务部门的费用进行细分，如创作部、管理部、制作部、媒介部等，把费用分配到位。

（二）影响广告预算的因素

广告费用预算与企业营销活动、广告活动和市场环境密切相关。广告预算的大小，直接受以下几项因素的影响：

1. 产品生命周期

产品在其生命周期中的位置，直接影响到广告费用预算。

当一个新产品刚刚被投放市场之际，为了使它能够迅速脱颖而出，家喻户晓，可以投入更多的广告时间或版面，展开激烈的广告诉求，广泛告知潜在消费者有关新产品的存在、利益和用途，因此，导入期的广告费用可能超过产品的销售额。

当产品进入成长期后，由于前期的广告宣传打开了产品销路，产品具有极强的市场接受率，产品销售量开始急剧增长，广告费用呈现下降趋势，几乎达到最低点。此时进行广告预算，应明确规定广告费用的支出，尽可能追求广告的最佳宣传效果。

当产品进入成熟期后，产品在市场上的供求关系趋于稳定，销售量继续增长，直至最高点。此时广告的作用是增强和巩固原有消费者的购买习惯，同时吸引新的消费者试用本品。在这一时期，广告费用的支出可能会出现两种情况，一是继续增加广告费用，与同类产品展开激烈竞争，促进产品由成熟期进入另一个新的成长期；二是维持原有广告费用，使产品销售量在原地徘徊，直至进入衰退期。选择哪一种费用预算都需要冒一定的风险，第一种预算可能会难以如愿，造成广告费用的巨大浪费；第二种预算可能会失去第二个成长的机会，白白丢掉一个巨大的潜在市场。因此，在这一时期，企业管理者一定要谨慎抉择。

当市场趋于饱和时，销售量开始回落，产品进入衰退期。此时广告费用预算可以逐步减少直至完全停止。需要强调的是，当一种新的替代品还没有出现之前，企业仍有必要保持一定规模的广告活动，保持已树立起来的商标品牌形象，为系列产品的推出奠定基础。

2. 市场竞争

广告是企业参与市场竞争的一个最有效、最直接的重要手段。一个竞争激烈的市场往往是一个耗费大量广告费用的竞技场。因为，在一个竞争者众多，彼此都大规模做广告的市场上，仅仅使自己的品牌信息被消费者知晓，就需要比正常广告多得多的费用。若想争取消费者，提高市场份额，更需要更大量的广告投资。因此，在编制广告费用预算时，必须考虑竞争对手的因素，根据对方的市场占有率、品牌的知名度、广告费用等因素来确定企业广告费用预算，尤其是在产品的成长期和成熟期，更离不开与竞争对手的比照。

3. 销售目标

企业的销售目标主要包括销售数量、销售额和销售利润等，这些目标直接影响着广告费用预算。例如，销售量大的产品，一般广告费投入产出较多，反之较少；利益率高的产品，广告费投入较多，而低利产品广告费投入则少。总之，增加广告费用是企业追求预定销售目标的一个重要手段。

4. 市场范围

产品的市场范围主要指产品在市场上的覆盖面。比如现实销售范围的大小、潜在销售范围的大小。一般市场范围大的日用品生活品、销售用品，投入的广告费用较多；而市场范围小的专业用品、技术用品，广告费用投入就很少。

5. 广告媒介

广告媒介对编制广告预算的影响非常大。由于广告媒介费用占广告费的80%以上，广告主在编制广告预算时，对媒介费用格外关注。不同的媒介因覆盖率、接收率、接受效果的不同以及广告制作过程的不同，广告的发布价格也不同。如中央一级的广播、电视的广告比地方一级的高出很多；电视广告费用又比广播广告费用高出很多。因此，选择不同媒介，广告费用预算也大不相同。

6. 企业财力

这是一个不言而喻的影响因素，因为广告是一项付费才能使用的宣传活动。如果企业实力雄厚，广告费用自然可观；如果企业资金匮乏，入不敷出，广告费用就难如人愿。

影响广告费用预算的因素是多方面的，除以上所述外，消费者、社会环境、经济发展状况都直接或间接地影响着广告费用预算。因此，为了使广告预算减少盲目性、主观性，而具有更大的灵活性和适应性，必须充分考虑到各种因素，以确保广告活动的畅通无阻。

四、广告预算的程序

广告预算是由一系列预测、规划、计算、协调、控制等工作组成的。广告预算的基本程序主要包括以下几个步骤：

（一）预算

通过对以往营销及广告活动的分析，通过对市场变化趋势、消费者需求、市场竞争的变化等方面的预测，确定企业营销目标，制定企业营销战略和广告战略。根据制定的广告计划，估计多个项目的费用开支，从而较合理地确定广告预算总额。

（二）分配

在一年中，大部分的产品会出现周期性的变化，即在某些月份产品销量较大，而在另外几个月中销售量又下降。据此可以确定一年之中广告费用分配到不同的产品、地区和媒介，使广告活动和营销活动紧密结合。

（三）控制

根据广告计划的要求，在完成了上述广告费用的分配后，应同时确定各项广告费用要达到的效果，以及对每个时期、每项开支的记录方法。通过这些标准的制订，可以合理地、有控制地使用广告费用。

（四）编制广告预算书

广告预算书是对广告预算的开支、计划和分配进行具体说明的书面报告。一般而言，广告预算书包括预算项目、开支内容、费用分配、执行时间等内容，另外，在广告预算书的后面，应附加一段文字说明，对大概内容进行解释。

综合性广告预算书的基本格式如下：

表 2－1 **综合性广告预算书的基本格式**

<table>
<tr><td colspan="2">广告预算书</td></tr>
<tr><td>委托单位：</td><td>负责人：</td></tr>
<tr><td>预算单位：</td><td>负责人：</td></tr>
<tr><td>广告预算项目：</td><td>期限：</td></tr>
<tr><td>广告预算总额：</td><td>预算员：</td></tr>
<tr><td colspan="2">日期：</td></tr>
<tr><td colspan="2">项目开支内容费用及执行时间</td></tr>
<tr><td colspan="2">市场调研费</td></tr>
<tr><td colspan="2">1. 文献调查
2. 实地调查
3. 研究分析</td></tr>
<tr><td colspan="2">广告设计费
1. 报纸
2. 杂志
3. 电视
4. 广播
5. 其他</td></tr>
<tr><td colspan="2">广告制作费
1. 印刷费
2. 摄制费
3. 工程费
4. 其他</td></tr>
<tr><td colspan="2">广告媒介租金
1. 报纸
2. 电视
3. 广播
4. 杂志
5. 其他</td></tr>
<tr><td colspan="2">服务费</td></tr>
<tr><td colspan="2">促销与公关费
1. 促销
(1) 市场 A
(2) 市场 B
(3) 市场 C
2. 公关</td></tr>
<tr><td colspan="2">机动费用</td></tr>
<tr><td colspan="2">其他杂费开支</td></tr>
<tr><td colspan="2">管理费用</td></tr>
<tr><td colspan="2">总计</td></tr>
</table>

五、广告预算的方法

制定广告预算的方法有很多，常见的有七种：销售百分比法，利润百分比法，销售单位法，目标达成法，竞争对抗法，支出可能法和任意增减法。

（一）销售额百分比法

这种方法是以一定期限内的销售额的一定比率计算出广告费总额。由于执行标准不一，又可细分为计划销售额百分比法、上年销售额百分比法和两者的综合折中——平均折中销售额百分比法，以及计划销售增加额百分比法四种。

销售额百分比计算法简单方便，但过于呆板，不能适应市场变化。比如销售额增加了，可以适当减少广告费；销售量少了，也可以增加广告费，加强广告宣传。

（二）利润百分率法

利润额根据计算方法不同，可分为实现利润和纯利润两种百分率计算法。这种方法在计算上较简便，同时，使广告费和利润直接挂钩，适合于不同产品间的广告费分配。但对新上市产品不适用，新产品上市要大量做广告，掀起广告攻势，广告开支比例自然就大。

（三）销售单位法

这是以每件产品的广告费摊分来计算广告预算方法。按计划销售数为基数计算，方法简便，特别适合于薄利多销商品。运用这一方法，可掌握各种商品的广告费开支及其变化规律。同时，可方便地掌握广告效果。其公式为：

广告预算＝（上年广告费/上年产品销售件数）×本年产品计划销售件数

（四）目标达成法

这种方法是根据企业的市场战略和销售目标，具体确立广告的目标，再根据广告目标要求所需要采取的广告战略，制定出广告计划，再进行广告预算。这一方法比较科学，尤其对新上市产品发动强力推销是很有益处的，可以灵活地适应市场营销的变化。广告阶段不同，广告攻势强弱不同，费用可自由调整。目标达成法是以广告计划来决定广告预算。广告目标明确也有利于检查广告效果，其公式为：

广告预算＝目标人数×平均每人每次广告到达费用×广告次数

（五）竞争对抗法

这一方法是根据广告产品的竞争对手的广告费开支来确定本企业的广告预算。在这里，广告主明确地把广告当成了进行市场竞争的工具。其具体的计算方法又有两种，一是市场占有率法，一是增减百分比法。

市场占有率法的计算公式如下：

广告预算＝（对手广告费用/对手市场占有率）×本企业预期市场占有率

增减百分比法的计算公式如下：

广告预算＝（1±竞争者广告费增减率）×上年广告费

（注：此法费用较大，采用时一定谨慎。）

（六）支出可能额法

这是根据企业的财政状况，以可能支出多少广告费来设定预算的方法，适应于一般财力的企业。但此法还要考虑到市场供求出现变化时的应变因素。

（七）任意增减法

依据上年或前期广告费作为基数，根据财力和市场需要，对其进行增减，以匡算广告预算。此法无科学依据，多为一般小企业或临时性广告开支所采用。

六、广告预算与广告计划的关系

广告预算是广告计划的核心组成部分,广告计划的实施要以广告预算来支持。很多企业是根据广告预算来确定和制定广告计划的。但目前流行根据广告计划来确定广告预算,即在预计广告活动的规模之后,依据广告活动的费用要求来编制广告预算,可使企业能够主动地发动广告攻势,强有力地开拓市场与维持市场。但在实际中,只有少数具有广告科学管理的企业才这么做。

为了使广告预算符合广告计划的需要,在编制广告预算时应从如下四个方面考虑:

1. 预测

通过对市场变化趋势的预测、消费者需求预测、市场竞争性发展预测和市场环境的变化预测,对广告任务和目标提出具体的要求,制定相应的策略,从而较合理地确定广告预算总额。

2. 协调

把广告活动和市场营销活动结合起来、以取得更好的广告效果。同时,完善广告计划,实施媒介搭配组合,使各种广告活动紧密结合,有主有次,合理地分配广告费用。

3. 控制

根据广告计划的要求,合理地使用广告费用,及时检查广告活动的进度,发现问题,及时调整广告计划。

4. 效益

广告直接为营销服务,因此,要讲究广告效益,及时研究广告费的使用是否得当、有无浪费,及时调整广告预算计划,做到既合理地使用广告费,又保证广告效益。

【本章小结】

广告策划是以企业营销组合为基础,对企业广告活动进行的规划、决策、组织和协调。具体来说,就是根据广告主的营销策略,按照一定的程序对广告活动的总体战略进行前瞻性规划的活动。它以科学、客观的市场调查为基础,以富于创造性和效益性的定位策略、诉求策略、表现策略、媒介策略为核心内容,以具可操作性的广告策划文本为直接结果,以广告活动的效果调查为终结,追求广告活动进程的合理化和广告效果的最大化。

广告策划必须遵循系统性、可行性、针对性、创造性、效益性、心理等原则。

广告策划的程序包括调查分析阶段、决策计划阶段、执行实施阶段、评价总结阶段。

广告计划是对广告目标、应完成的指标体系、完成目标的各项广告活动进行具体确定,确定各项措施和时间的进程,并确定广告评价方式、方法和时间。一般包括广告任务、广告预算、广告媒介策略、广告实施策略、广告设计方案、广告调查和广告效果测定等项内容。

广告预算是指企业投入广告活动的费用计划,它规定了在广告计划期限内开展广告活动所需要的经费总额、使用范围和使用方法。

影响广告预算的因素主要有产品生命周期、市场竞争、销售目标、市场范围、广告媒介、企业财力等。

广告预算的程序包括预算、分配、控制、编制广告预算书。

【复习思考】

1. 广告策划的程序和内容各是什么?

2. 广告预算包括的主要内容是什么?
3. 什么是广告计划?
4. 影响广告预算的因素有哪些?
5. 广告预算的方法有哪些?

【案例分析】

果冻的广告策划

果冻这种产品,在当年所创造的巨大成功,就是基于成功的广告策划而形成的一个很好的实例。

当时,这种新产品的制造者(广告主),在产品研制到达可以问世的标准后,就将整套的广告工作,包括对产品的命名、包装设计、商标设计、市场研究、广告的步骤等,全部委托××广告公司代理。××广告公司接受了这样整套的工作,深感责任重大,倾全力来为广告主研究设计。

首先,他们会同广告主,列出了新产品在市场中的竞销对象,是冰淇淋、冰棍、水果等等。在详加分析比较后,找出新产品有几项优点:

它和很多水果一样,都不含淀粉,在营养和味道方面,亦胜过冰淇淋。它又和冰淇淋一样,在凉快和简便性方面,胜过水果,而且能止渴,同时也较之其他产品卫生。根据这些优点,广告公司举行了动脑会议,这是广告策划工作中非常重要的一个步骤。在这个会议上,首先研讨为产品命名。开始由大家分别提供了50余个名称;第二步,从其中选出了3个;最后,再从这3个名称中,选定这个新颖,读来顺口易记,亦符合产品本质的名称——果冻。

接着,广告公司又研究确定了几个工作重点:对于广告诉求,决定以“零下40度的滋味”为重点、为标题。这7个字是策划中非常精彩的一笔,它的确可列为广告标题(诉求点)中的佳作。它的创意构想非常出色,不仅包含了产品的各项优点,而且十分新颖独特。

对于销售对象,广告主所提出的主张,是以成人为主;而广告策划者所提出的研究结论,是以儿童为主。广告主和广告策划者,双方曾为此多次讨论。在广告策划者的恳切建议下。广告主接受了广告公司所提出的诉求对象,最终确定为儿童。

对于商标,广告主在广告公司所设计的多种图案中,最后选定一个简明的“C”字图案为商标,使消费者容易记认。同时这个字图也代表了厂商的名称。广告公司同时提出,应再选取一个代表商品的形象,使消费者一看到这个形象就会想到这种商品。选择了多次,终于选定一个在日本很流行,有两个大耳朵和胖得可爱的老鼠为形象。

对于包装,广告公司则遵照了广告主的主张,以塑料袋为主,配合美观精致的米老鼠图案,刺激消费者对它产生一见就喜爱的感觉,而有了这个感觉,消费者的购买欲亦自然而然地会随之产生。

对于售价,广告主决定每个只售一元。这种售价,极适合一般消费者的购买力。

对于广告媒体的选择运用,策划决定先以报纸、电视、售点广告为主,并编制了广告歌曲应用在电视广告中,以引起孩童们的注意和学唱。

按照该策划的实施步骤,在一切准备完毕,便开始做区域性的销售。先从南方地区试销,竟然一鸣惊人,销数直线上升,深深引起冷饮业的重视。其旺销之势,连广告主亦感到意外。一个月后,销路扩展至中南部地区,三个月后,已进入夏季,进而再扩大至北方地区,并渐渐遍及全国。广告主在这一套计划中，虽然支付了 80 万元左右的广告费用，却很顺利地完成大量销售的目的，亦获得了超出当时预计的经营利润。

此外，广告主所选择的销售渠道亦甚精确。他们尽量减少委托各地点心店销售，因为这和点心店自制自销的产品有冲突。广告公司策划则改为委托各地的小卖店、杂货店、食品店代销。在这些店里，都布置了销售点广告，深能引起路人注目。广告跟上了，销售终端愿意推销，这样又形成了双赢的局面。与此同时，这种产品的售价虽低，包装则极精美，更易被境况富裕的高级家庭和上流交际聚会场所采用。

（案例来源：中国专业市场网，http://www.em.com.cn/user1/emall/archives/2007/4544.html）

试分析：

1. 果冻上市获得成功，得益于哪些方面的因素？
2. 案例中，广告策划者是如何进行全面策划的？

【实践训练】

1. 在授课教师指导下，学习“两面针”广告策划书。教师提前准备策划书中涉及到的各类牙膏实物，并在课堂上展示给学生观看，详细分析该策划书，指出广告策划书的内容和程序，并联系实际分析其在企业开展广告宣传中的实际意义。在此基础上，将全班同学分组讨论，每组推选一名代表，对该策划书进行评价。

“两面针”广告策划书

名称：两面针儿童专用牙膏营销广告策划书

企划单位：波波广告公司

策划人：李虹

撰稿人：李虹

完成日期：2003 年 12 月 30 日

一、前言

从 1980 年至今，两面针公司走过了 23 年的历程，经过不懈努力，我们建立起了遍及全国的销售网络，造就了“两面针”在消费者心目中良好的品牌形象。2002 年，两面针牙膏被评为“中国名牌产品”，公司当选为中国牙膏工业协会理事长单位，百年老店；更加坚定了自己的理念——永远对消费者负责。2003 年，两面针新包装儿童专用牙膏，广受消费者们的喜欢，主要以双色膏体，含天然植物和氟化物，双重保护，防止蛀牙，清洁牙齿。长期使用，促进少年儿童牙齿健康成长。

二、市场分析

1. 市场性

①权威调查表明，我国 5 岁的儿童中 77% 都有蛀牙，平均每个孩子有将近 5 颗虫牙。

②世界卫生组织将蛀牙、癌症和心血管病并列为当代危害人类健康的三大疾病。不单影响患者的正常饮食，严重的还可以引起虹膜睫状体炎、类风湿性关节炎、肾炎、病毒性心肌炎等。

③专家指出，目前我国普遍缺乏对儿童乳牙的保护，导致蛀牙的主要原因是独生子女不合理的饮食结构和相对落后的口腔自我保健意识；很多孩子睡觉叨奶，爱吃甜食，咬指头，还有些孩子

尽管知道睡觉前要刷牙，但刷完牙后会再吃东西，或者是每天只刷一次牙。如何预防蛀牙，让孩子拥有一口健康洁白的牙齿，已成为父母关注的热点。

④两面针儿童专用牙膏大幅度成长，市场普及率达目标消费者(18 岁以下儿童的)的 10%。

因此两面针儿童专用牙膏的市场，已经步入了空前火爆的状态，深深地印在消费者心中，热在两面针公司里。销售量迅速成长，大幅度上升。

2. 市场成长

①2003 年两面针儿童专用牙膏在市场上销售收入再创历史新高，达到 311.9 亿元。

②自儿童专用牙膏问世半年后，我公司产品销往全国 31 个省，市自治区，市场占有率达 18%，产品还出口到美国、乌干达、肯尼亚、香港、东欧及东南亚等地。

③两面针儿童专用牙膏属于 18 周岁以下的少年儿童使用，父母们开始注重子女的健康，将来市场的需求量也是很可观的。

④随着消费者生活水平的提高，父母百般呵护孩子，糖吃多了，蛀牙的出现显示了将来牙膏的成长性。

3. 消费者接受性

①消费者目前接受的是草莓，橘子味的儿童牙膏，像糖样的牙膏，吸引儿童坚持刷牙。

②多生产些其他糖果味的牙膏，促进更多人来购买。

③最好配一支儿童专用牙刷，功能一样。

4. 产品分析

(1)用途：

①18 周岁以下的少年儿童双重保护，防止蛀牙，最适合发育不安全的牙齿。

②长期使用，保持牙齿清洁，预防蛀牙，促进少年儿童牙齿健康成长。

(2)包装：采用复合管(透明膏体)。

(3)颜色：鲜艳彩条颜色。

(4)口味：以现有样品分析：味道刚合适，香味不浓而清淡，中药均匀，耐久度强。

(5)容量：120 克。

(6)价格：①零售价：2.50 元；②零售价：1.50 元

预估利润：①开发期货本：20.0% 广告费：25.0% 利息：7.0% 费用：11.0%

纯利润：10.0%

②成长期：货本：20.0% 广告费：20.0% 利息：7.0% 费用：8.5%

纯利润：25.5%

5. 产品性能及产地：防止蛀牙、牙痛、清洁牙齿、双重保护；产地：广西。

6. 产品的品种

两面针纯白牙膏，两面针新包装，儿童彩条牙膏。

7. 服务

识别假冒产品小知识

假冒产品通常通过销售地点和销售价格可以识别出来，因为信誉良好的商店或当地有名的大商场或超市是少有假冒产品的，而且假冒产品的价格通常要比该产品的正常市场售价低。下面提供一些通常的识别假冒产品的方法：

①外包装的印刷粗糙,字迹模糊,色彩不清。

②产品的内容(成份),味道与真品明显不同。

③生产日期,产品批号或商标标识不清楚。

④包装物粗糙,接口处有毛刺。

如果上述方法不能鉴别真伪,请将产品寄往我公司消费者服务部,我们会尽快为您出具鉴定报告。

8. 产品销售季节

①以中医论:冬天火气较大,火锅吃得最多,各种各样的肉菜,会引起蛀牙,牙周炎。

②以夏天冷饮量论:夏季大多少年儿童喜欢喝冰水、冰食物,也会引起牙痛和蛀牙。

因此,淡旺季不明显,可以说一年四季都有是旺季,但夏天用量应该比冬天稍大一些。

9. 竞争对手分析

竞争对手佳洁士的历史

1996 年 6 月,风靡全球的“Crest”来到了中国,并拥有了一个典雅的中文名——佳洁士,先后在广州、北京等各大城市上市,并于 1997 年 1 月起开始在全国全面推向市场。“Crest”诞生于 1955 年,一直在全球享有美誉。因为其独创的氟泰配方具有卓越的高效防蛀功能,所以成为第一支被世界权威牙防组织——美国牙医学会(ADA)认可的防蛀牙膏。这被视为世界牙膏技术发展史上的一大里程碑。1985 年“Crest”革命性地推出了人类历史上第一支防治牙石的牙膏,从而真正成为了牙膏领域的开路先锋和富有创新性的领袖。进入中国市场伊始,佳洁士就首先向中国大众奉献了其成名产品——佳洁士防蛀牙膏,并很快得到了消费者认同,迅速出现在全国大街小巷的各家商店里,成为两面针最大的竞争对手。

三、广告战略

1. 广告目标

作为日用消费品,牙膏已成为国内市场品牌消费集中度最高的产品之一。长期以来,两面针代表的牙膏品牌曾长久地分食着我国需求庞大的牙膏市场。有资料显示,1998 年国内十大牙膏品牌的产量为 21.26 亿支,占全国总产量的 75%;但这种竞争优势随着近几年来国际品牌的涌入正发生着变化,目前在国内市场十大牙膏品牌中,国际品牌占到了 4 个,本品牌的市场份额正在减少。因此,两面针牙膏应注重大型资产的经营和发展,着力推广品牌形象,尤其注重对牙膏中在护理、修复、保健、消炎杀菌等功能的宣传,从而获得消费者的好感。

2. 广告对象

① 0 岁 ~3 岁:虽然容易有蛀牙,但不会刷牙,本层予以排除。

② 4 岁 ~10 岁:此年龄层处于乳齿转换永久齿之际,又是吃糖最多的年龄,蛀牙特别多,是重要对象之一。

③ 11 岁 ~18 岁:此层忙于升学考试,容易不注重口腔卫生,也会引起蛀牙。

④ 19 岁以上:又吸烟又喝酒,本层予以排除性别,男女都可以适应。

3. 广告地区

针对广西、北京、上海、天津等各大城市,并且深入县、小城镇。大城市的生活水平提高,孩子的吃糖率也迅速上涨,大多数消费都是因父母宠爱孩子,给孩子吃糖过多,引起蛀牙。而偏远的县、小城镇的儿童则因为不注重口腔卫生,吃完东西很少刷牙,也会引起蛀牙。

4. 广告创意

①幽默戏曲篇:

傍晚,晚餐过后,一个5岁男孩坐在家里的沙发上,一边看电视,一边吃零食。旁边还趴着一只波丝猫(全白)。小男孩时不时会丢给小猫吃。过了一会儿,孩子的妈妈从厨房里走出来,看见儿子在电视机前不停地吃着,心疼地走过去,半哄半威胁地说:"不要吃那么多的糖,快去刷牙好上床睡觉,要不然牙就会有小黑洞,掉光光哟,因为有虫不停地在啃呢"?孩子半恐惧半疑问地望着妈妈说:"真的吗?"妈妈很肯定地回答:"嗯"!接着小男孩马上放开手上的零食,冲进卫生间刷牙,母亲会心地一笑,算是安心了。男孩走过小猫身边问:"小猫你是不是也应该刷牙呀,你也吃了很多糖。"小猫不屑地转头去睡觉了。突然'轰'的一声雷,小猫被一个可怕的梦惊醒了,原来它梦见了一只美丽的母猫,但是一张嘴牙都是有小洞洞的,脑里不停地想着晚上主人说的一席话,可把它吓坏了,不知怎么办。接着一个像天使的小白猫说:"快用两面针儿童牙膏,(产品的成份和功能),很有效。"小猫接过天使小白猫手上的牙膏,冲向卫生间刷起牙来,刷完后,小猫快乐的跳起舞来,卫生间里的牙刷、盆子、牙膏、香皂等全都舞动起来围着它转。房间里的主人感觉不对劲,卫生间有声音,便走过去,小猫听到脚步声,一溜烟的跑回窝里睡觉了。卫生间里出恢复了原有样子。主人感到纳闷与奇怪。

这么一个广告创意采用电视做它的宣传媒体,播放时间在饭前饭后播放最好,因为小孩大部分都有在这个时间段看电视,每天只播放5次,播放时间不能靠得太近,这样会使孩子们对这广告失去好奇与兴趣。这个广告必须播放在各大城市里以促进市场销售。

②亲情篇:

在一个阳光灿烂的日子里,一个母亲带着她的儿子来到动物园看猴子。有个小猴子正坐在小山上吃着甘蔗。儿子好奇地问:"妈妈那小猴子的牙怎么那么坚固,这么小就可以吃甘蔗啦?"妈妈无助地看了看儿子,不知说什么好。谁知,一只大猴子爬到小猴子身旁说:"因为它用了两面针儿童专用牙膏,含有……(产品成份和功能),双重保护,防止蛀牙。"儿子望着妈妈急着说:"我也要用两面针儿童专用牙膏,我也要用嘛!"结果,妈妈高兴地牵着儿子向超市走去。

这则广告创意选用广播、电视做最佳媒体。广播可以深入更偏远的地区,播进千家万户,即使没有电视机的家庭,通过收音机的传播,也能收听得到。

5. 广告实施阶段

①产品上市阶段,采用电视媒体播放幽默戏曲篇广告,吸引消费者的注意,提起消费者兴趣。当产品进入成长阶段,采用电视主播播放亲情篇广告,促进消费者心理,从而产生购买欲望,深刻地把这广告给记下来。

②设定战略

a. 为造成高的广告注目率,将使用具有杀伤力的否定攻击法。

b. 以情感诉求为主题。

c. 为增进广告记忆,使用最清晰的音效与颜色鲜艳的字体来突出表现。

d. 为加速采取购买行动,要有规律性的把广告按时间播出。

③广告宣传

加强在杂志上、灯箱上、电视及广播上做大量的宣传,突出产品的特性。

④产品语

双重保护,亲亲,每一天两面针儿童专用牙膏。

谁会这么欢乐?两面针儿童专用牙膏。

四、媒体预算

①进度表(略)

②总计 8 500 000 元

③各销售比例

新上市 3 000 900 元

第一期特卖 2 050 050 元

空档消化期 2 005 000 元

第二期特卖 1 005 500 元

总计 8 061 450 元

(资料来源:李虹,波波广告公司)

2. 请学生自己寻找并分析一个饮料广告策划,主要谈谈该策划做了哪些工作(流程),每一步做了哪些工作(内容)。

第三章　广告战略

【引入案例】

20世纪80年代前的耐克，与当时的体育用品霸主阿迪达斯根本无法相提并论，销售量仅是其几十分之一。到1984年中期，耐克和阿迪达斯几乎同时拥有了一项将气垫放入运动鞋内以减轻鞋重的技术，并且他们几乎在同一时间段将这款鞋推向市场，结果这件事成了耐克品牌崛起的转折点。因为耐克进行了广告定位集约，定位于"飞人乔丹"，与世界历史上最伟大的篮球运动员乔丹签订了一份5年的合同，邀请乔丹作为其品牌代言人，创造性地把乔丹与耐克气垫鞋结合在一起，成为耐克市场战略和整个运动鞋、运动服生产线的核心，不但增加了耐克的品牌魔力，也为耐克公司创造了展示其新技术的最佳途径。同时耐克在广告传播通路上，集约于强势媒体，广告传播更重视效果而不是数量，增加广告投入，将品牌推到公众面前。迈克尔·乔丹既是耐克进行广告集约的工具，也是耐克新的符号标识。一系列的广告集约不仅使耐克新系列的球鞋马上脱销，且带动了耐克其他运动系列产品销售量的大幅增长。在1984年到1987年短短三年时间内，其销售量从不到100万美元一路飙升到近2000万美元。而相比之下，阿迪达斯产品的销量并无实质性的突破。至此之后，耐克这一名气一般的运动鞋品牌挤入了世界领先的知名品牌行列，产品销售总量超过阿迪达斯和锐步这两个老牌运动知名品牌，确立了全球第一运动品牌的地位。

（资料来源：冠军中的冠军（体育用品大王耐克公司解读），张智翔，中国方正出版社，2005－3）

【本章概述】

本章主要介绍了广告战略的作用、性质、类型、内容，以及广告战略的评价标准与方法等方面的知识。

【学习目标】

希望通过本章的学习，了解广告战略的基本信息，以及对广告活动整体性地指导意义，因而对广告活动能够具有较为全面的认识与把握。

【本章重难点】

本章重点在于对广告战略意义的把握。本章难点在于广告战略评价方法的学习。

第一节　广告战略的内涵

一、广告战略的定义

广告战略是企业经营战略的一个重要的组成部分，它是企业根据市场分析、消费者分析和企业、产品分析所获得的资料，为实现其经营目标，而对其规划期内的广告活动拟定的全局性和长远性的指导思想和总体设计。广告战略就是对广告运作所涉及的主要环节，包括广告目标、广告对象、广告诉求点、广告表现和广告媒介等所做出的总体决策。

广告战略的制定，使企业的广告活动有了一个长远的基本的方针和奋斗目标，它有利于提高企业营销组合的应变能力和适应能力，也有利于提高广告的经济效益和社会效益。

二、广告战略的性质

广告战略是对一个时期广告活动所进行的系统规划，具有全局性、长期性、指导性和竞争性等特点。

(一)全局性

广告战略是从企业的营销目标和实力出发，研究广告运动整体上如何与企业营销目标相适应，并控制、把握广告的总体目标。广告战略必须综合考虑企业的生产、管理、产品、价格、渠道，以及其他促销战略，方可发挥应有的效益。总之，广告战略必须从全局出发，使广告活动适应企业的营销目标。

(二)长期性

广告战略着眼于长期效果，未来效果，而不是谋求一时一事的效果。如日本的很多产品广告主要针对其他国家的少年儿童，即体现出他们广告战略的长期性。除了做产品广告外，这些日本企业还做形象广告，让青少年从小就树立一种观念，即日本的企业是关心他们的，是与该国的建设与发展目标一致的。当这些青少年成长以后，他们首选日本企业和产品的概率将大大提高。

(三)指导性

广告战略是整体广告活动的指导思想，是对广告活动的进行提出原则和方针，作出安排，是为保证广告总体目标的实现，谋求解决广告活动的主要矛盾，解决本质性或决定性的问题，带动和指导其他问题的解决，而并非去解决广告活动中的具体工作问题。广告战略策划的任务是解决广告运动整体上应该怎么办，广告活动整体上应持一种什么态度，应该把握什么样的基本方针和原则。因此，它对广告策略策划、广告媒体和方式策划、广告预算策划等都具有重要的指导性。

(四)竞争性

广告战略是从自身情况和目标市场需要出发，针对主要竞争对手采取的基本方针。在日趋激烈的市场竞争中，任何竞争者不论其强弱，都在进攻目标市场，而真正有威胁性的则是主要竞争对手。制定广告战略时不仅应着力于宣传本企业和主要产品，还应该充分了解和把握主要竞争对手的战略意图，并制定符合实际情况的相应对策。日本在激烈的国际市场竞争中获得巨大成功的经验之一，就是把情报信息作为重要资源，企业都异常珍惜市场情报信息，不惜血本纷纷组织高效率的市场情报网。他们在中国的成功广告战略即是根据对市场竞争情况的充分了解而制定的。

三、广告战略的类型

广告战略是企业为了适应千变万化的市场环境而在广告活动中采取的宣传策略。由于企业及其产品类型不同,所采取的广告战略也各不相同。根据世界各国的广告实践,可供选择的广告战略有以下几种类型:

(一)全方位战略

这是一种全面出击、四处开花的进攻战略,即在企业产品所能涉及的所有市场展开广告宣传,从国内到国际,从城市到农村、从南到北、从东到西,都开展广告宣传活动,以求迅速扩大影响,提高企业及其产品的知名度,从总体上获得"东方不亮西方亮"的宣传效果。

这种战略一般是为了配合无差别营销战略而制定的,适用于资金雄厚、产品面向的消费群广泛的大型企业。

(二)多媒介战略或单一媒介战略

多媒介战略是指选择多种广告媒介开展广告宣传活动。比如既做广播电视广告,又做报刊杂志广告,同时还做路牌广告、灯箱广告、售点广告等。这种战略耗资巨大、覆盖面广,可以影响各个阶层的消费者,宣传效果好。

单一媒介战略是指只选择一种媒介开展广告宣传。比如只做电视广告或者只做报纸广告。这种战略主要是为了配合差别营销战略,针对细分市场的目标受众展开诉求而制定的。此战略适用于专业性较强的产品或者资金不足的小企业。

(三)多层次战略

多层次战略是从广告宣传渠道的角度拟定的战略,是指建立从中央到地方的多种宣传渠道,形成全国性或地方性的宣传网络,造成企业的宣传优势。

(四)集中战略

广告的集中战略是指企业把集中的广告投资和大规模的广告宣传集中在某一个市场或某一段时期内,对拳头产品的有关优势信息或者有关企业的信誉和知名度展开超强度的集中"轰炸",形成绝对的广告竞争优势,以求达到立竿见影、一鸣惊人的效果。集中战略追求的是广告的近期效益。它目标集中、来势凶猛,容易取得良好的竞争优势,获得明显的宣传效果。不过,集中战略具有很大的风险,容易造成顾此失彼的后果。

集中战略主要运用于经济实力雄厚的企业,或者生命周期较短的产品,以期达到集中投资、迅速见效的目的。

(五)渗透战略

广告的渗透战略是指在广告宣传的时间和空间上采取"持之以恒,潜移默化,逐步渗透,步步为营"的策略,与竞争对手展开一场持久战;在广告时间上分阶段地循序渐进,持之以恒地"抛头露面";在广告空间上"广泛传播,梯度推进,局部延伸";在广告内容上重点宣传产品比同类产品的优异之处,或者更多更好的服务,慢慢地打入同类产品所占领的市场,争取一部分使用同类产品的用户。

渗透战略避免了正面竞争的锋芒,投资分散、风险较小,但取得效果比较缓慢。这种战略主要追求广告的长期效应，适应于市场竞争比较激烈的企业或者生命周期较长的产品。

(六)心理战略

即根据消费者的心理展开广告宣传，以达到诱导劝说的宣传效果。比如消费者注重产品质量，广告就以质量为诉求重点；消费者希望年轻，广告就以情感诱导、形象塑造为诉求方式。总之，消费者最关心或最担心的问题，就是广告着重宣传的问题。

各种不同类型的广告战略反映了各种不同的广告战略思想观念。各个企业应根据自身条件和竞争的差异，确定正确的广告战略指导思想，为下一步战略方案的制定指明方向。

第二节　广告战略的内容

广告战略大体上包括基本战略、表现战略和媒介战略三大部分。基本战略即商品促销战略；表现战略即怎样针对广告对象展开广告内容的诉求；媒介战略即选用何种媒介组合进行传播。具体内容包括广告目标、广告对象、广告诉求重点、广告表现和广告媒介五个方面。

一、广告目标

广告目标是指广告在总体上要达到什么目的，是对广告活动提出的总的要求。广告主在做广告之前必须考虑这样一个问题：广告要干什么？是为了促进产品的销售？还是为了开拓新市场？是为了与对手展开竞争？还是为了塑造产品或企业形象？广告目标的确定是唯一一个必须完全由广告主独立做出的决策，如果缺少了这一环节，不仅整个广告活动丧失了决策的准则、协调的宗旨和评价的依据，而且会使广告主失去对广告活动管理和控制的主人地位。

不同的企业由于其经营目标、竞争环境、营销手段、广告任务等方面的不同，会确定各种不同类型的广告目标。归纳起米，企业采用的广告目标可以分成以下几类：

(一)创牌目标

这类广告的目的在于提高消费者对新产品的认知度、理解度和对企业商标的记忆度。其广告目标属于告知性质，通过对产品的性能、特点、用途等的宣传介绍，使消费者产生初步的认识和需求，加深品牌印象，创造名牌。此类广告并不急于促进销售或参与竞争，其主要目的在于推出新产品和开拓新市场，诱使消费者产生尝试的心理。

(二)保牌目标

这类广告的目的在于增加消费者对广告产品的消费习惯和偏爱，加深消费者对此产品的好感和信心，从而确保已有的产品市场，提高产品市场占有率。此类广告是通过连续广告形式，保持消费者对已有商品的认识和印象。例如可口可乐在我国开展的长期的系列广告宣传，目的在于提醒人们对其品牌的记忆。另外，像冰箱、空调等季节性产品，在销售淡季推出的广告也属于保牌广告。

(三)竞争目标

这类广告的目标在于提高产品的市场竞争能力。广告的诉求重点是宣传本企业产品与竞争产品的差异，特别是突出本产品的优异之处，使消费者对本产品产生强烈的依赖感和忠诚感，从而既维持了老顾客又争取了新顾客。

(四)塑造形象目标

这类广告的目的在于争取受众对本企业或产品的了解与认可,提高企业的知名度和美誉度,树立良好的企业形象。这类广告的诉求重点是有关企业整体情况的一切信息,比如价值观念、经营方针、服务宗旨、管理水平等企业理念,员工素质、服务态度、社会活动等企业行为,企业名称、商标、环境等企业视觉,以此来赢得社会各界的了解、好感、依赖和合作。诉求方式多采用与消费者交流感情的情感诉求。此类广告主要是追求企业的长期经济效益和社会效益。

企业应根据自身的需求来确定广告目标。在一段时间内广告主可能希望通过广告活动解决多方面问题,获得更大的效果。因此,广告主确定的目标不是一种,而是多种。在这种情况下必须要分清主次,明确哪些是主要目标,哪些是次要目标;哪些是近期目标,哪些是远期目标。

二、广告对象

任何企业、产品都不会也不可能满足所有消费者的需要,它们只能获得一部分消费者的认同,只能满足一部分消费者的需要。因此,企业必须明确这部分消费者,才能有针对性地确定广告的形式、媒介和诉求重点,从而提高广告宣传的实际效果。

明确广告对象,主要是了解目标消费者的基本情况,如性别、年龄、收入、文化程度、家庭状况、生活习惯、价值观念等,从中确定此次广告活动的诉求对象是谁。在广告战略中,必须对广告对象做出明确的认定。

三、广告诉求重点

广告诉求重点是指广告中突出宣传的内容。由于受时间的限制,一则广告的信息含量十分有限,如何在有限的时间内确定打动消费者的广告诉求重点,是广告战略的一项重点内容。

广告的诉求重点,一般是通过对消费者的消费欲望和消费动机的分析研究来确定的。在制定广告战略时,应根据广告产品或服务的特点,确定此次广告活动的诉求点。例如,荣获全国第三届广告作品展一等奖的南方牌黑芝麻糊电视广告,以准确独到的诉求重点,深深地打动了消费者。芝麻糊是一种普通的食品,在广告诉求上难度较大,该广告从情感诉求入手,以中华民族传统的温和、慈爱、乐善好施的美德和浓郁的人情味作为诉求重点,非常贴切地体现了"传统的大众食品"这一广告定位,把一个平淡无奇的商品表现得有滋有味,香浓无比。

四、广告表现

广告表现是指将广告诉求概念形象化的过程。具体地说,就是将广告诉求转化为可视、可听、可感,甚至可嗅、可触的具体实在的广告作品的过程。

一则广告的表现手段是多种多样的,既可以是语言文字,也可以是点、线、面、色彩透视等画面,还可以是手势、眼神、面部表情等体语,甚至还可以包括嗅觉、触觉、味觉。凡是一切可以影响人的感觉的信息传达手段,都可以作为广告信息的表现于段。一则成功的广告,往往是多种表现手段的综合运用。

五、广告媒介

广告媒介是广告信息的物质载体,作为沟通广告主和广告受众的桥梁,在广告战略中发挥着重要作用。

随着科技的进步,媒介数量与日俱增,媒介类型也日趋多元化。面对如此众多的媒介,如何有效地选择和利用、使其充分发挥信息传递功能、达到广告预期目的等问题变得日益重要和突出,媒介战略由此应运而生。

广告媒介战略是广告活动的三大战略之一,它主要是围绕着广告的对象、地区、时机、次数、方式等内容,进行统筹规划和长远部署。

第三节 广告战略的选评

一、广告战略的选择

广告战略是以分析企业外部环境和内部因素为前提,并以企业目标为核心和以实现广告目标为方向的。因此,广告战略应以企业实力、市场、产品和广告的实施四个方面的战略分析来选择确定。

(一)依据企业发展战略

在市场经济大潮中,一个企业要获得生存和发展,必然涉及到许多复杂情况,其中最突出的是时时处处都面对着激烈的竞争。竞争对手间实力的消长、地位的优劣,将直接影响甚至决定企业的存亡。因此,每个企业都力求制定一种正确的发展战略,以求在竞争中增强实力,确立优势。在这个意义上,企业发展相应地就成为广告战略选择的主要根据之一。

企业发展首先应"知己知彼",即在与同行业的比较中充分认识自身的实力、全面了解本企业在经济、技术、产品、设备等诸方面的优劣,把握竞争对手特别是主要对手的实力,在充分调查和客观分析的基础上,明确本企业在同行业中的地位次序。

处于不同地位次序的企业,其发展战略各不相同。第一位次企业的发展战略是稳定自己在本行业的中心地位,着重注意保持或拉大同第二位次企业的差距,尽量发挥规模优势等等。第二位次企业的发展战略是联合第三、第四位次企业,形成合作力量,在灵活机动和新颖领域方面,争取机会向第一位次企业挑战,同时注意保持与第三位次企业的差距。第三位次企业则着重于和第一位次企业结成同盟,借助其力量打破市场的相对稳定性,促成市场的多变化,以创造超过第二位次企业的机会。第四位次企业是弱者,互相联合、避免摩擦、集中力量、注重开发,积蓄形成与第一位次企业对等的力量,是其正确的战略。

(二)依据市场需求

市场的需求范围和需求目标具有多样性和变动性。任何企业的产品,都只能在一定范围或某种目标、某段时间等意义上去满足市场需求,而不可能包揽市场的全部需求,因而产品和市场需求范围及需求目标之间必然产生配合关系。配合适宜,市场繁荣,企业实现利润;配合失误则供需失调,企业受害。在确立产品与市场间适宜的配合关系的过程中,广告担负着重要职责,甚至足以决定得失成败。因此,选择广告战略必须以配合市场为原则。

首先,广告战略的重点,不是考虑如何"凑热闹"、"赶浪潮",而是要考虑如何抓住转化的时机,按照规律科学预测市场趋势,使产品在最恰当最有利的时机先人一步取得市场优势。

其次,广告策划时要充分考虑市场需求的多样性和变动性,并据以选定相应的广告战略。市场需求是不断变动的,影响其变动的主要因素来自消费者。消费者的需求具有层次性,首先是基本需求层次,满足之后进入选择需求层次,同一需求层次的消费者,组成若干各具特点的购买者群体,这些群体的购买行为不断影响着市场需求。

另外,还要充分考虑市场需求目标的多样性和变动性。比如,在同一需求范围内,一种产品上市之前以带动需求为目标的广告与该产品上市之后以促进需求为目标的广告,在战略策划上就应该有所不同。

(三)依据产品生命周期

在产品投入期,由于其刚投放市场,尚未引起消费者注意,因而在广告战略上要侧重于尽快在消费者头脑中建立良好的"产品第一印象"。产品投入期的广告预算要与广告战略相适应,尽可能多拿出一些经费,以保证其广告在规模声势上的效果。

在成长期则与此不同,产品已经在市场上销售一段时间,其竞争对手相应就比较多,这时的广告战略要侧重于宣传产品的独特特点,并通过这种宣传巩固厂名和商标的声誉,取得市场优势地位。产品愈优秀,效益愈好,名声愈大,别人仿制的可能性也就愈大,必须充分估计仿制品在市场上的冲击力量和威胁性。因此,成长期内的广告在战略上必须考虑能最大限度地遏制仿制品。这种遏制,除了广告经费、规模声势等方面外,还要力求广告本身具有独特性,是竞争者或仿制者所无法借用的。产品能否稳步立足于市场,这时的广告战略具有关键性意义。

在产品成熟期,产品已进入旺销的阶段,消费者开始大量购买,广告的推销效果也较明显,容易"立竿见影"。这时的广告战略,应侧重于劝说老顾客继续购买本产品,并劝说潜在消费者试用本产品,尽量通过广告挖掘潜力扩大销售。由于此时营销已形成相对固定的模式,所以广告经费预算要精细,尽可能节省而达到理想效果。

产品成熟期的最后一段时间,接近衰退期但尚未完全进入衰退期,这一时期产品的竞争焦点已从功能、质量方面转移到价格、服务方面,因而广告战略的侧重点应放在宣传价格优惠和售后优质服务方面。但是必须充分分析企业自身情况及竞争对手的情况,审慎行事,因为宣传价格优惠有一种潜在的危险性。企业竞争对手之间为了争取顾客,确保自己的市场优势,不断竞相降低价格,无疑也就是在不断削减自己的利润。这种"拉锯战"的结果是把双方都赶进了死胡同,导致两败俱伤。明智的广告战略策划,是审时度势,如果本身是高位次企业,而且足以能够承受因降价而带来的利润损失,那么可以着重宣传价格优惠。如果本身与竞争对手相比是低位次企业,而且不能承受因降价而带来的利润损失,那么就应该转移阵地,待机而动,另谋新策,而不要不自量力,孤注一掷硬拼价格战。日本的新日君电器公司的老板,在与松下、东芝、日立、索尼等老牌大型电器公司相比,确认"已不如人",处于产品下坡期的劣势地位,于是他不参与价格战,而是另出新招,推出了悬赏广告:谁能找到本公司的一台不合国际质量标准规定而给用户带来麻烦的产品,就可获得相当于产品价格一倍的高额奖金。广告刊出后产生了强烈的宣传效果,许多人跃跃欲试,结果几个月过去后仍未有任何人能够来领赏,这使人们对其产品产生了极大的信任感,因而公司声名大噪,产品销量大增。

在产品衰退期,产品已逐步失去市场,正在被其他产品所取代,因而这一时期的广告战略,重点不能再放在宣传产品本身上面,而应该着重宣传商标,通过广告维护企业的良好形象,保持企业的良好声誉,等待新一代产品出现。广告战略制定者应该有一个明确的观念:广告战略是企业整个营销战略的一部分,从全局和整体上看,一种产品走向衰退,绝不是商标也走向衰退,更不是企业走向衰退。相反,企业要利用这一商标开发新产品,跨越现在,赢得将来的更大发展。

每一种产品都要经历从投入到衰退的各个阶段,这是客观经济规律。但是企业为了其经济效益,可以采取有效的措施来延长产品的生命周期。这些措施一般是:改进产品质量、外观和包装,扩大功能,降低价格,改善售后服务等,这些可以统称为改进措施;或者到另外一个地区扩大销售范围以延长产品生命周期;或者直接将生产场所迁移到新的地区,在那里生产产品投入市场,也可因该地区尚未流行这种产品而达到延长其生命周期的目的。在采取上述措施延长产品生命周期的情况下,广告战略也必须作相应的选择。

(四)依据广告实施要求

广告的实施要受多种因素制约,企业本身的资源能力、位次高低、规模大小、活动范围以及市场目标、产品特点等等,都可能给广告实施造成限制,比如:一个广告策划得十分优秀,但预算经费100万元,而企业只能承受50万元,那么这个广告是无法实施的。因此,选择广告战略必须充分考虑其实施的现实可能性。常见的情况有三种:

第一,产品生产周期较短,波动性较大,或者企业本身资源能力有限,活动范围不大,属低位次企业。这种情况下,广告实施要力争既省钱又便于控制,不宜采用长时间的大规模宣传措施,"广种薄收"的办法不利于企业,而只能重点突破,发挥专一独特、机动灵活的优势,以求获得高效益。广告的实施结果不是在较大或较多的市场上去占有较小份额,而是要在较小的细分市场上或少数几个市场上获得较高的市场占有率,即以追求市场占有率为重点。据此,广告实施宜于采用集中方式,即针对一个或少数几个细分市场,调动各种广告宣传方式与手段。与此相应的广告战略也应选择密集性战略。

第二,小批量多品种生产的企业,每个目标市场小而具体。可以增加对市场情况的认识深度,根据每一个细分市场的特点,灵活机动地制定不同的市场营销计划。在这种情况下,广告策划也要考察各个细分市场之间的差异问题。针对这种种差异,广告的实施要采用差别选择方式,即分别采用不同的宣传内容和主题,以及不同的媒体与手段去迎合各种类型的消费者,以多种劝说方式推销多元化的产品。与此相应的广告战略也应当是选择差别性战略。

第三,几乎是独家经营该产品的企业,或者是生产消费者选择性不大、需求弹性较小的产品(如日用品)的企业,或者是实力雄厚、竞争力较强的企业,它们推销大众化日用品和处于成长期的生命周期较长的产品,其广告的实施一般采用同一的广告宣传内容与主题,将总体市场看成同质的一个大市场,只管需求的共同点,不管其差别点,而且在广告文辞、形象方面力求大众化,选用媒体以电视、报纸、大众化杂志等为主。与此相应的广告战略也应当是选择无差别性战略。

二、广告战略的评价

广告战略的制定并不是一次性完成的。战略经过选择而确定之后,还不能立即用于指导全局,还必须对所选定的广告战略进行评价。这种评价工作具有重要意义,它可以防止因为战略选择不恰当而对整个广告运动造成误导。通过评价而确认此种战略选择的正确性、科学性,可以增强广告实施的信心和决心,保证广告运动顺利发展并取得满意的效果。简言之,评价就是对广告战略选择的一种再审查、再检验。

(一)评价广告战略的标准

广告战略是企业营销战略的组成部分,它必须与企业整个营销战略配套,为营销战略服务。因此,一种广告战略将为企业营销带来什么样的效果和效益,是至关重要的核心问题。评价广告战略必须围绕这个核心问题进行。

广告战略评价所使用的标准，一般有价值标准和“满意”标准。

所谓价值标准，就是要多角度多方法地比较认定一种广告战略是否能大限度地给企业带来好处。这些好处包括：在全局上引导广告活动产生长期稳定的宣传效果，保证广告活动给企业带来良好的形象效应、品牌效应和经济利益，赋予企业在竞争中的生存发展意义，等等。使用价值标准，涉及定量分析的数学方法及测试手段问题，对技术可能性要求较高，还涉及经济合理性问题，指标体系复杂。要明确达到技术可能性与经济合理性的综合要求，难度更大。所以，使用价值标准评价广告战略，须是专门业务机构方能胜任。

所谓“满意”标准，就是在企业竞争环境和市场营销态势两方面来看，能“比别人好一些”，在这个限度内是合理地使企业感到满意的最优战略。它一般涉及的是经验判断法，操作难度较小，弹性较大；而且，广告策划是复杂的工作，要使战略选择达到最优化程度非常困难，策划者由于认识能力、时间、经费、情报来源等多方面的限制，不可能对各种战略的未来后果尽知无误，而只能追求一个有限合理相对“满意”。

（二）评价广告战略的方法

评价广告战略通常有三种方法：

1. 经验判断法

依靠策划者的直接经验和间接经验，对最初构想的所有战略原始方案进行再比较，从最坏的方案开始逐一淘汰，保留淘汰后所剩下的“最不坏”的方案；或者，对制定各个战略方案时所根据的各个小项进行“经验评分”，然后按各小项的得分高低进行排队比较，小项总分最高的方案，或关键小项得分最高的方案，根据情况可评价为最合理的战略方案；或者，将选定的战略方案与过去本企业已经采用过和别人已经采用过的同类战略方案进行历史的纵向比较，同时将选定的战略方案与现在广告业界正在采用，或根据情报得知正拟计划采用的同类战略方案进行现状的横向比较，运用策划者的知识和经验评价该方案的合理性与其他方案的合理性之间的差距，在比较中还要注意形成明确的借鉴、改进和完善意见。

2. 数学分析法

主要运用数学工具作定量分析，比如计算概率、测定期望值、对策运筹研究、效用统计研究等等。数学分析法要求精确度高，分析结果误差不能超过限度，因而要求战略策划者所提供的调查研究材料数据必须准确可靠，不能凭估计大概想当然提供原始材料。否则，数学分析法所得出的评价结论可能毫无意义，严重的还可能得出完全错误的评价结论，使合理的战略方案被否决，使不合理的战略方案被确认，结果导致整个广告运动的失败。

3. 试验预测法

首先假定该战略方案是最优秀最合理的，然后在人工条件下设计出该战略方案的适用环境，并运用这一战略作指导，在该人工环境中进行广告运动实际过程，同时观察分析广告的效应、效果和效益，进行综合评价，看是否能达到预定的指标，即看其能否使该战略方案的合理性得到验证。使用这种评价方法，要注意两点：第一是人工环境的设计必须充分考虑与社会市场环境的相似性，对各种外在影响和干扰因素要有足够的估计，因为社会市场环境十分复杂，绝不可能像人工环境那样“纯净”；第二是整个测试过程中，要对人工环境的各方面条件始终实行强有力的监控，以防其条件的“隐性变形”而影响测试结果的可靠性。

【本章小结】

广告战略是广告活动的综合性指导，是企业营销工作的重要组成部分。广告战略具有全局性、长期性、指导性和竞争性的特点。主要包括全方位战略、多媒介战略、单一媒介战略、多层次战略、集中战略、渗透战略、心理战略等战略类型。具体内容包括广告目标、广告对象、广告诉求重点、广告表现和广告媒介五个方面。广告战略应以企业实力、市场、产品和广告的实施四个方面的战略分析来选择确定。广告战略的评价一般有价值标准和“满意”标准。评价广告战略的方法一般有经验判断法、数学分析法和试验预测法。

【复习思考】

1. 企业的广告活动为什么需要战略的指导？
2. 广告战略的基本类型有哪些？
3. 广告战略包括哪些内容？
4. 广告战略的评价标准和评价方法一般有哪些？

【实训练习】

王辉是一名刚刚毕业的营销专业的大学生，他决定自主创业，开办一家贸易公司。创业初期的主要业务是，把 A 地（王辉家乡）的一种特色小吃（真空包装，保质期一年）引入 B 地（王辉现在所在的城市）。通过他的前期调研，王辉得出结论，A 地的这种特色小吃，是 B 地的消费者较为喜欢的，完全有可能具有很好的销路。但是，B 地消费者基本不知道有这样的食品。于是，他想通过广告宣传，使 B 地消费者能够接受这种新产品。

可是，王辉在 1 年之内，只能有少量的资金投入广告（总共大约 5 万元左右），无法大规模开展广告宣传。

请你根据王辉现在的状况，为其制定 1 年内的广告战略。

提示：主要从广告战略类型、内容，以及评价标准方面，进行原则性地表述。

第四章　广告主题策划

【引入案例】

学习星巴克的咖啡文化:不要只是把它当咖啡喝

“这不是一杯咖啡,这是一杯星巴克!”

看点:星巴克的咖啡价格稍高于同类产品,但是这没能阻止世界各地的消费者走入星巴克,原因就在于星巴克发现了消费者对咖啡饮品的新需求,在它的杯子中装满的不仅是咖啡,还有浓郁的咖啡文化。

当星巴克浓郁的咖啡味道飘向街道时,西雅图苏醒了。尽管盘踞着微软和波音两大世界顶尖公司,但对于西雅图的市民来说,这座城市的一天是从一杯咖啡开始的。事实上,不论是西雅图、纽约、东京,还是北京,越来越多的人愿意走进星巴克,花上比其他咖啡馆可能贵一点儿的价格品尝一杯。“这不是一杯咖啡,这是一杯星巴克。”痴迷于星巴克的人会这样解释。而一项研究表明,消费者所追求的商品不仅要满足最基本的要求,还要帮助他们传达出其他信息,比如他们是什么样的人或是他们想成为什么样的人。同样,消费者还认为,小小的奢侈有助于他们管理生活中的压力,并更好地调配自己的时间,达成愿望。出于这样的原因,星巴克得以进入《福布斯》的奢侈品排行榜,位置甚至超过知名化妆品品牌雅诗兰黛。

一个美国人在意大利的奇遇

1983 年,星巴克的前任总裁舒尔茨出差到米兰参加商展。他走在街头,发现浓缩咖啡馆一家接一家,而且都挤满了人。意大利人早也来、午也来,到了傍晚下班还是先到咖啡馆转一圈才回家。大家一进门好像就碰到了熟悉的朋友,在歌剧音乐中彼此聊了起来。事实上美国人已经在自家的壁炉旁喝了上百年的咖啡,而那时的星巴克也已经卖了 10 多年咖啡豆。但是,所有人都没有意识到,放松的气氛、交谊的空间、心情的转换,才是咖啡馆真正吸引顾客一来再来的精髓。大家要的不是喝一杯咖啡,而是渴望享受咖啡的时刻。

“我们有一个憧憬:为咖啡馆创造迷人的气氛,吸引大家走进来,在繁忙生活中也能感受片刻浪漫和新奇。”舒尔茨把星巴克打造成办公室和家以外的第三空间,但是对于入门门槛不高的咖啡生意而言,星巴克还要持续不断地发现潜在的那些“第三空间”。

第 N 个第三空间

事实上,星巴克在如何发现消费者的新需求的工作,从选址那一刻起就已经开始了。比如在中国,星巴克选择在商业区。这里的白领们因更多地接触国际文化而且更需要和更容易接受咖啡饮品,同时他们也更需要有一个调节压力的“驿站”。但在欧美,人们在家里就有喝咖啡的习惯,星巴克要满足的是人们走出家庭之外享受咖啡的需求,因此那里的星巴克主要集中于社区。而这个社区有着更丰富的概念,它是一个功能更加综合、丰富的区域,是欧美人除了工作圈之外的一个非常重要的社交场所。在北京,星巴克甚至做到在道路两边各开一家,这样人们就省去了过马路的麻烦，或者一家店里客人多没有空位的无奈。虽然这样做，有时会导致单一店铺的经营业绩下降，但从整体上看，星巴克的收入增加了。

在北京，如果你是一位星巴克的发烧友，一定对星巴克摇曳的灯光、舒缓的音乐不陌生，除此之外，“星巴克各分店每周必须为顾客开设一次咖啡讲座。”美大星巴克咖啡公司的杨亦农这样解释。

原因很简单，“对于大多数中国消费者来说，对咖啡的了解远不及茶。人们需要专业的指导，来了解和接受咖啡这种对大多数中国人来说较新型的饮品，以及与之相关的新的生活方式。在这一点上，星巴克做到了。”而对于那些已经爱上星巴克的顾客来说，在店里享受咖啡的美味显然已经不能满足他们的需求。星巴克开发了各种系列产品，从各种咖啡的冲泡器具，到多种式样的咖啡杯。比如“家庭咖啡制作套装”就是专门针对这类顾客开发的产品。“为了达到最好的口感，制作咖啡时，咖啡与水的比例关系应为每10克咖啡配180毫升水。这对大多数消费者来说，是很难掌握的一件事情。所以我们专门设计了10克咖啡勺。”

事实上，星巴克还在持续不断地发现消费者的新需求，而这种需求也超越了最基础的咖啡产品。凤凰卫视著名主持人陈鲁豫就是咖啡加甜点这一组合的坚定倡导者，如果顾客还不知道如何搭配的话，顾客可以向任何一家星巴克寻求帮助，在这里他们能够接受到专门的指导，“当然，我们所做的一切都是要让顾客享受到最极品的咖啡。”

星巴克甚至将自己的用心拓展到食品领域之外。咖啡豆销售商出身的星巴克在全球范围内大开咖啡店的同时，也没忘记自己的老本行，但是他们比过去20年做得更出色。咖啡豆放置时间长了会流失香味，这是让许多消费者头疼的一个问题，而星巴克则推出了香味锁(flavor lock)，可能很多人没有注意到在咖啡包装袋上有一个星巴克的圆形标志，而这里就是这个锁的位置。它的功能就是人们只可以将袋中的空气挤压出来，而外面的空气却不能进入袋中。这样就在最大程度上保证了咖啡豆保存期间的原味。

而除了咖啡豆、饮料和食品之外，在美国的星巴克店里，顾客还可以购买音乐光盘，或者在店里的电脑数据库存储的数千首歌曲中选择自己喜欢的歌曲，做成非常个性化的光盘。只要花6.99美元，就能买五首歌曲，超过五首的每首要再加一美元。而中国的星巴克则推出了更加本土化的服务，在中秋节、圣诞节等节日期间消费者将可以购买有着精美礼盒的礼品套装。虽然这在星巴克整体营业额中所占比例还比较小，但是这两年来一直呈上升趋势。星巴克正欲将自己再打造成一个“礼品中心”。这样顾客不仅可以在店内品味星巴克的饮料和享受幽雅的环境，同时他们购买礼品，还把“星巴克体验”带给更多的人，成为传递星巴克文化的“多米诺骨牌”之一。

如何持续发现消费者的需求

星巴克是如何做到保证持久品质并不断推陈出新，满足消费者不断变化的需求呢？这里有隐藏着很多决定成败的细节上的努力。例如，你是否注意过星巴克咖啡杯上的几个小方格？也许很多人根本没有注意过这些细节。其内容包括低咖啡因、牛奶、糖等等。它们的作用不可小觑。顾客在点咖啡时，告诉合作伙伴，星巴克对自己员工的称呼、自己的要求，合作伙伴就按照顾客的要求制作咖啡，并在小方格处做出标记。也就是在这个过程中，星巴克不断发现消费者的需求动态……。在星巴克的总部西雅图有一份“全球咖啡资料手册(global coffee menu board)”，将星巴克几十年里最受欢迎的经典咖啡产品汇聚起来，在全球的所有星巴克店里都可以找到这些统一质量标准的产品。而新产品在经过了一段时间的销售，确定为长期饮品后才会被加入手册……

（资料来源：中国营销传播网，http://www.emkt.com.cn）

【本章概述】

本章分别就广告主题的定义、构成广告主题的三大要素、广告主题策划的基础、建立产品核心价值、产品衍生价值和挖掘产品潜在价值的不同内涵进行了阐述，并重点强调了在策划广告主题时应注意的几大问题。便于广告者对广告主题策划有较为全面的了解和认识，为广告者独立进行广告策划和创作打下基础。

【学习目标】

通过本章的学习，认识广告主题的含义及构成要素；了解和掌握广告主题策划的要求及确定广告主题时应注意的问题，并能够运用所学知识对广告主题进行正确定位和策划。

【本章重难点】

本章重点在于对广告各构成要素之间联系性的认识和把握。

本章难点在于对广告主题中建立产品核心价值、衍生价值和创造新价值等有关问题的理解和运用。

第一节　广告主题概述

一、广告主题的定义

所谓广告主题，就是一件广告作品所要表现、传达的主题思想，是广告为达到某项目的而要说明的基本观念。简单地说，就是想要向大家说明的主要问题。广告主题要解决的最重要的问题是回答为什么消费者购买我的产品而不是其他同类产品或替代品。这个问题解决不好，无论广告再具有艺术性，也不可能产生预期的促销效果。

广告主题乍看起来就是一句话，但确定广告主题绝非易事。在广告策划过程中，主题的确定是十分困难的事。因为，任何商品的信息都是非常复杂的，而广告所能传递的信息非常有限，要在最短的时间内吸引消费者、打动消费者，必须精选广告的内容，对产品的信息进行筛选，这就是广告主题的确定。而广告主题的确定决不是靠拍脑门想出来的，它是由市场决定的。因此，要确定一个恰当的广告主题，必须认真进行市场研究，最终找出消费者购买自己产品的理由。

二、广告主题的三要素

如何才能有效地选择和确定广告主题呢？理论研究表明，要解决好这个问题，必须仅仅抓住构成广告主题的三要素。广告主题由广告目标、信息个性和消费心理三要素构成，用公式表示即为：

广告主题＝广告目标＋信息个性＋消费心理

如图4－1所示：

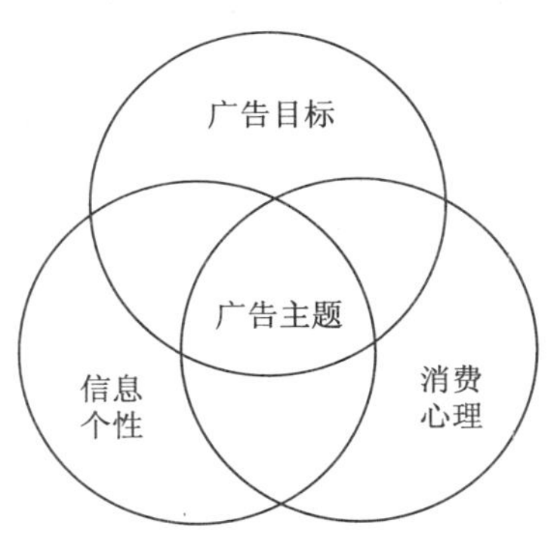

图4－1　广告主题的三要素

(一)广告目标

广告目标是根据企业营销决策、广告决策而确定下来的，它是广告主题的出发点，离开了广告目标，广告主题就会无的放矢，不讲效果。广告主题的确定必须围绕广告目标的实现来进行，否则就会失去方向。广告最基本的目标在于促进销售，除此之外，还包括很多具体目标。广告目标的种类有：

(1)按照目标的不同层次，可分为总目标和分目标。总目标是从全局和总体上反映了广告主所追求的目标和指标，而分目标是总目标下的具体目标。

(2)按照目标所涉及的内容，可分为外部目标和内部目标。外部目标是与广告活动的外部环境有关的目标，如市场目标(包括销售量目标、广告覆盖面以及广告对象等)、计划目标(包括销售量目标、销售额目标、利润率目标)、发展目标(树立产品和企业形象、扩大知名度以及企业生存和发展目标)。内部目标是指与广告活动本身有关的目标。如广告预算目标、质量目标和效果目标等。

(3)按目标重要程度划分，有主要目标和次要目标。主要目标涉及全局，是广告活动的重点，要全力以赴，不可放弃。在一定的条件下，为了广告的整体效果和企业的整体利益，在广告宣传中宁可放弃次要目标，也要保证主要目标之达到。

广告目标在不同的企业、不同的商品以及在商品生命周期不同阶段上往往不同，广告目标的内容归纳起来大致有以下方面：

(1)介绍新产品的性质、性能、用途和优点，协助新产品进入目标市场，以提高商品的知名度为目标。

(2)介绍老产品或改进后的产品具有的新用途和改进后的优点，以扩大产品的销售量，延长产品的生命周期为目标。

(3)增加产品的销售量，突出产品的质量和功能，激发消费者直接购买，提高销售增长率，以扩大产品的市场占有率为目标。

(4)保持原销售数量，稳定老客户的购买额度，吸引潜在客户，以维护原有利润水平为目标。

(5)支援人员销售，节约推销费用。

(6)增进与经销商之间的关系。

(7)树立品牌形象和企业形象，提高产品知名度和信任度。

(8)提供某些优质服务，延长产品的购买时间或使用季节。

(9)扩大销售区域，开辟新市场和吸引一些新客户。

(10)提高与同类产品竞争的抗衡能力，或压倒同类产品，抢占同类产品在市场上的销售制高点。

(11)消除令人不满的印象，解答消费者的疑虑，排除销售前的种种障碍。

(12)为消费者提供售后服务，建立商业信誉。建立友谊和感情，提高社会对企业的信任感。

(13)调动职工积极性，增强职工的自豪感和责任心。

(14)维护企业的长远利益。

此外，在建立广告目标时遵循以下原则：

第一，目标要单一，突出重点；

第二，目标要具体；

第三，应充分考虑环境因素；

第四，广告目标必须是合理的、可行的；

第五，确定广告目标实现的期限。

此外，要规定测定目标的方法和保持广告目标的相对稳定性。

（二）信息个性

信息个性是指广告内容所宣传的商品、劳务、企业和观念要有鲜明的个性，要与其他商品、劳务、企业和观念明显区别开来，并能突出自己的特点。它所包含的信息是独特的。信息个性也可称销售重点（Sale Point 卖点），在广告诉求中即为诉求重点。没有个性的信息是缺乏促销力的。因此，信息个性是广告主题的基础和依据。商品的任何一点微小差别，都是广告主题和广告创意应该充分考虑的。而商品的差别，可以考虑的范围主要有两种表达方式：

1. 广告方程式

（1）原料：包括原料产地，它的历史与起源，选择哪种原料，它的品质。

（2）制造方式：包括制造方法介绍，制造方法的特点，使用何种设备和机器，工人技术水平，制造方法的发明，制造环境的卫生条件，公司或工厂的规模，公司或工厂的历史、经验和名誉，制造方法的先进，构造或品质上的保险。

（3）产品效用：包括产品的形状及其效用和印象。其中的视觉印象（即外观、形式、颜色等）、听觉印象（即声音、声响、音质）、触觉印象（即滋味、嗅味、粗细、动作等），各种用法，使用成绩，多种用途和用法；使用次数、频率和使用寿命，用户的社会构成（阶层、职业、地位、象征意义等）；用户的评价、褒赏，知名人士或专家的肯定评价，使用上的方便（便于开启、便于维护、便于携带等），使用上的简易（省时、省力等），使用上的趣味，使用上的保险，包装的美观和可靠，免费修理，上门服务（送货上门、维修上门）。

（4）价值：包括价值与同类竞争商品的比较，价值与数量、成色的比较，时间与工作上的经济，价格便宜，耐用程度，价值所代表的地位与身份的象征。

2. 广告要点式

包含商品本身，商品的经历，制造商品所用的材料，制造过程与加工特点，关于制造者或经销者的经历和声誉，市场供求情况，同类竞争商品的状况，广告宣传对象的特性、地位、年龄、教育、生活环境、购买习惯，以及他们对广告宣传商品的态度。

确定广告主题及其表达方式时，可以参考上述两种方式所辖范围内的各个细目，广开思路，多角度地选择、思考，根据实际需要，侧重抓住某一、二个方面，以突出信息个性。比如名贵补药可以从产品用料成分及功效方面深入发掘，以强调信息个性；新的文教用品，又可以从功能和效用方面多加思考，选择合理的主题。拿现在药物牙膏的广告来说，有的以药效功能作为信息个性，有的以人体无害作为信息个性，有的则以没有药性味作为信息个性，有的以药物牙膏已成为系列、可供选择作为信息个性。可见，不同商品可以突出不同的信息个性，同类商品经过广告创意，也可以突出各自不同的信息个性。

20 世纪 60 年代末，日本轿车刚刚进入欧美市场时，在销售地大力宣传日本车“外形美观，价格低廉”，由于主题没有突出产品特点，难以打动一般消费者，反被讥讽为带壳的四轮摩托车。20 世纪 70 年代末，欧美遇到了严重的石油危机，日本厂商才抓住机会，改变广告主题，重新定位，突出日本汽车节油的特点，终于赢得了为油荒所困的欧美消费者的青睐。

（三）消费心理

即广告主题中强化的“Plusa”（Plusa 表示消费者心理倾向性的增强）。广告主题中的心理因素 Plusa，是广告中很重要的调味剂，能为广告增添光彩。同时，还是一种扩大剂，能够使广告的功效扩大。Plusa 的应用，体现了广告更多地介入到生活中去，深刻地体现商品与用户切身利益的相关程度，表示了商品与人们生活（精神生活、物质生活）的息息相关。比如，我们在平时劝告孩子时，都有这样的体验，与其讲“注意汽车”、“不要感冒”，不如讲“被汽车轧着就不能看电影”、“感冒就不能吃好东西”更为有效，因为后者更能引起孩子的关切和注意。这就是生活中最原始的心理因素的应用，体现了劝说与心理的结合。消费者的水平虽然并非经常是与这样简单的例子一般，但劝告的思想方法也有许多共同之处，这才使得 Plusa 有了用武之地。对消费者来说，比产品说明更为重要的，是产品与自己的关系。能不能动之以情，也在于这种关系能不能清楚地表现出来。

有一种护肤用品的广告是：“对干燥的皮肤有滋润的效果”，副题是“无论手脚，都是自己的本来面目”。这个副题就含有 Plusa，当人们想到自然的、健康的手脚的本来面目将得以保持或恢复，自然会对广告的这种承诺发生兴趣。

在商品情报时代，只根据广告目标加上广告信息就能确定广告主题了，即只根据广告目标的要求，确定合适的商品信息或企业信息就能达到广告目的；但在买方市场条件下，商品供应充分，竞争激烈，消费者面对着无数的广告，如果不讲求信息的个性、不考虑消费者心理，广告就会被淹没在信息的海洋，就难以产生有力的促销作用。

为了符合消费者的心理特点，展示商品与消费者切身利益相关的广告主题，使广告更富人情味，可以通过多种可供选择的题材或角度组合成有诉求力量的广告创意。

（1）健康。美国一种杀虫药水的广告标题：“我们宝贵的血液，为什么供臭虫果腹？”

（2）安全。神奇药笔下的广告主题醒目标出：“死亡线！”在黑色的死亡线上方，注明：“笔到之处，害虫皆死”。在死亡线下方，注明：“对人畜无害”。这则广告十分引人注目。

（3）社交。美国伊潘娜牙膏的广告：“在玛丽用过伊潘娜牙膏之前，就没有人向她打过口哨。”既点出该牙膏洁齿、香口之功效，又点出它能为社交活动提供某种便利。

（4）经济。上海某牌号香水的广告：“一分钱代价，七整天留香”。以一与七形成工整的对仗，并以收支对比。

（5）进取。上海长城电梯厂的广告：“华达电梯助君高升。”一语双关，既代表着电梯质量之好，方便上楼；又寓意着有利于工作与生活，帮助你提高工作效率，在事业上取得成功。

（6）荣誉。金利来领带的广告：“金利来，男人的世界”。使用金利来领带，能够充分体现男子的气度。

（7）母爱。日本“花儿香”豆酱为了做好广告，有时用“思慕故乡的好处，莫过于体验大自然母亲的滋味”来打动人心，有时又让妙龄少女呼唤“妈妈”来加深印象。

（8）自尊。河南“西施兰”夏露的广告句有：“如果您意识到每周仅花几秒钟时间就能恢复您的自尊和自信，您就会分外觉得西施兰的珍贵了。”

（9）便捷。美国某煤气公司的广告：“唯独这种煤气能向您提供一大桶一大桶的热水，比普通的快三倍。”

（10）排难。某备用电源的广告：“当您的电视大学上课时忽然停电了怎么办？”

（11）保证。双菱牌闹钟的广告：“万无一失！”

（12）友谊。日本三菱汽车广告：“有朋远方来，喜乘三菱牌”。

（13）爱情。日本 SIGMA 变焦镜头系列，结合镜头的广告句有“我凝视着你及渴望拥有你，所以我把你拉近”，完全把照相机比喻为热恋中的情人。

（14）关心。北京奥琪男用化妆品的广告句有：“奥琪没有忘记男士们！”

（15）地位。英国名牌汽车罗尔斯·罗易思的广告：“本车是世界上最昂贵的汽车！”

(16)欢娱。法国金牌马爹利干邑白兰地酒以“酒话连篇”为题作连载文字广告,介绍该酒发展史上的奇闻趣事,并反复出现“饮得高兴,心想事成”的广告主题,使人们在娱乐之中接受这一品牌。

17)保险。莱比锡中心百货公司所进行的“为雨季准备”的商品活动中有这样的广告句:“不会只下一滴雨”,“屋顶保护不了我们。”

此外,还有敬老、爱幼、天伦之乐、吉利、舒适、美丽、同情、友谊等等,都可作为 Plusa 渗透到广告主题之中。只要企业善于从消费者的切身利益出发,设身处地为消费者考虑问题,点明给消费者所能带来的某种物质上或精神上的益处,就能够有效地调动心理的力量,引起较强的购买欲望。

因此广告信息不但要讲求个性,而且要符合消费者心理,能够引起消费者共鸣,否则就会失去效用。所以说,广告主题的三要素构成,不是简单的叠加,而是一种有机的融合,是各要素的相互结合和渗透。

第二节 广告主题策划基础

广告目标、信息个性和消费心理为广告主题的产生提供了基础和条件,因此,广告主题的确定首先是要分析广告目标的要求,其次要确定个性化的、符合消费者心理的广告主题内容。个性化信息的要求就是指体现广告主题的信息必须是自己企业的,是有别于其他企业的。广告主题的确定正是建立在对广告目标的服从,对企业及其产品价值分析及对消费者心理研究的基础之上的一种综合分析研究工作。即在分析产品、企业的价值及消费心理的基础上,经过联想、推理和综合思考,进而提炼出广告主题。所以说,了解企业及其产品的价值及消费心理是广告主题策划的基础。

一、构建产品主导价值

我们知道从市场营销学中“产品整体”概念来看,一般来讲,一种产品的属性是多样的,对消费者需求的满足是多方面的,它不仅要提供某一基本功能和效用的产品核心,同时产品的形体,包括质量、品牌、包装、款式以及产品的附加也能给消费者提供一定的价值,这些价值就构成了产品的主导价值。

例如,一部轿车除了能提供消费者代步的交通功能外,还具有马力强劲,速度快,外观豪华,驾驶安全,噪音小,用油省等多项特征,这些特征就形成了一张主导价值。原则上来讲,这个主导价值中的每一特征都可充任广告主题诉求的立意点。这种方法也有人称为“广告方程式”或“广告要点式”的主题策划方式。确定广告主题,首先要分析自己的产品具有哪些价值,从而建立起自己产品的价值体系。这个主导价值中的每一种具体的价值都是广告主题立意点的考察对象。对产品价值的分析主要从以下几方面进行:

(一)从产品实体因素出发

产品实体是产品价值的载体,是消费者利益实现的基础,实体价值可以充任广告主题的立意点。奥格威的许多广告都侧重于产品描绘,通过展现产品实体从而告知消费者能获得某种利益,如他在著名的为“劳斯莱斯”汽车所做的广告中,用了 719 个英文字,从 19 个方面详细例举了“劳斯莱斯”汽车各方面的特性,从而充分表达了“精工制造”这一广告主题,并取得了极大成功。

产品的实体因素包括：

(1)产品的品质、原料、构成成分结构性能等。例如“潘婷”洗发水以“含有维他命 B5”的构成成分为广告主题的立意点。

(2)产品的生产和管理的方法、生产过程、生产条件、生产环境、生产历史等。例如“乐百氏”矿泉水以制造矿泉水多道工序的罗列来作为广告主题的立意点。

(3)产品的外观品牌包装等。例如“羔羊牌”朗姆酒的广告主题便围绕着“羔羊”展开。在广告的照片中，它们像要杂技似的搭成金字塔型，站在滑板上乘风破浪。广告语是“羔羊也会开心”。

(二)从产品的使用情况出发

产品的使用情况是指消费者在产品使用过程中能获得什么价值。这是在广告中大量出现的问题，也是最不容易把握和表现的主题。因为广告创作人员很容易将消费者熟知的用途，如电视图像清晰，手表走时准确，冷冻保鲜，空调四季如春，做为广告主题，而这些都不能给消费者提供广告产品的个性信息。因此，从产品的使用价值中去挖掘广告主题更具有挑战性。这方面主要包括：

产品的用途和用法。例如“杜邦抗污性地毯”的广告语是，难得的是它比其他地毯的耐脏能力强了 40% 。

产品使用的实际价值和效果，即产品可能给消费者带来的利益，这是大多数广告的诉求点。例如“汰渍”洗衣粉广告对“汰渍”洗衣粉能干净快捷地洗衣物的展示，其间欢乐的广告歌曲又渲染了广告气氛，烘托了洗衣带来的乐趣。

消费者对产品使用的反应。例如“大宝”晚霜、日霜广告中，通过不同身份的消费者(教师、女工、京剧演员、摄影记者)对产品使用的评价，烘托了“大宝”产品“价廉物美”的广告主题。

(三)从产品的价格、档次出发

企业对自己的产品从价格、档次、品味等方面都有一个基本的定位，这一定位也可被选为广告主题。例如通用汽车公司“雪佛莱”汽车广告：“全球最豪华的低价汽车”。

(四)从产品与其他产品的关系出发

1. 从产品与其他相关产品的关系出发

人们的生活需要是相互关联的，而一种产品只能满足人们生活的某些部分需要，而有了这部分需要又常常引发对另外部分产品的需要。如有了西装，要配领带；有了电脑，需要买软件等等。广告通过点明这些产品间的相互关联，间接地揭示和传达了广告商品价值信息，从而唤起人们对该种商品的需求。例如日本 NEC 打字机广告：“与名牌‘IBM’电脑配套使用，强劲搭配，无懈可击。”

2. 从产品与竞争品的关系出发

产品在市场上总会与同类产品或替代产品发生竞争关系。竞争品牌的广告会影响和制约本品牌的广告信息，这种影响可能是正面的也可能是负面的。具体表现为：

(1)促进。竞争品牌广告信息与本品牌广告信息有某种相关或相对立的因素，从正向或反向对品牌广告信息的心理效应起着促进或助长的作用。例如可口可乐和百事可乐多年以来持久不断的针锋相对的广告大战，使得两种品牌的信息都深入人心。

(2)屏蔽。那些在时间上出现较早、产品知名度较高、传播上处于强势的竞争产品广告，其所传播的信息会形成一道心理屏障，从而使得弱势品牌或新品牌的相似广告信息难以抵达消费者。

例如“海飞丝”、“采乐”等广告，都以去头屑为广告诉求主题，这会使得其他也采用同一主题的广告在传达中遇到很大障碍。

(3)同化。有时弱势或新进入市场的产品品牌不仅会被强势或领先品牌所遮蔽，甚至其所传达的信息被后者所吸纳、同化和利用，从而为他人做嫁衣。固特异(Googyear)是美国最大的轮胎制造商，这使得另一家较小的轮胎企业固特力(Goodrich)为此大伤脑筋。固特力辛辛苦苦在市场中为其产品大作广告，到头来却总是被固特异分享。如固特力在市场上促销其首先发明的“钢丝辐射层轮胎”，几年后，当问及车胎购买者哪家公司制造这种轮胎时，竟有56%的人回答是固特异，而固特异实际从未为市场上提供这种轮胎，无怪乎有人说：“固特力发明它，火石(Firestone，另一家轮胎制造商)发展它，固特异销售它。”

以竞争关系出发，通过对比更能突出自己产品的价值。如百事可乐所做的“速食餐厅篇”广告，也是成功之作。广告描写了可口可乐和百事可乐货运车的两个司机在公路边餐厅偶遇。两人好不容易摒弃前嫌，握手言和。为表示友好，两人相互交换了饮料，百事可乐司机礼貌地尝了尝可口可乐就交还了，而可口可乐司机却不能自己地把住百事可乐不肯放手，于是两人又争执起来。该广告以两个司机行为的差异比较，暗示百事可乐比可口可乐更有魅力，传达了百事可乐的价值信息。

因此，如果广告创作人员选择从竞争关系出发来确立广告主题，一定要十分小心。首先，应明确自己品牌产品与竞争品牌差异的可能，这种差异消费者能否接受，再者就要掂量一下自己的分量，有没有资格将竞争者拉来做自己的陪衬。

(五)从消费者对产品的关心点和期望出发

消费者关心点是消费者在对某一产品产生注意或有需求欲望时，对该产品的那些最为在意的价值功能。广告创作人员应该顺应这种关注指向，将广告主题建立在消费者关注的价值之上。美国“无声小狗”皮鞋最开始在广告中以鞋的式样为促销主题，效果一直不理想，后经调查发现，式样并非消费者的首要关注点，只有16%的人关注式样，而42%的人认为穿着舒适最重要，32%的人则关注是否耐穿。根据调查结果，企业改变了广告主题，着重在鞋的穿着舒适和耐穿方面进行主题诉求，结果销量上升。对于同一产品，消费者会有不同的关心点。不过，广告创作人员在表现广告主题时，一定要注意各个关心点的细分群体的特征，诉求风格上应有所区别。

二、创立产品衍生价值

产品衍生价值是指产品的某一种价值可以产生另一种价值，另一种价值又衍生出其他价值。这样，产品原来的价值就生成了许多价值。如“蓝天六必治”牙膏的广告就是用了产品衍生价值作为广告主题的构思。从广告中可以明显地看出“……牙好胃口就好，吃饭倍儿香，身体倍儿棒……”。牙膏对于牙齿的洁净保健功能被引申到对胃口和身体的价值，从而实现了牙膏的价值扩展。因此，广告主题策划还应注意挖掘产品的衍生价值，从衍生价值中提炼那些最具有特色最有吸引力的环节作为广告主题的立意点。通常，产品衍生价值的建立包括以下方面：

(一)建立产品的社会价值

人都有社会需求，因此，在产品广告中发掘满足使用者自身价值以外的社会价值，有时更能打动人心(特别是对社会需求强烈的人效果更明显)，这种社会价值就是我们通常所言的友情、亲情、爱情等。产品中包含的这类价值往往应为广告主题的立意点。

例如，皇家打字机广告："最有意义的圣诞礼物"，贝尔电话公司广告："有了电话还怕没有朋友"等，都是将产品的属性价值放到消费者的社会关系中去考察，通过社会价值的体现来选择广告主题。

（二）建立产品的主观衍生价值

广告主题策划可以从产品及其相关因素的某一点出发，发挥想象的作用，赋予产品某种主观价值，韦伯·扬在《怎样成为广告人》一文中写道："由于人活着并不是只吃面包，广告人可以进一步去给产品附加各种'无形的'价值，这样可对消费者产生超过具体有形价值的真正满足感。由于科技进步趋向导致产品间的日益雷同，致使广告增加产品主观价值日益重要。主观价值实际上并不比客观价值逊色……"

主观价值是指产品本身并不具备，但由人们想象出来的一种价值。如"孔府家酒"，有一种叫人想家的作用；开宝马，就会有成功人士的感觉等。广告主题策划可以从产品及其相关因素的某一点出发，发挥想像的作用，赋予产品某种主观价值。发掘产品的主观价值主要从以下几方面入手：

1. 产品的感觉

人是通过自己的感觉，包括视觉、听觉、味觉、嗅觉、触觉等来感知客观事物的，诸如大小、轻重、软硬、酸甜苦辣、粗糙、细腻、冷热、清晰、模糊等属性，这种属性的感知常常会给消费者带来一种积极的或消极的体验，如舒畅、惬意、可心、美妙、快活、痛苦、不舒服等，这些感觉和感受可以成为广告主题的立意点。例如"雀巢"咖啡的"味道好极了"，"乐百氏"果奶的"甜甜的、酸酸的，有营养、味道好"。

产品的性格、产品的品质、形态、功效、档次及给人的感觉、感受等，使其在人们心中有了一定的性格特征，这是人类感知和理想过程中的自我投入和移情的结果。阿德温·埃贝尔（Edwin Ebel）在《广告计划》中曾说："每种商品都有其性格，是什么东西赋予其性格？制造商希望他的商品所得到的印象又是什么？它是男性的商品，还是女性的商品，或者是属于两性的？它是有限市场的高价商品或者是以价值诉求的低价商品？或者它是一种低价品，但如果做得好会有一种高价品的印象？"广告创作人员通过对以上问题的思考，可以大致了解或界定商品的性格特征。而商品的性格有粗犷、细腻、温顺、高贵、典雅、浪漫、飘逸、灵秀、精巧、雅致、质朴、清纯、憨实、笨拙、粗俗等性格特征，广告可以商品的性格为出发点，确定广告的主题。例如"麦金塔耶"威士忌"像羔羊般温顺"，"皇家"牌威士忌"洁净、柔顺，好似天鹅绒一般"。

2. 产品的象征

产品的档次、品味、品牌声誉以及它给人们的感觉、感受、与社会文化的关系等，会成为个人的某种象征，如个人身份、地位、事业、命运、能力、品格、权威、个性等。这正如T·维什得克和K·希沃德在《广告语言》一书中说的那样："广告应当使每一位读者都感到某种身份有某种需要，使个人感到自我展示能证明其生活方式和价值观念。这也证明了他们的生活方式和价值观念的正当性，从而产生关于世界以及自己在世界中的位置的意识。这里，我们所面对的是一种赋义过程，这个过程把某种特定商品转化为一种具有特定内容的生活方式和价值观念的表达。显然，这种赋予过程的最终目的，是把某种特定的商品同所期望的身份联系起来，以使对某种身份的需要转变为对特定商品的需要。"例如：美国露华浓（Revson）公司曾推出一新款女用香水，产品上市一年就成为全美销量第一的产品，其中重要的原因是香水的主题观念契合了当时西方女性的自我形象、心态和生活方式，具有极强的心理图示的象征意义。这种香水用男性名命名——"查理"。广告塑造了一个独立自主的男性化的女性形象。广告中查理是一个年轻好动、有魄力、有朝气、善于交际的活跃分子，她崇尚自主独立，乐于冒险，事业心强。她不拘礼节，不矫揉造作，昂首走在大街上，独来独往，轻巧熟练地驾驶着华丽的轿车，有时她竟然成为男士的保护者，广告语说："她非常查理"。"查理"香水，在女权运动的社会环境中，适应了当时女性追求新的观念和生活方式的心态，成为女性摆脱男权束缚，向往独立自主的象征，因此受到女性的青睐。

需要注意的是，在建立产品的衍生价值时一定要有一个限度，不可任意延伸和扩展，特别是在挖掘产品的主观价值时，必须要让人感觉合情合理、自然；否则，会给人一种不着边际、甚至可笑的感觉。

三、挖掘产品潜在价值

对于产品的价值，有些是消费者能够感知的，这些价值我们称之为显在价值；有些不能为消费者所感知，这些价值尽管存在，但由于种种原因，消费者未能认识到自己对商品这种价值的需求，因此，未形成购买动力。鉴于此，以产品的潜在价值或不为人们所认识的新价值为广告主题的立意点往往能起到明显的促销效果。具体包括以下几方面：

（一）唤醒消费需求

有时，消费者对产品的某些属性的需求潜伏于其心中和社会关系中，自己未充分认识到。广告可将产品某种未被消费者认识的利益直观地表现出来，从而唤醒人们的需求，激发起购买欲望。例如，在日本，一般工薪阶层很少有在家用早餐的习惯。日本电通广告公司却从无需求中看到巨大的潜在价值。为唤起对家用早餐的潜在需求，电通为"玛琪汤"（Maggi，系一种不费烹调时间的速成汤）创造了一个有名的以"早安！玛琪"为主题的广告活动。广告利用工薪族上班时往往不得已空着肚子，以父母、太太为这种不正常的生活习惯而替他们担忧和操心的情况为核心，展开广告主题，获得了较大成功。

（二）创造消费需求

由于人们认识的局限性，或是对其中的某些价值还未认识到，广告主题可通过对这类价值的发掘，创造消费需求。例如"玉兰油"防紫外光润肤露的广告主题就是通过告知人们某种生活知识，唤起人们对该产品的需求。广告画面上，一女子在遮阳伞下独白："不晒太阳就能保持肌肤白皙吗？错了！因为即使在阴暗处，依然有能晒黑肌肤的紫外线。现在，有玉兰油防紫外线润肤霜，它含有 FPF15 防晒功能，可以分泌与青春肌肤分泌物很相似的成分，能有效挡住令肌肤变黑的紫外线。防紫外线润肤霜，早晚一次，令肌肤润白，时刻焕发青春美。玉兰油，青春美的奥秘。"

（三）突破传统观念

人们在长期的生产和生活实践中形成的观念往往会影响他们对客观事物的认识和评价，观念影响着人们的行为。有时，人们之所以对某种产品"无需求"就是受传统观念的影响。因此，为了让人们认识到产品的价值，产生对产品的需求，在确定广告主题的立意时，通常有两种做法：

一是广告主题立意要尽量避开那些与消费者观念相冲突的价值，而选择那些更切合受众观念的产品价值（因为，人们的观念一旦形成，就很难改变）。

二是倡导新观念，破除旧观念。

例如，百事可乐公司曾发现其可乐类饮料在澳洲和台港销售时，遇到了障碍。经调查，发现是消费者对可乐饮料错误的观念所导致的：①认为可乐饮料是用化学原料制成的，内含刺激人体神经的咖啡因;②认为可乐饮料的褐色,是用色素造成的;③认为可乐饮料的原料中,含有不少防腐剂,不宜多饮。这些印象和看法,使消费者日渐远离可乐类饮料,改饮其他饮料。如何扭转人们对可乐的偏见呢?百事公司提出了“树立对可乐饮料新认识”的广告主题,摄制了两部针对性很强的广告影片,用事实说服人们改变看法,消除顾虑。其中一部广告片中,一些树上长着一些褐色的果子,果子落地,变成一瓶一瓶可乐。广告词说:“口渴的人都相信清凉舒畅的百事可乐。在您最需要的时候,带给您欢乐舒畅。”“欢乐来自天然的饮料:可乐子、香草豆、焦糖和蔗糖,还有纯净的水。”“大家都信赖百事可乐,来一瓶。”另一部广告影片中,几株树上各结着不同颜色的果子,有黄色的、绿色的、红色的,还有褐色的。突然,褐色的果子落到地上,渐渐变成一瓶瓶可乐。广告词说:“嘿嘿!我是可乐子,它们都是我的朋友,您认为,它们是天然的,因为是生长在树上。我生长在可乐子树上,也是新鲜天然果子。百事可乐用我制成。一样新鲜纯净。只不过百事可乐是褐色的,因为我是褐色的。但是百事可乐是一样的纯净天然。哈哈哈!您一定喜欢纯净天然的百事可乐。”

(四)逆向思维

任何一类产品都会有一定的负价值。在广告主题的立意中对这些负价值的利用或回避,往往能产生新的价值。如“金龟“车的缺陷产品广告就成功地从产品的负价值挖出了新价值。另外,回避负价值也是一种有效的方法。

例如,有好口味,但不会有大腰围。——美国雷布黑啤酒广告

不戒香烟,只戒烟油。——绅士牌过滤嘴香烟广告

除了脏物之外,它不会伤害任何东西。——厨房清洁剂广告

对油污毫不留情,对你的双手却爱护备至。——某洗涤剂广告

有时,产品的不足之处,产品的负价值,如果反过来利用,可能是一个好的立意点。

美国吉列公司设计了一种女用的新型剃毛刀(用于去除腋毛或腿毛),命名为“雏菊”(Daisy)。在确定广告主题时,通过对产品价值的发散性思维,拟出了七种不同的主题构想:①“盲点”,意为弧形握柄,易抓又安全;②“雏菊爱我”,突出了产品品牌,同时又指出比老式剃毛刀安全;③“双刃剃毛”,具有男用剃须刀的优点,第一个刀刃把毛拉住,第二个刀刃把毛连根剃净;④“完全配合妇女的需求”,点明是为妇女提供的新设计;⑤“女孩不用操心”,点明放置方便,不用换刀片;⑥不伤玉腿,平滑、完全;⑦“不到50美分”,价格便宜。通过建立产品价值体系,为广告创作人员多方面综合考虑广告主题的确定提供了基础。经过慎重研究,并征求厂部分经销商和用户意见之后,最后采用了“不伤玉腿”这一主题,认为这一主题更能为女性所接受。而后来产品的销售证明了这一选择是恰当的。

因此,通过建立产品主导价值、衍生价值以及深入挖掘和创造产品新的价值,就可以在头脑中形成多环节、多层次立体价值辐射网。

第三节 广告主题确定的要求

在广告实践中,尽管确定广告主题没有定规,但广告主题是为广告目标服务的,广告主题的目的在于传达有效的信息,引起受众的注意,诱发消费者的购买欲,为达到这一要求,在确定广告主题时,应注意以下问题:

一、为消费者提供利益

英国的塞缪尔·约翰逊博士早在200年前就说过："承诺，大大的承诺，是广告的灵魂。"因此，对广告创作人员来说，最重要的是怎样在广告中说明你的产品，给消费者什么承诺，即要在广告中说明消费者购买你的产品会得到什么好处。一项重要的广告承诺，有多个极为重要的组成要素，即："这一承诺必须为消费者提供利益或解决消费者的问题；这一承诺所提供的利益或所解决的问题必须是重要的，并且是潜在顾客所欲求的或需要的；这一品牌必须整个地融入所提供的利益或所解决的问题中……。"

由此可见，承诺的核心是产品的价值，即产品能够替消费者解决什么问题，能够给消费者带来多大好处。如果在广告中难以发现有效的承诺，即消费者在广告中看不到广告产品会给自己带来那些好处，会实现自己的什么利益，他就不会对广告产生兴趣。

因此，广告主题的确定必须要考虑给消费者什么承诺。

二、为销售解决难题

所谓销售难题就是阻碍企业产品销售的问题，或者说是企业产品销售的障碍。解决销售难题往往是广告的目标。要解决销售难题，首先要分析导致企业销售困难的原因，寻找产品销售困难的根源。一般的，这项工作按下列程序进行：

(1)是不是产品本身或市场营销过程中的问题。换句话说，就是要分析是不是广告能够解决的问题。广告并不能解决所有的问题。

(2)是不是消费需求方面的问题。

(3)是不是受众认知方面的问题。

找到了销售难题所在，然后就可对症下药，根据不同的广告难题确定相应的广告主题：

(1)针对需求障碍式销售难题的广告主题。针对需求不足的原因，在广告主题中突出产品对消费者的必要性，消除消费者的误解和消费障碍，进而促进销售。

(2)针对产品认知障碍式销售难题的广告主题。什么地方认知错误或认知不足就以此点作为广告主题，以此展开广告宣传。

(3)针对观念障碍式销售难题的广告主题。将宣传新观念、破除旧观念作为广告主题。

三、为企业活动找到切入点

只有与消费者关心点相切合的承诺，才能引起消费者的关注和兴趣，才能打动消费者。如何才能找到消费者关心的切入点呢?

1. 从消费者购买目的中发现切入点

购买目的是指消费者通过购买产品所要满足的特定需要，消费者对产品的关心点往往与自己的购买目的有关。购买目的不同，对产品的关注点和期望也会不同。

2. 从消费者的生活难题中发现切入点

消费者在生活中会遇到一系列生活难题，这些难题决定了其特定需要和对产品的关心点。如台湾"兰丽"绵羊霜的广告主题便是针对消费者生活难题而确立的，这则广告以"只要青春不要痘"为标题，副标题为："遮不住的烦恼"，内文紧跟着说："青春是美好的，但恼人的青春痘，却常常令人扫兴。遮不住也躲不掉……”同时，其画面亦配合得很精美：以一个少女用扇子遮住了脸颊，只露出眼睛看着你，代表了羞也代表了俏。青春痘确是一件麻烦事，许多青年都有这样一种感觉，“兰丽”绵羊霜针对这一问题进行广告诉求，自然能引起受众的关注和兴趣，效果十分明显。

3. 从受众自我形象中发现切入点

受众的自我形象是受众对自己的形象、身份、地位、风格、特性的自我感觉、认识和评价。自我形象和实际的自我并不一致，后者是自我的客观实际状况，而前者则是我觉得或我想是怎样的。自我形象影响人们对产品的态度和选择，凡是那些能肯定和提高自我形象的信息，消费者就容易接受；反之，则可能采取回避和排斥的态度。如我们在前面所举的美国露华浓公司“查理”牌女用香水的成功，就在于广告主题观念切合了当时一些崇尚独立的新女性的自我形象。

4. 从消费者的潜意识中发现切入点

按照弗洛伊德的动机理论，造成人类行为的真正心理力量大部分是无意识的，人类在成长和接受社会规范的过程中，不断压抑其冲动，但这些冲动永远无法消除或完全予以控制，它们会在梦中出现、在不经意中脱口而出或表现在神经过敏的行为中。因此，广告创意策划者应善于体察和研究人潜意识深处的涟漪，将这种受众无意识的心理力量，作为广告主题选择的依据。西方动机研究权威厄尼斯特·迪希特(Erncst Dichter)一直致力于利用潜意识动机来解释购买情境与产品选择的关系，他在“象牙”牌香皂的广告策划中，告诉广告代理商康普顿公司：沐浴并非仅仅是把身体清洗干净，这还是一个摆脱心理束缚的仪式。根据弗洛伊德理论和人类学知识，他断定“洗澡是一种仪式，你洗掉的不仅是污垢，而且还有罪过”。沿着这条思路，迪希特为“象牙”香皂拟定了一条广告口号：“用象牙牌香皂洗去一切困扰，使自己洁净清醒。”这一主题切合了消费者的潜意识，取得了成功。

四、为产品塑造个性

如果广告的主题缺乏个性，没有独到之处，就有可能使广告被淹没在信息的海洋中。

信息个性有时来自于商品不同于其他商品的独具的特色，尽管这一特色可能对消费者来说并非最重要，但它能让消费者产生额外的价值感。

有时广告主题中的信息个性并不一定是本品牌所独有的，但在其他的产品广告中并没有这类信息，或者说其他企业并未以此类信息作为广告主题，而你是首先使用这一主题的，这样，就可在消费者心目中树立起独具特色的印象。如著名广告人克劳德·霍普金斯(Claudc Hopkins)在为“喜立滋”(Schlitz)啤酒创作广告之前，亲临作坊，观看酿酒过程，然后将印象最深的一个细节发挥成广告主题，即“喜力滋啤酒瓶是经过蒸汽消毒的”。其实许多酿酒公司也是这么做的，只因“喜立滋”头一个这么说，言他人未言，找到了这个新的与众不同的主题，故而获得成功。

五、为广告易于接受

对广告主题来说，易于接受也很重要。在广告主题在把广告概念换成语言和图像时，从某种意义上说是进行了“加工”，通过选择易懂的广告主题，向消费者正确地传递概念。易懂，不仅是读起来愉快，看起来高兴，而且是要通过明快的形式将企业的意图、产品的特征，比竞争对手更正确更迅速地传递出去。所以，广告必须能让人看明白，了解其主旨，这样才能产生较深刻的印象。如1995年中央电视台曾播发过一则广告：画面是一段张艺谋从事导演和拍摄的镜头，广告配以雄浑的音乐，没有对话和旁白，只在片尾打出四个字“中山胶印”。广告创意者也许自己可以对这一主题做很好的诠释，但问题在于，大多数的受众却并不具备他那样的艺术修养和专业知识，到头来，只能是一头雾水，不知所云。

广告主题应单纯、集中、精练。广告要发挥有力的促销效果，必须指向明确，主题集中。漫天撒网，面面俱到的广告是没有什么效果的。台湾庄丽卿女士在其《如何做好广告》一书中也指出："不要以为借助广告就可解决所有的问题。广告并不是万灵丹。如果需要太多，广告传达的重点太杂，易使消费者混淆，广告效果就会大打折扣。……因此，请列出需要的优先顺序，选择最迫切、最具影响力的需要作为广告重点。"如"汇源"果汁的电视广告中，每个场面，每个镜头，都用于突出果汁原料——苹果，这也是产品品牌。画面中的各种场景中，反复出现半空中跳动的苹果，苹果幻化为果汁盒等，就连孩子们在画室中作画，也画的是苹果。广告主题单纯而集中，同时表现又有变化和趣味，很好地表现了广告主题。

广告主题应保持统一性和连贯性，这是形成明确市场定位和独特销售力的要求。一贯和连续性的广告主题可对消费者起潜移默化的作用，有利于建立牢固的印象。相反，频繁地更换广告主题，一方面会增大广告开支，另一方面，还可能造成认识混乱。大卫·奥格威说："若是你运气好，创作了一则很好的广告，就不妨重复地使用它，直到它的号召力减退。"如美国的米勒"HighLife"牌啤酒曾经被定位为"一种乡村俱乐部的产品"。后来发现，乡村俱乐部这种地方，啤酒的消耗量并不大，因而"HighLife"啤酒的销售就发生困难。在美国这个国家，80%的啤酒是由30%的饮酒者所消耗的，这些饮酒的年龄在18～34岁之间，都是蓝领工人、大专学生等，专业人员于是改变广告主题，主题定位"米勒时间——在你完成任何事情之后，不管是一天的辛勤捕鱼之后，或是演奏了一夜的摇滚乐之后，都用米勒牌啤酒来奖赏自己一番。"这一广告攻势的要点，从1973年持续到1983年，几乎十年之内都未改变，因维持了米勒啤酒的质量形象——喝啤酒是一种奖赏，同时对每一种类型的消费者，都以虔诚的态度坚守这个主题，这有助于开拓和巩固特定的市场。

【本章小结】

如同一篇文章、一部书一样，任何一篇广告都有一个中心思想，这就是广告主题。具体来说，广告主题就是广告为达某项目的而要说明的基本观念。这一观念是在广告商品中提炼出来的，对消费者有着实质或心理上的价值。

广告主题是由广告目标、信息个性和消费心理三要素构成的。就一件具体的广告作品而言，在明确了广告目标、广告对象后，下一步的主要问题就是选择和确定广告主题，即广告的中心思想，它是广告主与目标受众沟通的凝聚点。为了达到预期的广告效果，广告创作人员必须要在商品或企业中找出最重要的部分加以诉求和发挥，这就是广告主题的策划，它是广告创意展开的基点，是广告成败的关键。广告主题策划的基础在于建立产品价值体系。这可以从三方面进行，即建立产品主导价值，建立产品衍生价值以及挖掘产品潜在价值创造产品新价值。所谓建立产品主导价值，包括从实体因素出发，从产品的使用情况出发，从商品的价格、档次出发，从产品同其它产品的关系出发，从消费者对产品的关心点和期望出发等方面，寻求产品能提供给消费者的价值。建立产品衍生价值是指建立产品的社会衍生价值、主观衍生价值。创造产品新价值则可以从唤醒消费需求、创造消费需求、突破消费观念障碍、逆向思维等几方面进行。在确定广告主题时要注意切实为消费者提供利益承诺、选择能够解决销售难题的承诺、选择和消费者关心点相切合的承诺、选择能体现产品信息个性的承诺。此外还应注意广告主题应单纯、集中、精炼，具有统一性和连贯性，广告主题应浅显易懂。

【复习思考】

1. 如何理解广告主题？举例说明。
2. 如何展开对广告主题的思考？
3. 如何理解广告主题与广告承诺间的关系？
4. 广告主题策划应注意哪些问题？

【实训练习】

请任选一新上市的产品（如饮料、化妆品、日用品等），为这一品牌寻求几个合适的广告主题。

第三篇

广告策划实务

第五章　广告调研策略

【引入案例】

飞利浦公司在中国的广告调研

荷兰飞利浦公司为进入中国市场，曾委托香港环球调研公司在上海开展调查活动，被调查的对象为已婚男性，家里只有黑白电视机。调查活动中取出三种飞利浦彩色电视机的广告片。第一部是意在强化"飞利浦"品牌形象的广告片，在30秒内，从开始到结尾反复多次出现"飞利浦"的字体、商标和标语"飞利浦——世界尖端技术的先导"，以及飞利浦在世界各地的情况。第二部是阐明市场定位的广告片，片头采用京剧锣鼓的音响效果，屏幕上出现的是京剧大花脸形象，并用京白语调念道："我就是飞利浦"等，运用中国民族特点，来强化飞利浦为中国用户服务的宗旨。第三部也是宣传品牌的，所不同的是，中间穿插了中国风光，一位飞利浦公司形象代表者一边转动着地球仪，一边用生硬的中国话说"飞利浦是中国人民的老朋友"，以勾起中国老年用户的回忆。主持者征求被调查者的印象，大多比较倾向第二部，同时又要求飞利浦能提供适合中国情况的16吋、18吋彩色电视机。通过上述市场摸底，飞利浦对自己的广告策略预先得到检验：

(1)在日本黑白电视机进入中国市场五六年之后，用户正进入一次更新阶段，可能对不同品牌进行选择，并希望有彩电取而代之；

(2)飞利浦进入中国市场，必须在尺寸、价格、型号上予以改进；

(3)飞利浦的广告要适合中国人的口味；

(4)飞利浦强化品牌印象应考虑中国用户的接受能力等。

通过这次调查，为飞利浦公司在中国开展广告活动，取得了可靠的资料。这之后，厂家对产品的设计、包装作了相应的修改，除去了使人产生厌烦心理的因素。广告宣传注重中国人的口味的特点，宣传它具有的身份、地位、品位等特点；宣传新的生活方式，远离繁复，告别紧张。然而，飞利浦在广告宣传中除了不断强调自己创新的技术外，还从不忘记谦虚地说一声"让我们做得更好"，这种温柔的叫卖似乎更容易赢得国人的认同，这就在一定程度上打消顾客因用新产品而造成的心理压力。

随着市场经济时代的到来，市场情况日趋复杂，各种信息不断地从各个方面冲击着消费者。在这种情况下，广告再不能是一种随意的行为，它必须针对目标市场的具体情况，有目的、有计划地展开。而要做到这一点，就必须进行广告调研。广告调研能够为广告整体策划提供前提和依据，也是广告创意及广告预算、广告效果测评等赖以进行的基础。

（资料来源：《广告理论与策划》，主编：陶应虎，清华大学出版社）

【本章概述】

本章主要介绍了广告调研的意义、调研的内容及调研的基本程序;广告调研的原则、常用的调查方法及其优缺点,并对撰写广告调研报告作了阐述。

【学习目标】

了解广告调研的目的、内容和步骤;熟练掌握常用的广告调研方法;能够制定广告调研方案,设计问卷;能够运用所学知识分析调研结果,编写调研报告。

【本章重难点】

本章重在于广告调研的程序和方法。本章难点在于广告调研报告的撰写。

第一节　广告调研概述

一、广告调研的含义和特点

广告调研是企业为了有效开展广告活动,采取科学的调查分析方法,对广告活动有关资料进行系统搜集、整理、分析和评价的过程。广告调研为广告策划、创作提供基础性材料和依据,为制定广告策略提供导向。

广告调研属于专项市场调研,只是市场调研活动的一个组成部分。

广告调研是对广告活动的有关要素的调查。它具有市场调查的一般特点,也有其自身的特殊性,如资料来源特殊,调查技术复杂,效益直接等。企业在实际操作中,既要充分利用市场调查已经获得的资料信息,也要为寻求广告机会而延续和深入开展广告调研。

二、广告调研的作用

广告活动是一项耗资巨大,功利性极强的商业活动。在现代社会,广告已不再是一种单纯的推销行为,而是企业实施整体市场营销计划的重要环节,因此广告策划必须建立在广泛、深入的广告调研基础上,才能有事半功倍的效果。

(一)广告调研能为广告决策提供充分有力的信息

广告策划是科学的决策过程,广告活动必须有充分的依据,只有使广告策划人占有大量资料,才能对广告活动所处的竞争环境有全面而又深刻的了解,做到知己知彼、耳聪目明。广告调研的重要任务就是为广告决策提供所需的资料,使策划人对确定广告目标、制定广告战略、进行广告定位、明确广告传播对象、确定广告诉求重点等,能做到心中有数。

(二)广告调研为广告创意和设计提供依据

广告活动是一种创作性很强的艺术性活动,广告创意更不是随便地胡编乱造,而是在掌握了充分资料和素材的基础上的科学思维活动,只有在深入了解市场的基础上构思、设计的广告作品,才能有新颖独特的创意,才能实现与目标消费者的有效沟通,广告创作活动是离不开广告调研工作支持的。

（三）广告调研也为企业经营管理发挥参谋作用

在市场经济条件下，广告是企业经营的有机组成部分，进行广告调查，实际上也是为企业生产决策和经营决策提供信息。比如消费者调查和产品调查，就能为企业捕捉到变动着的消费观念和消费行为，了解到产品开发和竞争的有关信息。这样，使企业掌握市场动态，并根据市场变化，及时调整或转换产品的品种、产量，从而改进经营管理，增强经济效益。

三、广告调研的内容

广告调研的内容包罗万象，与广告目标市场有关的都包括在内，主要涵盖广告环境调研，广告主体调研、竞争对手调研、广告信息调研、广告对象调研、广告媒体调研、广告效果调研等七个方面。

（一）广告环境调研

广告环境调研是以一定的地区为对象，有计划地搜集有关人口、政治、经济、文化、自然、科技等情况。一般而言，专业广告公司或媒介单位应以日常广告活动场所及区域为对象，定期搜集并更新资料，为广告主制定广告计划提供基础资料。企业的广告或销售部门也应以其产品销售地区为对象，对自己的产品销售市场进行系统了解和调查，为企业进行广告策划或为委托广告代理部门提供基础资料。

1. 地理环境的调研

广告的地理环境主要是指广告传播地区的自然环境，特别是广告目标市场所处的地理位置、交通状况、生态特征、气候特点等。不同地理位置的消费群体往往有特殊的消费需求及习惯，对当地媒体的选择、商品的类型和需求特点有制约关系。如我国南方地区和北方地区由于气候条件不同，对空调、冰箱等产品的需求差异很大。因此广告活动要适应地理环境的特点，采取不同的广告方式，以取得最佳的广告效果。

【案例】

亚都加湿器：给皮肤喝点水

“皮肤的肌纤维由大量水溶性胶源蛋白构成，水份的流失会导致肌纤维收缩变形，乃至形成不可恢复的皱纹，使用空调或者电暖器的房间空气尤其如此。”不要以为这是保湿霜的广告，这是消费电器——亚都加湿器的广告。尽管它把“胶原蛋白”写成了“胶源蛋白”，尽管皮肤中从来没有什么“肌纤维”，但这个看起来像化妆品的广告，却取得了良好的销售业绩。针对北方冬天室内空气干燥的情况，亚都声称：“亚都超声波加湿器采用每秒170万次高频率振荡……科学有效地增加空气湿度，主动为您的肌肤补水，呵护您和家人的健康”。因为它敏锐观察到北方地理环境的特点以及消费者的需求心理，就有了“给皮肤加点水”把家电当成护肤品来卖的奇思妙想，创造了广告策划的又一经典。

（资料来源：中国化妆品网，http://www.c2cc.cn）

2. 人文环境的调研

人文环境主要包括政治法律环境、经济环境和社会文化环境。它们对广告活动的具体开展具有很强的制约作用。

(1)政治法律环境调研。主要包括国家政策法规、地方政府政策法规以及具有政策性、法律性的条例、重大政治活动、政府机构情况等。对政治法律环境的分析、了解和掌握,有益于企业的市场营销和广告策划。

(2)经济环境调研。包括世界经济环境、国内经济环境、行业经济环境等内容。企业的市场营销活动和广告都是在一定的经济环境下进行的,而世界经济一体化的趋势正在加快发展,各国间的经济影响越来越大,因此,掌握国内、国际的经济发展趋势对广告人员很重要。

(3)社会文化环境调研。主要包括人口状况、家庭结构、民俗风情、文化特点、生活方式、流行时尚、民间节日和宗教信仰等内容。广告企业必须对目标市场的社会文化环境进行充分的分析和研究,尤其要注意少数民族禁忌和宗教信仰,这样才能将广告的表现方式把握好。否则,不仅浪费了金钱,还会降低甚至破坏企业的声誉。

【案例】

成长快乐:专为中国儿童设计的维生素

2000 年以来,引领中国消费品营销创新的保健品行业陷入困境,一直没有产生令人印象深刻的成功案例。当时,也许只有三个全国性推广的新产品表现尚可——康复来的血尔、太极集团的睡宝、养生堂的成长快乐。但是血尔凭借的是康复来的终端优势;睡宝则是利用了脑白金转型礼品,成熟的睡眠市场出现暂时空白的特殊市场态势;只有成长快乐,通过和跨国公司品牌金施尔康、善存等正面交锋,赢得了自己的市场。

2001 年下半年上市的成长快乐,依据中国第三次全国营养调查结果研制,是根据中国儿童营养状况设计的儿童维生素矿物质营养补充剂。在美国市场上,复合维生素、矿物质产品占据保健品销售额的半壁江山,是保健食品市场上的战略产品类别。

成长快乐成功的原因就是考虑到了社会文化环境因素,定位准确集中、创意表现直观、概念简单实用。

(资料来源:中国营销传播网,http://www.emkt.com.cn)

(二)广告主体调研

企业只有在对广告主企业及产品有了充分了解认识的基础上,才能准确宣传企业形象,传递产品信息,使广告受到消费者的喜爱,激发消费者的购买欲望。

1. 广告主调研

对广告主情况进行摸底调查,是很有必要的,可以为制定广告决策提供依据。通过对广告主的历史和现状、规模及行业特点、行业竞争能力的调查,有的放矢地实施广告策略,强化广告诉求。广告主企业经营情况调查的主要内容有:企业历史、设施和技术水平、人员素质、经营状况和管理水平、经营措施等。

【案例】

《英雄》:一部电影的辉煌纪录

《英雄》是有史以来中国电影市场最成功的票房,上市 20 天就创下了超过 2 亿元的票房,而当年风靡全球的《哈利·波特》,在中国创下的票房仅为 6300 万元。

让《英雄》成功的，不是由于电影的精彩，而是由于营销策划、市场推广的创新。《英雄》组成了阵容强大的明星剧组，早在2001年初，新画面公司就开始借助团队的明星效应，持续制造新闻。在媒体的支持下，这些"新闻广告"高强度持续进行了两年时间，终于让大量中国人按捺不住，走进影院观看这个中国有史以来营销"最成功"的电影。

《英雄》的票房成功是因为它密切的关注广告主体的一举一动，令人赞叹的耐心、丝丝相扣的营销策划和长达两年的新闻公关，《英雄》必将以营销的创新写入中国电影史。

（资料来源：中国营销传播网，网址 http://www.emkt.com.cn）

2. 产品情况调研

在进行某项产品的广告宣传活动时，除了要在日常注意搜集有关产品的广告资料外，还要有计划和全面地对该产品作系统调查，以确定产品的销售重点。广告活动的最终目标是促销，如何在广告发布的有限时间或空间内，使广告给公众留下强烈而美好的印象，起到刺激广告受众购买欲望的效果，就必须找到产品众多优点中与目标消费者利益点相一致的特点，即广告诉求点。策划人要做到准确诉求，就必须在广告创作之前，对所宣传的产品进行详细的调研。产品调研的主要内容有：

（1）产品自身调研。如对产品的类别、规格、色彩、风格、技术、产品的适应性、同类产品的替代性、相关产品的互补性、产品生命周期等的调研。

（2）产品包装调研。产品包装本身就是一种广告，策划人了解广告产品包装，有可能发现其与众不同之处，为广告策划提供参考信息。

（3）产品销售状况调研。如产品月销售额，年销售额，不同地区销售额及其变化规律，广告产品因地域、社会、人文、政治等因素对销售量的影响情况。

（4）产品获奖情况。如产品认证情况、市场表现、媒体报道、消费者评价以及国内国际获奖情况等。

（三）竞争对象调研

广告是企业市场营销最重要的竞争手段之一。广告效果是特定广告竞争环境的产物，它不仅仅取决于本身的品质，而且还取决于竞争对手的情况，只有知己知彼，企业才有可能在激烈的市场竞争中立于不败之地。这类调研的内容主要有：

1. 整个市场的竞争状态与变化趋势

如整个市场容量及走势、竞争者数目、市场占有率及其变化特点等。

2. 主要竞争对手的营销基本情况

竞争对手的生产、经营的管理水平；销售组织状况、规模和力量、营销渠道策略；产品或服务的市场占有率、生命周期、知名度及经营历史；产品质量、性能、样式、包装、品牌和商标以及财务情况。

3. 主要竞争对手的广告战略

主要竞争对手的广告目标，采用的广告类型与广告支出，广告的主题、创意、表现、媒体运用、刊播出时间、频率等。

【案例】

可口可乐与百事可乐的持久战

在这场持久战中，百事可乐运用进攻战的广告战略，从30年代开始，发动了几次极有成效的战役攻势，打得可口可乐措手不及，创造了商场中进攻的成功范例。

第一个战役：1929 年开始，百事可乐趁可口可乐忙于开拓国外市场之机，发动了一场大容量的战略进攻，主要概念是：同样是五分钱，原来只可买 6.5 盎司一瓶的可口可乐，现在却可买到 12 盎司一瓶的百事可乐。这个竞争策略运用电视广告予以表现，在一首“约翰·皮尔”的流行歌曲中唱出：“百事可乐不多也不少，满 12 盎司让你喝个够，也是五分钱，可饮两倍量，百事可乐——属于你的饮料。”这个策略十分奏效，以低廉的价格抢走了可口可乐在美国劳动阶层的部分市场。可口可乐在这场进攻中被逼得走投无路，因为他们不可能改变瓶装量——除非下决心丢弃 10 亿个左右的 6.5 盎司的瓶子；也不能降低售价——因为市场上已有数十万台可用五分币投币购买的冷饮购买机无法改造。本来可口可乐认为其造型完美的瓶子是他们最大的力量，利用它大做广告，百事可乐却巧妙地把这优势转化为弱点并予以痛击。这一次进攻的胜利使百事可乐的销售量直线上长，到 1953 年可口可乐的销售量下降了 3%，而百事可乐的销售量增加了 12%。

第二个战役：“百事可乐的一代”。20 世纪 60 年代，二次世界大战后的新一代已步入社会，成为社会的主要消费对象。许多迹象表明：谁赢得青年一代，谁就会取得成功。百事可乐敏锐地发现了这一变化，把广告战略的重点放在招徕好动的战后新生代，让这些消耗可乐最多的年轻消费者饮用自己的品牌，把他们培养成百事可乐忠实的消费者群。于是在其广告中重复出现大批热情奔放的年轻人形象，其中一个典型的广告是：有数百名大学生在海上的皮筏里跳舞，一架位于直升飞机上的摄影机调整焦距放大镜头，发现原来每个人手上都拿着一瓶百事可乐。他们合着音乐的节拍对着太阳饮着可乐放声歌唱，旁白接着说：“百事可乐是给那些认为自己是年轻人喝的”。然后歌声唱出节奏活泼，歌词反复的曲子：“今天生龙活虎的人们一致同意，认为自己年轻的人就说‘百事可乐’；他们选用正确的、现代的、轻快的可乐，认为自己年轻的人现在就喝百事。”这些广告影响甚为广泛，效力非凡。到了 20 世纪 60 年代中期，美国年龄在 25 岁以下的人几乎都迷上了百事可乐。1960 年所作的一次调整表明年龄从 13 ~ 24 岁的人有 70% 左右认为自己属于“百事可乐新一代”。百事可乐利用消费者中存在于两代人或兄弟之间的对抗心理，在现代感上大做文章。1961 年推出了“现在，百事可乐是年轻人的饮料”的口号；1964 年修改为更为典雅更具煽动性的“起来吧，你们是百事可乐年轻的一代！”，并耗资 500 万美元邀请风靡美国的流行歌星迈克尔·杰克逊拍了两部广告片，成为当时最受欢迎的广告，诱使一大批年轻的消费者纷纷改为饮用百事可乐，销售形势喜人，不断地渗透了可口可乐占有的市场。

第三个战役：进军海外市场。可口可乐虽然借二次大战之机开辟了牢固的海外市场，但尚有不少空白之地，百事可乐经过决策分析决心乘 1959 年莫斯科美国博览会之机，打开苏联市场的大门。在博览会上百事可乐国际部经理拿出百事可乐请赫鲁晓夫鉴定口味，将此事在报上大肆渲染，掀起了一场品尝百事可乐热潮；事后又在苏联建厂，始终垄断着苏联的市场。当可口可乐准备在以色列建厂而遭到阿拉伯各国联合抵制时，百事可乐却一举夺取了中东市场，接着又在日本与可口可乐展开角逐。1980 年在莫斯科举行的奥运会上，百事可乐行动迅速，宣传有法，盈利超过可口可乐的 1/3 以上，使百事可乐在海外名声大振。

经过三个战役的进攻，百事可乐不但在美国市场站稳了脚跟，而且走向世界，营销海外 20 个国家，海外销售利润在 1963 年第一次在公司总利润中占据了首位。

第四个战役：百事可乐的挑战。为了改变人们总相信老名牌，认为可口可乐更好的传统观念，百事可乐于 1972 年在美国发动了一次别出心裁的试饮百事可乐与可口可乐的产品比较攻势。在一场公共场所请行人蒙住眼睛免费饮用这两种饮料，然后再送一瓶饮用者认为更好喝的饮料，结果多数人饮后都要百事可乐，以3:2的强势战胜可口可乐，从品尝的第一印象来看百事可乐比较讨好，因为它的含糖量比可口可乐多出9%。这一比较的场面被百事可乐在电视上反复播放，在美国这个喜欢直截了当的国家里，产生了令人兴奋的攻击性效果，引起许多一直选用可口可乐的老主顾纷纷改饮百事可乐，许多零售商也改弦更张。百事可乐声誉猛增，销售量直线上升。与可口可乐相比，从1960年的2.5:1到1985变成1.15:1。1977年以来，它在美国国内的销售量开始超过可口可乐，大有要平分天下的态势。

百事可乐的成功就在于它准确地分析竞争对手的弱点，在主题、创意、表现、媒体运用、刊播出时间、频率上做文章，而最终赢得这场战争。

（资料来源：国际营销传播网，http://www.globalmarketing.cn）

（四）广告对象的调研

任何一个企业都有自己销售和服务的对象，即企业的目标市场、广告对象受企业目标市场的约束。在对企业目标市场分析的基础上，通过市场细分、市场调研，最终确定广告宣传的主要对象。广告对象的确定有助于广告创作人员把握目标受众特点，提高广告活动的有效性。广告对象调研主要包括以下几方面内容：

1. 消费者一般情况调研

主要包括消费者的年龄、性别、民族、职业、文化程度、婚姻状况、家庭状况、收入水平等一些基本情况。消费者偏好或需求与消费者的基本情况有密切关系。

2. 消费者购买行为调研

消费者在购买过程中的一系列活动统称为购买行为。消费者的购买行为是消费者不同心理现象在购买过程中的反映。

3. 消费者传播行为调研

广告活动也是一种信息的传播活动，信息传播渠道是否畅通关系到广告活动的成败，对消费者传播行为的调研，有利于了解不同人群的媒介接触习惯，为企业找到最佳的信息传播途径。

（五）广告媒体调研

广告媒体调研是指对传递广告信息的各类媒体的性质、特征、技术手段等传播能力和效能的调查。印刷媒体如对报纸发行量、发行范围、读者群构成、阅读率等的调查；电子媒体如对覆盖率、收视率、受众构成等的调研。常见的调研内容如下：

1. 报刊媒体调研

（1）媒体性质。如报纸是日报还是晚报，是机关报还是行业报，是专业报纸还是知识性、趣味性报纸等，杂志是专业杂志还是大众性杂志，是月刊还是季刊、年刊等。

（2）媒体发行量。发行量越大覆盖面越广，千人广告费用就越低。在调查报刊媒体发行量的同时，还要调查在发行范围内各地区的比例，以便了解报刊在各地区的接触效果。

（3）读者层次。从年龄、性别、职业、收入等方面调查报刊读者的构成情况及其阅读时间、种类等。

2. 广播电视媒体调研

（1）传播范围。调查广播电台和电视台节目的覆盖范围。

（2）节目编排和构成。调查媒体广播电视节目的组成，了解有特色、质量高的节目，以确定广告投放时段。

（3）收视（听）率。调查各个广播电台、电视台节目的收听收视率，确定广告受众收听收看广播电视节目的时段及对广告节目的关注程度等。

3. 其他广告媒体调研

如网络、户外、交通、直邮、POP 等广告媒体的调研，主要调查他们的功能特点、影响范围、广告费用、接触率等。

（六）广告信息调研

广告信息调研是对广告主题、广告文案、广告表现方式等信息内容的调查，了解广告文字、图画、音乐、表演等作用于消费者的效果程度。

（七）广告效果调研

广告效果调研分为事前调研和事后调研。事前调研又称广告试查，是指广告在实施前对广告的目标对象进行小范围的抽样调查，了解消费者对该广告的反应，以此改进广告策划及广告表现，提高随后的广告效果。事后调研是指在广告发布后的一段时间里，对于广告目标对象所进行的较大规模和较广泛范围的调查，通过了解广大消费者对该广告活动的反应，而测定广告效果的调查工作。其目的在于测定广告预期目标与广告实际效果的态势，反馈广告活动的受众信息，为修正广告策略和随后进一步开展的广告工作奠定基础，以便广告主或广告公司的广告活动能更好地促进企业目标的实现。

【案例】

《快乐男声》冠名品牌上海地区广告效果测评报告

随着电视媒体竞争趋于激烈，形成了中央电视台、省卫视、其他广电媒体三分天下的格局，其中央视与省卫视、省卫视之间、省台与省会市台之间的广告竞争尤为激烈。湖南卫视利用它的独特创意和娱乐品牌，创办选秀节目，使收视率创下新高，广告收入也就随之上涨。如今“快乐男声”节目吸引了不少的观众，企业也以冠名形式投入了巨额广告资金，那么“蒙牛酸酸乳”的奇迹能够重现吗，“仁和闪亮”的投入能达到预期的目标吗？

一、调查说明

“《快乐男声》冠名品牌上海地区广告效果测评”是上海会众文化传播有限公司和上海大学传媒研究中心共同策划，在上海地区展开的调查研究项目。

上海会众文化传播有限公司成立于中国经济发展的最前沿——上海，致力于媒体市场研究、广告效果测评。公司拥有丰富的传播效果测评经验，建立了科学的调查网络、拥有高素质的专业队伍、具备完善的技术支持，能够为客户提供最全面、最客观、最准确的量化数据与分析报告，是上海一家专业实力很强的媒体调研公司。

上海大学传媒研究中心是高水平的权威学术研究机构，擅长用定量研究的方法进行媒介研究，拥有国内一流传播学专家和学者，拥有一个博士点和两个硕士点，曾进行过“市场经济条件下新闻传媒竞争力研究”、“文化消费和先进文化建设”、“大众传媒公信力研究”等多项有影响力的国家级研究课题，学术实力在中国大学传播学研究机构中可跻身前 10 强。

二、调查方案

调查时间：2007 年 7 月 7 日 10 点至 18 点（周六）

调查地点：上海市九大商圈（南京东路、南京西路、淮海中路、四川北路、徐家汇商城、新上海商城、豫园商城、中山公园商圈、五角场商场）

样本数:总计540份

抽样方法:分层随机(保持男女比例为7:8;受访者年龄段分布:18岁以下3人,18~25岁4人;26~35岁3人;36~45岁3人;46岁以上2人)

调查方法:面对面问卷访问

调查对象:上海市民或超过半年的在沪居民,来沪游客不作为调查对象

三、调查目标

本项目主要是从受众消费者的角度来进行测评,通过在上海的九大商圈随机抽样选取540位不同年龄段的人群进行问卷调查。调查将从若干方面对各项指标进行综合测量,并将其"指标化",对今年湖南卫视的选秀节目《快乐男声》冠名广告在上海地区的效果展开测评,了解上海市民对"仁和闪亮"冠名品牌广告的接触度、认知度及满意度。

本项目的调查结果能够为广告主投放冠名广告的决策起参考作用,也为电视台制作选秀节目提供基础数据和市场量化参考标准。

四、统计方法

1. 发放问卷540份,回收540份,有效问卷446份,合格率82.5%,误差率+4.5%,数据输入SPSS软件进行统计分析。

2. 后期通过网上调研。

五、测评结果

1."2007快乐男声"冠名品牌知名度

品牌知名度就是目标受众与消费者对品牌名称及其所属产品类别的知晓程度。品牌知名度越高,表明消费者对其越熟悉,而熟悉的品牌总是令人感到安全、可靠,使人产生好感。因此,品牌知名度越高,消费者对其喜欢程度通常也越高,选购的可能性也就越大。在品牌喜欢程度相同的情况下,品牌知名度越高,其市场占有率也会越大。

本次调查中发现,知道该选秀节目冠名广告的受访者只占48.4%,不到一半,不知道该品牌的则高达39%,而认为是去年"超女"选秀冠名的"蒙牛酸酸乳"的则高达9.4%,说明去年的冠名广告对今年的影响还在延续。

2."2007快乐男声"冠名品牌产品认知度

调查结果发现,认为"2007快乐男声"冠名品牌的产品为药品的为43.9%,不知道的则占35.4%,认为是食品饮料的受访者占到14.3%,认为是服装、电子产品的分别为0.9%、0.4%,说明上海市民对此选秀冠名品牌的产品印象很模糊。

3."2007快乐男声"冠名品牌广告接触度

在本次调查中,受访者中看过"2007快乐男声"冠名品牌广告的仅占39.91%,有34.53%的受访者对此广告记不清,有25.56%的受访者根本没看过此广告,说明上海市民对"2007快乐男声"选秀的关注度不高,也是导致对冠名广告接触率偏低的原因。

4. 广告记忆度

快乐男声冠名品牌广告词记忆率为47.09%,能够想起此冠名品牌广告广告词的受众不到一半,说明广告词的创意表达让人印象不深。与之相比,东方卫视的选秀节目"加油好男儿"的冠名品牌"美特斯邦威",在同期进行的调查中的广告词记忆率为80.7%,差距甚大。

5. 冠名品牌广告的喜爱度

本次调查调查发现,喜欢快乐男声节目中插播的冠名品牌广告的受众占到16.1%,不喜欢的

占18.8%，说不清的占65.1%。

6. 广告提及率

本次调查发现，绝大部分人没有向家人或者朋友提及过此冠名品牌的广告，只有14.3%的人有提及过，说明此广告的影响力有限。

7. 冠名品牌广告前后使用率

本次调查显示，在受访者观看“2007快乐男声”之前，有用过该冠名品牌产品的仅占9.4%，没用过的占61.4%，不知道是什么产品的占29.2%。说明在上海市场该产品占有率很低。

本次调查显示，“2007快乐男声”节目及冠名品牌的广告后，决定购买的受访者占7.6%，现尚未决定购买的占40.6%，这一数据说明，快乐男声冠名品牌在上海地区的广告，在促进消费者的消费行为方面，效果甚微。

8. 同类品牌知名度排名

在同类产品中，知名度最高的品牌往往是市场上的领先品牌，即市场占有率最高的品牌。所以说，强势品牌具有极高的品牌知名度，常常是同类产品的代名词。

在问及“您曾经听说过以下哪些品牌”这个问题时，我们得到的数据显示，受访者听说过最多的是博士伦，其次是新乐敦和润洁/润舒，仁和闪亮滴眼露排在第四位。

与博士伦、新乐敦、润洁相比，闪亮可以称为一个新品牌，借助快乐男声的冠名，仁和闪亮迅速地从一个地方品牌跃升为全国性品牌。但在上海滴眼露市场，竞争激烈，闪亮要占据市场引领者的位置，还需要走很长的一段路。

9. 首选品牌排名

首选品牌是指某品牌通过目标顾客的认知从而成为购买时的首选对象。与品牌知名度相比，首选品牌更能够显示出顾客的购买倾向。

在对上海地区受访者调查首选滴眼露品牌时，得票数最高的前三位的分别是新乐敦、博士伦、润洁/润舒，仁和闪亮品牌的滴眼露依然位列第四，且与得票第一的新乐敦有近四倍的得票差距。说明仁和闪亮滴眼露在上海市民心目中品牌塑造还需加强，该品牌在上海市场还有待加大开发力度。

10. 对冠名品牌产品的评价

曾经用过“2007快乐男声”冠名品牌广告产品的受访者对产品的评价，有2.2%的受访者给的评价是很好，11.2%受访者评价是好，15.7%的受访者认为是一般，还有70.9%的受访者没用过，总的来看消费者对该产品还是较满意，但同时说明有一个很大的市场有待开发。

六、报告总结

本次调查数据显示，快乐男声冠名品牌在上海市民中的广告效果并不理想。主要存在一些这些问题：知名度较低产品认知度过低；广告接触率、广告记忆度、广告喜爱度、广告提及率、冠名品牌广告前后使用率、同类品牌知名度排名、首选品牌排名等指标都不能令人满意。

快乐男声在上海的收视率较低、“蒙牛酸酸乳”冠名2006年“超级女声”的干扰性影响、广告词设计等诸多原因造成了仁和闪亮作为快乐男声的冠名品牌在上海市民中的广告效果不佳。

在调查的最后一题，曾经用过“2007快乐男声”冠名品牌广告产品的受访者对产品的评价，有2.2%的受访者给的评价是很好，11.2%受访者评价是好，15.7%的受访者认为是一般，还有70.9%的受访者没用过，总的来看消费者对该产品的质量较为满意，这也说明了仁和闪亮的问题在于品牌塑造，而非产品质量。

（资料来源：中华广告网，http://www.a.com.cn）

第二节　广告调研的程序

广告调研的程序是指广告调研从开始准备到结束全过程的先后次序和具体步骤。一般来说广告调研的全过程分为:调研准备、调研实施以及分析和总结三个阶段,每个阶段又可以划分为若干个步骤。

一、广告调研的准备阶段

广告调研前的准备工作关系到调研的成败和效率,它在某种程度上体现了调研人员的工作能力。调研准备阶段的主要任务是明确调研的目的和要求、范围和规模、调研力量的组织等问题,在此基础上,制订调研方案和计划。

(一)明确调研目标

广告调研首先要明确为什么搞调研?调研要达到什么目的?要取得哪方面的资料和信息。确定调研目标时,调研人员首先应了解营销活动的战略、任务,分析营销活动和广告活动中存在的问题,然后,根据现有的基础资料、企业运转的实际情况、生产经营活动、产品的状况及企业的外部资料,进行合乎逻辑的推理和判断,确定调研目标。

(二)调研可行性研究

根据广告调研的目的,对调研的范围和规模的大小,调研力量、时间和费用,从经济效益和社会效益角度进行可行性研究。如果原来提出的调研目标不切实际,或涉及面太宽、范围和规模过大、内容过多而无法在限定时间内完成任务,就应对调研目标进行调整,以免造成人力和财力的浪费。

(三)拟订调研方案

调研方案是对某项调研本身的设计。包括调研的目的要求、调研的具体对象、调研的地区范围、内容、调研的方法等,它是指导调研工作的依据。调研工作计划是对广告调研的组织领导、人员配备和考核、工作进度、完成时间和费用的预算、注意事项等的预先安排。对调研方案应从多套可行方案中选择,选择的标准是以最小投入、最大限度实现广告目标为依据。在对方案进行选择时应注意:①过程没有结果重要;②效率没有效益、效果重要;③成本没有价值重要。

广告调研方案的制订包括:

1. 确定调研目标

广告调研首先应确立其所欲达成的目的以及为达成目标所需要的人力、物力、财力。制订调查目的的程序:为何要调查?想要知道什么?知道了以后做什么用?谁想知道?向谁说明?用何种方式说明最好?调研报告。

2. 确定调研内容

依据所制定的调研目标确定需要何种统计资料,调研目的即是为了获得这些统计资料而设定的。其具体作业程序如下:检讨调研目标,对调研项目重要程度的检讨,假说的设定与检讨,调研项目的选择与检讨。

3. 确定调研对象

到何处去搜集资料，向何人询问才能获得必需的信息，这种能力要经过长期经验的积累。一般可采取市场区隔化的方法，决定调研范围及调研对象总体。然后再从中抽出若干有代表性的样本，作为实际调研对象。抽样方法是否科学、合理、直接影响着调查结果的代表性、客观性。抽样的方法一般应考虑实施调查时的简便与正确性，在财力相同的情况下，采用最简便操作，同时又不影响数据准确性的抽样方法。

4. 确定调研方法

调研目的不同，调研方法也不同，应根据调研目的选择调研方法。调研方法大致可以分为观察法、访谈法、实验法、问卷调查法等几种。一般说来，观察法更常用于探测性研究，访谈法较多用于描述性研究，实验法适用于因果关系研究，问卷法被应用得最广泛，特别是被用于大样本(600 个样本以上)的描述性研究。目前，大部分的广告市场调研采用两种或两种以上的调查方法来收集市场信息。

5. 信息处理方法及研究成果

广告调研方案一般都会介绍本次调研活动采用的调研、统计的工具和主要的分析方法。采用计算机统计分析，采用手工方法统计，或采用计算机与手工统计相结合的方法统计。广告调研方案一般还应规定以何种形式来提交最终的研究成果，如以研究报告形式、论文形式，或还需要以企业形式提供一些有关市场、消费者、媒体、广告等方面的研究数据或研究资料等。

6. 调研活动实施进度表

制定广告调研活动实施进度表的目的是为了实现对整个广告调研活动的有效管理。使广告调研活动更具有计划性，确保广告调研活动与整个广告活动的配合与协调。

制定广告调研活动实施进度表最重要的任务就是制定整个调研活动工作完成的期限，以及各阶段的过程。通常一个较具规模的广告调研活动，如区域性广告调研或全国性广告调研，从方案设计到研究报告打印成册，一般需要 30 ~ 60 个工作日。

7. 调研预算

市场调研费用预算一般应按照以下项目开列：资料、方案设计费、抽样费、调查费、礼品费、统计分析研究费、研究报告编撰制作费、交通费、公关费、管理费、机动费用等。如果有特殊的情况，还应对这些预算情况进行简要的说明。

调研费用因调研项目不同而有很大差别，即使是同一类调研因调研方案设计差异也有很大弹性。就目前国内外市场调研费用安排看，通常调研实施阶段的费用安排仅仅占总预算的 40% ~ 50%，而调查前的资料搜集、方案设计等准备工作和后期统计分析、研究报告的编撰等工作的费用安排分别占到总预算的 15% ~ 20% 和 35% ~ 40%。可见，广告调研费用主要是花在研究方面的人力投资。

【案例】

南宁市立白洗衣粉市场调研方案

一、前言。目前市场上销售的日用品种，类型多样，尤其是洗衣粉市场，由于它是日常必需品，所以需求量非常大。希望通过此次南宁市立白洗衣粉消费者的消费行为调查，了解南宁市立白洗衣粉的销售情况，以及立白洗衣粉的市场占有率，明确洗衣粉市场的发展深度与广度，为销售立白洗衣粉的商家提供确实可靠的决策材料。

二、调研目的:了解南宁市立白洗衣粉的销售情况、市场空间占有率,明确洗衣粉市场的发展深度与广度,为商家提供一份可靠的决策材料。

三、调研范围:南宁市各大城区。

四、调研对象:南宁市各大社会群体,其中包括:学生群体、工薪族、老年群体,群体中的每一员都是此次调查的调查对象。

五、调研方法:问卷式调研(问卷略)。

六、调研时间:从2006年6月25日至6月29日(共5天)。

七、调研内容(即调查问卷内容)。

八、具体实施:

1. 问卷数量根据调查的对象数目而定,约200份(打印)。

2. 本小组共5人,每人需完成40份问卷的调查并做好相应的问卷整理工作。

3. 调查小组人员名单:(略)

4. 发卷区域及问卷分配:南宁市各高校共发50份;南宁市各城区100份;南宁市各种老年人聚集点50份。

5. 调查总体:200人。

(1)学生群体:就读于不同高校的本专科学生,各学生在不同的系部与年级;调查学生人数男女各半。

(2)工薪族:分布于南宁市各城区;工作种类不同;年龄不同。

(3)老人族:还有洗衣能力的老年人;有自主购买洗衣粉能力的老年人。

6. 小组各成员于2006年6月25日至6月29日实施调查。

7. 2006年6月30日小组成员一起讨论、整理、分析资料。

8. 2006年7月1日至7月2日小组成员每人撰写一份相关的调查报告并打印。

9. 2006年7月3日上交调查报告,并总结实训、交流经验。

九、附表:南宁市立白洗衣粉消费调查问卷(略)。

(资料来源:中华广告网, http://www.a.com.cn)

二、广告调研的实施阶段

这一阶段的主要任务是组织调研人员深入实际,按照研究方案或调研计划的要求,系统地收集可靠资料和数据,听取被调查者的意见。大体步骤如下:

(一)调研人员的培训

广告调研部门应该根据调研任务和调研规模的大小配备调研人员,建立广告调研队或小组。对调研人员的选择将直接关系到广告调研的质量。

为了保证调研结果的可靠性,需要集中调研人员,组织学习或者培训。其主要内容包括:明确调研方案,掌握调查技术,了解与广告调研目标有关的方针、政策、法令和必要的经济知识、业务技术知识等,也可以对调研人员进行模拟训练,将调研过程中可能碰到的问题充分表现出来,以锻炼受训者应付、处理实际问题的能力。

(二)搜集资料和实施调查方案

广告调研所需的材料,可分为原始资料和现有资料两大类。原始资料是指需要通过实地调研才能取得的第一手资料;现有资料是指政府机关、企事业单位或个人现有的第二手资料,取得这部分资料比较容易、花费较少。

广告调研中仅仅依靠第二手资料是不够的,还必须实地调研收集原始资料,这样才能保证资料收集的完整性和客观性。在实地调研中,应当根据调研方案所确定的方式,先选择好调研单位,然后由调研单位通过常用的观察法、实验法和问卷法等方法,直接向被调查者收集第一手资料。

数据收集和实施阶段是一个花费最昂贵也是最容易出错的阶段。在进行调查时可能会发生四个主要的问题:有些被调查者恰好不在;有人会拒绝合作;有些人可能会给予有偏见的或不诚实的回答;最后,有些访问人员也偶尔会带有偏见或不诚实。

在此阶段,主要工作就是问卷资料的收集,最普通的方法是由被调查者自行答卷和调查人员访谈两种。问卷发放的总数与回收上来的数目之比称为回收率,对于回收率,调查人员应有足够的估计,100%的可能性是很小的。美国社会学家肯尼迪·贝利认为50%的回收率是可以令人满意的,60%是相当成功的,而70%以上则可以说是非常成功的,这可以作为我们的一个参考系数。

三、广告调研的分析和总结阶段

(一)整理分析调研资料

广告调研所获得的大量信息往往是分散的、零星的,某些资料也可能是片面的、不真实的,因此必须对所收集的调研资料加以整理和分析,这样才能客观地反映被调查事物的内在联系,揭示问题的本质和各种市场现象间的因果关系。这一步工作主要包括以下内容:

1. 资料的检查、核实和订正

对于调研所获资料,在整理编校过程中,首先要检查资料是否齐全,有无重复或者遗漏之处,是否有差错,有关数据相互之间是否有矛盾,然后对资料中所存在的问题及时复查核实,予以订正、删改或补充,力求资料真实可靠。

2. 资料的分类汇编

即把经过核实订正的资料,按照调研方案的要求归入适当的类别,并制成各种统计表和统计图,以供资料分析时使用,有关数据还可以输入计算机,由计算机来完成统计表格的制作。

3. 资料的分析和综合

资料的分析和综合是一项难度很大的工作,一般可以采取数理统计方法如多元回归分析、因素分析、判断分析、群体分析、正负相关分析和多向量表等方法,运用相关软件如SAS、SPSS等对信息资料进行多变量分析,找出变量之间的相互关系,结合各变量的内在关系,从中得出合乎实际的结论。

(二)编写调研报告

广告调研报告是对广告调研工作的书面总结,建立在客观反映市场情况和准确分析数据资料的基础上,是调研的最后成果。它不能有任何虚假成分和主观臆断,否则将直接损害企业的切身利益,也将危及广告调研部门的声誉。

广告调研报告的类型可分为两种:①专门报告。是给广告业务的最高主管人的汇报,内容应尽可能简明扼要。②一般性报告,是给广告设计制作部门及其他有关部门的技术资料报告,资料应尽可能详细完整。

广告调研报告的内容包括以下几方面内容:

（1）题目。包括报告标题、报告日期、承办部门、撰写人等。

（2）摘要。简要介绍调研报告的主要内容。

（3）序言。简要说明广告调研的动机、背景、过程、调研要点和所要解答的问题。

（4）正文。正文部分的内容主要包括：对调研基本情况的说明，对市场情况的分析，有关图标和数据的分析和解释，调研的结论和建议。

（5）附录。包括资料来源、使用的统计方法、附属图标、公式、附属资料及鸣谢等。

编写广告调研报告应注意的问题：

（1）实事求是。调研报告要如实反映情况和问题，绝不能弄虚作假。对报告中引用的事例和数据资料，要反复核实，必须确凿、可靠。

（2）集思广益。报告撰写的全过程中，撰写人要认真听取调研小组内、外各方面的意见，以提高调研报告的质量。

（3）突出重点。调研报告的内容应紧扣调研主题，突出重点。语言要准确精炼、条例清晰。

（4）结论明确。调研报告的结论要依据重要程度顺序排列，应考虑结论是否符合一般情理，立场是否客观公正，前后是否一致，是否严谨、细致、切忌模棱两可，不着边际。

（5）充分利用统计图、统计表来说明和显示资料。

（6）按照每一个项目的重要性来决定其篇幅的长短和强调的程度。

（7）务必使报告打印工整匀称、易于阅读。

表 5－1　广告调查报告文体格式与写作要求

文体格式		常用形式	基本内容	写作要求
标题		直叙式 观点式 问题式	表达调查主题	题目精练新颖、高度概括、有吸引力
主体部分	导言	叙述式 提问式 总结式	介绍调查工作概况；如调查时间、范围、方式、内容、目的等	点明主题、高度概括、精练简短
	正文	逻辑分叙式 表格说明式 条文列举式	现状资料分项目汇总叙述；分析造成该现状的内外原因和影响因素	主题明确、中心突出、材料典型、逻辑性强、条理清晰、报告语言简洁、有说服力
	结尾	归纳式 警告式	全文小结并提出建议和措施	概括全文、形成结论、提出建议
署名			调查单位与写作时间	简单明确
附录			调查表、典型材料、数据库	根据正文需要

【案例】

果汁饮料济南市场调查报告

中国饮料工业协会统计报告显示，国内果汁及果汁饮料实际产量超过百万吨，同比增长33.1%，市场渗透率达36.5%，居饮料行业第四位，但国内果汁人均年消费量仅为1公斤，为世界果汁平均消费水平的1/7,西欧国家平均消费量的1/4,市场需求潜力巨大。

我国水果资源丰富,其中,苹果产量是世界第一,柑桔产量世界第三,梨、桃等产量亦居世界前列。据权威机构预测,在2005年,我国果汁产量达到了150~160万吨,人均果汁年消费量达1.2公斤左右。2015年,预计果汁产量达195~240万吨,人均年消费量达1.5公斤。近日,我公司对济南市果汁饮料市场进行了一次市场调查。根据统计数据,我们对调查结果进行了简要的分析。

1. 需求特点。追求绿色、天然、营养成为消费果汁饮料的主要目的。品种多、口味多是果汁饮料行业的显著特点,据济南市场调查显示,每家大型超市内,果汁饮料的品种都在120种左右,厂家达十几家,竞争十分激烈。果汁的品质及创新成为果汁企业获利的关键因素,品牌果汁饮料的淡旺季销量无明显区分。

2. 目标消费群。调查显示,在选择果汁饮料的消费群中,15~24岁年龄段占了34.3%,25~34岁年龄段的占了28.4%,其中又以女性消费者居多。

3. 影响购买因素包括:

口味:酸甜的味道销得最好,低糖营养性果汁饮品是市场需求的主流。

包装:家庭消防首选750ml和1L装的塑料瓶大包装;260ml有小瓶装和利乐包,为即买即饮或旅游时的首选;礼品装是家庭送礼时的选择;新颖别致的杯型装因喝完饮料后瓶子可当茶杯用,所以也影响了部分消费者的购买决定。

4. 饮料种类选择习惯71.2%的消费者表示不会仅限于一种,会喝多种饮料;有什么喝什么占了20.5%;表示就喝一种的有8.3%。

5. 品牌选择习惯。调查显示,习惯于多品牌选择的消费者有54.6%;习惯性单品牌选择的有13.1%;因品牌忠诚性做出单品牌选择的有14.2%;价格导向占据了2.5%;追求方便的比例为15.5%。

6. 饮料品牌认知渠道。广告:75.4%;自已喝过才知道:58.4%;卖饮料的推销:24.5%;亲友介绍:11.1%。

7. 购买渠道选择。在超市购买占61.3%;随时购买占2.5%;个体商店购买占28.4%;批发市场占2.5%;大中型商场占5.4%;酒店、快餐厅等餐饮场所也具有较大的购买潜力。

8. 一次购买量。选择喝多少就买多少的有62.4%;选择一次性批发很多的有7.6%;会多买一点存着的有29.9%。

(资料来源:中国饮料交易网信息中心, http://www.cenn.cn/qycx/info)

第三节　广告调研的原则与方法

一、广告调研的原则

为了保护广告调研的科学性,在广告活动的调研实务操作中,必须遵循以下几条指导原则:

(一)全面性原则

广告调研的对象是人,由于他们各自不同的社会背景如年龄、职业、教育程度、信仰、居住环境等条件因素的差异,其态度及行为会呈现出千姿百态的图景,而社会调研要把握的当然不是他们中的个别成员的态度及行为特征,而是总体现象的全面情况。但有时对总体进行全面调查是不可能的,此时,根据"大数定律",可对总体进行抽样调查,从而做到大量观察,并使观察数据所代表的样本与总体数所表现的平均值接近。此外,为了在最大限度上符合全面性原则,还有必要着重选取某些典型材料作重点调查。

(二)代表性原则

由于调研对象数量巨大、分布广泛,因此前期调查只能采取从总体中抽取样本的方法进行。样本的代表性对反映总体全面情况的质量至关重要,所以必须使每个个体的抽取都应该得到"均等抽取"、"随机抽样"的机会。如英国广播公司(BBC)的广告部,在开展的一项广告调研中,每天在电波覆盖范围内抽取2 250人,从而推断人们收听其节目的比例,日积月累,从而使公司决策机构对听众的认识相当明了。这就是小样本所具有的足够代表性在认识总体全面情况时所产生的价值。

(三)客观性原则

广告前期调查必须要有一个统一的标准尺度,要有自身相对独立性,以保证调查客观。如在调查问卷设计中,对每个问题、每个概念都要进行具体的、确切的含义规定,比如对"组织形象"进行调查时,对"组织形象"就要予以清楚地不会产生歧义的说明,使调查者和被调查者在接触这个概念时都有一个共同的客观认识。此外,客观性原则还要求在同等条件下重复测量能获得相同的结果,这就排除了因地因时因人而异的误差对调查结论的影响。

(四)定量化原则

对客观事物从定性分析进入到定量分析,标志着人的认识从笼统、模糊的阶段走向了精确、清晰的高级阶段。在一定意义上,运用数学也就是运用定量方法来分析和显示认识结果。在社会凋查中,定量化原则包含着这样几层意思:第一,运用统计学的原理对调查资料进行统计和分析;第二,运用数学关系来显示和表达调查结论。如果说客观性原则旨在防止调查出现误差,那么定量化原则是防止出现误差的强有力的措施。

二、广告调查的方法

广告调查的方法主要有文献法和实际调查法,实际调查法又分为访谈法、观察法、实验法、问卷调研法等。企业要根据调研的目的,内容和调研对象的特点,配合使用广告调研的方法。

(一)文献调查法

文献调查法是指从各种文献档案中收集资料,也称第二手资料。这是间接进行的调查方法。主要优点:省时省力,资料广泛。缺点是很多资料有局限性、时间滞后性。在间接资料选择时应把握以下原则:相关性、有效性、可靠性、经济性。企业在日常工作中就要注意收集和整理相关资料,使之类别化、系统化和条理化。在实际调研中,根据调研方案提出的资料范围和内容,尽可能组织调研人员收集现有资料。收集现有资料应注意的事项:

(1)必须保证资料的准确性和可靠性。

(2)对于统计资料,应清楚指标的含义和计算口径,必要时应调整计算口径,使之符合调查项目的要求。

(3)对某些估计数据,要了解其估算方法和依据,判断其可靠程度。

(4)某些保密资料,应该根据有关的保密规定,由专人负责收集、保管,严防泄密。

【案例】

精明的日本人

文献资料浩如烟海，如何独具慧眼，从中发现有价值的信息是调查的关键。20 世纪 60 年代，日本人就是利用这种方法搜集到大庆油田的位置、产量等重要信息，并分析信息，制定油田设备策略，打败了美国等竞争对手。他们搜集信息，寻找关联，步骤如下：

(1)从中国公开发行的报纸上知道中国发现油田，但不知道在哪里？——中国需要设备，怎样的设备？

(2)《中国画报》上王进喜的照片，身穿棉袄，背景鹅毛大雪纷飞——中国东北部。

(3)根据某报道中国石油工人从火车站将设备人拉肩扛到钻井现场和王进喜在马家窑说："我们要把中国石油贫困的帽子扔进太平洋"——马家窑一定在太平洋的西岸，中国油田一定在马家窑的附近——找马家窑——确定油田的位置——分析附近的地理、地形、气候、居民状况——制定设备所需材料。

(4)1964 年铁人王进喜光荣出席了第三届全国人民代表大会，成为人大代表——中国石油开采成功了。

(5)《人民日报》上一幅钻塔的照片，从钻塔手柄的架抛结合政府报告推算中国石油的年产量。在此基础上日本人推断中国以后将需要大量进口设备，并从此有针对性地设计采油设备，在竞标中一举获胜，使其设备顺利进入中国市场。

（案例来源：中国职业经理人资格认证网，http://depart. cpm. gov. cn）

（二）实地调查法

实地调查是一种直接获取一手资料的方法，优点是针对性强，能够及时发现市场机会和威胁，不足是费时费力。常用的实地调查法有访谈法、观察法、实验法等。

1. *访谈法*

访谈法是通过询问的方式向被调查者了解市场情况，获取原始资料的一种方法。在采用访谈法时要注意几个关键的问题：一是要掌握面对面与人沟通的技巧，认真观察、揣摩对方，尽量创造一种自然、和谐的氛围，让被访问者乐于回答问题。二是问题要简要、准确、易于回答。三是要事先准备好各种在访问中可能用到的工具，以免手忙脚乱。四是要事前尽量了解被访问者的兴趣和禁忌。兴趣相近，可以增进沟通，若是触犯了对方的禁忌，便会为访谈设置无形的障碍。在设计较为敏感又与企业经营密切有关的问题时，需要动一番脑筋，采取迂回的方法提问。

根据调查人员与被调查者接触方式的不同，又可将访谈法分为人员访问、电话访问、邮寄访问和网上访问等。各种访问方式都有各自的优缺点，必须根据具体的调查内容和课题要求而定。

(1)人员访问。人员访问是通过调查者与被调查者面对面交谈以获取市场信息的一种调查方法。面谈调研的主要形式有两种：一是个人面谈。个人面谈灵活方便，问题针对性强，适用于某些问题的深度访问。二是小组面谈。调研人员邀请 6～10 名被调查者，集思广益，相互启发，适用于调查较复杂、广泛的问题。询问时可按事先拟定的提纲顺序进行，也可采取自由交谈方式。

人员访问优点：①面对面的直接交流，可增加感性认识，促进感情联络，易于了解调查者的真实态度。②回答率高。由于是面对面访谈，一般被调查者都能给予配合，完成调查，回答率是各种调查方法中最高的。③具有较强的灵活性，可以针对被调查者的性格、态度、心理特征采用不同的语言、口气进行询问。遇到被调查者不愿回答或不太理解时可以随机应变，通过解释说服完成调查。若发现被调查者不符合调查条件时,可以及时终止访问。四是访问内容可以较为深入,使搜集的资料详尽、准确。

人员访问的不足之处:①人力、物力消耗大,访问成本较高。②对访员的素质要求高,访问的质量易受访问人员自身知识水平、沟通能力和技巧、工作态度以及心理素质的影响。③管理控制困难。由于访问人员分布在不同区域,难于有效监督管理,访问工作主要依靠访员的自我约束,有可能出现访问人员敷衍了事的现象。

(2)电话访问。电话访问是通过电话中介与选定的被调查者交谈以获取信息的一种方法。电话访问的突出优点是信息反馈快、费用低、辐射范围广。其局限性主要表现在:一是调查内容的深度不及其他调查方法。二是电话访问只能对有电话的对象调查。

(3)邮寄访问。邮寄访问是一种将事先设计好的调查问卷邮寄给被调查者。由被调查者根据要求填写后寄回的一种调查方法。

邮寄访问优点:①调查的空间范围广,只要是通邮地区都可以被选为调查对象。②费用低。③邮寄访问可以给予被调查者相对更加宽裕的时间作答,而且可以避免面访调查中可能受到调查人员的倾向性意见的影响。④邮寄访问的匿名性较好,所以对于一些人们不愿公开讨论而市场决策又很需要的敏感性问题,无疑是一种很好的调查方式。

邮寄访问最大的缺点是问卷回收率低,因而容易影响样本的代表性。其次问卷回收期长,时效性差。由于各种主客观原因,问卷滞留在被调查者手中的时间较长,这就可以产生一类问题,当很多问卷回收到以后,往往已经失去其分析研究的价值了。

(4)网上访问。网上访问是一种随着网络事业发展而兴起的最新访问方式,是一场新的革命。网上访问是市场调查者将需要调查的问题系统制作为问卷,通过互联网搜集资料的一种调查方法。

优点:①辐射范围大。②网上访问速度快,信息反馈及时。③匿名性很好,所以对于一些人们不愿在公开场合讨论的敏感性问题,在网上将是一方畅所欲言的乐土。④费用低廉。以上四种访问方式比较起来,网上访问的费用是最低的。

缺点:①样本对象的局限性,也就是说网上访问仅局限于网民,这就可能造成因样本对象的阶层性或局限性问题带来调查误差。②所获信息的准确性和真实性程度难以判断。比如说调查女性对某化妆品的意见,并不排除“热心”该问题的男士出来讨论,而后者在某种意义上说并没有发言的权力。随着网络事业的迅猛发展和网民比例的不断上升,网上访问不仅代表着一种趋势,也代表着一种潮流,其作用将愈来愈凸显。

【案例】

安徽特酒集团网络营销市场调研案例

20世纪90年代,安徽特酒集团是我国特级酒精行业的龙头企业,全套设备及技术全部从法国引进。其主要产品是伏特加(Vodka)酒及分析级无水乙醇。其中无水乙醇的销量占全国的50%以上。伏特加酒通过边境贸易,向俄罗斯等前苏联国家出口达到1万吨,总销售额超过1亿元。伏特加酒作为高附加值的主打产品,是安特集团利润的主要来源。但是,随着俄罗斯等前苏联国家经济形势的日益恶化,出口量逐年减少,形势不容乐观。安特集团审时度势,决定从1998年的下半年开始通过互联网进行网络营销调研,并在此基础上开辟广阔的欧美市场。

利用半年左右时间，通过对数据库的查询、新闻机构的站点查询、通过地域性的搜索引擎收集价格信息、关税、贸易对象三个方面的情报，对于世界上伏特加酒的贸易状况有了基本的了解，掌握了世界伏特加酒交易的价格走势，认清了安特牌伏特加酒所处的档次水平，也联系了上百家进口商、经销商，可以说基本上把握了国际伏特加酒市场的脉搏，圆满地完成了市场营销调研工作。这些工作为以后的网上谈判、选择代理商等网络营销工作打下了良好的基础。

（资料来源：中国广告家园论坛，http://bbs.adjia.com）

2. 观察法

观察法是由调查员直接或通过仪器在现场观察调查对象的行为动态，并加以记录而获取信息的一种方法。观察法在市场调研中用途很广。这种方法的主要特点是，调查者同被调查者不发生直接接触，避免让被调查者感觉正在被调查，从而提高调查结果的真实性和可靠性，使取得的资料更加切近实际。比如研究人员可以通过观察消费者的行为来测定品牌偏好和促销的效果。现代科学技术的发展，人们设计了一些专门的仪器来观察消费者的行为。观察法可以观察到消费者的真实行为特征，但是只能观察到外部现象，无法观察到调查对象的一些动机、意向及态度等内在因素，而且要求有较高的调研费用和较长的观察时间。

观察法主要有以下几种：

（1）直接观察法，即调查人员直接到现场观察，收集有关资料。例如，调查人员要了解POP广告对消费者作用的大小，就可以直接到商店去观察。

（2）痕迹观察法，即调查人员观察行为发生后所留下的实际痕迹。例如，为调查媒体传播效果，可以在几种媒体上刊登广告，并附有意见回条，顾客凭回条购买商品可优惠。企业可以根据各媒体回条的比例数和内容，判断出哪种广告媒体能更好地把商品信息传递给消费者。

（3）行为记录法，即调查人员通过一些监听监视设备记录下被调查者的活动或行为。如电视台为了测试电视广告的收视率，在一些典型视听者家中安置电视节目测试仪，把他们收看电视广告的时间、电视台名称、广告内容、收视时间长短等记录下来，供电视台广告部门分析研究和决策。

3. 实验法

实验法是指在控制的条件下，通过实验对比，对市场经济现象中某些变量之间的因果关系及其发展变化过程加以观察分析的一种广告调研方法。实验方法来源于自然科学的实验求证，现在广泛应用于营销、广告和公共关系等的调研活动中，是营销调研走向科学化的标志。实验法主要有市场反应、广告信息实验、媒体效果实验和广告效果实验。

（1）实验调查法的优缺点

优点主要有：①实验法通过因素控制能了解自变量与因变量之间的因果关系，研究自变量对因变量的影响程度。②具有科学性，可按照调查目的，合理进行实验设计，得到情况和数据比较客观、误差较小。③可主动控制市场因素变化，根据调查目的自行设计实验方案。

实验调查法的缺点主要有：①随机因素、不可控制的因素太多，局限了实验法的实施，完全受控制的实验无法实现。②存在外在控制，被调查对象的言行、状态可能不易自然流露，有些反应的真实性受质疑。③实验法仅限于对当前市场变量之间的关系进行测试，对于过去或将来的情况则无计可施。④实施起来难度大，费用相对较高。

（2）实验调查的主要方法

1）事前事后实验调查。这种方法最简易可行，它的观察对象只有一组，所选定的实验单位，事前要对实验前正常情况进行记录、测量，事后再测量实验后的情况。事前事后情况相比较，进行对比分析,了解实验变量的效果。

2)有控制组的事后实验。这种实验法同时设立实验组和控制组,进行横向比较,这样就可以排除由于对比时间不同而可能出现的外来变量的影响。但应注意控制组与实验组之间要有可比性,即除实验因素外其他因素基本相同,否则实验效果不佳,会产生很大的误差。

3)有控制组的事前事后实验。这种实验综合上述两种实验法,同时设立实验组和控制组,既有横向比较,又有纵向比较。

例如,某食品公司要进行包装改革,在其所在的城市 4 个销售点进行实验控制组一直使用原包装,实验组在实验期内采用新包装,实验前后对比期为 3 个月,前后销售见表 5 - 2。

组别	实验前 3 个月销售	实验后 3 个月销售变动
实验组 2 家	1000 包	1600 包 +600 包
控制组 2 家	1000 包	1300 包 +300 包

结果表明,若不采用新包装,销售增加 30%,采用新包装的实验组,销量增加 60%,表明改进包装可扩大销量 30%。

4. 问卷调查法

问卷调查,又称调查表。是调查者根据一定的调查目的精心设计的一份调查表格,是现代社会用于收集资料的一种最为普遍的工具。问卷调查的科学性很大程度上就体现在调研问卷的设计上。问卷设计是否科学、合理、将直接影响到问卷的回收率、有效率、影响资料的真实性和实用性。

问卷设计的基本要求:从形式上看,要求版面整齐、美观、便于阅读和作答。这是总体上的要求。从内容上看。一份好的问卷调查表至少应该满足以下几方面的要求:①重点突出,确保问卷能完成调查任务与目的。②问题的陈述应尽量简洁,避免有双重或多重含义的问题,最好不用否定句。③便于统计整理。

(1)问卷调查的步骤

在大多数市场调查中,研究者都要依据研究的目的设计某种形式的问卷。问卷设计没有统一的固定的格式和程序,一般说来有以下几个步骤:

1)确定需要的信息。在问卷设计之初。研究者首先要考虑的就是要达到研究目的、检验研究假设所需要的信息,从而在问卷中提出一些必要的问题以获取这些信息。

2)确定问题的内容。确定了需要的信息之后,就要确定在问卷中要提出哪些问题或包含哪些调查项目。在保证能够获取所需信息的前提下,要尽量减少问题的数量,降低回答问题的难度。

3)确定问题的类型。问题的类型主要有以下几类:

①自由问答题。也称开放型问答题,只提问题,不给具体答案,要求被调查者根据自身实际情况自由作答。自由问答题主要限于探索性调查,在实际的调查问卷中,这种问题不宜多。如"您对我公司的广告有何意见或建议?"自由问答题的优点是被调查者的观点不受限制,便于深入了解被调查者的建设性意见、态度、需求问题等。主要缺点是难于编码和统计。

②两项选择题。一般只设两个选项,如"是"与"否","有"与"没有"等。两项选择题的特点是简单明了,答卷迅速,易于理解。缺点是所获信息量太小,两种极端的回答类型有时往往难以了解和分析被调查者群体中客观存在的不同态度层次。两项选择只适合较为简单的事实性问题。

③多项选择题。多项选择题是从多个备选答案中择一或择几。这是各种调查问卷中采用最

多的一种问题类型。例如：

“您看过下列哪个牌子牙膏的广告?”

答案:A. 高露洁　B. 佳洁士　C. 中华　D. 黑人　E. 两面针　F. 冷酸灵

这种方法易于回答,便于编码和统计,注意在设计答案时要考虑到符合调查需要的结果,不要重复或遗漏,答案也不宜太多,一般以 8 个以内为佳。

④顺位式问答题。又称序列式问答题,是在多项选择的基础上,要求被调查者对询问的问题答案,按自己认为的重要程度和喜欢程度顺位排列。例如：

“您选购空调时考虑的下列条件,请将其重要程度用 1、2、3……标出。”

答案:价格低（　）;牌子响（　）;服务好（　）;外观美（　）;噪音低（　）;节电（　）;环保（　）;容量大（　）。

顺位法便于答卷人对动机、感觉做衡量和比较性的表达,注意所列项目具有可比性。

⑤意见程度选择题。即态度测量表,就某一问题列出不同程度,请被调查者选择。

例如:“您对伊利优酸乳广告的喜欢程度如何?”

答案:A. 很喜欢　B. 喜欢　C. 一般　D. 不喜欢　E. 很不喜欢

在现实的调查问卷中,往往是几种类型的问题同时存在,单纯采用一种类型问题的问卷并不多见。

4)确定问题的词句。问题的词句或字眼对应答者的影响很大。有些表面上看差异不大的问题,由于字眼不同应答者就会做出不同的反应。因此问题的字眼或词句必须斟酌使用,以免引起不正确的回答。

例如:“您经常喜欢看什么电视节目?”该项目中“经常”用词不准确,不同人有不同的理解,因而无法获得准确可靠的调研结果。可改为“您昨天晚上看过什么电视节目?”再如,“您家里的电脑是什么牌子的?”这种问题是调查人员事先断定被访者已有某种商品或行为,而事实上被访者可能没有此商品或行为,这种问题要避免,应该为“您家里是否有电脑?”还有,“您每年的收入多少?”“您全年的消费支出是多少?”等问题涉及个人隐私或知识面等因素,导致被访者无法准确回答,这些问题应避免出现。

5)确定问题的顺序。问题的顺序会对应答者产生影响,因此,在问卷设计时问题的顺序也必须加以考虑。原则上开始的问题应该容易回答并具有趣味性,以提高应答者的兴趣。涉及应答者个人的资料应在最后提出。

6)问卷的试答。一般在正式调查之前,设计好的问卷应该选择小样本进行预试,其目的是发现问卷的缺点,改善提高问卷的质量。

(2)问卷的基本结构

一般包括四个部分,即标题、说明、调查内容、编码等。其中调查内容是问卷的核心部分,是每一份问卷都必不可少的内容,而其他部分则根据设计者需要可取可舍。

1)标题。标题说明调查的主题。让被调查者对要回答的问题有一个大致的了解。标题的设计应简明扼要,易于引起回答者的兴趣。例如“冷冻食品消费状况调查”、“我与广告——公众广告意识调查”。

2)说明。说明是调查者给被调查者的简短信息,要用恰当的称呼,恳切的语言向被调查者说明调查的目的、意义、选择方法以及填答说明等,一般放在问卷的开头。

3)调查内容。问卷调查内容是问卷的主题部分,占有最大篇幅。这部分设计的好不好是整个调查研究成败的关键。问卷中的问答题,从形式上看,可分为开放式、封闭式和混合型三大类。开放式问答题只提问题,不给具体答案,要求被调查者根据自己的实际情况自由作答。封闭式问答题则既提问题,又给出若干答案,被调查者只需在选中的答案中打"√"即可。混合型问答题,又称半封闭型问答题,是在采用封闭型问答题的同时,最后再附上一项开放式问题。

4)编码。编码是将调查问卷中的调查项目以及备选答案给予统一设计的代码。编码既可以在问卷设计的同时设计好,也可以等调查工作完成以后再进行。前者称为预编码,后者称为后编码。在实际调查中,常采用预编码。

【案例】

关于立邦漆涂料广告效果调查问卷

尊敬的女士/先生,你好!

耽误您几分钟,我们是XX公司的调研人员,正在做关于立邦漆涂料广告的市场调查。此次问卷不涉及任何商业利益,我们会为您的所有作答保密。希望您配合我们完成此次调查。谢谢您的合作!

一、立邦漆涂料广告效果情况:

1. 请问您以前是否看过这则广告?(　　)(填B者跳到第11题)

A. 是　B. 否

2. 请问您是通过什么渠道看到这则广告的?(　　)

A. 广播　B. 电视　C. 报纸　D. 杂志　E. 户外广告

F. 户联网　G. 朋友介绍　H. 装饰公司　I. 其他(请注明)

3. 您看这则广告的频率是多少?(　　)

A. 基本上天天看　B. 每周3~4天　C. 每周1~2天

D. 偶尔看　E. 看过一次

4. 请问您知道这则广告卖的是什么产品吗?(　　)

A. 知道(请注明:______)　B. 不知道

5. 这是立邦漆涂料的一则广告,您对这则广告的阅读情况是:(　　)

A. 全面阅读过　B. 看过图片、标题,未读广告的细节

C. 读了细节的一部分　D. 其他(看过广告,但是说不清看过哪部分)

6. 请问您认为这则广告的广告语"立邦登了堂,年年住新房"怎么样?(　　)

A. 很好　B. 较好　C. 一般　D. 较差　E. 很差

7. 请问您认为这则广告的画面设计安排怎么样?(　　)

A. 很好　B. 较好　C. 一般　D. 较差　E. 很差

8. 请问您认为这则广告的文案表达得怎么样?(　　)

A. 很好　B. 较好　C. 一般　D. 较差　E. 很差

9. 请问您认为这则广告在哪个媒介上表现的比较好?(　　)(可多选)

A. 广播　B. 电视　C. 报纸　D. 杂志　E. 互连联网

F. 户外广告

10. 看过这则广告后,您觉得这个广告能否引起您继续了解该产品的兴趣?(　　)

A. 能　　B. 不能　　C. 无所谓

11. 请问您还接触过其他哪些涂料品牌的广告?(　　)(可多选)

A. 杜邦　　B. PPG　　C. 富邦　　D. 邦尼

E. 日野　　F. 其他(请注明:______)

12. 请问您通常相信下列哪个媒介所载的广告?(　　)(可多选)

A. 广播　　B. 电视　　C. 报纸　　D. 杂志　　E. 互联网

F. 户外广告　　G. 其他(请注明:________)

13. 请问您以前买过立邦漆涂料吗?(　　)(填 B 者跳到第 17 题)

A. 买过　　B. 没买过

14. 请问您所买的立邦漆涂料是作什么用的?(　　)

A. 自家装饰　　B. 单位装饰　　C. 其他(请注明:________)

15. 请问您为什么选择购买立邦漆涂料?(　　)(可多选)

A. 广告促使　　B. 品牌形象吸引　　C. 安全可靠　　D. 价格公道合理

E. 售后服务好　　F. 亲戚朋友介绍　　G. 没有原因,随意购买　　H. 其他(请注明)

16. 请问您对立邦漆涂料的评价如何?(　　)

A. 很好　　B. 较好　　C. 一般　　D. 较差　　E. 很差

17. 看过这则广告后,您对立邦漆涂料的印象会发生变化吗?(　　)

A. 印象变好　　B. 没有改变　　C. 印象变坏

18. 请问您购买涂料时最看重的是什么?(　　)

A. 品牌　　B. 质量　　C. 价格　　D. 售后服务

E. 其他(请注明:________)

19. 您对立邦漆广告的意见和建议:

二、受访者基本情况:

1. 您的性别:(　　)

A. 男　　B. 女

2. 您的年龄:(　　)

A. 18 岁以下　　B. 18 岁 ~30 岁　　C. 30 岁 ~45 岁

D. 45 岁 ~60 岁　　E. 60 岁以上

3. 您的学历:(　　)

A. 硕士或以上　　B. 本科或大专　　C. 高中　　D. 职业学校

E. 初中　　F. 小学　　G. 其他(请注明:________)

4. 您的职业:(　　)

A. 机关及事业单位工作人员　　B. 企业高级主管　　C. 技术人员

D. 企业职工　　E. 私营业主　　F. 待业　　G. 其他(请注明:________)

5. 您的收入水平:(　　)

A. 600 元以下　　B. 600 ~1000 元　　C. 1000 ~1500 元

D. 1500 ~2000 元　　E. 2000 元以上

(资料来源:中国广告传媒网, http://www.ad8899.com)

【本章小结】

广告调研是指企业为有效地开展广告活动,利用科学的调查研究方法,对与广告活动有关的资料进行收集、整理、分析和解释。广告调研的目的是为成功地开展广告活动提供准确有效的信息,它是广告活动的基础。广告市场调查是包括广告市场所在的社会环境调查、消费者调查和产品调查等。

调研程序一般是:确定调研选题、制定调研方案、收集资料和实施调研方案、广告调研资料的整理、广告调研资料分析、撰写调研报告。

广告调研报告是调研者根据广告调研活动所获得的信息资料和据此而形成的分析结论所撰写的一种文体,撰写广告调研报告实际上是广告活动的最后步骤。它的主要作用有:运用多种方法考察和评价广告活动的效果,以总结经验教训,为今后的工作提供借鉴;向决策部门报告广告工作的完成情况;利用广告工作的成果,对组织内部成员进行激励。广告调研报告的文体结构一般分为标题、导言、正文、结尾、署名、附录等部分。

广告调研常用的技术和方法有:抽样调查、普遍调查、访问调查、观察法、实验调查、文献研究、问卷调查。

【复习思考】

1. 广告调研的基本程序包括哪些步骤?
2. 常用的调查方法主要有哪些?
3. 如何撰写一份合格的调研报告?

【实训练习】

请自选一个广告调研主题,设计一份调查问卷,并做实地调查,写一份调研报告。

第六章　广告创意策略

【引入案例】

鸡蛋上的柯达广告

柯达一贯注重运用广告媒体争夺市场，其技巧之妙，令人叹为观止。前些年，美国柯达摄影器材公司在南美市场销售柯达胶卷及摄影器材时遭遇挫折，销路不畅，竞争不过日本富士。其时，以色列鸡蛋在南美各国十分畅销，柯达突发奇谋，利用他人的产品为自己的产品作“嫁衣裳”，导演了一幕“蛋”生“机”的好戏。该公司与以色列耶路撒冷的一家禽蛋公司签订了一份合约，双方约定用1000 万只鸡蛋做广告。人们十分奇怪，怎么使用鸡蛋做广告呢？原来柯达公司在出口到南美洲的鸡蛋上先印上“柯达”彩色胶卷的商标，然后运到南美各国销售，柯达公司为此付给这家公司 5000万美元。双方各有所得。鸡蛋这种大众消费品，人们日常生活中接触频繁，作为新奇的广告媒介，不仅到达率高，而且容易引起人们的好奇心从而在消费者心中形成较深的印象。鸡蛋广告获得了极佳的广告效果。凭借蛋壳上的广告，柯达取得了宝贵的市场良机。

（案例来源：国际艺术界网 http://www.gjart.cn/viewnews.asp? id=25937）

【本章概述】

本章阐述了广告创意的内涵、特征和原则，叙述了广告创意过程，介绍了广告创意的思维方法，深入分析了广告创意策略及其运用。

【学习目标】

通过本章的学习，了解广告创意的内涵、特征，掌握广告创意的原则；了解广告创意的过程，正确运用广告创意的思维方法，特别是通过分析广告创意策略，进一步掌握广告创意策略的运用。

【本章重难点】

本章重点在于广告创意的特征、原则，广告创意的思维方法的类型和具体方法，广告创意策略的内容和运用。

本章难点在于如何正确地运用广告创意策略。

第一节　广告创意的内涵

美国著名广告人大卫·奥格威曾经说过:“如果广告活动不是由伟大的创意构成的,那么它不过是二流品而已。”创意是广告的灵魂,创意的优劣是广告成功的关键。

一、广告创意的含义

创意在英语中一般用“creative”表示,意为“有创造性的”、“有创造力的”,现被引申为“创意”;也有用“idea”表示的,意为“主意”、“想法”、“计划”等,现在也常被译为“创意”。

从静态的角度来说,“创意”是指有创造性的主意、点子等;从动态的角度来说,“创意”是指创造性的思维活动,是从事创造活动的过程。

创意应用到广告领域中则被称为广告创意,关于广告创意的内涵,国内外许多学者的说法不一。美国权威的广告杂志《广告时代》得出的结论是:“广告创意是一项控制工作,广告创意是为别人作陪嫁,而非是自己出嫁,优秀的广告创意人员深知此道,他们在熟悉商品、市场销售计划等多种信息基础上,发展并赢得广告运动,这就是广告创意真正的内涵。”而我国广告学者认为:“广告创意是用一种新颖而与众不同的方式来传达意念的技巧和才能,即客观地思考,然后天才地表达。”

我们认为广告创意是指广告人在对市场、目标消费者进行调查分析的前提下,结合产品特性、受众心理、客户营销目标、广告策略等因素,选择最佳的信息表达方式,用艺术的手法对抽象的产品诉求概念予以具体的创造性思维过程。

广告创意是广告活动中相当重要的一个环节,它是广告成功的关键,同时也是企业是否能达到营销目标的一个重要因素。

【案例】

甲壳虫汽车《柠檬》篇

二战后至20世纪60年代,美国一直是全球的汽车大国,外国的汽车很难打入美国的市场。德国大众的甲壳虫进入美国市场十年却一直不被消费者接受。后来,经过深入调查了解,伯恩巴克以一种诚实的轿车,价格低廉、马力小节油,结构简单实用、质检严格性能可靠,为广告创意的切入点。并据此创作了一系列经典广告,如《想想小的好处》、《柠檬》、《送葬礼的车队》等。广告大获成功,并由此打开了美国市场。

下面仅以《柠檬》作简略表述:

在美国俗语中,“柠檬”代表不中用的东西或废品,而“李子”则代表十全十美的东西。伯恩巴克就借题发挥,创作了绝妙的广告。这则广告的正文是:

这辆甲壳虫没赶上装船,启运仪器上显示车顶行李架处的镀铬有些损伤,这是一定要更换的。你或许难以注意到,但是检查员克朗诺注意到了。

在我们设在沃尔斯堡的工厂中有3389名工作人员,其唯一的任务就是:在生产过程中的每一阶段都去检查甲壳虫(每天生产3000辆甲壳虫,而检查员比生产的车还要多)。

每辆车的避震器都要检测，每辆车的挡风玻璃也经过详细的检查。大众汽车经常会因肉眼看不出的表面擦痕而无法通过。

最后的检查实在了不起！大众的检查员们把每辆车像流水一样送上车辆检查台，通过总计189处查验点，再飞快地直开自动刹车台，在这一过程中，50辆车总有一辆被卡下“不予通过”。对一切细节如此全神贯注的结果是，大众车比起其他车子耐用而不大需要维护（其结果也使大众车的寿命较其他车子长）。

我们删除了柠檬，而你们得到了李子。

这则广告发布后产生了很大的轰动，被认为二战以来最佳作品，甲壳虫在美国的知名度也得到速度提高，打开了美国的销路。

（资料来源：李巍，《旋转创意魔方》，重庆大学出版社，200年4月第1版）

二、广告创意的特征

广告创意主要有四大特征：适时性、适类性、适人性和适地性。

（一）适时性

适时性是指广告创意要符合营销时期的特点。从季节上说，广告播放的时间和创意的内容要都要与季节相吻合。如我国某品牌感冒药在进入夏季时的广告词还是：天气转凉，请注意感冒。这让人听起来很不协调，也会使消费者对该品牌产生不好的印象。从时期上说，每个产品都有其特定的产品生命周期，在不同的生命周期阶段，它的产品特征和营销策略都不同。所以广告创意也得与之相适应。

此外，各国每年都有好多节日，广告创意也应根据各国节日的特点来创作。如刘翔主演的可口可乐广告《渴望回家》中，为了表现我国新年的气氛，作品中采用了大量的红色，并运用了我国传统的饺子、唐装、红灯笼、对联等喜气的元素。

图6－1　刘翔主演的可口可乐广告《渴望回家》

（图片来源：百度图片，引自视频截图）

（二）适类性

适类性是指广告创意要符合产品的属性和特征。从属性上说，各种产品的属性不同就决定了广告创意的侧重点不同。如现在的食品类广告在创作时不是强调它能填饱肚子，而是侧重于渲染在享受此美食时所带来的快乐。而药品类广告侧重于强调它的治疗效果，服装类广告则重于描述它赋予我们的魅力。从特征上说，产品的特征不同，其广告创意也不能千变一律。如上面提到的服装类广告，一般来说是强调它给我们带来的美感，但在2008年初的大雪中，我们的羽绒服就该及时地在广告中强调它的保暖性。

海尔洗衣机为了说明洗后不皱衣服，并能使衣服蓬松的产品特性，制作了一组将衣服嫁接到一系列富有弹性的体育用品上的广告。如下图：

足球篇　　网球篇　　羽毛球篇

图6－2　海尔洗衣机广告：足球篇、网球篇、羽毛球篇

（图片来源：中国艺术网，http://www.86art.net/sj/yy/gg/200704/20070402003332.html）

（三）适人性

适人性是指广告创意应针对目标消费者来制作。每个产品由于其定位的不同，都有其相应的目标消费群，而每个消费群由于其文化、习俗、收入、受教育程度、地域等因素不同，对广告的理解也会不一样，这就需要广告创意人必须根据对目标消费者的调查结果来进行创作。

如大宝护肤品的广告就针对普通老百姓消费者来创作，其广告的主角不是明星，画面中也没有大排场，而只是亲切的一家人或工人、摄影师等，这容易让其目标消费者接受。而我国另一品牌护肤品，其目标消费者也是普通老百姓，但其在一则广告中却是如此表现的：女主角梳着一个高贵的发型、穿着华丽的礼服去参加一个宴会，宴会中的男士（还是老外）都向她老公赞美她的美丽，而她老公即对别人说，那是因为他为她买了某品牌护肤品。试想：此层次的人会用该产品吗？

（四）适地性

适地性是指广告创意应符合各地的风俗民情、宗教信仰等方面。全球各国的风俗民情、宗教信仰各不相同，各企业要想使产品打入其他市场，必须实行广告创意的本土化，这样会加速当地消费者对该产品的认可。如人头马使用了“人头马一开，好事自然来”的广告词，这主要是迎合中国人喜欢事事吉利的心理，又如宝马也在其太极篇的广告中运用了我国的太极文化。而伏特加的广告作品《绝对的北京》中则运用了中国的京剧脸谱，该创意将伏特加酒和中国文化巧妙的融合在一起，当然使我们中国人看到后也会很亲切。

图 6－3　绝对伏特加酒广告：绝对的北京

（图片来源：百度图片）

三、广告创意的原则

广告创意应遵循以下四个原则：目标原则、独创原则、简洁原则和定位原则。

（一）目标原则

大卫·奥格威曾说："广告的目的就是促销，不促销就不是广告。"这正说出了广告创意的最终目标是为了促进销售。所以创意的整个思路都应围绕这个目标，但我们现在看到的很多广告虽然画面很优美、音乐很悦耳、模特很靓丽，但消费者就是记不住产品品牌，就更谈不上购买其产品了。也有一些成功的例子，比如脑白金广告。此广告令很多人很烦，但其"今年过年不收礼，收礼就收脑白金"等广告词连幼儿园的小朋友都会说。

【案例】

绝对伏特加酒诞生于 15 世纪，但在 20 世纪 80 年代以前只是瑞典一个不知名的品牌，年销量只有 1 万箱，在一个不太长的时间里面，靠着成功的广告创意，从一个弱势品牌发展成为国际上烈性酒的第 6 大品牌，第 2 大伏特加酒品牌，缔造了一个经典品牌，缔造了广告史上的经典之作。

1978 年该产品进入美国市场时市场调查结果显示，作为品牌推广绝对伏特加酒没有什么有利因素。首先，在人们的印象中，优质伏特加酒的产地是斯拉夫国家，并不是北欧地区的瑞典。其次，品牌名称念起来有点拗口。再者，瓶子形状一般，不引人注意。所以当时的市场调查公司劝进口商卡里伦公司将产品撤出美国市场，但进口商却坚持进入美国市场。

但事情却在纽约的 TBWA 广告公司接到绝对伏特加酒的广告后出现了转机，TBWA 广告公司从另一个角度思考问题，将消费者对产品印象中的不利因素加以转化。TBWA 广告公司的制作人员在创意广告时一反传统烈性酒使用硬汉、美女为广告诉求形象的传统思路，创造性地将平庸的酒瓶本身作为创意表现的出发点，在酒瓶的变幻上巧做文章。

这些绝妙的创意取得巨大的成功，创造了惊人的销售业绩，从广告策略执行的 1981 年起，其后的四年中不仅打败了同类产品的竞争对手居于第 1 名，在 20 世纪 80 年代期间增长率为 20% ~ 30%，到 1996 年销量达到 5000 万升，成为深受人们喜爱的产品。

图 6-4

图 6-5

绝对伏特加酒广告:绝对的舒适、绝对的安全

(图片来源:品牌世家网, http://pp.ppsj.com.cn/Absolut/)

(二)独创原则

能称得上具有广告创意的作品,必定有它的独创性。所谓的独创性是指广告作品本身所具有的独特性和创新性是其他广告作品所没有的,这样才能显示广告的与众不同,才能引起消费者的注意,进一步让消费者记住该广告。国际广告大师威廉·伯恩巴克认为:在众多广告中,有85%的广告根本没有人去注意,真正能够进入人们心灵的只有15%的广告。他的格言是:"怎么说"比"说什么"更重要,他强调"广告要有化平淡为神奇的力量,让人们的记忆更鲜活。"

奥格威在在创作哈特威衬衫广告时,为了显示广告的独特效果,共对广告中的模特造型进行了18次设计。最后一个方案就是让穿着白色衬衫的模特戴着一只黑色眼罩,这显得十分神秘而高贵,而且产生强烈的视觉吸引力,令人不禁想多看几眼,从而大大提高了产品的知名度,使其产品迅速畅销全国。

图 6-6　哈特威衬衫广告

(图片来源:新浪新闻中心, http://news.sina.com.cn/cl/2004-12-06/12285137736.shtml)

(三)简洁原则

广告创意必须围绕产品的定位和广告主题创造出令人一目了然、过目不忘的作品。而要做到这点,广告创意应切中主题,简单明了地勾画出作品。而那些令人眼花缭乱的广告则会混淆消费者对广告的理解,或减弱对产品的记忆。

2006年派斯外墙漆的获奖广告《电梯篇》和《楼梯篇》则很好地运用了简洁原则。在《电梯篇》的平面图中,大面积灰白色的电梯口,一只红黑相间的蜘蛛侠的手正要按电梯的开关;而《楼梯篇》中则是在一级灰白的楼梯最上端,露出一只红黑相间的蜘蛛侠的脚,脚的姿势则显示蜘蛛侠正在爬楼梯。传说中的蜘蛛侠都是从高楼的外墙飞快地爬上去,这儿的蜘蛛侠怎么会乘电梯、爬楼梯呢?那一看广告语就知道了,"非常光滑,派斯外墙漆"一语道出了其中的原委。

图 6 –7、图 6 –8　派斯外墙漆：《电梯篇》、《楼梯篇》

（图片来源：广告私塾，http://www.itsishu.cn/article/show_detail.php? id = 8314）

（四）定位原则

每个产品都有其合适的定位，而每次广告创意时也有一个主题，但主题一定要与产品的定位相符合，让消费者每次看到此产品就会想到它的某一特点或功能。

VOLVO 轿车的定位一直是安全，而其广告诉求点也一直围绕此点。虽然有时也会加入感官、性能等附加价值，但也只是为了加深受众对“安全”定位的印象，丰富“安全”定位的内涵。如下图就是 VOLVO 以“安全”定位为切入点的广告创意作品，画面中的双层核桃形象地向消费者传递了该轿车的安全信息。

图 6 –9　VOLVO 轿车广告

（图片来源：新安广告网，http://www.ahad.com.cn/zlk/w/2/200609/11591.html）

第二节 广告创意的过程

广告创意过程常被归纳为收集资料阶段、分析资料阶段、创意阶段和求证阶段。

一、收集资料阶段

收集资料阶段是广告创意的准备阶段。詹姆斯·韦伯·杨将资料分为特定资料和一般资料。特定资料是指与广告创意内容密切相关的产品、市场、消费者、竞争对手等方面相关资料，还可能是指从客户部或客户方面收集信息资料。这是广告创意的主要依据，广告创意者应先进行相关的市场调查、收集资料并分析所得信息的内在关联性，据此来创意才不会偏离主题。一般资料是指创意者个人应掌握的知识和信息，这是创意的基本条件。一般资料不是一蹴而就形成的，是创意者通过日积月累的学习、观察和体验得来的。

二、分析资料阶段

分析资料阶段是广告创意者对所收集的资料进行筛选、比较分析，然后取得创意所需要的信息和资料。我们一般所收集的资料都是客观事实和表面现象，而我们真正要做的是透过现象看本质，要能看到这些信息对我们的产品和广告能带来哪些可用之处，我们怎样灵活地运用信息，而不是简单地拼凑信息。

三、创意阶段

创意阶段一般包含酝酿和顿悟阶段。

酝酿阶段是非常重要的阶段，它不像前两个阶段通过努力就能达到预期效果，它还要依靠创意人的灵感，而灵感不是呼之即来的。所以，这也是创意很苦恼的阶段，他需要创意人不能太烦躁，而应静下心来、放缓步伐，并且要开阔思路，即要敞开胸怀，接受外部世界的新知识。思路越开阔，发现独特创意的机会就越多。

顿悟阶段是创意产生的阶段，也是灵感真正到来的时刻。也许在你不经意间看到的某一事或某一情境使你突然醒悟，让你将之前所收集整理的资料和信息像穿珠子一样，一一连结起来，真如柳暗花明又一村，这是创意者最兴奋的时刻。

四、求证阶段

求证阶段是广告创意的最后一个阶段，是广告创意推敲、完善的阶段，也是令创意人最等待的一阶段。在此阶段，创意者要将创意作品放回实践中去验证，他可以请教专家，听取他们的意见，也可让小部分观众试看，听听他们的观后感觉。然后，综合大家的智慧再进行反复的修改。

大卫·奥格威为“劳斯莱斯”汽车写广告时，写了 26 个不同的标题，写好后他请了 6 位撰稿人为他选出最好的一个——“这辆新型‘劳斯莱斯’在时速 60 英里时，最大闹声来自电钟”。写好文案后又请了几位撰稿人审阅，经反复修改后才定稿。

广告创意的几个阶段，看似简单，但真正实施起来却不容易，这需要创意者付出艰苦的努力并充分地发挥其想象力，而且要使广告能真正有创意，又是难上加难的事。

【案例】

创意遇到瓶颈时，可能需要创意者拥有更多产品使用体验，可能需要更多不同思路的创意启发，eDataPower 在线调查创造性地利用已拥有的样本库，通过互联网，以"悬赏求助"的形式进行在线创意征集，这种形式相当于让创意者拥有了许多外脑。（"悬赏求助"即为 eDataPower 在线调查网站专有的通过奖励信息提供者的方式征集信息的一种论坛互助形式。）

eDataPower 在线调查举办的"有奖征集 NIKE15 秒电视广告脚本"活动历时 10 天，收到 60 个左右参与方案，根据"创意 + 体现 NIKE 品牌个性"的评选标准，选出入围 5 个广告创意脚本，最终通过 500 人次的投票，评选产生了两条最佳创意脚本。进行这个活动的目的并非仅为最后评选出的几条创意，而是在于产生创意的过程当中出现了许多不错的想法，正如待琢的璞玉，希望可以带给 NIKE 一些启发。在评选的过程当中从投票者属性也发现了一些细分群体对运动品牌创意的倾向性。

附：使用悬赏求助进行创意征集的优势：

（1）区分特定产品的目标受众，筛选出属性符合要求的会员，并邀请其在线参加该主题的创意讨论。

（2）不受人数的限制，可由上百人参加同一主题的讨论，而人数可以根据具体需要来设定，通过控制邀请信数量来调整。

（3）不受地域限制。

（4）可以在相当短的时间内收集到相当数量的创意。

（5）节约创意收集的成本。

（6）通过这种方式的创意征集，可以避免邀请消费者参加座谈时面对面造成的紧张感，可以给参加者较多的思考和创意酝酿时间。

（7）有奖励机制的保证，充分调动参加者的积极性。

（资料来源：3SEE 网，http://www.3see.com/library/librarys/2006/04/18/233.html）

第三节　广告创意的思维方法

一、广告创意思维的类型

（一）事实型思维

事实型思维方式喜欢把观念分解成细小的组成部分，然后对背景进行分析，发现最佳的解决方法。虽然事实型思维的人也可能具有创造性，但他们往往倾向于线型思维，喜欢事实与数字——硬信息，因为他们能分析和掌握这类信息。他们不太习惯模棱两可的东西，却习惯于逻辑、结构和效率。

（二）价值型思维

价值思维方式依据直觉、价值观和道德观来做出决定。他们更善于接纳变化、矛盾和冲突。这种思维方式基本上依赖于各种观念的融合。例如，价值型思维方式的人总想把一组不同的观点融为一体,彼此发挥各自的优势。他们善于运用想象产生出新的观点,也善于综合运用现有概念,创造新鲜事物。

二、广告创意思维的方法

国内外的广告创意的思维方法有不少,我们这里就介绍常用的三种方法。

(一)垂直思考法

英国心理学家爱德华·戴勃诺博士将人的思维方式分为两种:垂直思考法和水平思考法。

垂直思考法的特点是强调传统的逻辑推理,循规蹈矩地寻找解决问题的方法。其特征是顺着一条思路一直往下延伸,直到找到问题的答案。

例如下面一组房产广告,它的主题是要表现住进此房子的外部环境给主人所带来的舒适,由舒适想到大自然,由大自然想到悦耳的鸟鸣和美丽的山湖。

图6-10　房地产广告

(图片来源:先创网,http://www.rhzhi.net/edu/200609/44630_4.html)

(二)水平思考法

水平思考法又叫横向思维法,它是相对于垂直思考法而言的。水平思考方法相对于垂直思考法而言,它具有多方向、激发性思考的特点。它能突破垂直思考法所引起的固有思考模式,但同时,它不能像垂直思考法那样深入地挖掘问题。因此,在广告创意过程中,常常是结合运用垂直思考法和水平思考法两种方法。如右图三菱汽车的广告就是运用了这两种思考方法的结合。

图6-11　安全与速度的成功结合(三菱汽车广告)

(图片来源:广告之家,http://www.gg22.net/creative/chuangyitang/200703/1467.html)

戴勃诺为了说明水平思维与垂直思维的不同,列举了下面一个例子:

古时候,有个商人向高利贷者借了很多钱,结果由于生意亏本无力偿还。贪婪的高利贷者看中了商人年轻貌美的女儿,于是他就想出一招毒计来逼商人将女儿嫁给他。他在袋子里面放了两颗石子,一白、一黑,由商人的女儿任取一颗。若取出的是黑石子,则商人的女儿就要嫁给他以抵债务,若取出的是白石子,那就免除商人的债务。但当高利贷者在袋中放置石子时,商人的女儿却发现他放的都是黑石子。

此时,若按"垂直思维"定势来思考,女儿只能有以下三种办法：

第一种，拒绝取石子；

第二种，立即打开口袋，当众揭发高利贷者的阴谋；

第三种，取出黑石子，以身抵债。

但不管女儿选择哪种方法，对她和她的父亲都不利。于是聪明的姑娘从容不迫地袋子里取出一颗石子，然后很快地假装失手的样子将石子掉到了地上，由于地上有很多石子，大家都不知她刚才取出的是白石子还是黑石子。于是，商人的女儿就对高利贷者说："对不起，怎么办呢？不过不妨让我们看看袋子里剩下的那颗，就知我取出的是白石子还是黑石子了。"高利贷者无言以对，只好认倒霉。

商人的女儿按"水平思维"的方法，从另一个角度出发考虑问题，解救了自己和她的父亲。

（三）头脑风暴法

头脑风暴法由美国 BBDO 广告公司的阿列克斯·奥斯本创建，指两个或更多的人聚在一起构思创意的一个过程。现在这种方法在实际运作中一般是组织一批专家、学者、创意人员等一起开会讨论，集思广益进行广告创意。与会者不宜过多，一般 10～15 人。与会前两天要通知与会者会议的时间、地点、议题等，好让与会者有所准备。头脑风暴讨论往往是灵感喷涌的源泉，但要想成功地运用此方法，必须遵循以下几个原则。

1. 激发创造力

与会者中可能有很多专家、学者在业界有一定的威信，这会影响其他与会者的发言。这就需要主持人有一定的技巧，通过灵活的主持方式，激发大家在轻松的氛围中畅所欲言。

2. 不批评别人

在会中，不可对别人的创意进行批评，这只能挫伤他对创意的积极性，甚至对自己失去信心，这样即使有好的创意也不敢提出来。因此，应将所有的创意都记录在案，以备将来参考。

3. 不限制数量

不要限制与会者创意的数量，数量越多越好，这样才能集思广益，并鼓励在别人构思的基础上产生新的创意。

4. 集众人精华

会后，创意者要对会上所提的构思进行筛选和综合分析，最后形成具有实效的创意。

第四节　广告创意的策略

一、独特的销售主张策略

"独特的销售主张"即 USP（Unique Selling Proposition）策略，是由美国著名的广告大师罗素·瑞夫斯在《实效的广告—USP》一书中提出的广告理论，此理论对广告创意产生深远的影响。

（一）USP 策略的要点

1. 一个主张（Proposition），即针对产品的定位，广告应向消费者提出一个主张，让消费者能明白购买此产品能获得什么具体的利益。

2. 独具一格（Unique），即每个主张都应是独特的，是其他对手没有的或没有宣传过的。

3. 销售力(Selling),即所提出的主张应引起消费者的兴趣,并最终能促进消费者购买。

(二)USP 策略的运用

一旦独特的销售主张被确定下来,就应将此销售主张不停地贯穿于整个广告创意活动中。

在广告创意中应挖掘产品本身的独特点,寻找产品与竞争对手的差异,因此,在广告创意中要避免进入只追求"创异"而偏离产品本身的误区。

利用独特主张给消费者一个心理或物质层面的独特利益,最终的目标就是促使消费者消费此产品。

罗素·瑞夫斯本人就曾运用 USP 策略为 M&M 巧克力糖果创作过经典的广告,由于 M&M 巧克力糖果是当时美国唯一用糖衣包着的巧克力糖,因而不会沾手。于是罗素·瑞夫斯就为其创作了经典的广告词"只溶在口,不溶在手",这成为产品独特的销售特点,也使产品很快家喻户晓。

著名广告大师霍普金斯为喜力滋啤酒创作广告时,也成功地运用了 USP 策略,为了找到产品的独特卖点,他亲自到啤酒厂的生产车间观看酿酒过程。经过仔细地观察,他终于找到了广告的主题,即"喜力滋啤酒瓶是经过蒸汽消毒的"。虽然其他啤酒厂也对酒瓶进行蒸汽消毒,但消费者却不知道,所以喜力滋先提出来就有先入为主的感觉,使消费者觉得喜力滋啤酒生产时注意卫生,质量可靠。

宝洁(P&G)旗下不同品牌的产品在进行广告创作时也成功地演绎了 USP 策略,其不同的品牌的洗发液都有其独特的 USP,品牌特点深入人心。如海飞丝能有效去屑及防止头屑再生;飘柔是洗护二合一,能使头发飘逸柔顺;潘婷含有维他命 B5;沙宣是专业美发师的首选;伊卡璐有独特的香味。

二、品牌形象策略

"品牌形象"即 BI(Brand Image)策略,该策略由大卫·奥格威最先提出,现在已成为广告创意中所广泛运用的理论。相对于 USP 策略来说,BI 策略更侧重于消费者的情感因素,不注重理性诉求。

(一)品牌的内涵

美国市场营销协会对品牌的定义是:品牌是一种名称、术语、符号、象征或设计,或是它们的组合运用,其目的是用来辨别某个销售或某群销售者的产品或服务,使之与竞争对手的产品或服务区别开来。

(二)BI 策略的基本要点

广告创意的最终目标是塑造品牌形象;广告创意应侧重于产品的长远发展,甚至可以牺牲产品的短期利益来维护产品的良好形象;未来产品的竞争焦点应是产品的品牌形象而非产品的功能;广告创意中应更注重满足消费者的心理需求。

图 6-12　万宝路广告

(资料来源:点亮网, http://www.dianliang.com/brand/chuangyi/ppgg/200603/53586_2.html)

运用 BI 策略最典型的一个广告实例就是万宝路香烟的广告创意。李奥·贝纳是全球广告界公认的一代宗师,他为万宝路香烟所创作的广告已成为全球 100 年来最有创意的三大广告之一。MARLBORO(万宝路)是英文 Man Always Remember Love Because

Of Romantic Only 的缩写，意为男人永远记得爱，只因罗曼蒂克。此含义配上万宝路广告中英俊、豪放牛仔形象，成功地树立了“万宝路男人”形象。而在此后创作的一系列广告作品中都以树立此形象为基点，而万宝路的这个品牌形象正与美国的文化品味相符合，因而使万宝路获得巨大的成功。

三、定位策略

“定位”即 Positioning 策略，该策略在 20 世纪 80 年代由美国人艾 · 里斯和杰克 · 特劳在《广告攻心战略——品牌定位》中正式提出。

(一) Positioning 策略的核心内容

广告创意的最终目标是使产品在消费者心目中形成一个独特的、与竞争对手有明显差异的市场位置。广告创造中应创出“第一说法、第一事件、第一位置”。

(二) 广告定位策略的运用

1. 市场补缺

寻找一个在市场中未被挖掘的缺口，将自己的产品定位于此。比如可口可乐所开发的“酷儿”儿童果汁饮料就填补了儿童饮料的空缺，而其在广告中设计了为儿童所易接受的卡通形象，在电视广告中所配的音乐也非常儿童化，目标定位很明确。

图 6－13　酷儿饮料广告

(图片来源：ZZDESK 网，http://www.zzdesk.cn/desk/class13/3323/91f1d1103d310fb2.htm)

2. 占领“第一”的位置

此“第一”与我们通常所说的“第一”的概念有所不同。如雀巢咖啡是消费者公认的速溶咖啡的第一品牌，但其实在雀巢之前，市场上已有了速溶咖啡，只是雀巢率先提出了“速溶”的概念。

【案例】

王老吉的广告定位策略

(一) 背景

2002 年以前，红色罐装王老吉(以下简称“红罐王老吉”)是一个活得很不错的品牌。在广东、浙南地区销量稳定，盈利状况良好，有比较固定的消费群，而且其销售业绩连续几年维持在 1 亿多元。但要想产品走向全国，就必须克服一个核心问题，那就是：红罐王老吉当“凉茶”卖，还是当“饮料”卖？问题主要表现在三个方面：

第一，广东、浙南消费者对红罐王老吉认知混乱。因为广东人将凉茶作为“药”饮用，而不认为王老吉是饮料。而且王老吉的口感偏甜，按“良药苦口”的观念，消费者真正上火时认为它的药力不够。而在浙南地区，消费者将王老吉与其他的饮料相提并论，并不知它的特点。

第二，红罐王老吉无法走出广东、浙南。在两广以外，人们并没有凉茶的概念，内地的消费者“降火”时大多是服用牛黄解毒片之类的药物来解决。作饮料同样危机四伏，因为此行业已有可口可乐、百事可乐为代表的碳酸饮料，以康师傅、统一为代表的茶饮料、果汁饮料更是处在难以撼动的市场领先地位。而且，红罐王老吉的中药及其 3.5 元的零售价，也让消费者望而却步。

第三，推广概念模糊。如果用"凉茶"概念来推广，公司担心其销量将受到限制，但作为"饮料"推广又没有找到合适的区隔，因此，在广告宣传上不得不模棱两可。

（二）重新定位

通过市场调查发现，广东的消费者饮用红罐王老吉主要在烧烤、登山等场合。其原因不外乎"吃烧烤容易上火，喝一罐先预防一下"、"可能会上火，但这时候没有必要吃牛黄解毒片"。而在浙南，饮用场合主要集中在"外出就餐、聚会、家庭"。消费者购买红罐王老吉的真实动机是用于"预防上火"，如希望在品尝烧烤时减少上火情况发生等，真正上火以后可能会采用药物，如牛黄解毒片、传统凉茶类治疗。

再进一步研究消费者对竞争对手的看法，则发现红罐王老吉的直接竞争对手，如菊花茶、清凉茶等由于缺乏品牌推广，仅仅是低价渗透市场，并未占据"预防上火的饮料"的定位。而可乐、茶饮料、果汁饮料、水等明显不具备"预防上火"的功能，仅仅是间接的竞争。

同时，研究人员对于企业、产品自身在消费者心智中的认知进行了研究，结果表明，红罐王老吉的"凉茶始祖"身份、神秘中草药配方、175 年的历史等，显然是有能力占据"预防上火的饮料"这一定位。

至此，品牌定位的研究基本完成。首先明确红罐王老吉是在"饮料"行业中竞争，竞争对手应是其他饮料；其品牌定位——"预防上火的饮料"，独特的价值在于——喝红罐王老吉能预防上火，让消费者无忧地尽情享受生活：吃煎炸、香辣美食，烧烤，通宵达旦看足球……

（三）广告定位的推广

紧接着，成美为红罐王老吉制定了推广主题"怕上火，喝王老吉"，在传播上尽量凸现红罐王老吉作为饮料的性质。在第一阶段的广告宣传中，红罐王老吉都以轻松、欢快、健康的形象出现，避免出现对症下药式的负面诉求，从而把红罐王老吉和"传统凉茶"区分开来。

为更好地唤起消费者的需求，电视广告选用了消费者认为日常生活中最易上火的五个场景：吃火锅、通宵看球、吃油炸食品薯条、烧烤和夏日阳光浴，画面中人们在开心享受上述活动的同时，纷纷畅饮红罐王老吉。结合时尚、动感十足的广告歌反复吟唱"不用害怕什么，尽情享受生活，怕上火，喝王老吉"，促使消费者在吃火锅、烧烤时，自然联想到红罐王老吉，从而促成购买。

红罐王老吉的电视媒体选择主要锁定覆盖全国的中央电视台，并结合原有销售区域（广东、浙南）的强势地方媒体，在 2003 年短短几个月，一举投入 4000 多万元广告费，销量立竿见影，得到迅速提升。同年 11 月，企业乘胜追击，再投巨资购买了中央电视台 2004 年黄金广告时段。正是这种疾风暴雨式的投放方式保证了红罐王老吉在短期内迅速进入人们的头脑，给人们一个深刻的印象，并迅速红遍全国大江南北。

在地面推广上，除了强调传统渠道的 POP 广告外，还配合餐饮新渠道的开拓，为餐饮渠道设计布置了大量终端物料，如设计制作了电子显示屏、灯笼等餐饮场所乐于接受的实用物品，免费赠送。在传播内容选择上，充分考虑终端广告应直接刺激消费者的购买欲望，将产品包装作为主要视觉元素，集中宣传一个信息："怕上火，喝王老吉饮料。"餐饮场所的现场提示，最有效地配合了电视广告。正是这种针对性的推广，消费者对红罐王老吉"是什么"、"有什么用"有了更强、更直观的认知。目前餐饮渠道业已成为红罐王老吉的重要销售传播渠道之一。

这种大张旗鼓、诉求直观明确"怕上火，喝王老吉"的广告运动，直击消费者需求，及时迅速地拉动了销售；同时，随着品牌推广的进行，消费者的认知不断加强，逐渐为品牌建立起独特而长期的定位——真正建立起品牌。

(四)推广效果

红罐王老吉成功的品牌定位和传播,给这个有175年历史的、带有浓厚岭南特色的产品带来了巨大的效益:2003年红罐王老吉的销售额比上年同期增长了近4倍,由2002年的1亿多元猛增至6亿元,并以迅雷不及掩耳之势冲出广东,2004年,尽管企业不断扩大产能,但仍供不应求,订单如雪片般纷至沓来,全年销量突破10亿元,2005年再接再厉,全年销量稳过20亿元,2006年加上盒装,销量近40亿元,2007年销量则高达90亿元。

(资料来源:成美(中国)营销顾问公司,http://www.chengmei-trout.com/achieve-4.asp)

四、企业识别系统策略

"企业识别系统"即CIS(Corporate Identity System)策略。

(一)CIS的主要内涵

企业形象识别系统主要由三个方面构成,即企业的理念识别——MI(Mind Identity),行为识别——BI(Behavior Identity)和视觉识别——VI(Visual Identity)。

理念识别是企业形象识别系统中的核心内容,是BI和VI的指南。

行为识别是企业在其经营理念管理的指导下所表现出来的行为特征,是MI的动态表现,它有别于企业名称、标志等静态识别形式。行为识别在实施中涉及到企业的内部活动和外部活动,内部活动主要是通过员工的言行举止来显示企业的价值观、精神文化,而外部活动则通过企业的经营和公益活动来提升企业的良好形象。

视觉识别是企业通过名称、标志、色彩、标准字等要素的独特表现使本企业区别于其他企业。视觉识别在实施时效果较快,但要想在消费者心目中树立长远的企业形象,必须将视觉识别与MI和BI结合起来运用。

(二)CIS策略的核心内容

企业应将经营理念通过统一的视觉识别和行为规范系统加以整合并传播给消费者,使消费者对企业产生一致的认同感和价值观,从而树立企业独特的品牌形象。

企业形象一旦被确定后,就应贯彻到企业的生产、传播等所有环节中,特别是广告传播的内容必须与CIS战略相一致。

(三)CIS策略的运用

CIS策略的运用起源于20世纪50年代美国的IBM公司。IBM公司最初请了一批设计师和专家替公司设计一个具有鲜明特色的企业形象,而在此设计中就产生了IBM现在所使用的标志。IBM是英文"International Business Machines"的缩写,其蓝色的带有横隐形条纹的IBM字母,看起来美观、大方,显示了企业的良好精神风貌,在消费者心目中树立了长久的企业形象,成为美国的"蓝色巨人"。继IBM后,美国的可口可乐公司也成功地设计了企业形象,使其创造了行业的奇迹。

20世纪六七十年代,CIS策略被引入日本。在日本,CIS策略得到补充和完善,日本企业在运用CIS策略时更注重企业理念,而不是只强调视觉识别。他们认为只有将企业理念、行为识别和视觉识别系统地结合在一起,才能更好地运用CIS策略。

图 6－14　IBM 和可口可乐的标识

（图片来源：百度图片）

在广告创意中，CIS 策略的运用应注意以下几点：

（1）在广告创意中应一直灌输企业的经营理念，在消费者心中树立良好的企业形象。

（2）在广告创意的每个作品中都应反复显示企业形象，让消费者记住该企业形象。

（3）在广告创意显示企业形象时要简洁明了，不可太复杂，能让消费者一目了然。

五、品牌个性策略

“品牌个性”策略即 BC（Brand Character）策略，该策略是美国格雷公司在长期实践中形成的对品牌的独特认识。

BC 策略的核心内容：

（1）广告创意的高级层面是个性

广告在向消费者传递的信息中，产品的标志和形象属于初级层面、品牌属于中级层面，而个性属于高级层面，它汲取了初级层面和高级层面的灵魂。

（2）广告创意的思路是人性化

即从“人性”的角度将品牌“拟人化”，以便消费者更易接受。

（3）品牌个性化实施的关键是主题文（图）案

广告创意就要求创造出独具一格的广告作品，而首先吸引消费者眼球的就是与众不同的文（图）案。如图，Swatch 手表为了突出产品的“薄”，就在广告的创作中设计了一只蚊子叮在戴着手表带的手碗上，因为手表太薄，手表带又是透明的，以致蚊子分不清皮肤的真假了。

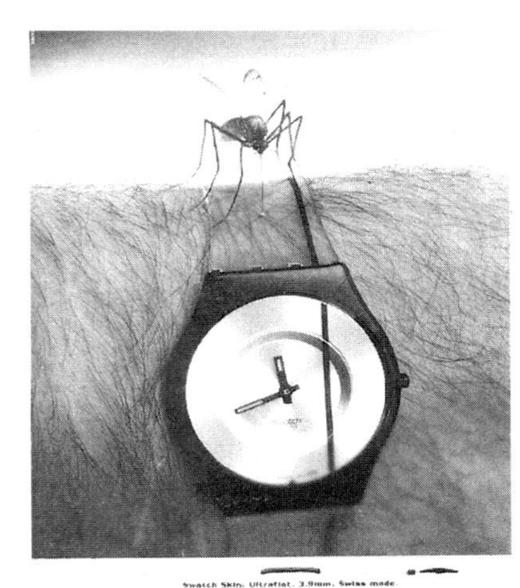

图 6－15　Swatch 手表广告

（图片来源：百度图片）

（4）品牌个性最有力的武器是象征物

品牌个性策略要想成功地运用于广告创意中，则需创造一个符合产品主题的象征物。如肯德基以“慈祥的老人”为象征，麦当劳以“小丑”为象征，标致车以“小狮子”为象征，花花公子以”兔子”为象征。

图 6-16 “肯德基”、“麦当劳”、“标致”、“花花公子”的象征物

（图片来源：百度图片）

六、“关联—原创—震撼”策略

此策略即为 ROI（Relevance、Originality、Impact）策略，常被译为“关联性”、“原创性”、“震撼性”。这是由美国著名广告公司 DDB 在 20 世纪 50 年代创立的广告创意策略，现已成为广告界共同认同的广告创意策略。

ROI 策略的核心内容：

（1）成功的广告创意应包括三个方面，即关联性、原创性、震撼性。

（2）关联性是指广告创意必须与广告的产品、目标消费群及企业的竞争者有着内在联系。实际上是寻找到创意所传递信息的切合点，与关联性不大的信息不要传送，以便消费者辨认、记住企业产品。

广告大师威廉·伯恩巴克说：“如果我要给任何一个忠告的话，那就是在他开始工作之前，他要彻底了解广告的商品。你的聪明才智，你的煽动力，你的想象力与创造力都要从对商品的了解中产生。”

乐百氏纯净水曾经在其广告中强调“27 层净化”，以示它的“纯净”，这也曾为它的销售立下功劳。但当人们意识到这纯净水中连人体所需的微量元素也“净”掉后，就对这水不感兴趣了，而此时另一品牌农夫山泉则开始寻找新的关联性，它在广告中显示了它的水是天然的、含人体所需微量元素的水，而其广告词“农夫山泉有点甜”很准确地表达了这一点，让消费者从心理上就觉得是优质天然的水。

（3）原创性是指广告创意时不能套用原有的广告创作模式、抄袭原先的作品。因为广告创意就需创造出别具一格、令人耳目一新的作品。当然，为了获得原创性广告，就不能对任何具有创新的广告点子进行批评，因为任何创意都不是一气呵成的，都需要不停地完善。

锐步运动鞋的一则广告就很别出心裁，广告画面中一群羊穿着锐步运动鞋，而羊群中则有一只累得垂头丧气的狼，它由于抓不到羊而低着头坐在地上。而广告语是："饿死我啦。"

(4)震撼性是指广告创意的作品要给人以强烈的心理冲击力，即作品所表达的思想或提出的问题是大众所关心的，能与消费者产生共鸣，并渗透进消费者的心理，让其产生震撼、反思并久久不忘。

贝尔电话所创作的一则广告就具有这样的震撼性。其广告内容是这样的：一天傍晚，一对老夫妇正在用餐，电话铃响，老妇人去另一个房间接电话。回来后老先生问："谁的电话?"老妇人回答："女儿打来的。"又问："有什么事?"回答："没有。"老先生惊奇地问："没事几千里打来电话?"老妇呜咽道："她说她爱我们。"两人顿时相对无言，激动不已。这时出现旁白：用电话传递你的爱吧。

这则广告能带给我们每个人反思，并产生强烈的心理震撼。每个父母到年老时都是孤独的，因为子女大了都离开了自己，而且子女总是很忙，没时间回家看看，甚至有连打电话的时间都没有，这种垂暮之年的凄凉是难以言喻的。看到这个电话都会使我们每个人拿起电话给父母打电话，而贝尔的广告也正达到了它的效果。

七、沟通策略

沟通策略(Communication)是现在广告创意所普遍运用的创意策略。

(一)Communication 策略核心内容

广告创意时要注重广告信息的传递与沟通。因为广告是沟通企业、经营者与消费者之间的纽带，是说明消费者购买产品的营销手段。广告作为企业传递信息常用的方式，具有沟通双向信息的职能，它一方面将产品的信息传递给消费者，使消费者认识、理解、产生好感，引发兴趣、刺激需求欲望、促成购买行动；另一方面，广告又将市场动态及消费者的反应反馈给企业，及时调整企业内部可控因素。

(二)运用 Communication 策略时应注意以下几点：

1. 在广告创意时，从消费者的心理出发，想消费者所想，创造消费者所需要的作品。

2. 广告传递信息时应采取有效的沟通方式，即所运用的文字、图案、故事情节等要为接受者所理解。

广东移动在"沟通从心开始"的创意主题指导下发展出来的关键视觉"牵手"。电视广告是儿童在牵手，贯穿电视广告的主题曲改自著名歌曲《欢乐颂》：能不能对你说，我心中的希望，我想知道海那一方，拍起浪花什么样，我想遇到像我一样，充满好奇的眼光，可不可以为我，推开一扇窗，有一天这所有不会只是梦想，梦想就在这里，请你牵起我的手，就像这样……旁白：沟通从心开始，中国移动通信。平面广告是成年人在牵手，在单纯的蓝色背景上，两只相牵的手，似乎形成一颗心。这则创意广告让人看到和听到后都觉得很温馨，从而也达到企业与消费者心与心的沟通。

我们也列举一个沟通策略中一个反面的例子，就是《国际广告》曾刊登了一则名为"龙篇"的立邦漆广告，广告画面中有一个中国古式的亭子，亭子的两根立柱上各盘着两条龙。左立柱色彩黯淡，但龙紧紧攀附在柱子上；右立柱色彩光鲜，龙却跌落到地上。此广告的创意虽然获得国际权威广告机构的高度评价，但龙是中国人的图腾，是不可侵犯的。所以此广告遭到中国消费者的强烈抨击，甚至很多人在网上说从此不用立邦漆。不管此广告的创意出发点是什么，它的这种表达形式都严重地伤害了中国消费者的感情。所以任何广告的创意都要注重与消费者的有效沟通，否则只会适得其反。

图6－17　中国移动广告

（图片来源：百度图片）

【本章小结】

广告创意的涵义：广告创意是指广告人根据调查结果、产品特性、受众心理以及广告策略等因素，选择最佳的信息表达方式，用艺术的手法创造出核心主题和意境结构，并以此指导广告作品的制作，以期达到最佳效果的创造性思维过程。

广告创意的特征包括适时性、适类性、适人性和适地性。

广告创意的原则包括目标原则、原创原则、简洁原则、定位原则。

广告创意的过程包括收集资料阶段、分析资料阶段、创意阶段、求证阶段。

广告创意的思维类型包括价值型思维、事实型思维。

广告创意的思维方法包括垂直思考法、水平思考法、头脑风暴法。

常用的广告创意策略包括 USP 策略、BI 策略、Positioning 策略、CIS 策略、BC 策略、ROI 策略、Communication 策略等。

【复习思考】

1. 什么是广告创意？
2. 广告创意有哪些特征？
3. 广告创意应遵循哪些原则？
4. 广告创意包括哪些过程？
5. 广告创意有哪些思维方法？
6. 广告创意有哪些策略，各个策略的核心内容是什么？

【案例讨论】

图 6－18　舞台篇

图 6－19　玩具篇

图 6－20　暗恋篇

【案例1】

成长难免有创伤

——邦迪“情意”浓浓的广告创意

邦迪创可贴这组“成长难免有创伤”系列平面广告改变了传统的广告策略，巧妙地将诉求与情感联结在一起，给产品注入浓浓情意。邦迪广告描绘出人生成长过程中极为常见的三幅画面：小朋友为一点儿小事拌嘴呕气；孩子哭闹着要家长买玩具；还有暗恋中的小伙子看到心上人与男友约会。这些生活中平淡无奇的小事加之“成长难免有创伤”这句平实的广告语虽淡然却有味，给消费者带来了强烈的视觉刺激和心灵震撼，这则广告也在第30届莫比广告奖中荣获了二等奖。

从国际广告评奖的结果来看，评价广告大体从两个角度：其一是广告表现，即所谓的“创意奖”，强调广告的震撼力。邦迪广告挖掘出消费者值得回忆的素材，给消费者以更多的人文关怀，激起目标受众内心的情感认同，进而产生情感迁移而导致对产品的偏爱。其二是广告策略，重在营销目标，强调的则是广告策略的正面有效，也就是广告要促进实际的销售，为企业带来实际的商业利润。广告顺应了消费者需求及竞争对手状况的变化，顺应了产品特点及生命周期，制定出相应的营销策略，即不仅在广告中表现产品“是什么”，同时还将其人性化，满足消费者物质层面和精神层面两方面的需求，邦迪的真诚同时也赢得了消费者真情的回报。

邦迪广告的成功关键在于广告中突显了对消费者的浓浓“情意”。现代工业文明导致人与人之间关系的冷漠，人们生活中也经常会碰到一些不如意之事，每个人都渴望获得别人的理解和关爱，然而这又是何其难啊！邦迪广告则表现出了对消费者的理解，它声称“成长难免有创伤”，这就首先拉近了与消费者之间的距离，给他们一种亲近感。广告又精心截取三则反映亲情、友情和爱情的不同生活片段，以唤起人们对童年生活情景的回忆，进而在消费者心中留下深刻印象。至此，刻在人们记忆深处的伤痛和生理上的伤口在消费者心目中便具有了某种相似性，因而广告可以很自然地把两者关联在一起了。邦迪广告也将其产品“愈合伤口”的功能，自然地扩展为“再深、再久的创伤也终会愈合”的产品理念。当你欣赏这则广告时就仿佛在和一位老朋友倾心交谈，这正是邦迪广告要让消费者产生的感觉。通过这种真情的诉求让消费者感到，邦迪品牌是我们大家的朋友，是和自己一起担当成长创伤的知心朋友。当人们在需要的时候，邦迪自然会是他们的首先品牌，广告提升了消费者对邦迪品牌的忠诚度。这种饱含人文关怀的新广告能够帮助企业树立良好的品牌形象，进而让消费者产生品牌联想。正如人们由“好东西要和好朋友分享”想到麦氏咖啡，由“男人，其实更需要关怀”想到丽珠得乐，由“真诚到永远”而想到海尔的真情一样，人们也会由“成长难免有创伤”、“没有愈合不了的伤口”而想到邦迪的情意。

（资料来源：Arting365（中国），http://star.blog.arting365.com）

【案例思考】

1. 邦迪广告用了哪些广告创意策略？
2. 邦迪广告的成功创意对我们有哪些启示？

【案例2】

2008奥运年可口可乐全新户外广告创意解析

可口可乐为2008奥运年特别推出了一系列畅爽“开”始的广告设计，鼓励人们用最开放的心态，在2008年享受畅爽，迎接奥运。

畅爽“开”始——赛场篇

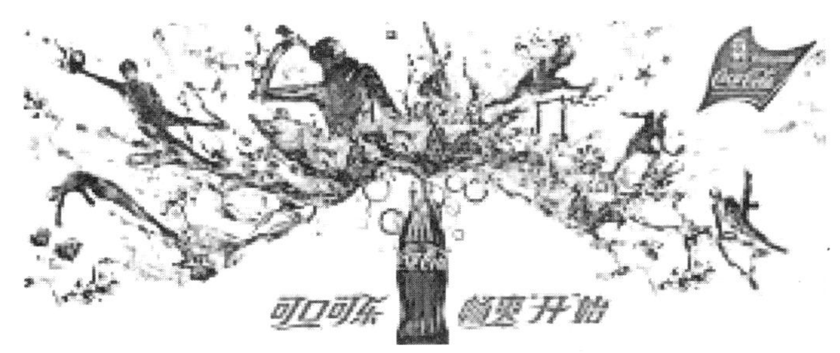

图6-21

说明：奔腾在空中的诱人褐色可乐液体和气泡，勾勒出姚明、刘翔、郭晶晶、王励勤等奥运明星动感十足的运动剪影；动感十足的画面随着瓶盖的打开而喷薄而出，畅爽动力不可抗拒！

畅爽“开”始——北京2008篇

图6-22

说明：不久的将来，“北京2008”这一简单的词组，将用不同语言传播到世界各地。请打开一瓶可口可乐，让它的畅爽力量，用液体在空中舞出迷人的姿态，用创意与激情书写出非同一般的畅爽“北京2008”！

畅爽“开”始——“爽”篇

图6-23

说明：什么是“爽”？是绝顶痛快！是每一瓶可口可乐带给你全身心的超凡感受！打开可口可乐，不可抑制的冰爽和畅快，从心底深处焕发于空气，这就是淋漓尽致的畅爽！2008年的中国人，其心其境，还有比这种开放后的最畅最爽更能表达的方法吗？

畅爽"开"始——"Ahh"篇

图 6－24

说明：当你享用可口可乐的时候，请不要压抑自己的畅爽感受，何不张开嘴，敞开心灵，大声把你的畅快吼出来："Ahhhhh!!!（啊!!）"。对，就这样，2008，要的就是畅爽"开"始！

畅爽奥运——鸟巢篇

图 6－25

说明：2008 奥运年，热情洋溢的中国红将欢乐传播至世界各地，可口可乐的经典色彩在这一刻有了全新的内涵与外延。凝聚创意结晶的奥运会主赛场"鸟巢"、刘翔、郭晶晶等奥运明星的酷爽剪影、一张张欢笑的嘴和在彩虹上冲浪的梦幻畅爽画面，在打开瓶盖的那一瞬间，沸腾了整个世界。

畅爽奥运——起跑篇

图 6－26

说明：每一次起跑，都充满了积蓄已久的力量和激情，象征着全新的开始与期待。光芒四射的金牌和奖杯，是姚明、刘翔、赵蕊蕊等所有奥运健儿将要奋力争取的无上荣耀。拼搏和胜利从竞技场上开始，进取与辉煌从生活的每一天开始。打开自我，创造未来，畅爽，就在你我手中。

畅爽人生——选择篇

图6－27

说明：人生拥有太多选择——你可以为名车、豪宅、令人羡慕的学历和收入而奔波忙碌；也可以拥抱你爱的人，去尽情欢笑，分享你的快乐情怀。当然，更多的时刻，我们会开启一瓶冰凉畅爽的可口可乐，去选择"加油、活力、激情、乐趣、爱、乐观、积极"的人生态度。将所有的烦恼暂时抛到脑后吧！——从现在起，畅爽开始。

畅爽人生——开放篇

图6－28

说明：当奥运来临，全世界的眼光都集中在中国。色彩斑斓的只字片语，代表着13亿中国人，在用最开放的心态，与世界分享积极向上的生活态度。就像可口可乐倡导的那样，打开自我，用爱、真诚、快乐和自信去拥抱奥运新年，分享畅爽！

（资料来源：搜狐奥运频道，http://2008.sohu.com/20071224/n254274580.shtml）

【案例讨论】

请对可口可乐的这组广告创意进行评价。

【实训练习】

为2008年雪灾创作一篇有创意的公益广告

实训项目：学会运用所学的广告创意的方法和策略，为2008年雪灾创作一篇有创意的公益广告。

实训目的：让学生掌握广告创意的方法和策略，培养学生的广告创意的能力。

实训内容：收集2008年雪灾信息，讨论创意思路，撰写创意方案。

实训组织：把学生分成若干小组，每组5～6人，每个小组的每个成员都先提出各自的创意方案或创意思路，然后再经过小组讨论形成整个小组统一的创意方案。要求每个学生积极参与并认真记录每个人的创意。

实训考核：每个小组派一名代表将小组的创意方案在班级阐述，其他小组积极参与讨论和交流。老师对每组创意方案进行点评并给予评分。

第七章　广告创作策略

【引入案例】

在南京，提到超市，老百姓耳熟能详，家喻户晓的不是大名鼎鼎的“麦德龙”、“家乐福”等洋超市巨无霸，而是星罗棋布、散落在石城大街小巷的苏果超市。“苏果”1997 年涉足超市，是不折不扣的后来者，但“苏果”却创造了一个超市业界的奇迹，后来者居上。1999 年，创办仅 3 年的苏果超市的连锁店已逾 250 家，除覆盖南京外，还遍布苏、皖、豫、鲁等省市，销售额高达 25 亿元，居江苏零售业首位，位于全国连锁超市第 7 位。

苏果品牌之所以成为江苏超市翘楚，在相当程度上得益于广告上始终坚持民族的、平民的、生活的、亲情的创意思路。

苏果广告投放，迄今为止，主要依赖于平面媒体发布，并没有进行地毯式的电视广告轰炸，以最少投放取得最好的品牌宣传效果。

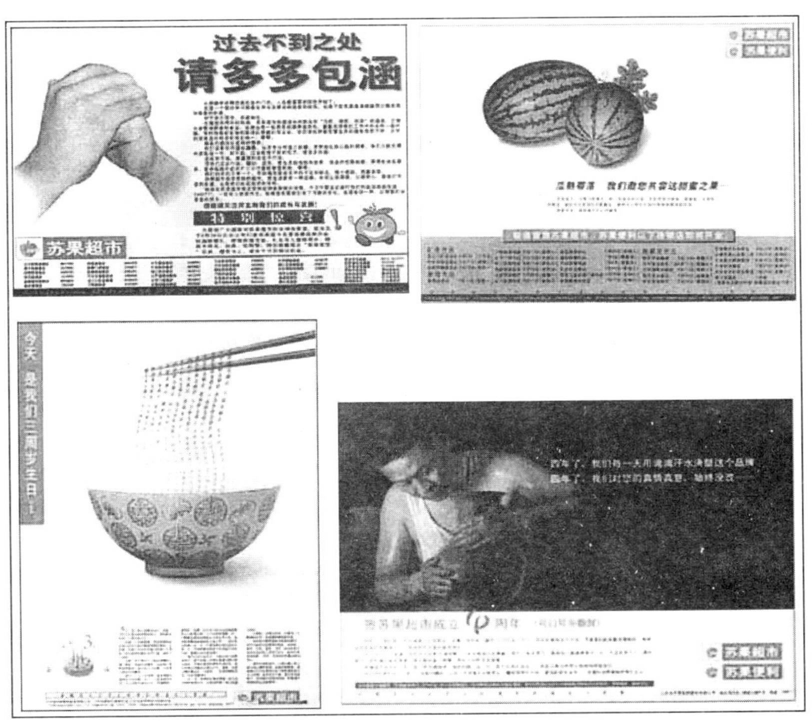

图 7－1　苏果超市的广告

苏果的这四幅平面广告的推出，都有其明确的目的。第一幅，设计于 1998 年 7、8 月份。由于苏果初创时，为抢占市场份额，争地盘，拼命铺摊子，忙于布点，服务上的规范与周到便退而求其次，一时间与顾客产生矛盾，媒体接连曝光。为了缓和、弱化商家与消费者的"敌对"情绪，一方面狠抓服务质量，一方面借苏果连锁店突破30家契机，设计了《过去不到之处请多多包涵》这则广告。双拳致歉的画面，给人以耳目一新之感，再辅以购物赠礼、倾情回报、公布热线电话等举措，着实让淳朴百姓改变观念，增加了苏果的亲和力。

第二幅广告的发布，正值初夏庆贺苏果连锁店、加盟店突破百家的时候。逢此百店开业，创意人员没有选择传统喜庆的做法，而是选中了老百姓喜闻乐见的大西瓜造型，创造了《瓜熟蒂落，我们邀您共尝这甜蜜之果》，一种与消费者共成长、同分享的荣耀感跃然纸上。

第三幅《今天，是我们三周岁生日……》，巧妙地运用了过生日吃长寿的民间习俗，极具民间文化及传统文化的气氛。

苏果的广告致力于形象的塑造，这种形象又与企业的定位与营销理念相关。正如其经营者所说，差异化营销，决定一个企业、一个品牌只能选择最适合自己的宣传方式，苏果的营销理论就是提供一种便利，一种家门口购物的理念。苏果超市的平民化、便民化、利民化的风格，使其在众多大型超市中突显出来。

（资料来源：《国际广告》，2000.9，P53）

【本章概述】

本章主要介绍了广告文案写作、广告设计的构成；以及平面广告、广播广告和电视广告设计与制作等知识与技能。

【学习目标】

了解广告的文案类型与构成，掌握广告文案的创作方法与要求；了解不同广告媒体制作、表现的基本方法与特点，掌握常见媒体广告设计制作的一般规律。

【本章重难点】

本章重点在于广告文案创作；难点在于几种常见媒体广告设计制作的一般规律。

企业在制定广告计划、编制好广告预算之后，便进入广告作品的创作阶段。广告作品是广告的表现手段，是广告信息的表达形式，因此，广告作品设计和制作的好坏将直接对广告效果产生影响。

广告作品的创作过程主要是实现两层跃进：即从广告创作计划的制定到广告文字的撰写的一层跃进，然后从广告文案到广告制作执行的又一层跃进。本章重在描述广告文案写作与广告制作的一般规律。

第一节　广告创作的基本要求

一、真实性

《中华人民共和国广告法》规定，"广告应当真实、合法，符合社会主义精神文明建设的要求"。主要表现在广告信息应是客观存在的事实，广告信息应与广告宣传的观点相一致，广告有明晰的陈述。

例如,在技术飞速发展的现在,承诺电脑的终身保修,就明显不切实际;再如,很多强调减肥效果的减肥药中的主要成分,就是服泻药;还有一些买赠的赠品与促销宣传造成的消费者心理期待相去深远,等等。这些都是虚假的,对受众和消费者不负责的广告行为。

二、科学性

广告应强调产品的工艺或功能的科学原理;广告证明应具普遍性;广告内容的表述应具科学性。

例如,潘婷的"维他命原B5"向受众传达了产品的成分与特殊功效;刘翔代言的摩托车,让消费者看到了产品的动力。科学的信息使受众更易接受,无理的广告终究会被消费者摒弃。

三、思想性

广告创作要考虑社会、企业、个人利益的结合,考虑商品与人的关系,反映正确的世界观、价值观。例如,2008年1月8日,西班牙《国家报》(《LA VERDAD》)在第15版上刊登一个整版的法国雪铁龙汽车广告。广告画面的主角是中国已故领袖毛泽东的照片,而且毛泽东的形象被广告设计者进行了肆意篡改。这个广告刊出后,我西班牙侨胞非常愤怒,引发严重抗议。直接影响了雪铁龙汽车在中国消费者心目中的形象。

四、艺术性

广告是真实性与艺术性的辩证统一。例如,台湾南洋实业股份有限公司的"长大了,我要当客户"从一个孩子的角度,突出了该公司对客户的重视,但又让受众感觉亲切,易于接受。可以说,没有艺术性的广告的生命力是不强的。

第二节　广告文案创作

通常,一则广告可以没有画面、音响,但不能没有文字。广告文案不仅是广告策划与广告创意的物化,而且是广告主题的集中表现。据调查,广告效果的50%~75%取决于广告文案,正因为如此,大卫·奥格威断言:"广告是词语的生涯。"可见广告文案在整个广告作品中具有举足轻重的地位,直接关系到整个广告活动的成败。

一、广告文案的含义

广告文案,又叫广告文稿,指广告相关的语言文字,又泛指广告作品的全部,包括广告的文字、图片、编排等内容。一般指存在于广告作品之中的语言文字部分。一则广告作品的优劣,主要是以文字的表述及编排变化等作为标准来进行衡量的。因此,写好广告文案,乃是广告策划人员的一项重要任务。

优秀的广告文案可以引起受众注意,刺激消费需求,维护企业和产品的形象。

二、广告文案的类型

最具形式特征的广告文案主要有以下五种类型：

(一)印刷广告文案

印刷广告文案主要应用在报纸、杂志、书籍、宣传样本、直邮广告等媒介，其共同特征是视觉传达，受众是通过阅读来获得广告信息的。其中，报纸、杂志的读者群相对固定，而且读者的差别比较清晰，广告文案面对的受众相对明确。印刷广告另一个特点是适于长期保存和反复阅读，加上印刷技术和材料的不断提高和更新，印刷质量越来越精美，因而可以收到较好的宣传效果。

印刷广告文案针对视觉媒介特征，应当在语言文字的修饰上精雕细琢反复推敲，要经得起受众的反复仔细阅读。文案的标语与广告画面通常一起发生作用，需要先发制人地吸引受众的注意。文案的正文是广告的主要内容，要尽可能表达清晰、准确，不留疑惑。

(二)广播广告文案

广播广告文案主要运用在有线广播和无线广播媒介，共同特征是听觉传达，受众通过声音传递来接受广告的信息。

广播媒介不受空间限制，听众广泛，但受时间限制，转瞬即逝，内容多的广告不易记清。根据广播媒介的特征，广播广告文案应当注意简单、清晰、连贯、和谐、愉悦、可信等方面的要求，充分考虑为听觉而不是为视觉的文字语言修辞，同时还要把播音的嗓音、节奏、配乐、音响等效果考虑进去。

广播广告文案通常都采用口语语言，以与人交谈的谈话风格进行写作，特别注重语调和口气，更多地反映目标受众的说话习俗及风格，使之更容易贴近受众生活。

(三)影视广告文案

影视广告文案主要运用在电影、电视等媒介，媒介特征是集视觉与听觉、时间与空间于一身，表现形式丰富多彩，声画合一，感染力强，便于记忆。

影视广告中非语言文字的图像占主导地位，其生动、丰富的形象很容易准确、直接地为受众理解和接受。因此，影视广告文案在写作时，要有与画面情境交融的意识，将画面与语言文字融合在一起，并把活动画面作为叙述语言的一种形式。

在影视广告文案中，语言文字可以有画外音、独白、对话、歌曲、字幕等多种形式出现，因此要充分调动各种表现手段，进行巧妙合理地安排，注意广告的整体灵活性，充分发挥其无可比拟的艺术感染力。

(四)互联网广告文案

随着互联网时代的到来，互联网广告自然而然地应运而生。互联网广告具有传统媒介无法达到的许多特点，例如广告一经发布就可以传播到世界各地，网民可以一天 24 小时随意浏览，同时还可以链接到其他相关网页上，以提供更多的信息，等等。

互联网广告基本上通过视觉来传达，在文案写作上与印刷广告文案相类似。但它又具有影视广告视觉传达的连续性、时间性、动画性等特征，以及自身通过点击、链接来实现的交互性、灵活性、实时性等特点。当然互联网广告也有一定的局限性，例如形式缺乏美感、画面单调、面积较小、可供选择的广告位置不多，从而难以表现复杂、生动的广告内容，广告的艺术效果不佳，不易产生视觉的冲击力和感染力等等。因此广告文案也有相应的写作要求。

互联网广告信息有两个特殊的传达形式：一是语言文字在视觉传达过程中是可变动的，不仅大小形体、上下位置可变，而且在时间快慢和字体种类上也可进行变化，这对文案写作提供了充分发挥的天地，也提出了更高的要求；二是广告信息的传达需层层递进，每一层面相互联系成为一个整体。如何吸引网民不断点击，层层深入，是文案写作时的一个难点。

（五）户外广告文案

户外广告主要包括招贴广告、路牌广告、橱窗广告、车体广告、霓虹灯广告等，其共同特征是受众在流动状态下接受广告的信息，因而常又被称作“流动广告”。

户外广告需要尽可能抓住人们的注意力，让行踪匆匆的人在不知不觉中关注到广告的存在，进而立足片刻或浏览一眼。户外广告文案不太注重信息量在传达过程中的完整与全面，强调的是引人注目和重点突出。最主要的特点是语言文字尽量简洁短小，其中标题与广告语的写作是户外广告文案中的重中之重，用词一般不超过6～7个，在视觉上通常是一条线，便于在行进中阅读。

除以上五种较为常用的广告文案分类外，还有出现在商场销售点的POP广告文案、出现在商品包装上的包装广告文案、出现在T恤衫上的服装广告文案，以及出现在手机通讯上的手机短信广告文案等等，各有其鲜明的形式特征。把握不同广告的形式特征，适应不同广告媒介要求，是广告文案不可忽视的创作前提和成功保证。

三、广告文案的构成与创作

广告文案是广告创作的核心，是一切广告作品的基础。广告文案的创作不仅要考虑到不同媒介的特征与要求，还要考虑到广告的目标、对象、功能和作用，做到有的放矢、量体裁衣。

完整的广告文案一般由标题、广告语、正文、随文四个基本要素构成。但在不同类型的广告中，广告文案的构成要素也会有所变化。一般来说，广播、影视广告都没有标题，招贴广告中往往不含广告的正文，等等。

（一）标题

大卫·奥格威说：“如果你创作的标题不吸引人，那么你就浪费了广告主75%的费用。”没有标题就是一种冒险，而不好的标题则是很大的过错。

标题，是广告的题目，表现广告的主题，在广告文案中占据着主导地位，它是一则广告的导入部分。

1. 作用

标题的主要作用是点明主题、引起兴趣、诱读正文、加深印象、促进购买。通常位于广告作品中最醒目的位置，引起受众注意，诱导受众阅读正文。广告标题的成功与否，会直接影响到广告内容的传播。新颖、独创、简洁明了、易识易记、便于传播的广告标题，能够使广告产生良好的宣传效果。例如：

客户：中国移动通信

媒体：钱江晚报

版面：彩色半版

广告标题：号码升级，服务升级10086

副标题：2006年6月6月18日零时起，客户服务热线1860、1861合并升级为10086

文案小标题为：新号上场，延续辉煌

正文:从6月18日零时起,中国移动通信客户服务热线1860、1861合并升位为10086。功能合二为一,一个号码,轻松完成! 在保持原先优质服务的基础上,流程更加简单明晰,拨打10086按1号键,即可直接查询花费。号码升级,服务升级,即刻享受中国移动更方便的服务吧!

在这个接近200字的广告文案中,最重要的信息是标题"号码升级,服务升级10086",即使读者忽视了对下面小标题和文案正文的阅读,仍能清楚地知道中国移动有什么新的信息要说,广告里第一眼看到的信息仍然是看完所有文案信息的核心部分,其他信息只是对这个核心信息的补充和细化,或支撑或佐证。

2. *原则*

(1)必须体现广告主题。"看报看题"的阅读习惯决定人们在无意识的阅读中,总是先看标题再决定是否阅读正文。因此,广告标题的写作在尽量运用标题的魅力,将广告受众的兴趣和视线转向广告正文的同时,也要考虑到由于各种不同因素造成的不阅读正文现象。因此,写作时,要尽量体现广告主题,使得广告读者能在标题中对广告的信息主题有所了解,在匆匆一览之中,就能得到广告的最主要的内容、最主要的利益承诺、整个广告表现的主题因素。如松下电器变频式空调的报纸广告标题:引题——销售进入第二年,正题——松下电器变频式空调的受用者越来越多,副题——这么多的笑脸是舒适性和令人信赖的质量之证明。正标题将广告的主题及其广告中要表现的主要内容进行了表现,人们看了标题就能明显地知道广告的中心内容是什么,广告正文中具体解释和介绍的是有关怎样的内容。从而通过标题在无意识的受众群中分离出潜在的消费者,并诱使他们继续关注正文的细部诉求。同时,也使匆匆浏览的受众,能在最短的时间里将该广告的主题表现有个大致的了解,为更深层次的诉求打下基础,也为最广范围的受众知晓率起到一定的作用。

(2)表现消费者利益。标题既要表现消费者心目中的商品消费利益,又要表现商品能给予消费者的利益承诺。如"35岁以上的妇女如何才能显得更年轻"(某荷尔蒙霜广告标题)、"我们已突破了世界语言的障碍"(荷兰电信广告标题),表现了消费者对商品的消费期待和商品消费利益点,对应了消费者的消费心态,体现了商品满足消费的有效性。在标题中表现消费者的利益,可以使广告抓住消费者的消费渴望和消费理想,诱使他们产生浓厚的兴趣,使目标消费者能对广告中的信息产生了解的渴望,继续自觉地阅读广告下文。

(3)诱发受众好奇。广告标题的一个重要的原则是要通过对标题的写作,诱发受众的好奇心理,使得他们在好奇心的驱使下,对广告产生追根究底的欲望。诱发好奇有两种途径,可以是利益点上的好奇引发,也可以利用表现形式上的创意。如台湾南洋实业公司用反向诉求,引发好奇:"长大了,我要当客户!";总督牌香烟用设问的形式,表现好奇:"总督牌给你而没有别的,滤嘴能够给你的,是什么?"。

(4)简洁明快的表现形式。为了让受众一看便知,广告标题的表现形式就要简洁、明快。一般不用长句子,因为长句子表现内涵太多,且出现关联词,会造成过分书面化倾向,使受众因怕累而自动放弃阅读。如光大花园平面广告的标题"光大花园明天拍卖健康",简洁明快。见图7-2。

3. *形式*

以广告标题是否直接地表现广告信息为分类标准,可将之分成直接标题、间接标题和复合标题。

直接标题是指采用直截了当的手法,开门见山地向广告接受者揭示广告主题思想的广告标题。所以有人称直接标题是"一语道破天机的广告词"。直接标题比较适合工作繁忙的人、性格急

图 7－2　光大花园平面广告

（图片来源：《第七届全国优秀广告作品展获奖作品集》）

躁的人、不善于联想的人和没心情欣赏广告的人，它能使广告受众节约消化广告信息的时间，并且不会引起可能的误解；直接标题虽缺乏意境，但却要求有较强的逻辑性、针对性，尤其要有韵律，便于阅读和记忆，因而也能吸引特定的消费群体。

间接标题是用间接手法，欲擒故纵地向广告接受者揭示广告的主题思想的广告标题。所以间接广告标题是“醉翁之意不在酒”。间接标题的特征是或比拟，或影射，或夸张，或仿造，或正话反说，或一语双关，含而不露，欲说又止，强调艺术性，能给广告受众好感，并以令人回味的意境给人留下深刻的印象、耐读、耐看，影响深远。间接标题同直接标题不同，它并不包含主要的广告内容，在标题中不直接点明广告主题，而是用耐人寻味的语句诱导读者去阅读正文。如“热气腾腾，蒸蒸日上”是电饭锅广告的标题，“寒冷与宁静的联想”是电冰箱广告的标题，“夏夜伴侣”是蚊香广告的标题。读了这些标题后，只有继续阅读正文，才能了解广告的主要内容。间接标题一般比较含蓄，容易引起读者的兴趣。

复合标题是指在广告文中有两个或三个标题，两个标题是指在标题（有时也叫正标题）的下面加一个副标题；三个标题是指在正标题下面加一个副标题，同时在上面加一个引题。在复合标题创作中，正题与副题可以同是直接标题或间接标题，也可以既有直接标题又有间接标题。

4. 表现

广告文案标题的表现形式没有固定格式。最为常用、最具特点的表现形式有新闻式标题、问题式标题、承诺式标题、疑惑式标题、夸耀式标题、劝导式标题、悬念式标题、巧用成语式标题、证言式标题、幽默式标题、比较式标题、假贬式标题、情感式标题、时事式标题、比喻式标题、拟人式标题、双关式标题、历史悠久式标题、恭维式标题、引导式标题、名称析解式标题等等。

标题在整个版面上，应该是处于最醒目的位置。在版面编排时，应根据广告不同的主题，注意配合插图造型的需要，选用不同的字体、字号。标题在设计上一般采用基本字体，或者略加变化，而不宜太花，要力求醒目、易读，符合广告的表现意图；标题文字的形式要具有一定的象征意义，粗壮有力的黑体适用于电器和轻工商品；圆头黑体带有曲线，适宜妇女和儿童的商品应用；端庄敦厚的老宋体，用于传统商品标识稳重而带有历史感；典雅秀丽的仿宋，适用于服装、化妆品，而斜体字给画面带来了风感、带来了动感。运用视觉引导艺术语言，引导读者的视线自觉地从标题自然地向插图、正文转移。例如美国运用篮球巨星脚穿“耐克鞋”在球场上腾空飞跃，以“谁说我不能飞！”的感叹语句，标题与照片融为一体，形象地夸耀了鞋子的质量，让人感到生动活泼，形成了自己的个性。

（二）广告语

广告语，又称“广告口号”，是以最简短的文字把企业的特征或商品的特性、优点表达出来，力求给人留下深刻的印象。广告口号还应该保持广告的连续性，使人一听到或看到广告口号就联想起商品或广告内容。如太太口服液的“做女人真好”、乐百氏的“今天你喝了没有”、雀巢咖啡的“味道好极了”，吸引诉求对象的注意给人留下深刻印象。因此人们一听到这些广告语就知道它们对应的产品。另外，广告口号还应该是广告主要信息的浓缩，它可以直接为商品促销服务。

广告语与广告标题在表现形式和写作要求上有许多相同之处，都是仅用一两句话来表达一个广告主题，因此有许多广告作品的广告语就是广告标题。

然而，广告语又同广告标题有着明显的差别，广告语在语言文字上要求琅琅上口，易读易记，通俗有趣，个性鲜明。另外，广告语一经确定，不仅要在很长一段时间内反复使用，同时还要在不同形式和不同种类的广告中反复使用，因而广告语在广告作品中有其相对的独立性和灵活性，在广告的宣传中则有一定的稳定性和持久性。

广告语的文字是配合广告标题、加强商品形象而运用的短句，必须易读好记，押韵顺口，具有想象力，富于情感，指向明确、有一定的口号性和警告性。例如，柯达的“串起生活每一刻”，感觉非常随意的一句话，却紧紧的抓住生活这个主题，作为全球最大的感光材料的生产商，柯达在胶卷生产技术方面的领先已无须再用语言来形容，因此柯达更多的把拍照片和美好生活联系起来，让人们记住生活中那些幸福的时刻，因此请用柯达胶卷，这正是柯达想要的。在字体设计方面柯达采用了一种比较洒脱的字体，更贴近生活。

广告语主要有以下几种类型：①形象建树型。如“全心全意小天鹅——小天鹅洗衣机”，树立了企业形象，体现服务宗旨，表现出鲜明个性，打出产品知名度。②观念表现型。“不求最大，但求最佳”，“大行德广，伴您成长，农业银行”，强调企业精神，倡导消费时尚，体现时代色彩。③优势展示型。如“钻石恒久远，一颗永留传”，突出产品优势，强化产品利益点，唤起受众购买欲望。④号召行动型。如“沐浴精彩，让皮肤光彩”，具有强烈的宣传鼓动性，督促消费者采取购买行动。⑤情感唤起型。如“雪竹温情暖在身暖在心”，表现企业对消费者的关爱，用真挚的情感打动消费者，具有亲和力。

图 7－3　“小天鹅”广告

（图片来源：《中国广告》2000 年第 4 期 99 页）

（三）正文

正文是广告文案中的主体，是对广告标题的解释和广告主题的详细阐述。当广告标题引起受众的注意后，广告正文就要求承担起对受众实现心理说服的作用；广告标题提出问题，广告正文就要回答问题。

广告正文的内容与受众的利益直接相关，它既要考虑到受众当前所迫切关心和了解的问题，还要设身处地考虑受众可能会引起兴趣的问题，提供翔实的事实材料和客观理由，从而使受众能更加深入地了解广告的主题，广告增加信任度，促使受众付诸具体行动。

1. 正文的结构

广告正文的形式结构主要有两种：

(1)并列式。即材料与材料间的关系是并行的，前一段材料与后一段材料位置互换的话，并不会影响到广告主题的表现。“特点1+特点2+……”的正文结构就属于并列式广告。这种并列式的正文结构能把广告产品的特点比较清晰、准确地表达出来。以下就是“哈特威”衬衫的广告正文：

美国人最后终于开始体会到买一套好的西装而被穿一件大量生产的廉价衬衫毁坏了整个效果，实在是一件愚蠢的事。因此在这个阶层的人群中，“哈特威”衬衫就开始流行了。

首先，“哈特威”衬衫耐穿性极长——这是多年的事了。其次，因为“哈特威”剪裁——低斜度及“为顾客定制的”——衣领，使得您看起来更年轻、更高贵。整件衬衣不惜工本的剪裁，因而使您更为“舒适”。

下摆很长，可深入您的裤腰。钮扣是用珍珠母做成——非常大，也非常有男子气。甚至缝纫上也存在着一种南北战争前的高雅。最重要的是“哈特威”使用从世界各角落进口的最有名的布匹来缝制他们的衬衫——从英国来的棉毛混纺的斜纹布，从苏格兰奥斯特拉德地方来的毛织波纹绸，从英属西印度群岛来的海岛棉，从印度来的手织绸，从英格兰曼彻斯特来的宽幅细毛布，从巴黎来的亚麻细布，在穿了这么完美风格的衬衫，会使您得到众多的内心满足。

“哈特威”衬衫是缅因州的小城渥特威的一个小公司的虔诚的手艺人所缝制的。他们老老小小的在那里工作了已整整114年。

您如果想在离您最近的店家买到“哈特威”衬衫，请写张明信片到“G·F·哈特威”缅因州·渥特威城，即复。

(资料来源：转引自《广告策划与管理》，高等教育出版社，2006年版，P245)

这则广告是美国赫赫有名的广告大师大卫·奥格威最为称道的得意之作。它的神奇主要在于曾在市场上取得了神奇效果。其原因，除了至今仍被世人津津乐道的“戴黑眼罩的男人”为主要视觉要素的画面设计的创意外，朴实无华的文案，中肯、具体、实在、令人信赖的风格确是这则广告出奇制胜的关键。文案以非常专业的口吻，详细介绍了有关于产品的各类特点及信息：耐穿、不惜工本、做工地道、穿着舒适、用料上乘、历史悠久……所有资料都用事实说话，极具说服力。整个文案每个角落都体现出产品时刻为消费者着想，从消费者的角度考虑问题，把产品承诺的利益点一一摆出，令人信服。

再如时代数码广场平面广告正文：哎！CPU烧了！比尔·盖茨说了！葛郎台笑了！IT先生有喜了！也为并列式。见图7-4至7-5。

图7-4　时代数码广场平面广告(一)

图7-5　时代数码广场平面广告(二)

图 7－6　时代数码广场平面广告(三)

图 7－7　时代数码广场平面广告(四)

(图片来源:《第七届全国优秀广告作品展获奖作品集》)

(2)纵深式。即正文中材料与材料间的关系是层层推进、纵深发展的,后面材料的表述只有建立在前一个材料的基础上方显出意义。通常故事体、对话体的表述方法采用的就是这种结构形式。以下就是一则纵深式的广告正文结构:

都是"铅中毒"惹的祸

某日,阳谷县太爷听到鼓声,匆忙上堂,一看,台下不是开烧饼店的武大郎吗? 惊堂木一拍,问道:"武大郎击鼓所为何事?"

武:大人,我告施耐庵?

县:为何而告?

武:施耐庵写《水浒传》的时候,没有调查清楚就把我写成这样,让我受尽世人嘲笑,以致到了现在,我在人们心中的形象仍是"矮小和弱智",这让我的身心受到了极大的伤害。

县:你本来就长得矮呀! 难道他写错了?

武:我长成这样也不是我所愿意的呀! 我家里世代做烧饼,听说平常燃烧产生的烟尘中含有大量的铅,再加上小时候我家里经常用油漆装修房子,这里面也可能含有铅。由于过多地接触铅,导致了我铅中毒,这不但影响了我的身高生长,还对我的智力产生了难以挽回的损伤。而我弟弟从小在外,自然长成七尺彪汉,成了打虎英雄。施耐庵在书里如此诋毁我,好像一切都是我的错。可是我也是受害者呀! 这是我的错吗? 其实,这都是"铅中毒"惹的祸,我是铅中毒过深才会这样的……

县:说得有理,那快传施耐庵……

(资料来源:《广告文案写作》,上海财经大学,2005 年出版)

该正文的材料环环相扣,从武大郎告施耐庵引出武大郎矮小的原因:都是"铅中毒"惹的祸,从而说明铅中毒对人体的危害。以上材料层层推进,向纵深处发展。

2. 正文的表现方法

从表现方法考察,广告正文可分为以下几种:

(1)陈述体。陈述体广告正文以简明扼要的叙述方式来介绍广告所宣传的商品或劳务等信息。请看下面一则哥伦比亚咖啡豆的广告正文:

哥伦比亚咖啡豆,制成世界上最香浓的咖啡豆。

哥伦比亚安第斯山脉,是世界上种植咖啡的最好地方。那里有肥沃的火山土壤、温和的气候以及适量的阳光和雨水,保证了每一粒咖啡豆的完美成长。待到咖啡豆成熟时,人们采用手工摘取，只有最好的咖啡豆才进行烘烤，以确保其独特的味道及芳香。假如您是一位咖啡爱好者，一定要选用哥伦比亚咖啡豆制成的咖啡。

在中国，惟有麦氏超级特选速溶咖啡和生活伴侣杯装咖啡才是您最终的选择，与众不同！

该广告正文较为详细地陈述了哥伦比亚咖啡豆良好的生长环境、人工采摘方法以及它独特的味道及芳香，使人对该产品不能不“口服心服”。

(2)说明体。说明体广告正文以说明为表达方式，着重对产品或劳务的性能、特征、用途等加以说明解释。下面就是“左旋维他命C”护肤品的广告：

25岁以后，选择左旋的3大缘由

缘由一，25岁以后，肌肤28天的新陈代谢开始减缓，出现皱纹、色斑、干燥、灰暗等症状。

缘由二，左旋维他命C能够激活新陈代谢，促进自身胶原蛋白合成，使弹力素重新发挥作用，抚平皱纹。发挥强大的保湿、美白、抗衰老的三重功效。

缘由三，左旋维他命C显著的功效、极具针对性的定位、合理的价位和良好的品牌，是25岁以上女性必备的抗衰老精品。

这则广告正文写得简洁明快，缘由一说明人进入25岁后，皮肤会发生一些不良的现象，言下之意，25岁后，人的皮肤需要保养；缘由二、三主要说明维他命C护肤品延缓衰老的良好作用。由于正文以三小段构成，每一小段主要说明一个方面，所以说明较明确清晰。写说明体广告正文，要善于抓住事物的特征，尤其是应把重点放在本产品与同类产品的不同上，同时，可采用综合说明方法，如举例说明、数字说明、比较说明、定义说明等，以使产品的信息表达得明确而生动。写说明式的广告正文应少用专业性过强的术语。

(3)故事体。故事体广告是人们喜闻乐见的一种广告宣传方式。它是通过设置一个与产品相关的情节来介绍产品。正文因为有了故事情节，就显得有起伏，就能激发受众的兴趣，使他们在看完故事后，对产品产生较深的印象。例如郭富城曾为百事可乐作过一则电视广告，其正文就属于故事体。它设计这样一个情节：一个女孩敲门而人，向男孩要百事可乐，男孩立即转身打开冰箱，却见里面的一瓶百事可乐所剩无几，于是冒着大雨去买百事可乐给女孩，当女孩拿着“百事可乐”欣然离去后，又有一女孩敲门向男孩要百事可乐。该正文以讲故事的方式，传递了百事可乐的一些信息，特别是它受人欢迎的事实，加上演员知名度高，表演也恰到好处，因而这个广告曾一度家喻户晓，起到了广告宣传的良好效果。

写作故事体广告正文，要注意几点：①故事中的人物与产品要有一定的关联，因为百事可乐的主要目标受众是年轻人，故以青春、健康的郭富城作为故事中的主角是非常恰当的。②所设置的情节既不能太复杂，但也要有点曲折，最好说明某种产品或服务解决了矛盾或难题，这样既能引人人胜，又能较好地宣传产品；如果情节过于复杂的话，就容易使受众沉湎于故事本身的曲折、离奇中，而忽略了产品的信息。③在情节发展中自然而然地推出产品，而不是情节与产品的硬性拼凑，这里关键是要找到一个建构故事的良好情节框架，而产品应成为情节发展中不可或缺的因素。

(4)独白体。所谓独白体广告正文是以人物的自我言语来介绍产品，其标志为用第一人称“我”。常见的有两种情形：一种是受众的独白，通常是谈自己购买、使用了广告产品后的感受、变化来证明产品的功效，这是一种“让消费者告诉消费者”的宣传办法；另一种是站在广告主的立场上，来向受众做产品宣传，它能拉近产品和消费者的距离，较有人情味。例如，美国一女士写的征婚广告正文：

作家的头脑，模特儿的外貌，舞蹈演员的体形，这就是我——一个32岁的曼哈顿女画师，作为一个金发女郎，当然希望找个金发男子。我会溜冰、滑雪，网球打得不错，富于幽默，多情善感，爱跳踢踏舞（倘若你不会，到时候我来教你）。那么，你应该是谁？风度翩翩，肌肉发达，刚柔相济，会体贴人，不吸毒，更不可能是同性恋者，最好能像我一样地喜爱小动物，好吧，希望爱神之箭能够同时射中我俩。来信内容，定为保密。

这则广告正文自述了年龄、职业、外貌、爱好、性格等情况，也提出对理想中"另一半"的要求和条件。叙述合理清楚，语言风趣生动，是独白体广告正文的佳作。

（5）对话体。对话体广告正文借助于两个或多个人物间的一问一答来宣传产品，它针对性强，逐一解释产品特点，有较强的吸引力与说服力。特别是因其常模拟角色与情境，故给人身临其境之感，听起来也较亲切，在广播广告和电视广告中最为常见。

值得注意的是，对话体广告要注意人物与产品间应保持一定的联系，这样才可增加产品给予受众的真实感和信任感。例如，以两个家庭主妇的互问互答来介绍洗衣粉、调味品之类的日常用品，效果就比较好。反之，让她们介绍科技产品就不合适了，因为此时人物与产品构不成良好的关系。

（6）歌曲体。歌曲体广告是通过演唱歌曲（即广告歌）的方式来对产品进行广告宣传的一种方式。歌曲体因其旋律优美、动听，故特别容易感染人、打动人，广告所传递的产品信息也会潜移默化地到达受众心中。歌曲体广告通常有这样几种形式：①唱半句。这种形式多用于广播、电视广告中，以突出产品品牌，如"松下电器"、"黄金搭档"就是这种类型。②歌词只有一句或两句。③一首完整的广告歌，如绿箭广告歌"在这片，一望无际绿色原野上——让我们从此不彷徨——这一片，你我共享——"。优秀的广告歌一经播出，便广为流传，无论男女老幼，只要一听见那熟悉的旋律，便自然而然地会想到某一特定品牌的产品。

广告正文形式除了以上介绍的几种以外，还有童话体、诗歌体、对联体等。

正文一般采用采用较小的字体，常使用宋体、单线体、楷书等字体，一般都安排在插图的左右或下方，以便于阅读。

3. 正文创作的注意点

广告正文应解决以下四大问题：①如何让广告受众产生阅读和接收兴趣，从广告标题自然而然地转向广告正文。这个转向，除了在广告标题写作中的努力之外，我们还可以作如何的努力？②广告正文如何用它的有吸引力的表现形式吸引住受众，又如何用它的细部诉求来对应受众的消费理想，让他们能自觉地阅读和接收广告正文？③广告正文如何运用它的诉求，将广告受众由目标受众变成产品的消费者、观念的接受者或服务的享用者？④如何运用广告正文的结尾部分和广告附文部分，将心理上已被说服和劝诱的消费者，变成真正付之于行动的消费者？

（四）随文

随文，又称附文，是对广告正文的补充。广告随文通常位于广告文案的尾部，用来传达广告主身份以及相关的附加信息等内容。

广告随文的内容根据不同的需要和广告的形式而定，不宜罗列过多。广告随文在广告文案中虽然处于从属地位，但它的写作同样不可疏忽，除了常规的广告主名称、地址、电话、电传等联系内容外，还可以通过创意增设附加内容，来激励受众积极参与广告活动，为实现与受众的反馈与互动起到积极作用。

图 7－8　蜜蜂与苍蝇

文案：它们很像，但不一样。

真伪难辨，《消费者权益保护法》保护你我他。

（图片来源：《中国广告》，转引自万秀凤、高金康主编的《广告文案创作》，上海财经大学2005年出版）

四、广告文案创作的过程

（一）准备阶段

广告文案的写作需要有一定的根据，在动笔之前，必须深入研究与广告产品有关的各种资料。

（二）消化阶段

关键是要把有关的资料进行分析和组合，把各种不同来源的资料进行分析综合，发掘其中值得注意和运用的地方，进行整合，加强各种资料之间的联系，找到最适合的部分用于文案的写作。

（三）构思阶段

对广告文案的写作设想不同的方案，并且作好记录。应该注意的是，最好不要这些方案立刻作出选择，而应该先沉淀一下，等到思想成熟以后，再作出决定，这样可能会产生更好的创作思想。

（四）定案阶段

从各个角度综合分析和选择，得出一个最合适的信息焦点后，就可以选择一个主题突出、符合产品特征和消费者需求的方案确定下来。同时也可与以前的不同方案作比较，进行核查，看看有没有需要完善的地方，然后就可以提交广告客户和有关部门进行审核，为广告的最后制作作好准备。

五、广告文案的创作要求

广告文案的创作，是广告作品的基础，它先于广告作品而存在。广告文案不仅要考虑到广告作品的构思立意以及与图片、图像、音响、字体、字形的密切配合，更要考虑到广告的目标、对象、媒介等因素的要求与特征，从总体上进行把握，以达到完美和谐的最佳宣传效果。

（一）目标定位

文案创作前首先考虑的四个问题：①为什么做广告；②做什么广告；③广告做给什么人看；④通过什么媒介发布广告。

要回答和处理好这四个问题，必不可少的工作是进行市场调查和收集情报资料。广告目标定位的基础是了解产品自身的特征、市场的份额、消费群的构成、竞争对手的现状、同类产品的广告等。只有通过知已知彼的分析对比，扬长避短的筛选，才能正确确定广告文案创作的目标与定位。

（二）整体构思

确定了广告文案创作的目标与定位，接下来的工作便是进行创作构思。广告文案创作构思不仅要考虑文案的篇章结构、遣词造句、修辞风格等自身内容，同时还要考虑到图文结合、声文结合、视听结合等综合因素，因此，整体构思对于广告文案创作来说是相当重要的一个环节。

整体构思是由局部要素的内部因素有机维系的，不是各要素简单机械地相加和拼凑，更不是半斤八两的平均搭配。整体构思是从广告文案的目标定位出发，突出重点、主次分明、删繁就简地进行组合安排，以整体和谐为基础，重点突破为核心，从而使广告文案形成独具个性、别开生面、形式与内容统一的艺术作品。

（三）诱导感化

广告文案服务于沟通与营销。它可以通过煽动诱导、感化渲染等各种方法来加强对受众的宣传。广告文案用“诱”的方法使受众在情不自禁中引起注意并产生兴趣，用“导”的方法让受众顺着你的方向产生丰富联想，再在如同知心朋友般面对面的交谈中，用情感和智慧感化受众。广告文案要想使受众感化，就首先要把自己融入作品之中，并且要把自己作为目标受众中的一员，关注受众的感受。切不可一厢情愿、孤芳自赏，更不能用强加于人的企图来征服受众。

（四）长短适宜

广告文案的长短由广告媒介、产品特性、广告形式、消费心理等多种因素决定，而不是由个人喜好左右。该长不长，该短不短，都不利于广告信息的有效传播。

例如，从媒介特征上看，户外广告、影视广告的文案宜短不宜长，而印刷广告、广播广告的文案相对长些效果较好。从产品特性上看，性能比较复杂、高价耐用、比较实用的产品广告，文案长效果较好；而低值易耗的生活用品，广告文案长了反而无效。从消费心理上看，广告文案长适应于偏重理性的消费者，而对于偏重感性的消费者往往适得其反。从广告形式上看，纯语言文字的广告作品，文案相对较长，而图文相结合的广告作品，其文案就应是点睛之笔，恰到好处。此外，受教育程度高的消费者和老年消费者希望得到更多的信息。这些都是广告文案在创作时应当注意到的。

（五）简洁明了

广告文案无论长短，都要简洁明了。广告文案的长短，是对整个作品的量的把握，而简洁明了是对每一个语句的把握。无论广告文案多长，每个语句都要简洁明了，尽可能地缩短，而不要用长句和复杂的句子。

简洁明了不是单薄空洞，而是精练，也就是说要用最少的语言符号，表达出最多最明确的信息。对于一件广告作品而言，在广告的信息量传达上同样也要简洁明了。如果想在有限的空间和时间中，塞进尽可能多的内容，似乎是“充分利用”，其实是吃力不讨好，白费功夫。

（六）文图互补

广告作品中，有大部分的广告文案与静态或动态的画面相结合，形成一个文图互相影响、互相补充的整体宣传效果。

广告作品中的文图结合不是一种“看图说话”的图解关系，而是优势互补、锦上添花的内在联系。图形的优势在于形象直观、逼真感人，易于认知识别，加上艺术的处理，有极强的感染力，这是语言文字无法替代胜任的。但是图形在表现广告主题内容时往往又不如语言文字那么准确、全面、细致,尤其是对许多抽象理念的表述,更是非语言文字莫属。文与图的结合,可以相得益彰,达到珠联璧合的最佳效果。

(七)声文并茂

在广播广告和影视广告中,声文并茂,无疑是增强广告宣传效果的重要举措。声音不仅可以增加听觉美感,达到悦耳动人的效果,声音还会配合文案内容共同表现思想与情感,从而创造出一个极具感染力的艺术形象。

广告方案要达到声文并茂,首先在文案创作时需要精心雕琢文字,还要注意到文字的语言表达和音响的结合,其中包括应该是什么样的播音员,用什么样的音色、音韵、音调、节奏,配什么样的音乐和音响效果等,都是文案整个构思与创作过程中应当思考和把握的因素。

第三节　平面广告创作

平面广告是相对于立体广告、视听广告而言的,它是广告中的重要的组成部分。事实上,平面广告比电视广告更难做得好。因为,你只能在一格画面上把你要说的东西说出,但换上电视广告,却有720格画面之多(以30秒广告,每秒24格计算)。所以,要做好广告必先从平面广告入手。

一、平面广告构成要素

要达到好的广告效果,平面广告设计必须着重广告设计表现的四大要素:色彩、图形、文案和编排。

(一)色彩

现代平面广告设计,是由色彩、图形、文案和编排四大要素构成,图形和文案都不能离开色彩的表现,色彩传达从某种意义来说是第一位的。

色彩是由色相、明度、纯度三个元素组成的。色相即为红、黄、绿、蓝、黑等不同的颜色;明度是指某一单色的明暗程度;纯度即单色色相的鲜艳度、饱和度,也称彩度。

色彩传达的目的在于充分表现商品、企业的个性特征和功能,以适合商品消费市场的审美流,利用色彩设计的创意造成一种更集中、更强烈、更单纯的形象,加深公众对广告信息的认知程度,达到信息传播的目的。

色彩在广告中的运用,设计师要表现出广告的主题和创意,充分展现色彩的魅力。

(1)必须认真分析研究色彩的各种因素,由于生活经历、年龄、文化背景、风俗习惯、生理反应有所区别,人们有一定的主观性,同时对颜色的象征性、情感性的表现,人们有着许多共同的感受。比如,红色,体现的是强有力的色彩,能引起肌肉的兴奋,热烈、冲动;绿色,具中性特点,偏向自然美,宁静、生机勃勃,可衬托多种颜色而达到和谐。充分考虑这些色彩的象征意义,增加广告的内涵。

(2)在色彩配置和色彩组调设计中,设计师要把握好色彩的冷暖对比、明暗对比、纯度对比、面积对比、混合调合、面积调合、明度调合、色相调合、倾向调合等等。色彩组调要保持画面的均衡、呼应和色彩的条理性。同时广告画面还要有明确的主色调,以一种颜色为主,以其补色为辅,使整个版面充满灵气,既有铺陈之章,又有点睛之笔。一般所说的平面设计色彩主要是以企业标准色,商品形象色,以及季节的象征色、流行色等为主色调。艳丽、典雅、灰暗等色彩感觉,影响着诉求对象对广告内容的注意力；鲜艳、明快、和谐的色彩组合会对诉求对象产生较好吸引力；陈旧、破碎的用色会导致诉求对象的视觉忽略，而不会引起注意。因此，色彩在广告表现中具有迅速诉诸感觉的作用，它与诉求对象的生理和心理反应密切相关。

（3）色彩的运用要和谐。色彩的和谐是抓住诉求对象眼球的关键。色彩不是孤立存在的，它必须体现商品的质感、特色，又能美化装饰广告版面，同时要与环境、气候、欣赏习惯等方面相适应，还要考虑到远、近、大、小的视觉变化规律，使广告更富于美感，作为广告的一个重要组成部分。一般而言，和谐的色彩搭配有三种常见形式：①同色系颜色的搭配，即在版面上用同一色系的色彩，如浅蓝、青蓝、深蓝同属冷色系，红、橙、黄属暖色系，而仅在色彩的纯度、明度上作相应变化。同色系的色彩相配是比较和谐统一的。②相邻色彩的搭配，即使用色度上相邻近的颜色或使用明度、纯度相近的色彩，如黄与绿、蓝与紫的搭配。这类相邻色搭配起来，明度与纯度较为相近，给人的视觉感受相对较和谐统一。③补色搭配，即互补色，如红与绿、黄与紫、蓝与橙。这些互补色按一定比例搭配在一起，对比鲜明，能在版面上起到烘托的作用，但是具体应用时要具体考虑两种颜色的比例，不要过分强调颜色的对比，否则会给诉求对象视觉疲劳感。

（二）图形

图形是平面广告主要的构成要素。用视觉艺术语言来传播信息，具有形象化、具体化、直接化的特性，是一种世界性的语言，人人都可以看明白。因此能够形象地表现广告主题和广告创意。图形在广告设计中起着广告诉求主题的延伸作用，同时也是对广告诉求主题的进一步解释及补充说明。一幅好的图形可以深入人心、广为流传，就像肯德基店慈祥的“老爷爷”、苹果电脑上的“苹果”等，人们看到这些图形就会想到与之相配的产品。因此，一幅好的图形有时是平面广告诉求主题的重点，广告图形所传达出的意境有时又是文字所不能企及的。

平面广告中的图形包括插画、注册商标、画面轮廓线等元素。

插画的设计是在整体广告策略的指导下进行，表现的内容要紧紧围绕广告主题，突出商品信息的个性，设计创作新颖的、有诉求力的图形语言。“奇”、“异”、“怪”的图形并非是设计师追求的目标，通俗易懂、简洁明快的图形语言，才是达到强烈视觉冲击力的必要条件，以便于公众对广告主题的认识、理解与记忆。插画可以是黑白画、喷绘插画、绘画插画、摄影作品等，表现形式有写实、象征、漫画、卡通、装饰、构成等手法。

商标是平面广告的眼睛，构成版面的重要元素，它是塑造商品、企业形象最有效的、最可靠的象征，是公众借以识别商品的符号，也是商品质量、企业信誉的保证。它具有指导公众购买、开拓市场、巩固市场的作用。单纯、简洁有个性特征的商标造型，视觉效果强烈，能在瞬间给公众留下深刻的印象。

轮廓线是指平面广告版面的边缘线框，它的作用是使广告版面有一个单独的空间，以控制公众的视野范围，借用轮廓线来诱导公众的视线移至广告主题，同时避免其他信息的视觉干扰。轮廓线的应用，能增加广告版面的美感，系列广告采用同一的“个性化”轮廓线，可以加强广告版面的重复印象。轮廓线可用直线、曲线、斜线、图案边饰纹样等形式。轮廓线的选择要根据整体广告策略来确定使用形式，不要搞得太奇特，喧宾夺主将会影响广告版面中的图形与文案。

（三）文字

文字是平面广告中不可缺少的构成要素，配合图形要素来实现广告主题的创意，具有引起注意、传播信息、说服对象等作用。

平面广告中的文字包括文案设计与字体设计。文案设计包括标题、正文、广告口号和产品有关文字的设计。文字是对产品的附加说明，因此在字体、大小、位置、色彩等关系上要反复考虑，让其符合整个平面设计的要求和布局关系。

（四）编排

编排是图形与文字在平面上进行展示的手段，也称构图，不同的构图有不同的形式语言，要达到好的视觉效果，构图上必须深思熟虑。广告编排应该重视人的视觉流程规律，有意识地引导读者顺着设计的流程来阅读广告传达的信息。平面广告的编排应该注意其可视性和逻辑性。可视性，即是视觉的流速合理、线路通达顺畅，使人能愉悦地观看和阅读；逻辑性是分清主次信息，并按照信息的顺序进行传播。有效的编排是为了适应广告的瞬间传达信息的要求的重要手段。

综上所述，充分利用编排手段，善于将色彩、图形、文案三者有机结合起来才能创造出一幅图文并茂的好广告。而一个好的平面广告设计不仅能给商家带来经济效益和社会效益，同时也起着美化版面的作用。

二、平面广告的创作手法

（一）比喻

比喻，是根据类似的联想，选取另外的事物来描绘本事物的特征。正如图 7－9 的广告，以四个吸盘来描绘 GoodYear 车胎的贴地性能，十分生动有趣。一般来说，比喻是创作人最易想到的手法。

（二）图象合成

这其实是演变自比喻的一种手法。图 7－10 是 Volvo 的广告，以安全扣针去比喻汽车的安全性。但采用一般的比喻，你只须用一支扣针即可。创作人却把扣针屈曲成 Volvo 汽车的外型，令图画变得更吸引，意思更易明白。

（三）比较

比较是一种让人看得到产品优点的最显浅手法。只要把两种产品并列摆放，高下立见。图 7－11是金舫衣物柔顺剂的广告，你可以看到使用金舫与否的明显分别，一个是铁线球，一个是毛线球。比较其实也可以是比喻的一种，铁线球被比喻成没有使用金舫衣物柔顺剂的后果。

（四）使用前，使用后

报刊、电视中的广告常把减肥前后的相片并列排出，突出产品的功效。图 7－12 的例子是一间减肥中心的广告，左边的阔门是减肥中心的入口，右边的窄门是出口，夸张地把减肥的成效道出。

（五）问题与答案

这是一个非常简单直接的创作手法，把问题道出，然后以产品作为答案。图 7－13 的例子，看到球场上很多男士举起了两手，右下角却放了一支体香膏。大热天时，男士的体臭问题，遇上了 Sanex 体香膏，问题迎刃而解。正如一些减肥广告，问题是超重的升降机，答案是减肥中心等等。

（六）文字游戏

中文是方块图象文字，最适合使用文字游戏。图 7－14 的脱毛器广告是一个很成功的例子。在女字的腋下位置加上了体毛，把脱毛器的需要突出了。中文字的一字多音，一音多字特性也造就了不少创意。

（七）文案主导

图7－15的广告吸引之处尽在文案。（直译：今年你不认识他们，明年他们不认识你。）简单的几只文字，把新导演展的吸引之处道出。还有促使很多年轻人走进哈根达斯的原因在于其“冰淇淋中的劳斯莱斯”、“爱她就请她吃哈根达斯”等充满诱惑力和煽动性的语句。

（八）图文化学作用

有时普通的文案和平常的图画相组合产生化学作用，也可以作出好广告。图7－16中文案是“在每个成功男士前都有个女士”，图画为劳斯莱斯前的美女铜像。两者并无太吸引之处，但放在一起就产生化学作用，所谓一加一大于二，把劳斯莱斯的形象与成功人士挂了钩。

（九）媒体运用

图7－17的药用胶布广告选用了杂志的中间跨页，利用杂志的书钉配合手掌的血渍，把对胶布的需要加强了。目前，随着媒体的开发，例如地铁车厢、月台，巴士车身，网页等等，拓展了广告创作的表现空间，突破了报章、杂志、电视、电台的框框。

（十）专题

专题广告可以分作两类：一类是节令性的，一类是时事性的。图7－18的广告是金霸王电芯的贺年稿，以比喻手法突出了产品的长寿特性。这类节令性广告常会于新年、圣诞、情人节、父亲节、母亲节等时候出现，以刺激消费或加强产品形象。时事性广告则借助突发性的时事事件，达到相同的效果。例如，股市狂泻后卖头痛药广告、春节前后朋友聚会比较多时销售消食片等等。

（十一）态度

卖时装广告或潮流产品有时毋须甚么卖点，最重要的只是产品性格与态度。图7－19的贝纳通（Benetton）广告就是一系列作品之一，透过大胆的题材，突出了Benetton的世界大同观念。

（十二）直译

有时生硬地把字面的意思直译出来也可以产生创意。图7－20的例子，把Letterhead（信纸的信头）直接图象化了，成为有英文字母（Letter）的头（Head）。

（十三）以产品为主角

这是客户最喜欢的广告，看到偌大的产品，便甚么问题也没有了。有时创作人面对那些不断要加大产品，而不顾创意的客户，就会使出这一招，通常都例不虚发，一击即中。在外国，以产品为主角的成功广告也不少。

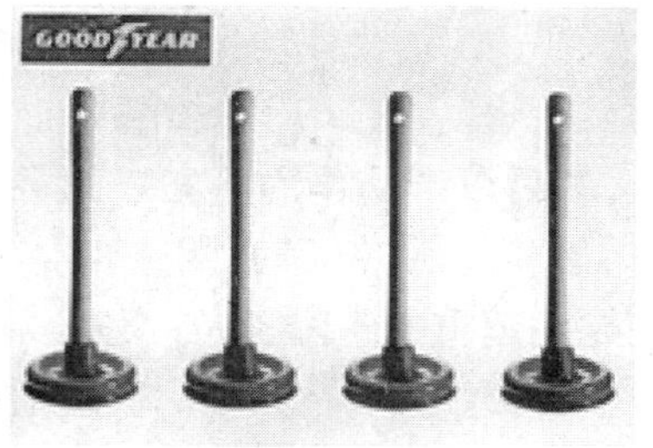

图7－9

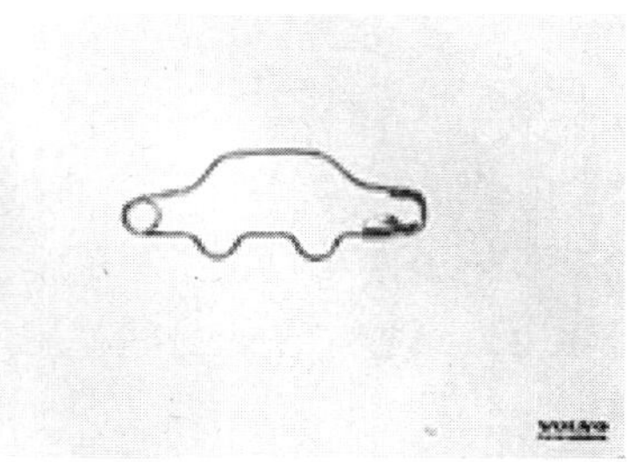

图7－10

图 7－11

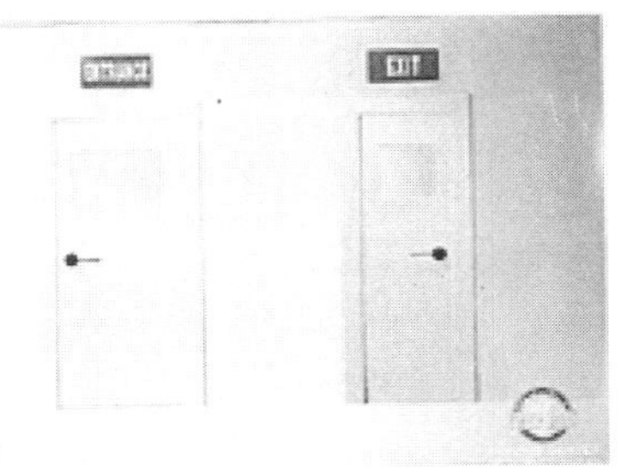

图 7－12

图 7－13

图 7－14

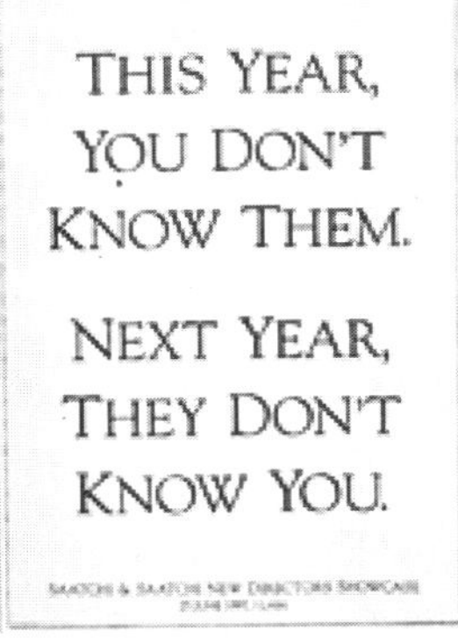

图 7－15

图 7－16

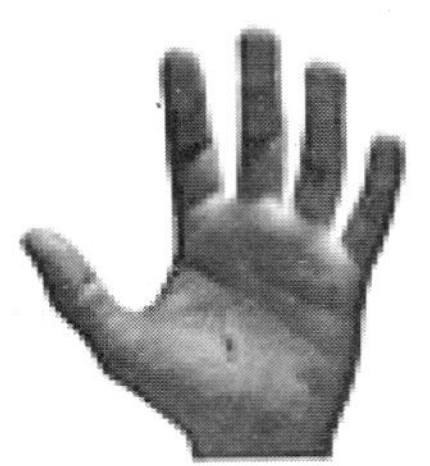

图 7－17

图 7－18

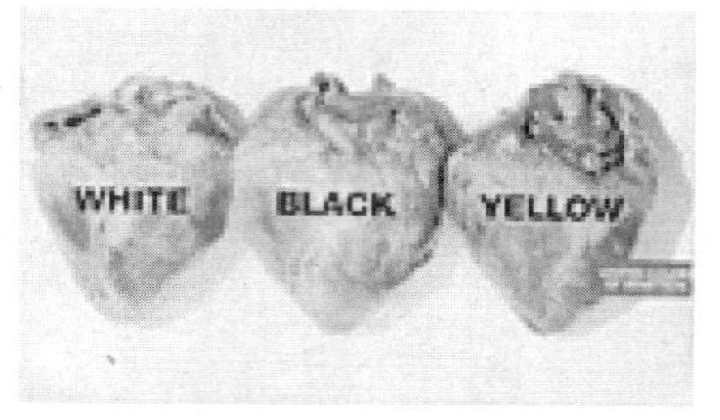

图 7－19

图 7－20

（图片来源：以上图片来自中国广告网广告沙龙，http://www.a.com.cn/forum/）

三、报纸广告的创作

报纸是最先出现的大众传播媒体，也是广告传播应用最早、历史最长的载体。在传播媒体高度发达的今天，报纸仍然不失为提供广告信息服务的优良工具。精心设计报纸广告，对于更加有效地发挥报纸的传播功能，是十分重要的。

（一）报纸广告的表现形式

报纸主要运用字符、图像、色彩、线条以及空白等版面语言表现广告内容，这些版面语言的不同组合，构成不同类型的报纸广告。可以是纯文字型，也可以采用图文并茂型；从色彩表现的角度看，报纸广告又可分为黑白广告、套色或彩色广告或空白广告。

（二）提高报纸广告的注目率

注目率指接触报纸广告的人数与阅读报纸的人数的比率，是测评报刊广告阅读效果的一项重要指标。注目率越高，说明广告的传播效果越好。设计制作报纸广告，要为提高报纸广告的注目率服务。

版面大小的安排。在某些情况下，版面与表现手法等有机地结合起来，即使版面较小的广告，也可能得到较高的注目率。

版面位置的选择。要尽可能地依从读者的阅读顺序，在适当的版面位置安排刊载广告。当然，注目率越高的版面空间，广告价格也会越高。

注意研究读者的阅读方式。这需要对读者的阅读方式和习惯进行研究，善于抓住广告内容和表现形式与报纸版面的联系，“强迫”读者阅读。

充分运用各种表现形式。更要注意巧妙地运用各种表现方式，并予以有机的组合和布局，增加强势，加大刺激，吸引人们的视线。广告版面的设计应做到疏密相间并力求变化。标题和主要信息突出，并且具有一定的空间。标题的字体字号可大可小，字体可前后各异。广告词的排列也不一定都在一条水平线上，可有一定的角度倾斜。广告要突出主要的信息，用大号字或套红，以加强吸引力。

（三）报纸广告的制作过程

报纸广告的设计制作要经过这样几个过程：

1. 设计草图

在正式制作广告之前，先设计很多草图，将文案中的广告创意粗略表现，主要表现整体构图效果，而不必表现各构成要素的种种细节。这种图样被称之为设计草图。这样，设计者便可以尝试多种方案，并从中选择出比较理想的方案，放大到实际尺寸，再继续完善。这是个重要阶段。这时可以根据方案画出几个草图，这些草图上的插图是素描，大标题是草草排列的字母或方块，广告正文可以用粗线表示。在这一个阶段的主要任务是在编排形式上下功夫，不断发掘新的编排形式。

通过电脑设计草图已是快速而有效的方法。从数张设计草图中选定一张作为最后方案，然后做设计正稿。随着电脑图形图像技术的发展，在报纸广告设计中，电脑图文制作已渐渐替代手工正稿制作。

2. 确定字体

报纸广告的字体应简洁单纯，具有时代风格。要让读者容易阅读，不产生误解，而且节省时间。

①应强调注目性。广告文字应能引起读者的注意，应着眼与那些富有表现力的字体。②要符合设计要求。字体的种类、大小、轻重、繁简等要服从整个广告设计的需要。突出插图的广告设计，文字处于从属、补充地位，起着衬托插图、加强对比的作用，所以最好选择比较朴实或中性的字体。③要契合主题内容。字体能使人产生联想，因此，在选择应用时要注意内容与字体在造型上包含或象征的意义相吻合。宣传现代产品不要选择古老烦琐的字体。④字体要和谐。广告画面中出现两种或两种以上的字体时要注意不同字体之间的和谐。一般情况下，一幅广告中的字体不宜太多，以免造成纷乱的感觉。⑤用字需规范。文字是传达广告内容的重要手段。若用字缺乏规范，就可能使人错误地理解广告内容或者根本看不懂。

3. 终稿草图

从几个草图中选定一个方案后，据此绘制终稿草图。终稿草图中的插图、标题等，与制成稿是一致的，而广告正文仍可用铅笔粗线或小方块来表示。

4. 清样

终稿草图经过进一步整理，最后制成清样。清样稿和完成的广告完全一样。如插图需绘制、文字要书写的，设计者按要求制作好。这一过程可以借助计算机来完成。

四、杂志广告的创作

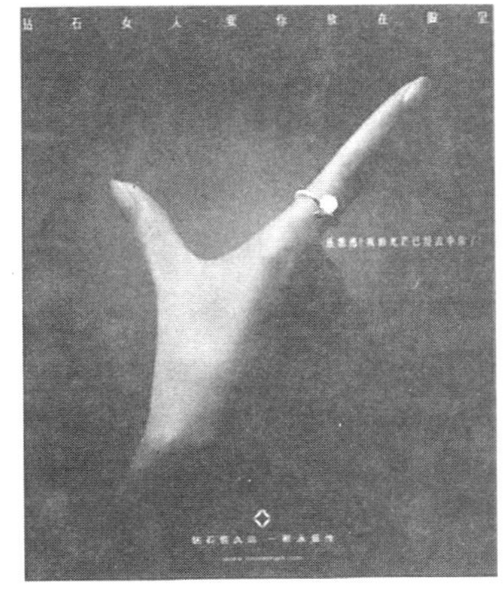

图 7－21　Debeers

（图片来源：《中国广告》2001 年 5 期 88 页）

杂志门类繁多，发行量大，读者对象稳定且又有很强的针对性，适宜于对不同类别的目标对象进行广告信息传播。其传播优势近年来越来越被认识，杂志广告的收入，呈逐年上升之势。因此，对设计制作好杂志广告，也提出了更高的要求。

杂志广告的设计制作与报纸广告有许多相同之处，但杂志因其所具有的独特传播特点，在表现形式和稿件安排上也有一定的差异。

杂志广告表现形式多种多样，有直接利用封面形象和标题、广告语、目录为杂志自身做广告；有独居一页、跨页、或采用半页做广告；可连续登载；还可附上艺术欣赏性高的插页、明信片、贺年片、年历、甚至小唱片。当读者接受这份情意，在领略艺术魅力的同时，潜移默化地接受了广告信息。如刊登于《中国广告》杂志 2001 年第 5 期的戴比尔斯钻石广告，采用黑白的画面和独特的光线相结合的方式，烘托出 Debeers 高贵典雅的气质，而个性化的广告口号（“钻石恒久远，一颗永留传”）则使这一气质更加突出，从而产生一种煽动性。

杂志广告对人们来说，完全有足够的时间去逐磨、理解，并掌握其含义，因此宜用较为艰深的广告文稿。撰写广告说明文，层次可比报纸广告深入、细致；遣词用语多用动词和名词、少用副词和形容词。尤其专业性杂志，因读者群十分明确，文稿应依专业术语阐述，并附专业数据。对于科学技术、工程技术的广告，应避免情感用语，以利人们对它的信赖。

杂志广告彩印部分占绝大多数，是优于报纸黑白广告的地方。有资料表明，杂志广告若套双色，比起黑白色，人们的注视率高出 1%，页套四色的高出 54%。因此，中外杂志，尤其一些影响大的杂志的广告总是色彩争奇斗艳，并通过色彩的运用诱导人们对广告内容的关注。色彩应与产品特性相一致，如儿童用品广告，色彩宜明亮跳跃；妇女用品广告，色彩宜轻盈柔美。有关报纸广告的打样稿，一般容易仓促。而杂志广告的打样稿，往往修版时间充裕。杂志广告的色彩，能够达到真实美与意境美的最佳统一，设计应以读者乐于欣赏和乐于保存为目标。

杂志开本，绝大多数是以纵向的黄金律格式，使刊登的广告版面，也随之成了高大于宽的比例，这比起宽大于高的报纸广告来，读者的注视率要强。杂志广告的版面，常用全页整版、半页（上下对分，或左右对分，或斜角对分）、全页另加对面半页、或 1/4、或 1/3 页版，双页满版。如图 7－22 采用双页满版，给你无穷大之感觉。

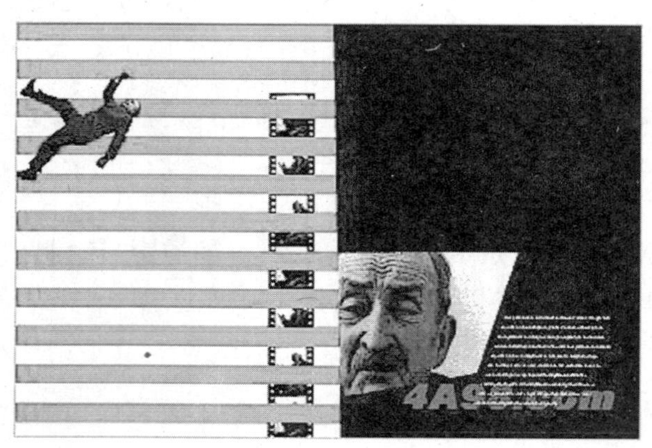

图 7－22

（图片来源：《杂志广告的编排与设计》，转引自 http://www.xici.net/b800086/d65557423.htm）

为提高人们注视率和记忆率，广告版面宜固定，宜采用同一画面的重复宣传。杂志广告一般能独占版面，作集中诉求，不受如报纸广告那样的其他内容干扰，效果明显。尤其适宜刊登通用期长的广告，如名优和名特产品，季节性和无季节性产品。杂志广告的注意值，首推封面和封底，其次封二封三，再其次中页版，最小的数内文插页。

五、售点广告的创作

POP（英文 Point Of Purchase 的缩写形式）广告，是一切购物场所内外所做的现场广告的总称。如商店的牌匾、店面的装潢和橱窗，店外悬挂的充气广告、条幅，商店内部的装饰、陈设、招贴广告、服务指示，店内发放的广告刊物，进行的广告表演，以及广播、录像、电子广告牌等。它是在一般广告形式的基础上发展起来的一种新型的商业广告形式。简称“购买点广告”或“售点广告”。

有效的 POP 广告，能激发顾客的随机购买（或称冲动购买），也能有效地促使计划性购买的顾客果断决策，实现即时即地的购买。如图 7－23，《杰克逊和他的朋友们》具有极强的视觉冲击力，寥寥几笔就将杰克逊的特征勾画出来，同时以最简单直白的语言将广告的目的表达出来，使人一目了然，诱使人们前去观看。

在设计制作 POP 广告时，应该注意以下几点：

（1）必须特别注重现场广告的心理攻势。因 POP 广告具有直接促销的作用，设计者必须着力于研究店铺环境与商品的性质以及顾客的需求和心理，以求有的放矢地表现最能打动顾客的内容。售点广告的文图必须有针对性地、简明扼要地表示出商品的益处、优点、特点等内容。

(2)造型简练,设计醒目。因 POP 广告体积小,容量有限,要想将其置于琳琅满目的各种商品之中而不致被忽略且又不显得花哨低俗,其造型应该简练,画面设计应该醒目,版面设计应突出而抢眼,阅读方便,重点鲜明,有美感,有特色,和谐而统一。

(3)注重陈列设计。POP 广告并非像节日点缀一样越热闹越好,而应视之为构成商店形象的一部分,故其设计与陈列应从加强商店形象的总体出发,加强和渲染商店的艺术气氛。室外 POP 广告包括广告牌、霓虹灯、灯箱、电子显示牌、光纤广告、招贴广告、活人广告、商店招牌、门角装饰、橱窗布置、商品陈列等。其主要功能是引导消费者做出走进商店的选择。

图 7－23　麦克逊音乐演出广告

广告标题:杰克逊和他的朋友们

广告正文:What more can I give!(倾力奉献!)

广告公司:日本第一企划

(图片来源:《招贴广告》p41,湖北美术出版社)

(4)从广告造型的角度看,POP 广告与一般广告一样,包括文字、图形和色彩三大平面广告构成要素。但是,由于 POP 广告的特殊方式和地点,从视觉的角度出发,为了适应商场内顾客的流动视线,POP 广告多以立体的方式出现,所以在平面广告造型基础上,还得增加立体造型的因素,如增添声音或采用动态的画面。

(5)POP 广告最重要的是确立整个促销计划。设计师面临着市场商品的多元化和大量生产,因而研究和分析消费者的购买心理和消费心态的变化,以及特定店铺与商品的性质,是设计 POP 广告的基本要素。

(6)POP 广告的设计既要具有鲜明的个性,同时还要与企业的形象相符合,要从企业和商品的主体出发,站在广告活动的立场上,全盘考虑。POP 广告设计的全部秘诀在于强调购买的"时间"与"地点",在特定的销售环境中,提供给消费者一个面对具体商品做出选择的最后机会。

(7)导致顾客产生购物犹豫心理的原因是他们对所需商品尚存有疑虑,有效的 POP 广告应针对顾客的关心点进行诉求和解答。价格是顾客所关心的重点,所以价目卡应置于醒目位置;商品说明书、精美商品传单等资料应置于取阅方便的 POP 展示架上;对新产品,最好采用口语推荐的广告形式,说明解释,诱导购买。

(8)POP 广告的设计总体要求就是独特。不论何种形式,都必须新颖独特,能够很快地引起顾客的注意,激发他们"想了解"、"想购买"的欲望。

(9)强调现场广告效果。应根据零售店经营商品的特色,如经营档次、零售店的知名度、各种服务状况以及顾客的心理特征与购买习惯,力求设计出最能打动消费者的广告。

(10)以形象为主导。POP 广告的最终目的是把商品卖出去,所以常见的 POP 海报大多以减价、打折、优惠销售等为主,借价格差价吸引顾客购买。以价格为主导的 POP 广告,的确能在一段时期内产生"激励",诱导大量顾客购买的作用,但时间一久,则会由于过度刺激而失去功效。

第四节　电波广告创作

运用电子手段传送广告信息的媒体有很多,其中,广播和电视是主要的。了解掌握设计与制作广播及电视广告的要求和方法;也就能够对设计与制作一般电子广告的规律有所认识和把握。

一、广播广告的录制

广播广告利用电波传播信息,在传播速度及传播范围上,要优于报纸杂志广告;而且,广播广告可以随时收听,不受时间和地点的约束,这一点又优于电视广告。但广播广告传播的信息转瞬即逝,无法查寻或保存;另外,广播有声无形,在感染力上不及电视广告。这些都是广播广告的不足。在制作广播广告时,要注意扬长避短;充分发挥声音的优势。

(一)广播广告的三要素

广播广告主要通过声音来传递信息,因此,对广播广告的声音运用有其特殊要求。广播广告的声音包括语言、音响和音乐三个要素。

语言,是人类交流和传递信息的主要手段,逻辑性强,能系统而完整地表达人的思想感情,是广播广告首位的表现要素。语言声音必须易于听觉感知和辨析,而广播文案则必须使其符合"适口悦耳"的要求。这就要注意语言的语音和声感,要清楚易懂、优美动听。

音乐作为一种具有联想作用的声音要素,是语言的延伸,能激发人物感情。音乐在表现气氛、环境、人物形象方面有着独特的作用,具有很强的表现力。人们利用音乐可以塑造产品形象,还能赋予产品不同个性;也能突出产品某一方面的特征,可使听众通过音乐了解产品。音乐还具有强烈的感染力,它可以依靠感情的因素征服听众的心灵,增强广播广告的艺术魅力。

音响是自然界客观存在的,它具有十分丰富的现实与情感内涵。音响能再现或烘托环境气氛,以增强广播广告的真实感;它能描述或诉说产品的性能特性,能揭示或表达人的思想感情。总之,音响在广播广告中有着强烈的提示和暗示作用。

(二)广播广告的制作过程

广播广告的录制、相对于电视广告要简单一些。但首先仍然要写出广播广告的脚本,在得到有关方面认可后,方可进入广告制作阶段。有以下几个步骤和方面:

1. 确定音乐效果

广播广告制作是把广播广告文案声音化的一个过程。广告音乐、音响与广告词协调配合,充分展现广播广告独特的声音魅力。在拿到广播广告文案时首先要确定主要诉求点和受众对象,再进一步进行整体的艺术构思,在头脑中形成一个大概的结构,期望获得怎样的声音效果。比如同样是酒类广告,但有白酒、红酒、啤酒之分。要表现白酒的历史悠久,多数选择稍沧桑的男声,配古香古色的中国音乐;要表现红酒的浪漫多情,多数选择洋气、磁性的声音,再配上浪漫神秘的音乐;要表现啤酒的热情,多数选择时尚动感,充满朝气的年轻声音,再配上动感激情的音乐。考虑受众对象也很重要。比如一些针对老年人的产品,在制作上就要考虑老年人的收听习惯和特点。老年人没有年轻人反应那么快,记忆力那么好,在播音的语速上就要适当放慢,尤其在地址、电话上要留出记忆的时间。老年人喜欢安静,所以在播音上要尽量亲切,音乐上也要选择柔和的音乐。尽量选择一些贴近老年人生活的场景。比如在一则针对老年人心脑血管的药品广告里，可以这样表现：清晨的公园，有清脆的鸟鸣，远处有咿呀吊嗓子的人声。几个熟识的老人碰在一起，用浓厚的京腔拉着家常，自然而然地引出了产品，完全就是现实生活中的一个常见场景，让老年人感觉亲切容易接受。

2. 选择演员

一般直陈式、对话式的广告，往往选择播音员来播读。有一定故事情节的广告，可以从话剧演员、电影演员、配音演员中选择。

在挑选演播人员时，不能一味追求音色，更要注意个性鲜明。人们是在无意的情况下收听广告的，所以广告要做得有人情味，很生活化，让生活中各式各样的人物在广告中再现。听！小孩是那么活泼可爱，爷爷奶奶是那么和善慈祥，恋人的话语多甜蜜，姑娘的笑声如银铃……由于广告篇幅很短，要求演播人员对语言把握做到收放自如，很好地把握语音、语调、节奏，找到广告感觉。公益广告《邻里关系》（获第9届中国广告节金奖）里，每个角色都个性极其鲜明，有脾气急躁的媳妇，"妻管严"的老公，纯真可爱的孩子，真实地再现了生活中的一幕，发人深省。

在录音前，必须对相关人员讲好广告设计的意图和语境，帮助其加深对广告作品的理解。

3. 录制合成

检查调试制作设备。对整个录音系统中使用各种表头的设备进行电平统一校对，正确把握好信号流程中各环节的信号电平大小、相位的一致和阻抗的匹配等一系列技术要求，并对广告录制系统中多轨数字音频工作站、调音台和数字混响效果器的连接和应用程序软件的参数因需调整，确保广告录制系统的录音质量。

制作合成，是广播广告的最后一步。制作合成是将语言、音乐、音响通过一定的技术手段，制作成一个完整的可播放的广告节目，是一个技术和艺术将结合的过程。制作合成前对声音的层次结构，音量控制，节奏把握，中间衔接都要有一个整体的构思。

广播广告例举——感恩之心

内容：

（丈夫）：哎，亲爱的，你好像忘记关阳台上的灯了，

（妻子）：别关，你看窗外的马路边，（秋风扫过声）

（丈夫）：哦，好像是一对拾垃圾的夫妇，

（妻子）：嗯，看，他们正待在咱家阳台投射的灯光里，感受着温暖，

（丈夫）：嗯，还一边笑，一边吃着东西呢，

（妻子）：亲爱的，今晚的灯，咱别关了，好吗？

（旁白）窗外那对夫妇，可能永远不会知道，

在这个陌生的城市，有一盏灯，是特意为他们点亮的，

用感恩的心，为你身边的陌生人点亮一盏灯，

因为我们每个人都在不知不觉中享受着他人给予的温馨灯火。

广告中的情景对话，给大家生动的描绘了一个场景，最后用妻子提问的方式给大家留下一个悬念，紧紧地抓住听众的心。用旁白的话语点明了笔者的意图，也给大家揭开了心中的疑问。这种巧妙的改编创意方式，往往能收到很好的效果。很多人可能认为这个广告到此就结束了，其不然，为了更好地营造效果，笔者还在妻子的第一句话后面，加上了秋风扫过的呼呼声，添加了几分凉意，起到了画龙点睛的效果。

二、电视广告的摄制

电视是集声像、色彩、画面、语言文字于一体的，同时对受众的视觉和听觉发生作用的大众传播媒体。由于所传递的信息表现形式多种多样、形象生动、娱乐性强，电视已成为大众传播媒体中最受观众欢迎的媒体，因而也成为传递广告信息的主要途径之一。在现代，尽管有网络媒体的冲击，广告主一般还是高度重视电视广告的利用，同时也为拍摄制作电视广告投入大量的人力、物力和财力。而在电视广告充斥屏幕、令人厌烦的情况下，如何使电视广告形成注意力，抓住观众的眼球，也向广告创作人员提出了新的要求。广告创作人员要充分发挥出自己的才智，摄制出优秀的电视广告作品。

（一）充分发挥电视广告的优势

电视传递广告信息，具有许多独到的特点。要创作出能够吸引电视观众的优秀电视广告作品，首先就要注意发挥电视广告得天独厚的优势，同时弥补其不足。

（1）用画面讲话。尽量做到用画面突出主要信息，紧紧抓住观众的注意力。具体的、直观的信息主要通过画面来表现，主要通过画面来表现，而抽象的信息则通过解说来传递，画面与声音相互补充，使观众获得更丰富的信息。

（2）先声夺人。广告开头要富有特色，能够先声夺人，一下子就吸引住观众。要选择新颖独特的角度，富有新意，饶有趣味，别具一格。

（3）让观众记住产品的名称。想办法突出产品的名称，要能在广告的前几秒钟就出现产品的名称，同时形式要尽量新颖，使产品名称对观众有一个强有力的刺激。在广告结束前再次出现，以加强已形成的印象。

（4）突出重点。要重点突出一种信息，需要重点突出的信息，应精心策划。

（5）画面要有特色。画面语言要有个性，应有较好的视觉效果。

（6）发掘声音的潜力。广告音乐能够渲染气氛和打动观众情感。广告音响，能从另一个侧面突出商品的特点，对画面起着补充与深化的作用。广告语言要根据画面内容恰当运用。

（7）用好字幕。注意字幕要与声音相一致，否则会引起混乱。

（8）广告词要简练。切忌啰嗦，避免废话和套话，要用尽量少的语言，传递尽可能多的信息。

（二）电视广告的设计、制作过程

电视广告的设计主要涉及时间安排、播出方式和结构样式等。电视广告的摄制，大体上分为三个阶段：

1. 策划设计阶段

这一阶段的工作主要包括：提出广告计划书，完成广告分镜头脚本、故事版的创作，确定广告制作人员的构成，根据脚本的需要选择演员，召开制作人员会议，做具体分工。

2. 实际拍摄阶段

主要有拍摄前各种器材、设备及技术条件的准备，以及现场的具体拍摄工作。

3. 后期制作阶段

主要包括编辑、配音、配乐、合成，最后送往电视台播出。

上述三个阶段的工作一般来说是按阶段进行的，但有时时间紧迫，也可交叉进行。

(三)电视广告创作手法

1. 明星效应

明星效应是最能在短期内吸引注意力的宣传手法,很适合急功近利的现代社会。因为,明星本身在市场上早已有一定的价值,产品与明星拉上关系,可以借助明星既有的知名度提高身价,但问题是很多明星代言的产品涉及范围很广,容易导致产品的形象与明星的形象出现混淆,而且明星自身形象的改变对产品形象影响也很大,长远来说产品很难真正建立自己的形象,

2. 角色

塑造角色与采用明星有异曲同工之妙。因为可以藉观众对角色的认同而加强对产品的好感。但塑造角色却不受明星既有形象限制,可以按产品所需度身订造一个属于自己的角色代言人。

3. 歌唱

著名的广告人大卫·奥格威说过:"When you have nothing to say, sing it."(当你无话可说的时候,就歌唱吧。)如绿箭等品牌喜欢通过唱歌把产品的特点直接地表述。唱歌的好处是你会不自觉地把歌词记在脑里。

4. 示范

街头的产品示范经常围着不少男女老幼,一方面是由于示范者风趣幽默,另一方面也由于透过示范过程,大家会被产品的神奇功效深深吸引。示范广告就是找住这个特点把产品的威力表现出来。

5. 幽默

幽默的广告通常最受欢迎。在国际广告大奖中胜出的十居其九是幽默的广告。幽默广告受欢迎是一件很正常的事,人们每天辛劳工作,回家看电视,看到轻松幽默的广告自然会喜欢。

6. 感性

感性广告与幽默广告是截然不同的手法,却同样地控制着观众的感观。感性广告用得好可以触及人的心灵深处,令人产生难以言喻的情感。不过,感性的广告做得不好往往会有反效果,令人有做作、虚伪的感觉,所以必须小心采用。

7. 视觉震撼

现代人每天接触的广告都有几十支,要在芸芸广告中吸引观众注意并不容易。使用视觉震撼的手法,就能把观众的视线留住,并在脑海中留下印象。如可口可乐抢滩香港时在凤凰卫视投放的一则电视广告:为时30秒的广告竟然是一片红色,一个月后出现了一行字:"可口可乐抢滩香港",一时间成为人们议论的焦点。

8. 模仿

指模仿某些表现手法去令广告增加趣味。多年前人头马就模仿大红灯笼高高挂的电影片头,更选择在电视播放同名电影时播出广告,收到不俗的效果。

9. 片段

这是广告常用的手法,以不同的片段连贯成广告片,通常都会配以悦耳的音乐。

三、网络广告的制作

网络广告是目前出现最迟但发展最迅速的一种大众传播媒体广告。

网络广告在制作时应该注意以下几个方面:

(1)画面的构思。一个好的网络广告应在其放置的网页上十分醒目、出众,使用户在随意浏览

的几秒钟之内就能感觉到它的存在。为此，应充份发挥电脑图像和动画技术的特长，使广告具有强烈的视觉冲击力。“旗帜(BANNER，通常置于页面顶部)”广告的颜色可考虑多用明黄、橙红、天蓝等艳丽色，强调动画效果。从视觉原理上讲，动画比静态图像更能引人注目，有统计表明其吸引力会提高三倍。当然也要注意广告与网页内容与风格相融合，但一定要避免用户误将广告当成装饰画。

(2)广告语的确立。标题展露最吸引人之处，力争开头抓住大家的注意力；正文句子要简短、直截了当，尽量用短语，避免完整长句；语句要口语化，不绕弯子；可以适当运用感叹号，增强语气效果；如果要引导用户从广告访问企业网站，应使用“请点击”等文字。

(3)内容更换，常新常看。网友的注意力资源有限，应该尽力争取“回头客”，最基本的招数，就是经常更换内容。内容常新的广告，可以使经常访问网页的用户感觉到广告的存在，因为任何好的广告图像，如果用户看多了也会视若无睹。统计表明，当广告图像不变时，点击率会逐步下降，而更换图像后，点击率又会上升。广告更新频率一般为 2 周一次。

在制作广告时，一定要考虑下载速度。

(4)定位目标受众。首先必须准确锁定目标受众，然后，根据你的预算实际，寻找适合他们最可能光顾的网站媒体。如果广告预算不宽裕(大多数网上企业都是这样)，那么重点是像新闻邮件、电子杂志之类的小型网上媒体，而不应是广告价位高昂的大型网上媒体。这类网站数量众多，覆盖领域也越来越广。但是发行量相差悬殊，吸引的受众特征也各不相同。唯一的共同点是广告价格便宜。

图 7－24　“INTEL 奔腾三”广告

(图片来源：中华广告网，http://www.a.com.cn/2001－04－28)

如图 7－24“INTEL 奔腾三”广告，该广告文案抓住“三”这个记忆点，与动画表现形式结合，充分而符合网络接受特点地进行产品利益点的诉求，简洁、流畅，令人记忆深刻。

【本章小结】

所有的广告调研、再好的广告创意都必须通过广告作品说话，因此广告创作是广告工作的核心，是检验广告效果的一个前提条件。语言和非语言是广告的表现方法。语言在广告中的作用是其他任何手段不能代替的，它可以准确精炼，完整扼要地传达广告信息；非语言或与语言一起传达信息，或是对语言的深化、升华，包括画面、色彩、音响、体语等。因此一次完整的广告创作首先是将广告创意转化为广告文案，然后将纸上的文字变成生动的可供媒体发布的产品。平面广告作品的设计包括图形、文字、色彩、编排等四个基本方面的编排与设计；由于作用机制不一样，广播、电视、网络为载体的广告作品设计思路、操作方法和使用设备等方面存在一定差异，需要根据载体的特点有机地、合理地运用各种表现要素。

【复习思考】

1. 在创作平面广告时应考虑哪些因素？

2. 如何提高报纸广告的注目率？
3. 简述广播广告的录制过程。
4. 怎样发挥电视广告的优势？

【案例分析】

“大众”车广告

广告标题：为什么我们车子的车前鼻如此粗短

广告正文：“大众”车不需要长的车前鼻，因为它的引擎放在后面/这使得它比长车前鼻多了二三个优点/显而易见，它的车身较短/您可以从拥挤的车阵脱身，也可以轻易进出窄小的停车场/您车的保险杆被撞凹的机率几乎等于零，因为“大众”车的短车鼻，使您对前面道路状况一目了然/重点是：“大众”车的每件东西，包括改良点在内，都是有目的的/如果你没有多年开“大众”车的经验，你很难完全了解，车上的等距传导装置/以及我们更宁静、更强力的引擎/或是3021个改良点/外表上，“大众”车全然相同，而内部，却已不同/它的价值不会跌落，因为外型多年没什么大改变。车前鼻和所有其他的一切都是如此。

（资料来源：《电视广告文案的表现特殊性》，中华广告网广告沙龙，http://www.a.com.cn/Forum）

案例分析：请分析此广告的创作特点。

【实训练习】

1. 广告界中一个最叫人疑惑的问题是，为什么一些广告会叫人百看（听）不厌？为什么一些广告分别不大，没有几个消费者会记得起？

同学分成若干个小组，实地调查：访问消费者喜欢哪个广告，哪些广告能唤起人们记忆。

2. 分析大卫·奥格威为劳斯莱斯车写作的长文案。

正题：这辆新型“劳斯勒斯”在时速60公里时，最大的闹声是来自电钟

副题：什么原因使得“劳斯勒斯”成为世界上最好的车子？一位知名的“劳斯勒斯”工程师说：“说穿了，根本没有什么真正的戏法——这仅不过是耐心地注意到细节。”

正文：行车技术主任报告：“在时速达60英里时，最大的闹声是来自电子钟。引擎是出奇的寂静。三个消音装置把声音的频率在听觉上拔掉。”

（资料来源：知行经理人之家，http://www.manager365.com/Article/yxll/PPHGG/200607/20060711004550_2.html）

3. 根据资料为南方黑豆奶写两篇报纸广告文案：

南方黑豆奶是我公司引进20世纪90年代国际先进的瑞士BUHLER公司工艺设备，采用超微干法（SMM方法）精制而成，与湿法生产工艺相比，它不仅能很好地保持了大豆纯正浓郁的香味，使大豆蛋白不变性，具有良好的乳化性，冲调性，而且能完整地保留大豆的维生素，矿物质，膳食纤维等营养成分。

南方黑豆奶选用优质黑豆、奶粉为主要原料精制而成，具有很强的动植物蛋白的互补作用，且富含天然黑色素和各种营养成分。本品为国内首创，即冲即食，营养方便，是您及家人补充营养的

理想饮品。

（资料来源：根据南方黑豆奶包装说明缩编而成）

【优秀作品赏析】

1. 贝克啤酒的一则报纸广告文案

查生啤之新鲜，乃我酒民头等大事，新上市之贝克生啤，为确保酒民利益，严禁各经销商销售超过七日之贝克生啤，违者严惩，重罚十万元人民币。

（资料来源：转引自百度贴吧，http://post.baidu.com/f?kz=72888622）

赏析：此广告文案借用了公文中“令”的写作形式和语言风格特点，将广告信息用规范的公文形式表现出来，产生了一种独特的说服力。整个广告文案句子结构简要、语言表达严正，使人感受到贝克生啤制造商对推出这一营销新举措的严肃、认真、深究的态度。同时，用如此严正的形式来表达，令受众领悟到创意者所提供的幽默玄机。会心一笑间，印象深刻。

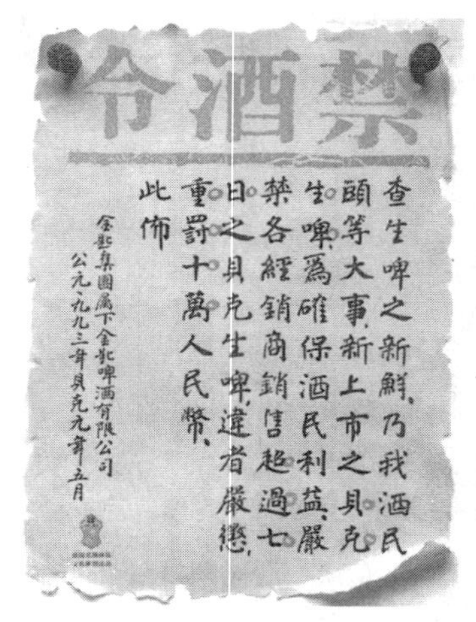

客户：贝克啤酒
广告公司：上海奥美广告有限公司
创意总监：范可钦
美术：黎音
文案：杨舸

图7－25　禁酒令

2. TCL冰箱广告一鱼三吃篇

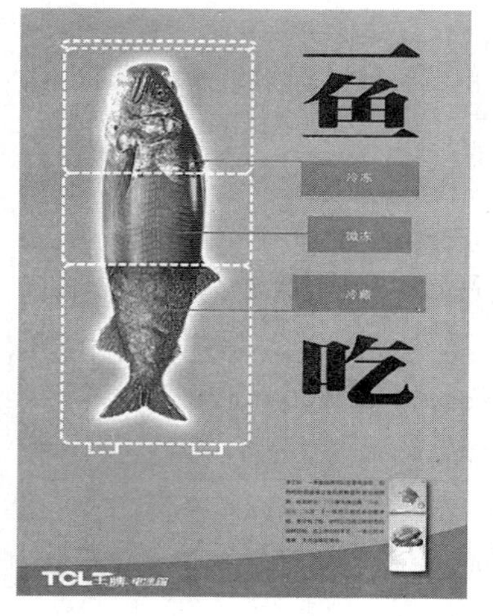

图7－26　TCL冰箱广告

（图片来源：《中国广告作品年鉴》，1999年）

赏析：一鱼三吃：手艺好，一条鱼可以变着戏法吃，但有何妙招能保证鱼的新鲜度时刻如你所需，恰到好处？TCL率先推出集“冷冻、微冻、冷藏”于一体的三制式多功能冰箱。家中有了她，你可以巧用三种形态的保鲜功能，加上你的好手艺，一鱼三吃非难事，无穷滋味在其中。

3. 柯达胶卷的一则电视广告文案

越战恐怖的炮火声，已甩在遥远的东方丛林里：吁……归来了，久别的故乡！魂牵梦萦的小镇，景物依然，爸爸妈妈等在风中的小路，喜悦的泪水闪烁在岁月折磨的眼中。玛丽奔来，金发飞舞在熏风里，樱唇绽放在暖阳下，啊！欲拥吻着碧草如茵的家园。乡邻自四方涌来，亲信涌动着山谷……

（资料来源：转引自http://www.spqc.com/ss/action-viewthread-tid-29）

赏析：这个电视广告文案与电视画面一起，将一幕生活情景用文学的语言、文学的渲染、文学性的笔法，生动而感人地表现了出来。但这种笔法、语言、句式的运用，只是为了让受众在文学的氛围里得到感染，并对能记载这种非常时刻的柯达胶卷产生感激之情和购买欲望。文学的表达，在这里完全只是广告作品实现自身目的的手段。

4. 农业银行瑞雪篇广告“大行德广，伴你成长”

名为《瑞雪篇》的农行新广告演示片阐述的是一种“厚积，不忧天地；蕴蓄，只为生机的内涵：厚厚的积雪覆盖着广袤的大地，一声婉转清脆的鸟鸣，给冰封的大地带来了春的生机，溪水潺潺，枝丫吐蕊，转眼间一树碧绿，芳草满地……片尾，深沉的画外音响起“大行德广，伴你成长”。整段广告通俗易懂而又意味深长，沉稳大气而又毫不张扬。

（资料来源：中华广告网，网址 http://www.a.com.cn）

赏析：这是农业银行推出的新的形象广告，从 2008 年开始在中央电视台一套节目黄金时段（每晚新闻联播后天气预报前）播出。新的形象广告传承了农行原有的品牌理念。"大行（xíng）"，意思是成大事、行大道，指农行人成大事、建伟业的胸怀；另外，也可以理解为"大行（háng）"，暗指农行大型银行的地位与身份。"德广"，意思是恩泽广众，指农行人良好的职业素质与社会责任感、使命感；"德广"既指深度，也指广度，将农行的深厚积淀和广泛覆盖同时融入其中，而"伴你成长"则是在此基础上对农行原有品牌的承接与升华。"大行德广，伴你成长"意指中国农业银行将以成就大业、造福于民的历史责任感与使命感，为社会、为客户提供完美卓越的服务，鼎力支持社会经济的发展。

第八章　广告媒介策略

【引入案例】

TJOY 防晒系列的成功

2003 年 TJOY 品牌防晒产品在深圳市场的销售是众多防晒产品销售中增长最为迅速的。究其原因，主要是从 2002 年底，TJOY 品牌对深圳防晒市场进行广告投放时，以组合投放等更科学的方式运作其防晒产品广告的媒介投放。

（一）公交车 + 候车亭组合

深圳地处南国日照强烈，3 至 8 月将是防晒产品的销售季节。本次防晒的产品传播核心“外防晒、内美白”，首先该产品的特性是户外活动使用的产品（从 2002 年 CMMS 的防晒品消费者生活形态研究结果来看，使用防晒品的消费者喜欢户外活动要比普通人群高出 8%），消费者接触户外广告的机率较高，即户外防晒广告的到达率较高，户外广告非常符合防晒消费者的接触习惯。试想消费者在顶着太阳活动时，突然发现 TJOY 品牌的防晒户外广告就在身边，那种与消费者的深度沟通会有多么大的效果。同时防晒市场经过 6 年的培育，深圳消费者对“防晒”的概念比较清晰，而“美白”的概念，TJOY 品牌经过 8 年的传播已深入人心，只需提示即可，所以 2003 年 TJOY 品牌的深圳防晒大众媒介组合应以户外广告为主。因受广告费用预算限制及从广告行程的集中性和持续性考虑，制定了以公交车 + 候车亭为主，深圳区域电视广告为辅，再配合已制定的全国性央视、杂志广告计划。电视 + 车身 + 候车亭组合投放，形成点面结合，超强覆盖，兼顾集中性和持续性，充分解决防晒的大众传播问题。

（二）户外广告 + 销售现场广告

大众媒体的媒介组合确定，为终端临门一脚的传播起到开路作用。有关研究数据表明，约 70% 的消费者在售点购物时，没有固定某一品牌。销售现场广告不但可以与主流媒体的传播起到遥相呼应、提示作用，更能激发消费者的冲动性购买，有效促进已计划好的消费者果断决策，实现即时即地购买。销售旺季加强终端媒体的运作，在销售现场制造最醒目的市场生动化效果，有效延续品牌、产品的核心信息——“外防晒、内美白”的传播，强化品牌形象，创造明显的品牌区隔，使消费者能够从同一货架上的同类产品中挑选出自己的品牌，激发购买欲望，依靠品牌产品的知名度、良好的品牌形象，降低别的品牌终端拦截的成功率，最终增加自己的尝试购买率，通过良好的产品品质进一步提升产品品牌的美誉度，争取更多的消费者重复购买并连带购买，增加产品品牌的忠诚度。

（三）大众媒介 + 实物广告

媒介组合确定后，媒介机会的发现也至关重要。从 2002 年媒体就开始炒作的 2003 年第一重点剧《射雕英雄传》2 月底播出，根据电视剧收视率预估决定电视广告计划提前，以该剧冠名播出，在经销商、零售商、销售队伍三类传播目标中引起轰动效果。40 辆公交车 3 月初同期发布，持续到 7 月，防晒第一次集中购买期前(4 月份)集中发布 120 块候车亭广告牌，杂志形象广告 4、5 月份及时刊出，同期市场生动化工作全线配合，灯箱、海报、折页、形象陈列架，形象堆头、促销台、展星等，并持续至 8 月。同时，4 月中下旬进入第一次防晒集中购买季节时，加强折页及试用包派发……

科学地进行广告媒介投放的作用是非常明显的，如在深圳四大卖场，TJOY 品牌防产品晒销售较去年同期同比提升四倍。

（资料来源：一个人的天空，http://liupeng. blog. arting365. com ）

【本章概述】

希望读者通过本章的学习，了解广告媒介的概念与特性，广告媒介的基本功能以及广告媒介的分类；熟悉主要广告媒介各自的特点，重点掌握影响广告媒介选择的主要因素，广告媒介选择的主要方法和步骤，以及影响广告发布的主要因素，广告发布的主要策略等。

【学习目标】

掌握广告媒体的含义、功能、种类、特点、选择方法及组合方式。

【本章重难点】

本章重点在于影响广告媒介选择的主要因素，影响广告发布的主要因素。

本章难点在于媒介选择的主要方法，广告发布的主要策略。

第一节 广告媒介概述

一、广告媒介的概念与特性

广告媒介（也可称广告媒体），是广告信息和广告创意的传播载体。在广告的发展历史中，广告媒介投放一直是被关注的焦点。广告信息和广告创意只有通过广告媒介的承载传播才能最终到达广告目标受众。广告媒介投放的实施效果很大程度上影响了广告创意设计和广告策划的实施效果，它决定了广告信息的传播范围和准确程度，而且媒介的直接花费往往是广告活动总费用中所占比例最大的一项。可以毫不夸张地说，广告媒介投放的实施就像整个广告活动的“临门一脚”，最后决定了广告活动是否成功。

“媒介”一词，最早见于《旧唐书 · 张行成传》：“观古今用人，必因媒介。”在这里，“媒介”是指使双方发生关系的人或事物。其中，“媒”字，在先秦时期是指媒人，后引申为事物发生的诱因。

在英语中，媒介“media”的意思也大致相同，它大约出现于 19 世纪末 20 世纪初，是 “medium”的复数形式，其义是指使事物之间发生关系的介质或工具。媒介无时不在，无处不在。凡是能使人与人、人与事物或事物与事物之间产生联系或发生关系的物质都是广义的媒介。

广告活动中，媒介的概念也比较宽泛，凡是达到能够承载和传播广告信息，实现广告传播目的的载体、渠道或技术手段都可称为广告媒介，它的作用是传播广告主所要发布的广告信息，并引导广告受众接受广告信息，激励广告受众做出诸如购买等相应行为。

广告媒介的形式多种多样，如报纸、电视、广播、户外等，而且随着社会的发展和科技的不断进步，广告媒介也不断涌现出新的形式。但所有的广告媒介都具有几个普遍的特性：

（一）传播性

广告媒介首先要适时准确地传递广告信息，广告者才能根据广告计划来安排广告发布的时间，如实地传达广告内容，使人们能够看到、读到或听到。因此，传播性是广告媒介的最基本属性。

（二）公众性

现代工商业的特点是大量生产，导致营销的地域一再扩大，因此为营销服务的广告媒介也必须是面对公众传播。各种形式的广告媒介都需要吸引一定数量的读者或视听者，吸引他们来阅读、收看或收听广告信息。因此，面对一定数量和范围的受众进行传播，使广告媒介不可避免地带有了公众性。

（三）商业性

在广告行业当中，公益广告只占非常小的比例。商业广告始终是主流。广告媒介和广告公司依赖广告为主要利润来源。只有付费才能在广告媒介上发布和传达广告信息，这决定了广告媒介具有商业性。而且，广告媒介的定价主要是根据其对大众的影响力而定。

二、广告媒介的基本功能

（一）传播功能

广告媒介的传播功能是其存在的理由，也是其最基本和最主要的功能。广告信息和内容，通过广告媒介，以感性或理性等各种不同的诉求方式，立体地传达给目标受众。所有的广告创意和设计都需要广告媒介来表现和承载，所有的广告创意和设计都要找到合适的媒介形式，进行传播宣传，才能最终到达并打动目标受众，完成广告的既定目标。

（二）经济功能

广告媒介能带来巨大的社会财富。首先，广告媒介通过传达广告信息和内容，能引导、刺激消费，加速整个经济的发展，广告已成为企业营销不可或缺的手段。另外，通过对媒介时间、空间的二次售卖，不管广告媒介还是广告公司都获得了巨大的经济利益，促进媒介和广告公司自身的生存和发展。

（三）文化功能

广告某种程度是进行生产并传播创意的艺术，具有文化功能。广告创意设计是对艺术的创造，而广告媒介就是对艺术创造的表现和传播广告媒介传播广告信息过程，也是传播知识，引导或创造时尚的过程。通过广告媒介，新的价值观念、生活观念向人们广泛传播，这会对人们的人生观、价值观等产生非常大的影响，也往往会促进形成新的社会文化，有利于社会文明的建设。

三、广告媒介的分类

随着社会经济的不断发展，科学技术的不断进步，广告媒介的范围日益扩大，种类不断增多。从古代的原始媒介形式，比如叫卖声、招牌、幌子、烽火等，发展到报纸、杂志、广播、电视等传统媒介，再到互联网、手机短信，以及楼宇液晶电视广告、公交车拉手广告、飞艇广告等新媒介，具体媒介形式林林总总，有数百种之多，而划分的标准和方法也多种多样，比较常用的分类方法有以下几种：

(一)按照媒介的物质属性划分

按照媒介形式的物质属性的差异划分，广告媒介可以分为印刷媒介、电子媒介、户外媒介、销售现场媒介。

1. 印刷媒介

印刷媒介指将信息印制在纸张上，可以用批量生产的方式来传播信息的媒介形式。印刷媒介在承载、传播信息时具有多种不同的具体方式，它主要包括报纸、杂志、书籍、宣传册、宣传单页等等。

2. 电子媒介

电子媒介指通过电讯或电子的器械和手段，向受众传播广告信息的媒介形式，主要包括电视、电影、广播、互联网、电子显示屏等。

3. 户外媒介

户外媒介指在主要建筑物的楼顶和商业区的门前以及马路街道两侧等户外场地设置的发布广告信息的媒介形式，主要包括路牌、霓虹灯、电子屏幕、灯箱、气球、飞艇、车厢、大型充气模型等。

4. 销售现场媒介

又可简称售点媒介或POP广告媒介，是指在商业空间、购买场所、零售商店的周围、内部以及在商品陈设的地方所设置广告物，促进商品销售的广告媒介形式，它包括商店的牌匾、店面的装满和橱窗，店外悬挂的充气广告、条幅，商店内部的装饰、陈设、招贴广告、服务指示等。

5. 其他媒介

其他媒介指没有或无法列入上述类别的媒介形式。例如人体媒介、激光媒介、烟火媒介及实物馈赠品等。

(二)按照受众的数量划分

按照受众的数量划分，广告媒介可以分为大众媒介、分众媒介。

1. 大众媒介

大众媒介指的是受众是数量非常巨大的媒介形式，而且受众的范围广泛，没有明显的职业、年龄、性别、文化、消费能力、消费心理等统计学和社会学意义上的差距。大众媒介包括报纸、电视、杂志、户外等等。

2. 分众媒介

分众媒介指的是具有明确指向性，只针对特定一部分受众进行传播的媒介形式。比如专业杂志、直邮广告及楼宇液晶电视广告、公交车拉手广告等都属于分众媒介。

(三)按照传播范围划分

按广告媒介传播范围的大小进行分类，可分为国际性广告媒介、全国性广告媒介和地方性广告媒介。

1. 国际性广告媒介

即传播的范围跨越国界，能够影响不同国家的目标受众的媒介形式。国际性广告媒介包括卫星电视传播、面向全球的刊物等。

2. 全国性媒介

指媒介信息覆盖全国范围，能够对全国的目标受众形成比较大的影响，比如中央电视台、全国性报刊等。

3. 地方性媒介

以特定区域的公众作为媒介的主要受众，信息传播的范围有一定限度，信息传播的内容往往侧重地方新闻为主的媒介，比如省、市电视台、报刊、少数民族语言或文字的电台、电视台、报刊、杂志等。

（四）按照与广告主的关系划分

按照与广告主的关系来分，又可分为间接媒介和专用媒介（或称租用媒介与自用媒介）。

1. 间接媒介（或租用媒介）

指广告主通过租赁、购买等方式间接利用的媒介形式，如报纸、杂志、广播、电视、公共设施等。

2. 专用媒介（或自用媒介）

指归属广告主所有并能被广告主直接使用的媒介形式，如产品包装、邮寄、传单、橱窗、霓虹灯、挂历、展销会、宣传车等等。

（五）按媒介传播内容划分

按媒介传播的内容来划分类别，可分为综合性媒介和单一性媒介。

1. 综合性媒介

指能够同时传播多种广告信息内容的媒介，如报纸、杂志、广播、电视等。

2. 单一性媒介

指只能传播某一种或某一方面的广告信息内容的媒介，如包装、橱窗、霓虹灯等。

（六）按媒介功能划分

按其功能进行划分类别，可分为视觉媒介、听觉媒介和视听两用媒介。

1. 视觉媒介

指以受众视觉上对图形、动画、图像和文字等感受作为主要功能的媒介形式，包括报纸、杂志、邮递、海报、传单、招贴、日历、户外广告、橱窗布置、实物等。

2. 听觉媒介

指以受众听觉上对语言、音乐以及声音、声效等感受作为主要功能的媒介形式，包括无线电广播、有线广播、电话等。

3. 视听两用媒介

指兼顾受众视觉、听觉两方面感受并它们为主要功能的媒介形式，包括电视、互联网等。

（七）按媒介传播时间划分

按媒介传播信息的长短可分为长期性媒介、短期性媒介和瞬时性媒介。

1. 长期性媒介

指可以在很长时间使用和传播的媒介形式，如产品说明书、产品包装、厂牌、商标、挂历等。

2. 短期性媒介

指可以在相对较长时间使用和传播的媒介形式，如海报、橱窗、广告牌、报纸等。

3. 瞬时性媒介

指可以在相对很短时间使用和传播的媒介形式，这类媒介由于使用时间短，所以最不易被受众保存和记忆，如广播、电视等。

以上是几种受到公认的，也是较为常用的广告媒介分类方式。实际上，媒介是动态的，并随时都处在改变中,关键是能够为广告活动服务,能够适应需求,能够被灵活运用。可充当广告媒介的物质和技术手段不尽其数,但是不同的广告媒介特性不同,它们在广告活动中发挥的作用和重要程度也存在着差异。针对某一具体的传播媒介,不仅仅要从类别上进行把握,还要具体情况具体分析,辩证地掌握其特征优势,特别是要了解其优缺点所在。

第二节　主要广告媒介及其特点

一、报纸媒介

纸张和印刷术的发明使得报纸的普及成为可能,早期的报纸主要是社会上层阶级和政党政客获取信息的渠道,内容比较严肃,经营也缺乏灵活性。19 世纪末 20 世纪初西方发达资本主义国家先后掀起了工业革命,在社会范围内造成了广泛而深远的影响,报业也不例外。在这一时代背景下,19 世纪 30 年代以后,在西方主要资本主义国家先后出现了大众化的报纸即廉价报刊,报道内容以社会新闻和商业信息为主,售价低廉,发行方式灵活,依靠广告收入作为主要经济来源。这种廉价报刊的出现使得报纸的发行量迅猛增加,在民众中大量普及,广为流传,广告信息也随之深入到社会的各个角落,广告的作用备受商家青睐,奠定了报纸作为主要广告媒介的地位。随着时代的发展,报纸在广告活动中的作用日渐加强。

在传统媒介中,报纸无疑是受众最多、普及性最广和影响力最大的媒介。随着时代的发展,报纸的品种越来越多。目前,我国的报纸正朝着多层次、多样化的方向发展,既有全国性报纸,又有地区性或区域性报纸;既有综合性报纸,又有专业性报纸;既有机关报、党报,也有生活报、都市报,既有晨报、日报,又有晚报。尽管各类报纸的发行范围、报道内容、发行时间各有不同,但分别从不同侧面、不同角度为广告活动提供了合理而有效的中介。

另外,报纸的内容也越来越丰富,版式更灵活,印刷更精美,报纸与读者的距离也更接近了。报纸成为人们了解时事、接受信息的最主要媒介之一。

(一)报纸媒介的特征与优势

1. 传播面广,权威性高

消息准确可靠,是报纸获得信誉的重要条件。大多数报纸历史长久,且由党政机关部门主办,在群众中素有影响和威信。因此,在报纸上刊登的广告往往使消费者产生信任感。

从职业和教育程度来看,阅读报纸的阶层可以说是媒介中幅度最广泛的。以不同阶段读者的资料为基础,报纸广告要实施地域性的计划就变得容易了。而且报纸配送地域明确,以定期订阅者为主要对象,可以说报纸是最有计划性的稳定的媒介。

2. 传播速度较快,信息传递及时

对于大多数综合性日报或晚报来说,它们的出版周期都比较短,信息传递都比较及时。有些报纸甚至一天要出早、中、晚等好几个版,报道新闻就更快了。一些时效性强的产品广告,如新产品和有新闻性的产品,就可利用报纸,及时地将信息传播给消费者。

3. 信息量大,说明性强

报纸作为综合性内容的媒介,以文字符号为主,图片为辅来传递信息,其容量是较大的。由于以文字为主,因此说明性很强,可以详尽地描述,对于一些关心度较高的产品来说,利用报纸的说明性可详细告知消费者有关产品的特点。

4. 阅读主动,认知性强

报纸把许多信息同时呈现在读者眼前,增加了读者的主动性认知。读者可以自由地选择是阅读全部内容还是放弃部分,抑或是阅读某些内容,其后再阅读其他内容。读者还可以决定采用浏览、快速阅读、详细阅读等方式,是阅读一遍,还是阅读多遍。此外,读者还是将信息记住、记牢;还可以在必要时将所需要的内容记录下来。

5. 容易保存,可重复阅读

由于报纸的特殊的材质及规格,相对于电视、广播等其他媒介,报纸具有较好的保存性,而且易折易放,携带十分方便。一些人在阅读报纸过程中还养成了剪报的习惯,根据各自所需分门别类地收集、剪裁信息。这样,无形中又强化了报纸信息的保存性及重复阅读率。

(二)报纸媒介的局限与不足

1. 注意度不高

报纸广告多数以文字符号为主,要了解广告内容,要求读者在阅读时集中精力,排除其他干扰。但报纸的幅面大、版面多、内容杂,这容易导致阅读者对于广告的注意力分散,除非广告信息与读者有密切的关系,读者常常是随意跳过不感兴趣的内容,报纸对读者阅读的强制性小。

在一份报纸中,有很多栏目,甚至在同一栏目中,又同时有很多广告。由于版面限制,经常造成同一版面的广告拥挤不堪,它们竞相吸引读者的注意,影响读者的阅读。只有当某个广告格外醒目时,才容易引起人们的注意。否则,读者可能视而不见。

2. 传播时效短暂

由于报纸出版频繁,而且报纸的新闻性极强,因此每张报纸发挥的时效都很短。一般情况下,许多读者在翻阅一遍之后即顺手弃置一边,传播信息易被读者忽略,传播效果会大打折扣。

3. 传播具有盲区

报纸并不是根据人的职业和人的受教育程度来发行和销售的,因此,在不同年龄、性别、职业和文化程度的人那里,报纸的作用是不尽相同的。传播效果受读者文化水平的限制,对无法阅读的文盲无法产生传播效果。

4. 印刷难以完美

报纸的印刷技术最近几年在高新科技的支持下,不断得到突破与完善。但到目前为止,报纸仍是印刷成本最低的媒介。受材质与技术的影响,报纸在印刷上比较粗糙,色彩感差,报纸上的插图和摄影远不如杂志等媒介精美。而且在我国,报纸多黑白印刷,彩色印刷尚未普及,印刷水平非常有限,在文字和图片上的质量更显粗糙。报纸的印刷品质难以完美,大大不如专业杂志、直邮广告、招贴海报等媒介,就更加不能与视听结合的电视相比了。

二、杂志媒介

杂志也属于印刷媒介的一种,最初的杂志与报纸差不多,发布信息的内容大致相同。随着生产力的发展,时代的进步,报纸和杂志逐步分化,报纸以刊登时效性较强的新闻内容为主,而杂志则以刊登论文、小说、散文、诗歌、杂记、故事等时效性不强的文章为主,注重对事件的深度分析和报道。在内容上,杂志不像报纸以新闻报道为主,它明显地缺乏时效性,而且覆盖面有限。但是,杂志媒介以各种专业和科普性知识来满足各种类型读者的需要。另外,由于杂志媒介大多具有精美的印刷,光彩夺目的视觉效果,故深受特定受众的喜爱。

杂志媒介种类繁多,雅俗均有,从发行时间上来看,杂志可分为周刊、半月刊、月刊、季刊、年刊和不定期刊物。从内容上划分,杂志又可分为娱乐、影视、体育、生活、文学、经济、军事、教育等种类繁多的专业性杂志以及综合性杂志。

杂志媒介已成为现代广告发布的重要媒介之一。由于印刷技术的发展和人类思维的进步,以往的单纯平面设计模式不断被打破,新的设计形式不断出现,这都体现着杂志媒介的广阔前景。

(一)杂志媒介的特征与优势

1. 对象明确,针对性较强

杂志一般是针对某一专业、某一读者群进行宣传、出版,其内容不同于报纸、电视、广播那样包罗万象,但分类较细,专业性较强,这便于选择特定阶层作为广告传播的对象,更能做到有的放矢。同类杂志的读者,在质的方面大体相同,因此,广告文案的制作也容易得多,而且进一步考虑,每一类杂志都拥有其基本的读者群,那么就可以针对不同的消费者选择不同的杂志。所以,为了更好地利用杂志媒介,应该根据广告目标对象的。要求对能利用的杂志进行分类。

2. 印刷精美,阅读率高,保存期长

杂志媒介纸质较好,尤其是广告用纸更为讲究,在广告的印刷上要比报纸精美得多。杂志媒介上鲜艳精致的彩色图片,有较强的艺术感染力,引人注目,可以逼真地再现商品原貌,激发读者的购买欲望。

杂志媒介刊登的广告多是商业广告,数量一般不多,而且都集中刊登在一定的书页上,用全页或半页表现,广告排列整齐美观,并且由于广告版面大,内容多,表现深刻,图文并茂,容易把广告客户所要提供的信息完整地表达出来。

杂志媒介比起广播、电视来说,生命长得多。广播电视节目一播即逝,而杂志阅读时间长,常被人保存下来反复阅读,因此,杂志广告能反复与读者接触,有充分时间对广告内容作仔细研究,加深人们的印象。

3. 版面安排灵活,颜色多样

在杂志媒介投放广告,版面位置可以安排在封面、封底、封二、封三、扉页、内页、插页上,颜色上可以是黑白,也可以是彩色,在版面大小上有全页、半页也有1/3、2/3、1/4、1/6页可供选择。有时为了适应广告客户的特殊要求,可以刊登大幅广告,即作连页广告、多页广告,效果十分强烈,影响巨大。

4. 读者知识性强,传播有针对性

许多杂志的内容以专业知识和科普知识为主体,因而容易使读者对杂志阅读产生知识性期待。这与报纸的消息性一样,杂志的知识性也成为杂志广告的一个心理特性。

而且,杂志的读者都有一定的文化水平,有较好的理解能力,对于杂志有比较持久的兴趣。凡是订阅某种杂志的人,对该杂志的性质与刊登内容都有一定了解和兴趣,搞专业的人对专业杂志刊登的东西容易接受,这样就有利于广告发挥作用。订阅杂志的人生活水平都较高,有能力领略广告介绍的内容,所以新产品在开辟市场时,杂志媒介也是一个有效的媒介。

5. 读者比较固定,易接受杂志宣传

杂志具有明确的稳定的读者群体。杂志的内容丰富多彩,长篇文章较多,读者不仅要仔细阅读,而且常常要分多次阅读,甚至保存下来日后再读。读者的多次翻阅增加了他们与杂志广告接触的机会,有利于在记忆中留下较深的广告印象。

杂志内容有较大的倾向性、专业性。不同的杂志,一般会拥有不同的和比较稳定的读者层,比如摄影杂志,读者以摄影行业和业余摄影爱好者为主,故有关摄影器材的广告,登在摄影杂志上,广告对象正与该杂志的读者接近,有效地争取这些读者成为购用该商品的顾客。

(二)杂志媒介的局限与不足

1. 覆盖面较窄

尽管各种杂志都拥有各自的一定数量的读者群,但就整体而言,杂志的发行数量还是比较有限的。除少数杂志具有百万份以上发行量外,大多数杂志发行量较小,覆盖面比不上报纸、广播、电视,影响范围和影响力也相对要弱一些。

2. 灵活性较差

杂志是定期刊物,发行周期较长,有周刊、半月刊、月刊、季刊、半年刊,甚至年刊,周期少则七八天,多则半年一年,因而影响广告的传播速度, 容易失去许多广告传播的最佳时机。时效性强的广告,如企业开张广告,文娱广告,促销广告等,一般不宜选用杂志媒介,否则容易错过时机,收不到广告效果。

3. 传播费用较高

杂志媒介多选用质量较好,价格较高的纸张,而且杂志多为彩色印刷,装订复杂,制作费用远远均高于报纸。同时杂志广告刊发在封面、封底、封二、封三的位置上,才会起到显著的效果。

三、广播媒介

广播的诞生主要得益于无线电技术的发明与发展。1920 年 11 月 2 日第一家商业电台 KDKA 于美国匹兹堡开播,商业广告是其重要的播出内容之一,这也为众多 的商家开辟了一条蹊径——利用广播作为广告媒介。20 世纪 30 年代广播媒介在世界各国迅速发展起来,很多以前习惯于在报纸上做广告的广告主也逐步认识到广播的影响力和渗透力,开始将其广告业务部分或全部地转向广播电台。

作为一种电子媒介形式,广播借助的主要是录音与电波两项技术。凡是以声音为媒介的材料都可以通过广播媒介播放出来,只要拥有一个终端接受器就可以了。由于广播是一种主动的传播行为,因而一般具有明确而固定的节目安排。在某种意义上,它相当于用来听的报纸。尽管广播缺乏视觉形象,却具有自身的优势,特别是对于音乐等听觉艺术来说更是如此。

按照传播方式的不同,广播可以分为有线广播和无线广播。有线广播是通过导线或者光导纤维所组成的有线传输分配互联网,将广播节目信号直接传递给用户接收设备的区域性广播。无线广播是通过无线电波传送节目的广播形式。其中,有线广播主要在农村和中小城镇,传播范围有限。目前用做广告媒介的广播主要是无线广播。

按照调制方式的不同,广播可以分为调频广播和调幅广播。

按照使用的波长可以分为长波广播、中波广播、短波广播、超短波广播等。

由于大众传播媒介的竞争,受众的兴趣不断分化,广播出现了专业化的趋势。专业电台在某一方面为受众提供专门服务,节目内容有特定的范围。目前的专业电台有新闻台、教育台、体育台、文艺台、音乐台、交通台、服务台等等。由于播出特定内容的节目,专业电台一般拥有稳定的受众,受众的收听兴趣相对固定。

随着科技的发展,新媒介不断出现,广播媒介面临着越来越多的挑战和冲击,然而广播还是有它的优越性,只有充分地了解这些特性,才能扬长避短,进一步开掘这一媒介的潜力。

（一）广播媒介的特征与优势

1. 传播即时，调整灵活

传播即时，是指广播媒介的传播速度非常快。电子媒介可以在突发性新闻事件发生时同步进行报道。广播可使广告内容在信号所及的范围内，迅速传播到目标受众者耳中。不论身在何地，只要打开收音机，广告对象就可以立即接收到。在这一点上，广播甚至比电视还更为快捷。电视进行现场直播时必须配备各种笨重的录像录音设备，还需要考虑灯光、音响等条件；而广播的直播却极为方便，几乎不需要什么设备。

广播广告主要依靠声音作为诉求手段，包括广告文案（独白或对白）、音乐、音效。这些录制过程都比较简单，调整非常方便灵活。如果广告策略、战术的临时调整，需要紧急发布某些广告信息，广播广告不但可以在数小时内完成调整改变，有时还可以进行现场直播。广告也可以根据竞争对手的举动来调整自己的战术行动，快速做出反应。广播广告的这种即时性的优势往往是其他媒介所无法比拟的。

2. 传播范围广，不受限制

由于广播广告是采用电波信号来传送广告信息的，电波可以不受空间的限制，并且广播的发射技术相对比电视简单得多，所以广播的覆盖面积特别广泛，它可以到达全世界的每一个角落。广播覆盖范围的广阔性使得人们不论在城市还是乡村，在陆地还是空中，都可以收听得到。广播不受天气、交通、自然灾害的限制，尤其适合于一些自然条件比较复杂的地区。

3. 收听方便，受众层次多样

收听广播最为简便、自由、随意。因为它不受时间、地点的限制，不管是白天还是晚上，不管你在哪里，也不管你在干什么，只要打开收音机，都可以接收广播的内容。科技的进步，使收音机越发向小型化、轻便化发展，有的只有火柴盒大小。

电台对观众的需求有较强的适应性，可以制作出内容丰富的节目，既有新闻性节目，又有信息类节目；既有教育性节目，又有娱乐性节目；既有嘉宾访谈，又有听众的直接参与，可吸引不同类型的受众。广播可以使文化程度很低甚至不识字的人也能听得懂广告的内容，而印刷媒介对受众文化水准、受教育程度的要求较高。所以广播媒介的受众层次更显多样性。尤其是在我国，文化教育事业还不很发达，仍有很多文盲和半文盲，而这一部分人又是任何广告主都无法忽视的消费群体。要想针对他们发挥广告的告知与说服功能，广播是非常合适的广告媒介。

4. 成本低廉，说服效果明显

广播广告单位时间内信息容量大、收费标准低，是当今最经济实惠的广告媒介之一。同时，广播广告制作过程也比较简单，制作成本也不高。

广播靠声音进行传播，诉诸于人的听觉，它能给听众无限的想象空间，这也正是广播的魅力之所在。广播广告的特色正是通过刺激人的听觉感官，帮助收听者产生联想，因为广播的声音是实在的、具体的，特别容易撩拨人的心弦，煽动人的情绪，而广告也常在这种情形不知不觉地中，完成其传达与说服的功能。

（二）广播媒介的局限与不足

1. 保存性差

广播媒介主要靠声音的传播，而声音的传播是按时间序列进行，不易于保存，因此需要反复重复，以加深记忆。

2. 直观性差

广播单纯诉诸于听觉也带来一定的局限，有声无形，很难在消费者脑海中形成直观的印象，形象性、生动性不如印刷媒介以及电视。

3. 选择性弱

广播的受众通常是被动接收广告信息，很难做到主动寻求广告信息，因为广播的节目或节目内容的播出时间是有一定的规律的，但广告信息的播出内容经常处于变动之中，这种特性决定了受众在主动选择广告信息方面存在很大难度。

四、电视媒介

电视作为科技的产物最早诞生于英国，20 世纪 50 年代在发达国家普及。随着电子技术日新月异的发展，电视的优势迅速扩张，成为今天传播广告信息最为有效的工具之一。目前在我国，电视已成为不同文化程度的人均可以方便接触到的大众媒介，主要原因有两个方面：首先，电视机的成本由于科技的进步而大大降低，从而使其成为中国居民家庭日常生活的必备品，沿海地区电视机基本普及，并且一户两机的拥有率也已在 25% 以上；第二，科技的进步同时带来的电视传输技术的大变革，使得电视节目覆盖范围极为广泛。

电视是一种建立在现代高科技基础上的艺术，它借鉴并融合了电影、摄影、文学、音乐、绘画、舞蹈等众多传统艺术的精华。因此，电视广告能综合运用多种艺术表现手段，集声音、画面、动作、色彩和情感于一身，形象、具体、生动地将商品加以完美地表现，并赋予它们以动人的形象。

由于现代社会突飞猛进的发展，电视艺术的表现手段还在不断丰富和发展，电视与人类生活的联系也变得空前的紧密，在此情形下，电视广告所具有的鲜活的画面、真实强烈的音响、悦耳的音乐、绚丽夺目的色彩，无不给人以逼真、动人的印象和深刻的感染。电视是当前所有传播媒介中最具影响力、拥有受众最多的媒介，电视广告也是有史以来最成功、影响最大且最为现代化的广告传播方式。

电视广告有两种类型：公益性电视广告和商业性电视广告。商业性是电视广告的根本属性。电视广告的巨大摄制、发布成本，也决定了离开商业经营活动的电视广告失去意义，难以生存。在现阶段的中国，公益性电视广告也不同程度带有商业化色彩。

（一）电视媒介的特征与优势

1. 直观性强

电视是视听合一的传播，人们能够亲眼见到并亲耳听到如同在自己身边一样的各种活生生的事物，这就是电视视听合一传播的结果。单凭视觉或单靠听觉，或视觉与听觉简单地相加而不是有机地合一，都不会使受众产生如此真实、信服的感受。电视广告的这一种直观性，仍是其他任何媒介所不能比拟的。它超越了读写 障碍，成为一种最大众化的宣传媒介。它无须对观众的文化知识水准有严格的要求。即便不识字，不懂语言，也基本上可以看懂或理解广告中所传达的内容。

2. 有较强的冲击力和感染力

电视是唯一能够进行动态演示的感性型媒介，因此电视广告冲击力、感染力特别强。因为电视媒介是用忠实地记录的手段再现信息的形态，即用声波和光波信号直接刺激人们的感官和心理，以取得受众感知经验上的认同，使受众感觉特别真实，因此电视广告对受众的冲击力和感染力特别强，是其他任何媒介的广告所难以达到的。

3. 有较高的注意率

经济发达的国家和地区，电视机已经普及，观看电视节目已成为人们文化生活的重要组成部分。电视广告注意运用各种表现手法，使广告内容富有情趣，增强了视听者观看广告的兴趣，广告的收视率也比较高。电视广告既可以看，还可以听。当人们不留神于广告的时候，耳朵还是听到广告的内容。广告充满了整个电视屏幕，也便于人们注意力集中。因此，电视广告容易引人注目，广告接触效果是较强的。

4. 利于不断加深印象

电视广告是一种视听兼备的广告，又有连续活动的画面，能够逼真地、突出地从各方面展现广告商品的个性。比如，广告商品的外观、内在结构、使用方法、效果等都能在电视中逐一展现，观众如亲临其境，留有明晰深刻印象。电视广告通过反复播放，不断加深印象，巩固记忆。

5. 利于激发兴趣，增加购买信心和决心

由于电视广告形象逼真，就像一位上门推销员一样，把商品展示在每个家庭成员面前，使人们耳闻目睹，对广告的商品容易产生好感，引发购买兴趣和欲望。同时，观众在欣赏电视广告中，有意或无意地对广告商品进行比较和评论，通过引起注意，激发兴趣，统一购买思想，这就有利于增强购买信心，做出购买决定。特别是选择性强的日用消费品，流行的生活用品，新投入市场的商品，运用电视广告，容易使受众注目并激发对商品的购买兴趣与欲望。

（二）电视媒介的局限与不足

1. 费用昂贵，携载广告信息有限

费用昂贵，一是指电视广告片本身的制作成本高，周期长；二是指播放费用高。就制作费而言，电影、电视片这种艺术形式本身就以制作周期长、工艺过程复杂、不可控制因素多（如地域、季节天气、演员等）而著称，而电视广告片又比一般的电影、电视节目要求高得多。广告片拍片的片比通常是100:1，可见仅是胶片一项，电视广告片就要比普通电影、电视剧节目超出多少倍了，而且为广告片专门作曲、演奏、配音、剪辑、合成，都需要花大量的金钱。就广告播出费而言，电视台的收费标准也很高。我国中央电视台A特段30秒的广告收费就要人民币4.5万元。而国外黄金时段播出费用比这还要高得多，美国的电视广告每30秒要10～15万美元，如果在特别节目中插播广告更贵，有的竟高达几十万美元。

电视广告制作费用高昂，黄金播放时间收费更贵。电视广告时间长度多在5至45秒之间。要在很短的时间内，连续播出各种画面，闪动很快，不能作过多的解说，影响人们对广告商品的深入理解。因此，电视广告不宜播放需要详细诉求的商品，如生产设备之类商品。一些高档耐用消费品在电视播放广告时，还要运用其他补充广告形式作详细介绍。

2. 受收视环境的影响大，不易把握传播效果

电视机不可能像印刷品一样随身携带，它需要一个适当的收视环境，离开了这个环境，也就根本阻断了电视媒介的传播。在这个环境内，观众的多少、距离电视机荧屏的远近、观看的角度及电视音量的大小、器材质量以至电视机天线接受信号的功能如何，都直接影响着电视广告的收视效果。

3. 瞬间传达，被动接受，容易产生抗拒情绪

全世界的电视广告长度差不多，都是以5秒、10秒、15秒、20秒、30秒、45秒、60秒、90秒、120秒为基本单位，超过3、4分钟的比较少，而最常见的电视广告则是15秒和30秒。这就是说一则电视广告只能在短短的瞬间之内完成信息传达的任务，这是极苛刻的先决条件。而且受众又是在完

全被动的状态下接受电视广告的，这也是电视区别于其他广告媒介的特点。

因为电视广告具有显著的效果，所以运用电视作为广告媒介的客户不断增加，电视节目经常被电视广告打断，所以容易引起观众的不满，产生抗拒情绪。

五、户外媒介

户外媒介(Out Door)，简称OD，是指在主要建筑物的楼顶和商业区的门前以及马路街道两侧等户外场地设置的发布广告信息的媒介形式。户外媒介可分为平面和立体两大部类：平面的有路牌广告、招贴广告、壁墙广告、海报、条幅等。立体广告分为霓虹灯、广告柱以及广告塔灯箱广告等。在户外广告中，路牌、招贴是最为重要的两种形式，影响甚大。设计制作精美的户外广告风光带往往会成为一个地区的象征。

(一)户外媒介的特征与优势

1. 注意率高，费用较低

户外媒介可以较好地利用消费者途中，在散步游览时，在公共场合经常产生的空白心理。在这种时候，一些设计精美的广告、霓虹灯多彩变化的光芒常能给人留下非常深刻的印象，能引起较高的注意率，更易使其接受广告。

户外媒介内容单纯，能避免其他内容及竞争广告的干扰。而且户外媒介的广告费用较低，一次设计制作后，可以长时间使用。

2. 形式多样，美化环境

户外媒介表现形式丰富多彩，特别是高空气球广告、灯箱广告的发展，使户外媒介更具有自己的特色，而且这些户外媒介还有美化市容的作用，这些广告与市容浑然一体的效果，往往使消费者非常自然地接受了广告。

3. 因地制宜，形式可控

户外媒介一方面可以根据地区的特点选择广告形式，如在商业街、广场、公园、交通工具上选择不同的广告表现形式，而且户外媒介也可以根据某地区消费者的共同心理特点、风俗习惯来设置；另一方面，户外媒介可为经常在此区城内活动的固定消费者提供反复的宣传，使其印象强烈。

4. 反复传播，印象深刻

户外媒介具有一定的强迫诉求性质，既使匆匆赶路的消费者也可能因对广告的随意一瞥而留下一定的印象，并通过多次反复而对某些商品留下较深印象。

(二)户外媒介的局限与不足

1. 传播覆盖面小

是由于大多数位置固定不动，覆盖面不会很大，宣传区域小，因此设置户外媒介时应特别注意地点的选择。比如广告牌一般设立在人口密度大、流动性强的地方。机场、火车站、轮船码头南来北往的流动人口多，可以作全国性广告。

2. 效果难以测评

由于户外媒介的对象是在户外活动的人，这些人具有流动的性质，因此其接受率很难估计。而且人们总是在活动中接触到的，因此注视时间非常短，甚至只有几分之一秒，有时人们在同一时间可能接触到许多户外广告，所以要取得广告效果，就要做到让人们视觉暂留，这非常重要。

六、销售现场媒介

销售现场媒介，又可简称售点媒介或POP广告媒介。销售现场媒介最早出现在20世纪30年代的美国，近年来，POP广告以新的形式出现，而且备受重视和广泛运用。

销售现场媒介包括橱窗陈列、柜台、货架陈列、货摊陈列等，还包括销售地点的现场广告，以及有关场所门前的海报、招贴。随着无人销售形式出现，尤其是超级市场的出现与普及，售点广告的功能也在逐渐扩大。售点广告也包括在售点所发布的各种广告包装纸、说明书、霓虹灯、小册子、赠品、奖券等，不过售点广告最主要的形式还是通过商品本身为媒介的陈列广告。

销售现场媒介一般按场合分为店外和店内两类。店外POP，是使消费者认识店址，吸引消费者进入商店的广告，如招牌和橱窗。店内POP，是最接近消费者的广告，由柜台展示、货架陈列、地面展示、墙面广告、天花板装饰、商品包装、动态装饰等部分组成。

销售现场媒介还可以按照功能分为销售型和装饰型。其中，以销售型POP传递商品价格、特性等信息为主，装饰型POP以提高形象，营造气氛为主。

（一）销售现场媒介的特征与优势

1. 唤醒记忆，加深认识

尽管各厂商已经利用各种大众传播媒介，对于本企业或本产品进行了广泛地宣传，但是有时当消费者步入商店时，已经将其他大众传播媒介的广告内容所遗忘，此刻利用销售现场媒介在现场展示，可以唤起消费者的潜在意识，重新忆起商品。销售现场媒介还能加深顾客对商品的认识程度，能更快地帮助顾客了解商品的性质、用途、价格及使用方法。能诱发顾客的潜在愿望，形成冲动性购买，它不像其他媒介那样必须给人留下深刻印象和记忆才能产生购买行为。正因如此，这类广告更应在表现形式上考虑如何引起广告的注意率。

2. 美化销售环境，提升企业形象

销售现场媒介能增强销售现场的装饰效果，利用强烈的色彩、美丽的图案、突出的造型，吸引消费者的视线，美化购物环境，可以创造强烈的销售气氛，增进情趣，对消费者起着诱导作用，是无声的推销员。

现代企业，不仅注意提高产品的知名度，同时也很注重企业形象的宣传。销售现场媒介同其他广告一样，可以有效树立和提升企业形象，进而保持与消费者的良好关系。

3. 表现真实，有效补充其他媒介不足

销售现场媒介的表现形式和真实度都是其他媒介不可比拟的，这类广告一般更重视实物的展示，能补充四大媒介的不足，使抽象的、仅仅是印象的商品成为活生生的实物。

4. 有助导购，促进购买

销售现场媒介有“无声的售货员”和”最忠实的推销员”的美名，对潜在购买心理和已有的广告意向能产生非常强烈的诱导功效。美国有人调查研究过，购买者在出门前已确定买什么商品的情况只占全部销售额的28%，而在销售现场使潜在意识成为购买行为的则占72%。销售现场广告经常使用的环境是超市，而超市中是自选购买方式，在超市中，当消费者面对诸多商品而从下手时，摆放在商品周围的销售现场广告，会忠实地、不断地向消费者提供商品信息，起到吸引消费者促成其购买决心的作用。可见，销售现场广告在促进购买方面的作用是巨大的。

（二）销售现场媒介的局限与不足

1. 对设计制作要求较高

销售现场媒介需要营造现场的购买气氛，唤起消费者以前对于商品的记忆，刺激消费者的购买欲望。因此，销售现场媒介对设计制作要求较高，如果设计制作不能做到与店堂周围的气氛相协调，反倒会弄巧成拙，使周围的环境更显嘈杂拥挤，破坏购物环境。

2. 费用较高

销售现场媒介在设计制作投入使用后，如果价格等促销信息发生变化时，需要重新设计制作，所以无法做到设计一次，长期使用，因此销售现场媒介的实际使用费用较高。

七、直邮媒介

直邮媒介，英文为 Direct Mail ，简称 DM，译为“直邮邮件”、“广告信函”、”直接邮寄函件”等。直邮媒介是指通过国营或私营邮递服务公司进行寄递，将广告信息直接送达潜在对象的一种方式。简单理解，直邮媒介就是一种广告宣传的手段，企业定期把新产品、公司新闻、最新活动、产品使用回馈等情况精心设计成产品手册、新闻信、活动邀请函和调查问卷，直接邮寄到有具体名址的潜在客户信箱。直邮媒介以其有效的针对性和准确性等长处，成为国际经济舞台上比较常见的广告形式之一。

直邮媒介不仅适宜于消费者的广告，也适宜于工业用户广告、商业批发广告及媒介性广告；既适宜于大众消费品广告，又适宜于有针对性的专业性科技广告；既适合于商品生命周期的开拓期，也适宜于商品生命周期的成长竞争期和成熟维持期。因为在所有媒介中，直邮媒介到达预定客户的路径最直接准确，无论大公司还是小公司都会用到直邮，新企业一般把直邮当作自己的第一个广告媒介。

（一）直邮媒介的特征与优势

1. 灵活性强，传播速度快

直邮媒介的创意空间独一无二，只受广告主的创意设计才能、广告预算和邮政法规的约束。直邮广告的制作与发行周期都非常短，传播速度非常快。

2. 覆盖集中，人性化冲击

广告主可以利用直邮将新产品、公司新闻、最新活动等产品信息传播到指定区域的家庭。

直邮媒介有助于广告主直接与最有购物动机的消费者进行交流。邮寄名录是将人们按职业、地区、收入或其他特征进行分类，按照邮寄名录邮寄广告信息，可以根据特定受众的个人需求、欲望和希望设计直邮而又不冒犯其他潜在消费者或现有顾客。

3. 便于控制，反应率高

预先印制的直邮邮件使广告主能够控制发行量和复制质量。在所有广告媒介中，直邮媒介的反应率最高，约 15% 的反应在第一周内出现，因此，广告主能够迅速判断广告是否成功。

4. 成本低廉，可证实性强

直邮媒介的一大特点就是传播成本相对较低廉，主要是印刷成本和投递成本，能够被许多中小规模公司企业所接受。

直邮媒介还有利于测试收件人对产品的接受程度，以及对定价、优惠、文案、销售说明等的反应程度。

(二)直邮媒介的局限与不足

1. 传播准确度不高

大众媒介有精确的发布时间,但邮政服务对三类邮件不保证投递时间,约有近10%的直邮因收件人搬迁而无法投递,所以直邮媒介的传播准确度不高。另外,直邮媒介缺少内容支持。直邮很难在没有评论内容和娱乐内容的情况下抓住并保持读者的注意力,很多消费者把直邮广告看成垃圾,自然而然地把它们弃之一旁。

2. 环保问题

有些消费者认为,直邮广告浪费了大量的纸质资源,加大了对森林树木的砍伐,而废弃的直邮信件被乱丢乱扔后,又会直接污染环境,因而对直邮媒介持坚决反对态度。

八、互联网媒介

互联网媒介其实就是通过 Internet 的载体形式将产品或服务的销售信息传播给目标受众。自1994年10月4日,美国著名的《热线杂志》(Hotwired)首开互联网媒介先河以来,互联网媒介就迅速席卷欧美大陆,成为当今欧美国家最为热门的广告宣传形式,并且正在迅速地扩展到世界其他国家和地区。随着互联网用户的增多,电子商务的迅猛发展,互联网媒介将高速度阔步向前,互联网媒介成为继报纸、杂志、广播、电视之后的第五大媒介。

网络广告的主要形式有:标题广告(BANNER),指在内容站点,如搜索引擎或者新闻站点页面中的按钮,点击后会出现相应的广告内容;突然弹出窗口(POP UPS),指广告出现在一个独立窗口,上方的内容已经在屏幕上,基本上和子窗口一样,但是它没有一个相连接的标题广告;插播广告(INTERSTITIAL),通常是全屏的广告形式,在两种形式的内容之间(如内容页之间)出现;按键广告(BUTTON 广告),一般被用在提示性的场合,如一些著名品牌在打主要的标题广告的同时,为了达到立体的效果,也会运用一些按键广告做辅助性的宣传;电子看板(E - BILLBOARD)广告实际上是在一个新的框架里的标题广告,不随屏幕的上下移动而移动,而且因为它是独立的一个页面,所以速度不受主干内容页面的影响。其他众多的广告形式还有软广告、关键字广告、目录广告、频道广告和赞助广告等。

传统媒介是二维的,而互联网媒介则是多维的,广告受众可以对其感兴趣的产品信息进行更详细的了解,借助互联网媒介还可以实现即时的消费行为。互联网媒介的受众也多是知识层次和经济能力都比较高的人群。可以说,与电视、广播、报纸、杂志以及户外、直邮等媒介相比,互联网媒介具有得天独厚的优势。

(一)互联网媒介的特征与优势

1. 受众范围广,消费群体极具活力

互联网媒介不受时空限制,传播范围极其广泛。通过国际互联互联网24小时不间断地把广告信息传播到世界各地。只要具备上网条件,任何人在任何地点都可以随时随意浏览广告信息。

互联网用户大多集中在经济较为发达地区,而且收入较高,受教育程度较高。因此,互联网媒介的目标群体是目前社会上层次高、收入高、消费能力高,即最具活力的消费群体。这一群体的消费总额往往远远大于其他消费群体。

2. 信息互动,具有亲和力

互联网媒介是一种非强迫性传播,它不像电视、广播、报纸、户外等媒介具有强迫性,想方设法吸引人们的视觉和听觉，将有关信息塞进受众的脑子。互联网媒介作为一种传播活动，吸引人们在信息的海洋中注意它、点击它，它独特的交互性主动吸引人们注意，并力求调动人们的自觉性和主动性。通俗地说，在一般媒介上，广告找人看，在互联网媒介上，人找广告看。

3. 便于统计，可跟踪广告的效果

"无法衡量的东西就无法精细管理。"互联网媒介通过及时和精确的统计机制，使广告主能够直接对广告的发布进行在线监控。而传统的广告形式只能通过并不精确的收视率、发行量等来统计投放的受众数量。

广告主能通过互联网即时衡量广告的效果。通过监视广告的浏览量、点击率等指标，广告主可以统计出多少人看到了广告，其中有多少人对广告感兴趣进而进一步了解了广告的详细信息。因此，较之其他任何广告，互联网媒介使广告主能够更好地跟踪广告受众的反应，及时了解用户和潜在用户的情况。

4. 信息有针对性，引起在线购买

互联网媒介一对一模式就要求信息传播的个人化，让每个接触广告的人都感到，广告产品是专门为自己准备的，让广告信息走到每个人身边来，贴近每个人的心，想其所想，爱其所爱。因此，广告信息是否有针对性、富有个性，是否具有亲和力应是互联网媒介心理效果测评系统中的一个重要指标。

互联网媒介是一种针对目标市场进行广泛劝说的传播活动，和其他大众传播方式相比，互联网媒介有更明确的广告对象，另外，互联网技术可以帮助广告主选择用户，跟踪用户，多方面掌握用户资料，然后有的放矢、对症下药，因此可望成为一种最富针对性的促销行为。互联网这种全天候、全球性的市场交流媒介，它不仅能建立品牌认知度，还能吸引人们来仔细打量一种产品，促成购买，并提供售后服务和售后支持。所以互联网媒介是否能引起人们的直接在线购买行为也是评价互联网媒介的重要指标。

5. 制作成本低，更改灵活

从价格方面考虑，与报纸杂志或电视广告相比，目前互联网媒介费用还是较为低廉的。获得同等的广告效应，互联网媒介的有效千人成本远远低于传统广告媒介。一个广告主页一年的费用大致为几千元人民币，这是传统广告媒介不可想象的。

互联网媒介制作周期短，即使在较短的周期进行投放，也可以根据客户的需求很快完成制作。在传统媒介上做广告发布后很难更改，即使可以改动往往也须付出很大的经济代价。而在互联网上做广告能够按照客户需要及时变更广告内容。这样，经营决策的变化就能及时实施和推广。

（二）互联网媒介的局限与不足

1. 信息容易受到忽视

一般而言，一个网站下面，会有十多个或数十乃至数百个网页。网页信息采取非线性文本形式，通过链接方式将不同的网页互相链接起来，组合成一个有机的整体，互联网媒介有超大信息容量。受众在浏览网页时，常常不看或跳过某些网页，很难认知或记住具体的信息以提取自己所需要的信息，互联网媒介上具体的广告信息容易受到忽视。

2. 受众信任度偏低

我国政府的相关机构对互联网媒介的管理监督刚刚开始，还不能做到全程地跟踪和监控广告从制作到发布的全过程。互联网媒介上具有许多虚假广告信息，所以受众对互联网媒介的信任度偏低。

3. 专业人员缺失

目前的互联网媒介大多是由互联网技术人员来完成,受本身专业的限制,使得互联网媒介缺乏与营销、传播、美术设计等专业广告要素的契合,从而让互联网媒介的效果大打折扣。

九、其他媒介

随着时间的推移,时代的发展,科技的变迁,越来越多的新兴媒介形式不断涌现,如数字电视、车载电视、楼宇电梯广告、手机短信、手机电视等等。

这些新兴媒介,有时可以独辟蹊径,在特定传播环境下取得令人意想不到的广告效果,即可以在最小的费用成本下获得最佳的广告传播效果。但不可否认,每一种媒介形式都有其自身的局限和不足。对于各种新兴媒介,可以利用媒介的相关特性指标对其综合分析,谨慎地加以利用。

第三节　广告媒介的选择

一、广告媒介选择的影响因素

任何广告媒介操作都不是独立的,而是整个广告活动的有机组成部分,所以选择广告媒介必须以产品的整体营销活动作为思考背景,结合媒介的具体情况,充分考虑各主要因素,合理地进行筛选,最终使得所选择的媒介能充分服务于广告活动。

(一)产品的个性特点

不同的广告产品具有各自的特点,从消费者的角度看,主要分为低关心度产品和高关心度产品。低关心度产品主要指那些购买频度多,使用时间短,价格低的产品;而高关心度产品主要指购买频度少,使用时间长,价格高的产品。低关心度产品在表现手法上多采用感性诉求,而高关心度产品在表现手法上多采用理性诉求。从媒介传播的特性看,报纸、杂志比较适合于传播理性的诉求信息,而广播、电视比较适合于传播感性的诉求信息。

产品的个性特点会影响到广告表现的创作形式,也会影响到广告媒介的选择。有些媒介是不适于宣传若干种产品的,制定媒介计划时必须留意。

(二)广告的目标与内容

广告的目标和内容也影响着对媒介的选择,有时甚至可以说广告媒介选择要受到广告信息内容的制约。以营业推广、促进购买为目标的广告,其内容则注重于推销宣传,要求选用大众化、传播速度快、瞬时印象深的媒介,比如报纸、电视、广播媒介等;以提高产品认知度为目标的广告、在内容中含有大量的技术资料的广告,则宜登载在专业杂志、互联网或直邮媒介上。

(三)广告活动的周期性

广告活动的不同阶段有不同的侧重点,适应阶段性目标所运用的媒介也不尽相同,在选择媒介之前必须参考广告活动的周期安排,并预先了解各媒介的档期安排,若最为理想的媒介形式在活动周期内已无空缺的时间或版面,那么就要做好准备以做他选。由于媒介发布活动涉及到与媒介单位的沟通与合作。因此,广告活动的周期性也影响到媒介的选择。整个媒介的选择购买必须先行一步,以确保广告活动如期顺利展开。

（四）媒介的传播范围

选择广告媒介，必须将媒介所能触及的影响范围与企业所要求的信息传播范围相适应。一般来说，媒介的传播范围应当与企业的目标市场范围相一致，以使广告信息能够有效地送达沟通对象。例如，产品是销往全国的就应该在全国性媒介上作广告，产品是销往某一地区的便可以选用地方性媒介做广告。

（五）目标受众的媒介习惯

在很多种情况下，产品的购买者、使用者和购买决定者存在着分离现象，因此每一个广告活动策划都应根据其广告的产品特点和市场特点，有针对性地拟定出广告的目标受众，因此，在选择广告媒介时应注意挑选目标受众阅读率或收视率比较高的媒介。比如，体育用品的广告受众主要是年轻、有活力的体育活动爱好者，应选择体育类报纸、杂志或电视节目进行发布；营养保健品的广告受众主要是中老年人，应选择一些健康杂志、报纸、或电视、广 播栏目进行发布。不同性别、年龄的目标受众群有他们各自偏爱的媒介或报道、节目类型，因此，事先了解广告活动的目标对象，了解他们经常接触的媒介，能有的放矢，增加广告活动的效度。

（六）媒介成本

不同的广告媒介收费情况是不一样的，企业应力求最少的广告支出获得最大的宣传效果。因此，企业在选择广告媒介时应充分考虑自身的经济负担能力，对广告成本与广告效果进行测算，然后再进行决策。

依据各类媒介成本选择广告媒介，最重要的不是绝对成本的数字差异，而是媒介成本与广告接收者之间的相对关系，即千人成本。比较千人成本，再考虑媒介的传播速度、传播范围、记忆率等因素之后择优确定广告媒介，可以收到较好的效果。

一般来说，绝对成本最昂贵的媒介是电视，而报纸则较便宜。但如果用每千人成本来计算，可能会表明：在电视上做广告比在报纸上做广告更便宜。

长期以来，电视在广告媒介组合中占有主导地位，而其他媒介则被忽视。但在现实生活中，由于电视广告越来越拥挤混杂，广告效果已开始下降。电视播放的广告越来越短，但数量却越来越多，因此，观众注意力的效果也趋于下降。一些零售业广告策划者发现采用印刷广告和电视广告相结合的方法，通常要比单独使用电视广告的效果好。因此，必须每隔一段时间对不同的媒介成本进行检查评估，以决定购买最好的广告媒介。

（七）竞争对手的媒介策略

在选择广告媒介时还需要注意的问题是，事先有针对性地了解一下同类产品竞争对手的媒介策略，以避免冲突，因为通常情况下，相同产品选择的广告媒介会存在很大程度的相似。如果所要广告的产品是市场中的品牌领袖，就要注意广告与竞争对手的广告出现在相同媒介上时，避免在广告气势上（如版面大小、设计、色彩、时间 长短等）明显逊色于竞争对手；如果所要广告的产品是市场品牌跟进者的话，有充足的实力与市场领袖竞争，那么可以选择相同或相近的媒介版面、时间；如果所要广告的产品没有实力与市场品牌领袖相竞争，那么最好选择不同的媒介版面、时间，避免直接冲突，以免无意中充当陪衬红花的绿叶。了解竞争对手的媒介发布策略是事先进行媒介策划所不容忽略的一个调研要素。

（八）媒介的相关特性指标

1. 权威性

权威性是衡量广告媒介本身带给广告的影响力大小的指标。媒介的权威性指标为广告带来影响举足轻重，不可忽视。

2. 覆盖面

覆盖面是指广告媒介在传播信息时主要到达并发挥影响的地域范围。在选择广告媒介时，首先应考虑的就是这个媒介的覆盖区域有多大和在什么位置。

3. 触及率

触及率是指一则广告借助某一媒介推出后，可能只会让部分受众接收到，媒介的触及率就是用来衡量这一比率的。触及率是指一则广告推出一段时间后，接收到的人数占覆盖区域内总人数的百分比。

4. 毛感点

毛感点是各项广告推出后触及人数占总人数比例之和。该指标指的是广告在某一媒介上能够达成的总效果。

5. 重复率

重复率是指每一接收到广告信息者平均可以重复接收此项广告多少次。以重复率衡量广告媒介是基于两个原因：一是细分媒介效果，研究广告产生影响的可能性；二是借以研究媒介使用方法，制定广告的推出形式。

6. 连续性

连续性是指同一则广告多次借助同一媒介推出所产生的效果的相互联系与影响；此外，又可用来衡量在不同媒介上推出同一广告，或者同一媒介与不同时期广告运动间的联系与影响。

7. 针对性

针对性是指媒介的主要受众群体的构成情况的指标。针对性指标通常包括两项内容：一项是媒介受众的组成情况；另一项是媒介受众的消费水平与购买力情况。

8. 效益

效益是指衡量采用某一媒介可以得到的利益同所投入的经费之间关系的指标，是对媒介经济效益的度量。评价的方法应以广告运动的需求为基点，比较购买这一媒介的时间与空间的所需费用。

二、广告媒介选择的主要方法

广告媒介选择的方法很多，通常有如下几种方法：

（一）按目标市场选择的方法

无论何种产品，均有其自身特定的目标市场，因此，在目标市场已经明确后，广告媒介的选择即可紧紧瞄准这个确定的目标市场进行分析定夺。若以全国范围为目标市场，就应在全国范围内展开广告宣传，媒介的选择应寻求覆盖面大、影响面广的传播媒介。若以特定细分市场为目标市场，则此时考虑的重点是传播媒体能够有效地覆盖与影响这一特定的目标市场。

（二）按产品特性选择的方法

不同产品适用于不同的广告媒介，因此，应按产品的特性慎重选择广告媒介。一般说来，印刷类媒介适用于规格繁多、结构复杂的产品；色彩鲜艳并需要进行产品性能演示的产品最好运用电视媒介。硬性产品（工业产品）多属于理智型购买品，若技术性较强，则宜选择专业杂志、专业报纸等；若技术性一般，可选择电视和一般报刊。软性产品（生活消费品）多属于情感型购买品，那么，它就适宜选择广播、电视、报刊杂志等媒介。

（三）按产品消费者层选择的方法

一般说来，软性产品均有其较为固定的消费者层即特定的使用对象，因此，广告媒介选择应根据其目标指向性，确定消费者层喜欢的媒介。例如一种新型美容系列化妆品的广告，其使用对象是女性，主要购买者是青年女性。根据这一特性，就可以选择年轻女性最喜欢的传播媒介来发布该产品的广告。

（四）按记忆规律选择的方法

广告是间接推销，人们接受了广告，由于时间与空间的原因，一般不会听了广告就立刻去购买，而需经过一定时间之后才付诸行动。因此，广告应该按照记忆原理，不断加深与强化消费者对广告产品的记忆与印象，并起到指导购买的作用。如果广告产品在全国范围内销售，那么，不仅要选择全国最有影响的报刊、广播与电视媒介，还应认真考虑其传播广告信息的连续性，达到强化消费者对广告产品记忆的目的。

（五）按广告预算选择的方法

这种方法，就是按照广告主投入广告成本的额度进行媒介的选择。每一广告主的广告预算都是不同的，这就决定了对广告媒介选择必须量力而行。广告主在推出广告前，必须对选择的媒介价格进行精确的测算：如果广告价格高于广告后取得的经济效益，当然就不要选择高价格的广告媒介了。

（六）按广告效果选择的方法

广告效果问题是一个相当复杂的问题。一般说来，在选择媒介时应坚持选择投资少而效果好的广告媒介。例如，在发行量为 75 万份的报纸上做广告，广告价格为 15 000 元，经计算可知，广告主在每张报纸上只花 2 分钱，即可将自己的产品信息传播给一个受众。如果在接受此信息的 75 万人中，只需有 10% 的人对广告做出反应，广告主在每张报纸上花费就是 2 角钱。即使如此，也比邮寄信件要便宜得多。

（七）按提高知名度目标选择的方法

提高企业或产品的知名度与影响力，不在乎产品在一朝一夕销售了多少，而在于产品未来的影响力。它并不要求广告即刻促使消费者购买商品，而是要求广告能使消费者对企业或产品产生好感，树立起对企业或产品的信任感。这种选择方法可以考虑在中心城市的广播电视、大型报刊、户外广告及公益赞助活动等形式，以此引起公众的注意，提高企业的知名度与影响力。

三、广告媒介的组合运用

每一种媒介都有其长处和短处，广告媒介的组合是指在同一个媒介计划中使用两种或两种以上的不同媒介，对它们组合运用以加强各自的优势，弥补不足，共同发挥广告传播的最佳效果。

在运用媒介组合策略时需要注意的是要考虑不同媒介的资源分配策略，比如针对主要目标对象可以选用到达率高、渗透力强的媒介，针对次要目标对象可选用高覆盖率的媒介；在主要发布时机充分利用各种媒介,在次要发布时机可适当考虑只利用主要媒介进行发布。

只有全面考虑各方面的因素,才能制定出切实有效的广告媒介发布策略。

(一)媒介组合的优势

1. 延伸效应

各种媒介都有各自覆盖范围的局限性,任何一种媒介都不可能百分之百地到达目标消费者。媒介组合运用则弥补单一媒介在接触范围上的不足,使广告活动的影响范围扩大到单一媒介所遗漏的目标消费者,增加了广告传播的广度,延伸广告覆盖范围。广告覆盖面越大,产品知名度越高。

2. 重复效应

有的媒介虽然接触范围较大,但由于费用太高而难以多次重复使用;有的媒介对目标对象的影响周期太长,无法保证广告的重复效应。媒介组合运用弥补了单一媒介在频率程度上的不足,保证在较低费用的情况下有较高的频率出现。

3. 互补效应

媒介组合运用两种以上广告媒介来传播同一广告内容,对于同一受众来说,其广告效果是相辅相成、互相补充的。由于不同媒介各有利弊,因此媒介组合能取长补短,相得益彰。

4. 成本效应

媒介组合有利于企业量力而行,降低广告成本。媒介特点不同,其价格也不同。许多中小企业因财力的限制,无法使用效果好但成本高的媒介。这时可将多种费用低、效果较为一般的媒介加以合理组合,也可能造成一定的声势,达到预期的效果。如电视广告的制作和播映费都很昂贵,企业可将这笔钱合理运用在产品说明书、广告小礼品、现场气氛布置等各类促销活动中,往往容易收到立竿见影的效果。

在运用媒介组合策略时,要注意将视觉媒介与听觉媒介相结合、瞬间媒介与长效媒介相结合以及大众媒介与促销媒介相结合。

(二)常见的媒介组合形式

报纸与广播搭配,可使各种不同文化程度的消费者都能接受广告信息传播。

电视与广播搭配,可使城市和乡村的消费者都能接受广告信息传播。

报纸或电视与销售现场广告搭配,有利于提醒消费者购买已有印象或已有购买欲望的产品。

报纸与电视的搭配运用,应该以报纸广告为先锋,对产品进行详细解释后再运用电视进攻市场,这样可以使产品销售逐步发展,或做强力销售。

报纸与杂志搭配,可用报纸广告做强力销售,而用杂志广告来稳定市场。或者,用报纸广告做地区性宣传,而用杂志广告做全国性大范围宣传。

报纸或电视与直邮广告配合时,应以直邮广告为先锋,做试探性宣传,然后用报纸广告或电视广告做强力推销,这样可以取得大面积的成效。

利用直邮广告和销售现场广告相配合,对某一特定地区进行广告宣传,可以巩固和发展市场。

四、广告媒介选择的步骤

明确了广告媒介的选择方法后,还涉及到一个运用此法怎样进行选择的程序步骤问题。具体选择媒介一般要经过四个步骤。

(一)确定媒介级别

确定媒介级别就是确定应采用哪类媒介,如究竟应在广播、电视上做广告,还是在报纸、杂志上做广告等。这是具体选择媒介的第一步。

在这一步,主要从四个方面进行分析:①各类媒介的费用档次,凡是广告预算支付不起的媒介就应该从考虑的范围中划掉;②同类媒介的优缺点比较,根据广告运动的需要看媒介各自的优劣长短;③与以前广告的衔接问题,若本次广告运动所采用的媒介同前几次一致,则容易产生积累的效果;④广告竞争问题,考虑所采用的媒介能否同竞争对手的广告攻势相抗衡,以配合企业的整体竞争战略。

(二)确定具体媒介

在已选定的媒介类别中,选择一个或几个适合本次广告运动需要的具体媒介,进一步落实媒介计划。例如,已经确定将要采用报纸类的媒介推出广告,需要在这一步中做的工作,就是应该确定是在一般性报纸还是专业性报纸上推出广告;若是一般报纸,那么,是全国性的还是地区性的等等。在这里应格外注意媒介的针对性、覆盖率及可行性。

(三)确定媒介组合原则

一般说来,一次广告运动都不会只在单一的媒介上推出广告,而应利用多种媒介推出。由于广告运动的目标是统一的,因此,在每一媒介上推出的广告必须相互协调,其效果可以配合起来。在协调不同媒介时需要有一套媒介组合原则,制定媒介组合原则时需考虑的问题有二:一是"面",即如何包括所有的目标市场消费者;二是"点",即媒介影响力集中点的恰当选取。

(四)进行评估

为了减少媒介发布活动中的失误,在媒介发布策略制定出来实施之前要对其进行一个评估,评估主要包括以下几方面的内容:①成本分析,在一定的经费预算条件下,是否实现了各种媒介的最优化组合,实现了传播范围和到达率的最大化,主要的衡量指标是千人成本;②适合性分析,所选择的媒介、制定的计划是否切合广告目标,是否将信息有效地传达给目标受众,若二者之间存在着很大偏差的话,实际上是对广告媒介资源的一种浪费,甚至可能适得其反,起到反面作用;③可实施性分析,主要从媒介使用的可能性和时间性方面加以考虑,因为媒介经营单位通常会有自己既定的广告发布安排,代理公司必须与媒介经营单位进行沟通、协商,如果可实施性差的话,那么再好的媒介策划也只是纸上谈兵,无法发挥具体作用。

(五)进行媒介试验

一套媒介方案一旦确定下来,很可能就在几个月甚至几年内会保持不变,以便积累对消费者的持续性的影响力。因此,为了保证所采用的媒介方案行之有效,最好是在正式启用之前,先对其进行一次试验。试验方法是,在选定并做好组合的媒介上,小规模地推出广告,然后调查目标市场消费者的反应,由此判断此套广告媒介方案的成败得失。

第四节　广告发布

一、影响广告发布的因素

选择了恰当的广告媒介,制定了合理的组合方案,还有一点必须要做的是选择适当的广告发布时机，主要指对广告推出的时间、频率做具体的安排。要把握广告发布的最佳时间，需要综合考虑产品的生命周期、销售周期，受众的视听习惯、记忆规律的影响和制约。

（一）产品的生命周期

一般的消费产品从投入市场到从市场上销声匿迹具有一定的生命周期，按发展程度不同分为导入期、成长期、成熟期、衰退期四个阶段，在不同的阶段，广告发布的机会不同，策略也不同。在产品的导入期，产品上市前后加大广告力度，集中宣传；在产品的成长期，广告有重点地进行适量的发布；在产品成熟期，由于竞争加剧，广告力度加大；在产品衰退期，广告量减至最低限度。

（二）产品的销售周期

除了产品自身的生命周期以外，不同产品还有它特定的销售周期，比如冰淇淋、饮料夏季旺销，而热饮冬季处于旺销季节。因此，广告信息发布活动通常先于销售活动启动，比如，冰淇淋在夏季是旺销季节，而广告发布活动通常在春季就开始，在七、八月份达到最高峰，进入九月以后逐渐减少播出频次。

（三）受众的视听习惯

此外，人的主观因素也影响着广告发布时机的选择。广播、电视因人们的视听习惯不同，不同频道都有其各自的“黄金时段”，也即收听、收视的高峰，在策划广告发布的时机时应充分利用视听的高峰时间。

据我国有关部门调查表明，我国电视收视的黄金时间分为两段，一段是 18:30 至 21:30，城市观众收视率高，另一段是 21:30 至 23:00，再加入农村的大部分观众。周末和重大节日，如国庆、春节等，也是收视的黄金时间。实践证明，在黄金时间的两头各安排 7 条广告为最佳，而每组中的头条和最末一条广告效果最好。

（四）记忆规律影响和制约

除了视听习惯，人们的记忆也有一定的规律，间隔一段时间会有遗忘，间隔时间越长，遗忘量越多。为了反复刺激消费者，以强化其对产品或广告的记忆，必须重复发布广告。媒介的组合运用可以实现一定程度的重复刺激，此外，广告媒介发布也可以采用有间隔性的发布策略，在连续性的发布过程中，适当加以一定的间隔，每次以不相等的间隔时间出现。合理的间隔时间是“先短后长”，既节省广告费，又符合人们的记忆规律，达到更好的广告效果。

二、广告发布的主要策略

广告发布时机选择恰当，可以增加广告效果，但需要注意合理安排广告频次。合理的广告频次有助于以合理的费用提高广告到达率，并避免过多过量的重复广告使人可能产生的厌烦心理。广告发布的主要频次策略有：均衡频次、变化频次和交叉协调频次。

（一）均衡频次策略

均衡频次，指在一定时间内使用某种媒介的次数和时间、版面、大小、位置等保持不变。比如，某广告在每周的周一至周五的晚间特定时段播出一次广告，广告长度为每次 30 秒，周六、周日在该时段播出两次，每次广告长度为 15 秒，依此规律连续播出一段时间后，再适当加以间隔。

（二）变化频次策略

变化频次，指广告的发布频次不是以均衡的状态出现，而是有一定的变化调整。一方面广告发布次数的安排随着广告活动周期或产品生命周期、销售周期的推进加以适当的调整，另一方面指根据视听高峰的转移变化来调整发布频次，比如说在重大节日或有重大事件发生前后加大频次，节日或事件过后恢复正常频次。另外，也可以有意识地安排变化的广告发布频次，一种方法是先多后少法，一定时期内以大频次形成广告攻势，当产品或服务享有一定的知名度之后再逐步减低频次，主要应用于新产品或新服务开拓市场；另一种方法是滚雪球式的渐次加强法，先是试探性地、低频次地播出广告，在摸清目标受众之后，再加大广告频次，扩大其范围和影响。这种方法对于在对市场需求和消费情况把握不大的情况比较适用，是一个渐进的过程。

（三）交叉协调频次策略

交叉协调的频次，主要指根据媒介组合方案，合理调配各个媒介的发布时间、频次以及间隔等，避免媒介间的相互冲突，合理利用各媒介的暴露频次，综合作用以形成最佳的广告效果。

【本章小结】

广告媒介指能够承载和传播广告信息，实现广告传播目的的载体、渠道或技术手段。广告媒介除了有传播性、公众性、商业性特征外，还有传播、经济、文化三大基本功能。

媒介形式可以按照媒介的物质属性划分、按照受众的数量划分等等。主要广告媒介如报纸、杂志、广播、户外、销售现场、直邮、互联网等都有其自身的特点和不足。

影响广告媒介选择的因素有产品的个性特点、广告的目标与内容等，而广告媒介选择可以按目标市场选择的方法、按产品特性选择的方法等。

影响广告发布的因素有产品的生命周期、产品的销售周期等。广告发布的主要策略包括均衡频次、变化频次和交叉协调频次。

【复习思考】

1. 广告媒介的概念是什么？
2. 广告媒介普遍有哪些特性？
3. 广告媒介的类型如何划分？
4. 媒介组合有哪些优势？相互间可以进行哪些常见搭配？

【案例分析】

“金嗓子喉宝”唱响全国的秘密

20 世纪 90 年代初期和中期，咽喉含片市场经过数年的广告大战之后，各名牌均已确立统治地位，草珊瑚、西瓜霜、健民咽喉片等已占有市场的大部分份额；新产品虽层出不穷，均未能撼动它们的统治地位，而自己却如流星般退出了市场或占据很小市场份额。

由于环境污染加剧，空气质量的恶化，气候的变化无常，吸烟嗜酒者的增多，以及卡拉 OK 的全国流行，用嗓过度者日益增多，造成咽喉炎患者、咽喉不适者及口腔异味者，对咽喉治疗保健药的需求大增。

然而，通过市场研究发现，咽喉含片均为药粉压制而成，一含即溶，很难在咽喉部较长时间保持药效，含片一般较小但药量不足，对急性咽喉炎或咽喉不适应者施药量不够，见效也较慢，而普通润喉糖又无治疗作用。这样，两类产品之间存在一个空缺，即中间型治疗保健产品。

于是，"金嗓子喉宝"，一种含有多种中草药成分，能短时间对咽喉炎症产生强烈、良好效果，显效时间较长、高附加值的咽喉含片根据市场需求诞生了！

"金嗓子喉宝"问世仅四五年，即从强手如云竞争异常激烈的咽喉含片市场中脱颖而出。目前占据全国药店咽喉含片市场前列，畅销全国，年销售额近3亿元，并仍保持迅猛的发展趋势，产品知名度、美誉度名列同类前茅。

"金嗓子喉宝"的成功，除了产品质量、价格、渠道、促销等有利因素，其中广泛利用媒介组合的方式进行产品宣传也是一个重要原因。可以说，中央电视台、《参考消息》、《广播电视报》、《体育报》以及户外媒介构成的主要宣传网络，高效而节约，最终为开拓市场与创建名牌立下了汗马功劳。

（资料改编自：中华广告网，http://www.a.com.cn）

请根据你所拥有的媒介知识，在理论联系实际的基础上，为"金嗓子喉宝"设计为期半年的媒介宣传计划。

【实训练习】

1. 请收集同一品牌或同一产品在不同媒介形式上所刊播的广告，对这些广告和媒介形式进行仔细的分析研究，谈谈你对不同媒介形式优点和缺点的看法。

2. 请你尽可能多地列出你所知道的广告媒介形式，然后任选一种广告媒介的分类方式，将具体的、不同的广告媒介形式填入其中，制成一个大表格。

3. "农夫山泉矿泉水"广告除了电视媒介外，还可分别选用什么媒介？

4. "李宁春－跳跳龙"和"绿箭2006"各属于其产品的哪一生命周期？应怎样设定媒介投放的时机和频次？

第九章　广告实施策略

【引入案例】

联想 ThinkPad 拥有丰富的产品线，其中 T 系列和 X 系列是 ThinkPad 的旗舰，T 系列以坚若磐石著称，X 系列则堪称便携式笔记本的典范。而 ThinkPad 中的 R 系列，则是 Thinkpad 中的“平民”，通过价格调整，用一般消费者可以接受的价格就能拥有一台联想 ThinkPad。

通过本章的学习，可设计联想公司如何结合各个系列的产品恰当地运用广告心理策略、广告宣传策略、广告促销策略来实施广告。

【本章概述】

广告实施策略是企业在广告活动中为取得最优效果而拟定的指导思想和总体设计，是对广告内容、广告方式、广告媒介、广告时空的策划与运筹，是企业营销活动的重要组成部分。广告实施策略有很多种，其中主要包括广告的心理策略、广告的宣传策略、广告的促销策略等。

【学习目标】

了解广告的心理影响过程，掌握需求导向策略、从众策略、情感策略、权威策略的特点并能灵活运用到广告策划中；掌握广告在宣传中采用的市场策略、系列策略、时间策略、明星策略的内容及作用；掌握促销的明示型策略、活动型策略、奖赠型策略、广告事件行销和联合广告促销的内容及适应条件，并学会制作小型的促销方案。

【本章重难点】

本章重点在于掌握各类广告实施策略的特点、优点、作用。本章难点在于结合产品的背景和特点，灵活采用、组合广告策略，发挥广告实施策略的最大优势。

第一节　广告实施策略概述

广告实施策略是企业在广告活动中为取得最优效果而采取的行动和对策，是企业营销活动的重要组成。广告实施策略有很多种，其中主要包括广告的心理策略、广告的宣传策略、广告的促销策略等。选择广告实施策略要遵循信息原则、预测原则、可行性原则、系统原则及优选原则，还应考虑市场情况、产品情况、消费者情况、广告目标等影响因素。当市场、企业经营状况、消费形势、广告目标等发生变化时，广告策略应按一定原则迅速作出调整。

一、广告实施策略的涵义

广告实施策略是企业经营策略的一个重要组成部分，它是企业为实现其经营目标而对其规划期内的广告活动拟定的指导思想和总体设计。广告实施策略是对广告内容、广告方式、广告媒介、广告时空的策划与运筹。

广告实施策略是对一个时期的广告活动进行的系统规划，因而具有全局性、长期性、导向性、竞争性的特点。

（一）全局性

广告实施策略是企业广告活动的总方向、总目标和总趋势的规划，是开展一系列广告活动的思想指南和行动指南。广告策略在总体上把握方向，确定广告在企业经营活动中的地位和功能。

（二）长期性

广告实施策略是广告在未来一段时期内展开活动的长期发展规划，是为了增强广告的影响，同时增强广告产品（或服务）的影响，因此广告实施策略具有长期性。

（三）导向性

由于广告实施策略对广告活动的全局性和长期性的影响，决定了广告策略对每一项具体的广告活动具有导向性。在规划期内，企业每一项广告的设计、制作和实施都必须以广告策略为指导，这样才能保证广告活动产生预期的整体效果。

（四）竞争性

广告是现代企业参与市场竞争的一个重要手段，而广告实施策略是为了增强市场竞争能力而产生的一种全方位、全过程的抗衡手段，因此，广告策略必须具备极强的抗衡性，只有这样才能有效地掌握竞争的主动权，增强广告的影响效果，从整体上压倒对方，实现广告活动的最大效益。

二、广告实施策略的作用

广告实施策略是实现广告目标和经营目标的重要手段。广告的目标是通过广告宣传，在消费者中提高广告产品的知名度和喜爱率，促使消费者在购买同类产品时能指名购买，以达到扩大市场占有率的经营目标，从而使企业赚取更多的利润。

广告实施策略是完成广告规划的基础条件。广告实施策略的制定实施，是正确地确立广告创作方针，提出广告设计方案，制定广告活动步骤，使广告活动具有计划性和科学性的基础和前提。

广告实施策略是决定广告效果的关键。广告活动是有价的传播活动,它需要支出费用,而广告预算是有限的。

广告实施策略是企业树立声誉、开展竞争的有力武器。

第二节　广告心理策略

众所周知,广告策划的最终目的就是实现预定的广告目标,而对于大多数广告而言,其目标就是促使消费者做出对广告企业有利的行为——或是购买产品促进销售增量,或是对企业品牌产生好感而提升其品牌价值。而人类的一切行为都是受意识形态支配的,因此我们在广告策划的每一个环节中都要特别注重对消费者心理的分析、利用,运用心理学的原理来策划广告,诱导人们顺利地完成消费心理"引起注意——提起兴趣——激起欲望——引起行动"(AIDA 模式,1925 年)的一系列过程,创作真正具有心理感染力和震撼力的广告作品,使广告取得成功。

一、广告心理影响过程

广告中成功的信息传递,往往是首先作用于消费者的视觉和听觉,继而激发其心理感应,促进一系列的心理活动,最后导致消费者的购买行为。商业广告在完成由诉求到购买行为的过程中,对消费者心理活动的诱导是十分明显的。据统计,在被收看的广告中,只有 1/3 的广告能给观众留下一些影响,而这 1/3 中只有 1/2 能被正确理解,仅仅 5% 能在 24 小时内被记住。那么,如何使你的广告能给观众留下深刻的印象,赢得他们的好感而为企业带来较高的收益呢?显然,只有那些较高企业水准,富有心理感染力和震撼力的广告作品,才可以做到这一点。这正如美国广告巨子奥格威所说:"吸引消费者的注意力,同时让他们来买你的产品,除非你的广告有好的点子,不然,就象被黑夜吞噬的船只"。

广告的心理影响过程主要包括:

(一)引起注意

引起人们的注意是广告心理策略中十分重要的问题,是广告产生效应的首要环节。广告若不能引起消费者的注意,效果就无从谈起。广告界流行这样一句话:使人们注意你的广告,就等于你的产品推销出去了一半。所以,调动人们的注意是广告成功的第一步。例如,有时候对着街上不认识的行人说:"您能配合我做一个调查吗?"大多数情况下,他们不会停下来配合做调查。但是如果突然跑到他面前对他说:"请用手握着这支笔……"情况会怎样呢?肯定要比第一种方法更能引起人的兴趣。在广告设计中,可以有意识地增大广告对消费者的感觉刺激效果和明晰的识别性,使消费者在无意中引起强烈的注意。"曹雪芹家酒"广告画面的设计就符合这一心理原理。在主要画面内容中,前景对象是一个大大的酒瓶,甚至超过背景林立的高楼,用这种醒目突出的图景,加上异常鲜明的色彩,给消费者以强烈的刺激,使其心理处于一种积极的、兴奋的状态之中,引起了较大的注意。同时,变化着的刺激物和活动着的刺激物容易引起人们的注意。在广告设计中,新奇有趣的构思、富于想象的画面、诱人关心的题材,往往给人们的心理以强烈的刺激,激发消费者对其产生兴趣,维持注意。早期的"双鸽"火腿的广告,请到了著名的喜剧演员陈佩斯,采用了出人意料的小品的表现形式,让人感到亲切生动,富有幽默感,产生了较强的吸引力,激发了消费者的极大兴趣,增大了注意度。

（二）增强记忆

人们在记忆过程中有一个普遍的心理表现，即遗忘。对一般人来讲遗忘是绝对的、正常的，过目不忘是不可能的。消费者在注意到某种产品的广告之后，不可能马上就去购买，从引起注意到产生购买行为总会有一段时间。那么，这则曾经发布的广告是否没有被遗忘，是否留在了消费者的记忆宝库中，就要看广告设计中增强记忆策略应用的情况了。

在广告宣传中，有意识地采取重复的方法，反复刺激消费者的视觉、听觉，加强有关信息的印象，延长信息的储存时间，是广告宣传中惯用的心理策略。我国商业广告最常见的做法是将同一广告不断重复刊播，有的广告还将同样的画面、同样的语言连续重复多次。最典型的就是"恒源祥"的电视广告，通过重复来达到增强观众记忆力的目的。但是过度的重复和没有任何创意的单调重复，反而会适得其反，例如2008年春节前后的"恒源祥－生肖"广告。广告重复还可将有关信息在多种媒体上呈现，使受众分别在不同的时间、不同的地点、不同的活动中，用不同的感官接受到同一品牌的广告信息。这种全方位、立体式的广告宣传是很多品牌采用的，事实证明也是非常有效的一种广告策略。

为了提高消费者对广告的记忆率，广告创作中，利用语言的特点对广告进行编码，使它们更容易储存。有利用谐音规律的"中兴酱油，酱（将）出名门"。"雄鸡冷饮，食（十）全食（十）美"；有利用语言结构特色增强记忆的"长城电扇、电扇长城"、"非常时刻、喝非常可乐"、"露露一到，众口不再难调"等，广告语言精练，琅琅上口；还有利用语言的韵律，如美的电器公司的广告语"原来生活可以更美的"、人头马酒的"人头马一开，好事自然来"，也均以巧妙的押韵，充分利用广告有限的时间，在突出产品特性的同时，让人们记住了最重要的内容，从而产生了较好的广告宣传效果。

（三）启发联想

所谓联想，就是人们在回忆时由当时感觉的事物回忆起有关的另一件事，或者由所想起的某一件事物又记起了有关的其他事物的一种神经联系。广告可以运用各种手法刺激消费者有益的联想，并增强刺激的深度和广度，引起人们对事物的爱好和兴趣，这对形成购买动机和促成购买有重要作用。具体的方法有很多，如可以用消费者熟知的形象，也可以创造出深入浅出、耐人寻味的意境，来暗示商品给人的乐趣和荣耀等。这种信息传递往往可以获得引人入胜的艺术魅力，给消费者留下了艺术再创造的余地，从而增强主题的说服力。

在广告中充分发挥联想的心理功能，必须以充分地研究广告目标市场的消费习惯、消费水平和消费趋势为基础，掌握广告目标消费者的心理需求，从而有针对性地利用各种易于创造和激发联想的广告因素，使广告信息取得联想效果，适应消费者的知识经验和审美欲求，从而促使其接受信息，导致消费行为。"曹雪芹家酒"的广告营造了欢乐吉祥的气氛，大红灯笼的视觉刺激，咚咚鼓声的听觉刺激，"同欢、同乐、同喜、同庆"几个大字跃上屏幕，让人联想到喜庆要喝酒，喝酒要喝曹雪芹家酒，产生连续联想，给人留下了难忘的印象。这些做法特别有利于扩大宣传效果，刺激消费者的购买欲望，达到了宣传商品的目的。

请看一则鲜鸡蛋广告。画面上，稻草丛中有一堆鸡蛋，其中有一只鸡蛋碎了，蛋清蛋黄摊在地上。设计者巧妙地在破损的蛋壳上印上了一对清晰的鸡爪印。这说明那鸡蛋是刚刚离开母体的产物。这对爪印使人联想到一只刚生完蛋才离开的母鸡，临行前还笨手笨脚地碰破了一只刚产的鸡蛋。其"鲜"如此，夫复何言！这幅广告画最独特的创意，就是那对爪印的设置。人们正是通过由鸡爪引发的丰富联想，突破时空界限，扩大了画面艺术形象的内容范围，加深了意境，从而使审美对象与审美者融合为一体，在产生联想的过程中引发了美感共鸣。

二、广告心理策略

掌握了消费者接受广告的心理过程之后，广告策划就可以结合几条有效的广告心理策略来影响消费者心理，从而产生购买行动。

（一）需求导向策略

传统的产品观念认为消费者喜欢高质量、多功能和具有某些特色的产品。因此他们将工作的重心集中在精心制作产品上，认为只要产品质量上乘，消费者总会出钱购买它。科特勒这样来描述这些人，他们声称："我们制作最好的男人服装"，或者"我们生产最好的电视机"，但是却弄不清楚市场为什么对此不感兴趣。有一个故事很能说明问题：一位办公室文件柜制造商认为他的文件柜一定好销，因为它们是世界上质量最好的。他说："这些柜子从四层楼上扔下去仍旧完好无损。"然而他的销售经理却说："可是我们的顾客并不打算把文件柜从四层楼上扔下去。"从这些生动的故事中可以看出顾客需求在市场中的地位。提出需求第一是市场观念演变中的一次革命。哈佛大学著名营销学家莱维特教授在《营销近视》中说：企业的经营必须被看成是一个顾客满足过程，而不是一个产品生产过程。产品是短暂的，而顾客的需求则是永恒的。

需要是人们进行实践活动的原动力。人们之所以购买这种商品，而不购买别的商品，就是由于这种商品能够满足他们的某种需要。广告实施策略不但要告诉人们有关商品的知识，而且要说明这种商品是符合他们的需要的，积极诱发公众对企业和商品产生合理的需要。当人们认识到这种商品对于他们的价值，即符合他们的某种需要时，他们才会把消费心理转化为行为动机，产生购买行动。在既有的目标市场中，存在极大的需求，但很多厂家没有洞察消费者，不能或没有满足这样的需求，这时候成功的广告只需掌握了人们的需要，并针对人们的需要确立广告诉求的重点和创作设计广告。直接承诺，满足需求，解决问题，就能赢得市场。

娃哈哈的创始人宗庆后在创业之初，致力于儿童食品的开发，研制出一种以中医食疗"药食同源"理论为指导思想的儿童天然食品，在成立公司时，为公司的名称大伤脑筋，虽然征集了一大批名称，感觉都没能很好贴近儿童食品所特有的亲和力和感染力，在偶然的一次碰撞中，无意中蹦出的"娃哈哈"让所有的参与者为之精神一振，简简单单的三个字涵盖了所有内涵，儿童饮用的、健康天然无副作用的、开心的、让人喜爱的等等。对于一个儿童食品来说，没有比娃哈哈更能让人接受了。紧接着宗庆后又对当时的儿童饮品市场做了深入细致的调查，结果发现市场上儿童用的各种饮品、保健品种类繁多，诉求集中在滋补、保健，口味好等方面，但市场反应平平。是真的没有需求或者有需求但没有被满足？宗庆后经过调查，发现现在的家庭由于只有一个孩子，家长想尽办法让孩子吃的好长的壮，但由于孩子吃得过于精细，再加上各种各样的零食，使得大多数的孩子吃饭不香，时间长了，又成了家长的心病。常常能看到每天三顿饭，一家人像打仗似的，一齐动手，软硬兼施，为的只是想让宝宝多吃一点。为什么不能承诺为家长解决这一难题呢，"喝了娃哈哈，吃饭就是香"的广告一问世便轰动了大江南北，加上娃哈哈本身所具有的亲和力和感召力，让娃哈哈在很短的时间内奠定了儿童营养品的霸主地位，到 1991 年，创业只有三年的娃哈哈产值已突破亿元大关，发生在小学校园里的经济奇迹开始引起了社会和各级政府的广泛关注。

同时，需要也可以创造和导向。现代心理学在对人的行为动机研究中，对人的需求心理进行了剖析。马斯洛认为，人类在某一不同阶段具有某种不同的需求，这种需求可以分为不同层级，按其重要程度进行排列，分别是生理需要、安全需要、社会需要、尊重需要和自我实现需要。一个人总是首先寻求满足最初需要，当初级需要满足之后又转而向下一个需求寻求满足。而正是因为存在着人类需求的特征，广告才有可能使人们在自身需要和欲望的不断满足中、引起需要和刺激需要，创造性地发展需求。通过对潜在需要的激发，使消费者产生物质欲求，并加强其信心，排除障碍，促使购买。这也是我们现在所说的广告指导消费的作用。

1998 年，正是各厂家空调大战愈演愈烈之时，消费者面对着铺天盖地的广告宣传和促销几乎无从选择。海尔空调的决策层充分认识到如果任由其发展，不免要陷入两败俱伤的境地。怎样才能在混乱的市场中杀出，既不影响海尔品牌形象又能扩大市场份额，成为当时最迫切的问题。在做了深入的消费者调查之后，发现当时的消费者已经对服务、质量等的承诺不感兴趣，因为所有的厂家都在做这样的保证，另外，能买的起空调的人群相对来说属于城市中的富裕阶层，价格的高低并不是主要原因，关键的问题在于是否能让人们感觉你的产品确实物有所值。那什么样的空调才是物有所值？在对居民的需求调查中发现在满足基本的需求之外，人们更关心的是整天开空调会有副作用吗，会影响身体健康吗，会得空调病吗？几乎多有的厂家都没有回答业已存在的这种担心。海尔在充分论证过后，加紧研发并推出海尔健康空调概念，从科学的技术的角度向人们承诺了海尔空调是高科技的结晶，引领空调的发展潮流，给人们的是清新的空气，健康的身体。海尔健康空调以一种全新的概念隆重上市，价位也高出普通空调很多，但由于迎合了消费者潜在的需求，使他们觉得物有所值，一上市就供不应求，当年就一跃成为空调市场第一品牌。

需要是广告诉求定位的主要依据。同是一个产品，它有许多属性，而只有那些最能满足需要的诉求定位才能导致购买行为，使广告获得成功。消费者不仅对商品的使用价值有所要求，而且要求获得心理上的满足。广告要同时掌握人们对商品实用价值和心理价值的需要，才能获得成功。

（二）从众策略

什么是从众？它是人们自觉或不自觉地以某种组织规模或多数人意见为准则，而作出正确的判断，改变态度的心理现象。当消费者在所选对象的式样、质量等并没有一定的客观标准的情形下，如果决策受到群体标准的熏陶，就容易表现出从众的倾向。影响从众的因素很多，除群体规范、群体凝聚力外，还有群体规模、群体意见的一致性、问题的难度、个性特点、个人在群体中的地位等等。从众心理是一种带有普遍性的心理现象、既包括思想意识上的从众，也包括行为上的从众。

广告从众策略运用的比较好的例子举不胜数，最著名的便是“脑白金”广告：送爷爷、送奶奶、送朋友、送亲戚……有多少亲朋好友，送多少脑白金。在加上其“新闻报道”篇广告的大量传播，脑白金就这样变成“人人喜欢”的礼品。当你为老人送什么礼品犯愁时，你就不知不觉去买了一盒脑白金！因为你也不知道送什么好，而“脑白金”也许是大家的选择，大家都选择的产品肯定没有错，老人也许就觉的很有面子，这个就是从众的“消费逻辑”与广告策略运用的依据。

图 9－1　“脑白金”广告

（图片来源：北方网，http://economy.enorth.com.cn/.../11/25/000460444.shtml）

在日化产品中,宣传有多少消费者使用某产品后怎么怎么样好,也是比比皆是,其最终的目的就是发出这样的一个声音:“大家买(好)肯定是真的好!”又如“娃哈哈”AD 钙奶的广告词用了一句“今天你喝了没有?”便使小朋友争先恐后地购买。这便是利用公众的从众心理达至目的。葛优一句”我身边很多朋友用神州行”“神州行、我看行”,让中国的普通农村消费者对中国移动更是青睐有加。所以,如果在广告中我们能够巧妙地借助人们的从众心理进行广告创意,便会收到好的效果。

女性的消费心理方面与男性不同,因此其购买行为也各有特点。女性购买欲望上多爱自我感觉,易受购买环境气氛影响,容易冲动而产生购买行为。当她们逛商场时,碰巧看见一位美容师在为某顾客作化妆品示范,很容易受到感染,从而被深深吸引,再经美容师的热情推荐,化妆品迷人芳香的熏陶,很容易冲动一次,即兴购买。这种特别的心理特点,在广告策划中决不能忽视。

(三)情感策略

众所周知,广告以激起消费者的购买行为为目的,而购买行为的产生是和人们的情感活动联系在一起的,消费者的情感可以成为购买行为的催化剂,因此,注重消费者的情感规律是现代广告的重要方面。广告的情感策略有别于艺术作品的情感表现。首先是出发点和目的不同,艺术作品的情感是以欣赏为目的的,好的艺术作品能够使人在精神上得到某种满足,而广告的情感策略是以促销为目的的,不能达到促销目的的情感设计是失败的。其次,艺术作品的情感可以是深奥的、隐蔽的、由画家个人的主观感受而定,别人看懂看不懂可以不管,而广告的情感必须从消费者的情感出发,而且为了使消费者在短时间内迅速理解和接受,广告的情感表现要求直接和外露。

情感广告是指广告的内容或者广告的表现形式以感情为主线,通过人类最基本的感情打动受众,以期通过情绪与情感的唤起而在情感与品牌之间建立积极的联系。它们侧重于感情表达,而更少直接表述产品或服务的信息,只突出广告的表现手法。这种广告又叫做情感诉求型广告或感性广告。在广告传播中赋予人的情感和个性是品牌传播的一个有力武器。“天若有情天亦老”,情感是人类永恒的话题,也是维系人与人之间关系的基础。真实、温暖的情感不仅能够感动自己,他人见之闻之亦会动容心动。一个品牌或产品如能深深地打动消费者,就定能将消费者心动的涟漪扩展到行动的结果,心甘情愿地购买让他(她)心动的产品或服务。

广西南方儿童食品厂的南方黑芝麻糊广告以浓郁的怀旧情调展开:在遥远的年代,江南麻石小巷,天色近晚。一对挑担的母女向幽深的陋巷走去,伴随着“南方黑芝麻糊哎——”的叫卖声,音乐响起。而在深宅大院门前,一个小男孩拨开粗重的樘栊,挤出门来,深吸着飘来的香气。小男孩再也坐不住了,跑了出来,看着一位阿婆端着热气腾腾的芝麻糊,急得直搓手,舔唇。这时妇女也给小男孩舀了一碗,他埋头猛吃,大碗几乎盖住了脸庞。研芝麻糊的小女孩投去新奇的目光。小男孩也不在意,吃完了还大模大样地将碗舔得干干净净,逗得小女孩掩嘴善意地笑起来。看着小男孩可爱的样子,妇女爱怜地给他添上一勺芝麻糊,轻轻地抹去他脸上的残糊。这时小男孩默默地抬起头来,目光里似羞涩、似感激、似怀想,意味深长。此时,字幕加画外音:“一股浓香,一缕温暖,南方黑芝麻糊”。亲情、爱情、友情等情感在“从情”广告的有机融入,不仅仅是让广告和产品拥有了生命力,更重要的是它让消费者从中找到了自己过去或现在的影子,激起了产品和消费者之间的共鸣与价值认同。

图 9-2　“南方黑芝麻糊”广告

（图片来源：广告视频截图）

1998 年下半年，雕牌洗衣粉曾全面退市，1999 年初，又以全新的包装切入洗衣粉市场，获得二次创业的成功。此次出击雕牌大打情感牌，借助“下岗潮”的出现，其不失时机地抓住这一引起社会普遍关注的资源，借势进行品牌的打造与传播。“雕”的情感诉求比较成功，其创造的“下岗篇”，就是其中比较好的情感宣传方式。妈妈下岗了，家庭生活日显拮据，并随着妈妈找工作的画面把情感推向了高潮，片中小主角的真情表白：妈妈说，雕牌洗衣粉，只用一点点，就能洗好多好多衣服，可省钱了。妈妈，我能帮您干活了。随着下岗这一普遍社会现象的出现，这一宣传，引起了消费者内心深处的震撼以及强烈的情感共鸣，这份母女相依为命的亲情与产品的融合恰到妙处，成就了一个感人至深的婉丽的产品故事，稚嫩的童音在心头萦绕，拂之不去，“雕牌”形象与产品则深入人心。

在广告实施策略中，要充分把握消费者的情感规律，采用有针对性的情感诉求可以给消费者强烈的印象。除了有营造温馨气氛表现浓郁感情的表现手法外，还有制造悬念、紧张甚至是恐惧等情感氛围扣人心弦，以表现特定的内容达到特定的效果。如一则交通公益广告：一群年轻男女在飞驰的车内嬉戏，驾车的青年虽然努力想集中精力开车，无奈同伙大喊大叫，正当他回头大叫安静来时，不幸的事故发生了，一辆汽车飞速撞来，一阵天旋地转之后，便是真正的车祸现场：车在燃烧，地上的尸体残缺不全，一名侥幸逃生但受伤的男青年趴在地上向同车的朋友大声哭喊着。他同车朋友的尸体正被警察运走。刹时荧光屏全黑了，只出现几大字：“你刚取得驾照五个月，眼睛才离开地一秒，就这么简单，你的好朋友都没有了。”人类是追求快乐、回避痛苦的动物。比起追求快乐来，人们更愿意去躲避痛苦。在人寿保险公司的商业广告中有这样的宣传：“作为一家之主的你，患了癌症的话，一家人将茫然失措。谁来守护您的亲人和家庭？有准备才能无牵挂，现在就行动吧？”这是直白的呼吁，借用亲情的力量先给你一个恐惧的假设，然后再告诉你，保险公司可以帮你解决这个问题。每个有家庭责任感的人看了这则广告，多少都会为之动容。

（四）权威策略

在人的行为影响中有一种规范影响，即消费者把自己与一个群体相互联系起来，在某种情况下，并不知道自己如何行动，总是希望能够得到别人的引导和示范。在广告策略中，经常利用消费者的群体归属意识和权威的信任来实现广告目标。“从权广告”就在如此的背景下幸运诞生了，广告为了增强其说服力，便利用权威暗示现象为自己服务。从权广告之所以有效是它抓住“人们不敢质疑专家之来历，只尊重其权威性之身份”的心理。因此，他们在广告中力图确立所提供产品及其承诺的高可信性，采用了科学鉴定，专家学者评价，消费者现身说法等广告策略。例如，舒肤佳肥皂广告就以“中国医学会认可”作为权威证明，佳洁士牙膏广告则使用“全国牙防组织认可”，沙宣洗发水则由世界著名“护发专家推荐”……。有意思的是，在宝洁大举开发中国市场时，几乎从未采用那些有知名度和社会影响力的明星作为广告模特，而大多是从日常生活的特定群体中选取一些人物，如“合资公司助理顾莉”、“大学讲师章晓英”等。各种各样的认证、证言、检测报告、推荐、金奖等方法尽管不是什么新招，但它们能在消费者的心目中树立一个情感的支持点，使广大消费者认同和认可其产品、品牌的可信度和可靠性。

图 9-3　“佳洁士”牙膏、“舒肤佳”香皂广告

（图片来源一：新浪新闻中心，http:// news. sina. com. cn/. . . /104412903337. shtml；
图片来源二：My12345，http://www. my12345. com/product_id-49170. htm）

把权威策略运用于广告中时，最重要的就是要找到一种适当的有利于提供规范和标准的方式。比如在“生活片断”类广告中，经常会出现一群人在讨论产品，一个人扮成产品代言人的角色，指导或说服消费者使用该产品，实际上在这种情况下，广告与现实之间的界限已经在一定程度上被打通，广告扮演着“人际影响”的角色。

广告本身就是一种教育，一种心理诱导术。消费者的“喜怒无常”只是一种表面现象，在其行为背后，都有某种动机在支撑着。如果我们能设身处地为消费者的需要、动机和目的着想，就会找到消费者心中的那根弦，我们的广告也就能彻底打垮他们的心理防线。

第三节　广告宣传策略

成功的广告必须采取灵活的广告宣传策略，有了可信赖的质量，还要有好的宣传，才能提高产品的形象，树立良好的品牌形象。广告宣传要把握好几个策略：

一、市场策略

所谓市场策略，就是企业为自己的产品选定一定的范围和目标、满足一部分人需要的方法。任何企业，无论其规模如何，都不可能满足所有顾客的整体要求，而只能为自己的产品销售选定一个或几个目标市场，这就是所谓的市场定位。企业的目标市场定位不同，销售策略不同，广告策略也不一样。目标市场是广告宣传有计划地向指定市场进行传播活动的对象。因此，在制定广告策略时，必须依据企业的目标市场的特点，来规定广告对象、广告目标、媒介选择、诉求重点和诉求方式等。

企业选择目标市场是在细分市场的基础上进行的，商品市场按消费者的需求和满足程度来分，有同质市场与异质市场两类。同质市场是消费者对商品的需求有较多共性、消费弹性小、受广告影响不大的商品市场。一些生活必需品就是属于这一类型。异质市场则与同质市场相反，它是指顾客对同类产品的品质和特性具有不同的要求、强调商品的个性、消费弹性较大、受广告的影响也较多的商品市场。绝大多数商品市场都属于异质市场。在满足消费者需求时，不仅要考虑到生理上的需要，还要考虑心理上的需要，而生理上的需要有一定的限度，心理上的需要则是变幻莫测的。因此,在同类商品总市场上,企业可以依据消费者生理上和心理上的需求,以及企业自身的经营条件,将市场细分成许多子市场,然后再依据目标市场的特点,制定企业的营销策略,并采取相应的广告策略。由于市场可以细分,在市场经营和广告宣传中就可以运用不同的策略手段,争取不同的消费者。依据市场来制定销售策略,一般可分为无差别市场策略、差别市场策略和集中市场策略等三大类。针对不同的情况,广告策略也采取相应的形式:无差别市场广告策略、差别市场广告策略和集中市场广告策略。

无差别市场广告策略是企业把一种产品的整体市场看作一个大的目标市场,在一定时间内,只考虑消费者或用户在需求方面的共同点,向同一个大的目标市场运用各种媒介搭配组合,做同一主题内容的广告宣传。这种目标市场策略在同质市场被广泛采用,因为这些市场的需求本身就不存在实质性的差别。再者,当企业推断即使买方需求是有差别的,但他们有足够的相似之处,可以作为同质市场加以对待时,也可采用这种策略。例如人们对饮料的需求是有差别的,但美国可口可乐公司由于拥有绝对的配方权,在20世纪60年代前曾经以单一口味的品种、单一标准的瓶装和统一的广告宣传,长期占领了世界软饮料市场,并获得了“世界第一饮品”的美誉。总之,对于那些广泛需要的,能够大量生产、大量销售的产品,以及具有垄断性、不易仿制的产品,可以采用这种策略。采用这种策略的企业通常具有大规模的单一品种生产线,拥有广泛的销售渠道,并大量进行形式统一的广告宣传,容易使产品的印象深入人心。无差别市场广告策略的最大优点是成本的经济性,考虑的主要是企业自身的利益,如生产的方便与经济、成本的节约、经营管理的简化等,而忽视了市场实际存在的需求差别。在今天,这种策略对多数企业已经不适用了。例如,在我国旧的体制下,大多数产品供不应求,许多企业自觉或不自觉的都奉行了这一策略。以品种单一的产品,加大批量生产的方式供应广泛的市场,几乎几十年没有变化。第一汽车制造厂生产的单一规格、单一颜色、单一价格的“解放牌”汽车,营销全国几十年,直到20世纪80年代中期才改变车型;我国的自行车、缝纫机、手表等,也都曾以单一的品种样式营销了几十年。现在,这些行业已不同程度地放弃了无差异市场营销策略。

当市场出现以不同需要的顾客为目标的竞争者时,为迎合这些有差别的需要,差别的产品更新赢得顾客的喜爱,从而分片地挖走实行无差异策略企业的市场。正因如此,许多过去长期奉行无差异营销的企业,不得不改弦易辙,转而实行差异性营销。

差别市场广告策略则是企业在一定时期内,针对细分的目标市场,运用不同的媒介组合,做不同内容的广告宣传。这种策略能够较好地满足不同消费者的需求,有利于企业提高产品的知名度,突出产品的优异性能,增强消费者对企业的信任感,从而达到扩大销售的目的。由于市场分化,各目标市场具有不同的特点,所以广告设计、主题构思、媒介组合、广告发布等也都各不相同。宝洁号称“没有打不响的品牌”,事实也是如此。自1988年进入中国市场以来,宝洁每年至少推出一个新品牌,尽管推出的产品价格为当地同类产品的3至5倍,但并不阻碍其成为畅销品。可以说,只要有宝洁品牌销售的地方,该产品就是市场的领导者。而宝洁进攻市场最常用的武器就是广告。首先,宝洁广告定位与产品定位浑然一体。众所周知,宝洁是世界上品牌最多的公司之一,这源自于宝洁的市场细分理念。它认为,一千个消费者有一千个哈姆雷特,归结出一些不同点,用琳琅满目的品牌逐一击破。于是宝洁洗发水麾下有飘柔、潘婷、海飞丝三大品牌,洗衣粉系列有汰渍、碧浪。然而,宝洁并不担心各种品牌在同一货架上的相互竞争,因为宝洁广告已经明白无误地告诉了消费者,该使用哪种品牌。以洗发水为例,海飞丝个性在于去头屑,“头屑去无踪,秀发更出众”,飘柔突出”飘逸柔顺”,潘婷则强调“营养头发,更健康更亮泽”,三种品牌个性一目了然。消费者想去头屑自然选择海飞丝而不是飘柔，从而避开了二者的竞争。宝洁的广告细分，达到了把中国消费者一网打尽的目的。1999 年中国洗发水市场，宝洁产品占市场份额的 60% 以上，其中飘柔以 25. 43% 份额高居榜首，潘婷和海飞丝分别以 18. 55% 和 15. 11% 的市场份额紧随其后。

本章开始提到联想 ThinkPad 的案例，可以通过差别市场策略来区别诉求。其中对 ThinkPadT 系列和 X 系列（“旗舰”），联想广告中仍然坚持产品的高端定位，同时通过围绕奥运的推广活动，提升产品的品牌形象。而 ThinkPad 中的 R（“平民”）系列，在广告诉求中强调，价格的改变并不会导致服务的降低。此外，对不同地区用户的需求进行精确把握也是广告策略实施的一个重要前提。因为成熟国家和新兴国家用户对电脑的需求不相同。在巴西、印度、墨西哥等新兴市场，很多消费者是第一次购买 PC，对这些用户来说，安全性只是防盗的问题，而不是防止黑客入侵，因此广告宣传上侧重于产品的价格和形象。但在西欧、美国等地区，人们却很关注电脑的最新技术，会担心病毒是否会入侵电脑，会关注电脑的质量。因此，在这些市场，广告策略中在强调产品的高质量和维护。

集中市场策略是企业把广告宣传的力量集中在已细分的市场中一个或几个目标市场的策略。此时，企业的目标并不是在较大的市场中占有小的份额，而是在较小的细分市场中占有较大的份额。因此，广告也只集中在一个或几个目标市场上。采取集中市场策略的企业，一般是本身资源有限的中小型企业，为了发挥优势，集中力量，只挑选对自己有利的、力所能及的较小市场作为目标市场。

1994 年 8 月，当吴炳新、吴思伟父子在山东济南祭起“三株口服液”大旗的时候，中国的保健品市场已经进入到了退潮期。就是在这样的大背景下，三株来了。据统计，农村人口消化道发病率居各类疾病榜首，也远远高于城市人口发病率，况且农村人口基数大，因此三株把目标市场定位在农村，声称“以农村包围城市”的三株广告策略与前面的保健品牌略显不同。三株定位于农村市场之后，并没有盲目地投放广告，而是充分认识到了农村市场的特点后，才稳健地实施它的广告策略。就广告的媒体选择而言，三株意识到，由于收视条件有限，电视广告在农村收视率不高。于是三株独辟蹊径，利用中国低廉的人力成本优势，开展人海战略，聘用了数以十万计的大学生充实到县级、乡镇级的办事处和宣传站。同时，他还创造了一种“无成本广告模式”，即发给每个宣传站和村级宣传员一桶颜料和数张三株口服液的广告模板，要求他们把“三株口服液”刷在乡村每一个可以刷字的土墙、电线杆、道路护栏、牲口栏圈和茅厕上。以至于当时每一个来到乡村的人都会十分吃惊地发现，在中国大地的每一个有人烟的角落，都几乎可以看到三株的墙体广告。三株还自创了小报形式，根据确定的区域，集中优势兵力投放，成本低，宣传力度因此很大。其次，三株广告策略紧紧抓住了农村消费者的心理。农村消费者喜欢热闹，从众心理也很强，所以三株重视现场宣传活动。在农村的繁华集市上，常常可见一簇簇人群围着三株宣传现场，有条幅展牌音响营造气氛，还配合医生现场诊断和产品推荐，甚至邀请当地名人到场以壮声色。农村消费者眼见现场气氛热烈，就忍不住上前探望，马上被三株吸引住了。正是有了这些综合的品牌宣传手段，才使得三株品牌在各地得以迅速成长。到 1996 年底，农村市场的销售额已经占到了三株总销售额的 60%，在两年前，三株公司的销售额为 1 亿元，第二年达到了 20 亿元，在农村市场获得巨大成功的 1996 年，三株销售额一跃而达到了巅峰的 80 亿元。至于三株后来的败落，则是根源于该产品作为保健品有逾越药品广告审批的内容等内在的因素所致。但从曾经的辉煌上看，三株集中优势兵力，专攻农村市场的策略的确具有战略眼光。

以上三种策略既可独立运用，也可综合利用，灵活掌握，主要要看企业的基本情况而定。也可根据产品定位和市场运作情况，进行选择和分时段运用，其目的在于以最低的投入取得最大的广告效益。

二、广告系列策略

广告系列策略是企业在广告计划期内连续地和有计划地发布有统一设计形式或内容的系列广告、不断加深广告印象、增强广告效果的手段。广告系列策略的运用，主要有形式系列策略、产品系列策略、主题系列策略和功效系列策略等。

广告形式系列策略是在一定时期内有计划地发布数则设计形式相同、但内容有所改变的广告的策略。由于设计形式相对固定，有利于加深消费者对广告的印象，增加企业的知名度，便于在众多的广告中分辨出本企业的广告。进入新禧千年，“宝马”推出了专为行家们设计的“BMWZ8”。其整体铝型框架，高性能的 V8 发动机以及卓越的设计理念使“BMWZ8”毫无悬念地成为大众心目中的最爱。与此同时，“宝马”发布了一套形式系列广告，集中诉求其专业精神和精湛的技术。强调技术至上的风格是德国文化的写照。为了表现对汽车品质极为关注，广告创意用 X 光透视的表现方法，分别用一堆汽车的机械零件、螺丝帽、各种汽车修理工具，构成了大脑、脊椎和心脏的图形。“大脑 X 光”广告的诉求是：唯一维护和保养你的宝马车的明智方式就是用我们的精心构思，用聪明才智建造汽车就是最好的保养。“脊椎 X 光”透视广告告诉受众，你心爱的“宝马”座驾配备有中心支持系统，就像人的脊椎一样，它是整个“宝马”不可短缺的部分。“胸透 X 光”广告上的照片显示了每一根“肋骨”都是由汽车工具和零件构成的，创意承诺：我们使用“铮铮铁骨”来保护你宝马车心脏的。“宝马”的这三档广告构成了一个整体的广告系列，它一次又一次地强化了“宝马”汽车制造商重视高品质就像关心自己生命一样的诉求理念。

产品系列策略则是为了适应和配合企业系列产品的经营要求而实施的广告策略。产品系列策略密切结合系列产品的营销特点进行，由于系列产品具有种类多、声势大、连带性强的特点，因而在广告中可以灵活运用。利用四环品牌标识作为其创意要素，一直是“奥迪”汽车广告经常采用的手法。20 世纪 90 年代，“奥迪”推出了一套系列广告，用以推广装有第五代 ABS 系统的轿车和 A6。如何使一辆高速行驶的汽车迅速而平稳地停下来？ABS 防抱死系统为了突出自己这一功能，便利用交通时速标志。广告创意巧妙地将 100、60、20 限速标志和停车的标志组成了一个四环形的图案，象征“奥迪”汽车的标志。“奥迪”诉求其性能优良的汽车安装的刹车防抱死系统，可以很快将在高速行驶状态下的汽车速度从每小时 100 英里迅速降至 60 英里、20 英里直至停止，瞬间化险为夷，保证驾乘人员的生命安全。1994 年，“奥迪”推出了全铝车身的豪华轿车 A8，该车是全世界第一辆采用全铝车身制造的量产轿车，1996 年改版为 A6。如同前者一样，奥迪 A6 的创意还是坚定不移地从四环标志中寻找创作的灵感，用易拉罐组成的四环形象生动地诠释了世界第一辆全铝车身的奥迪轿车。创意既有延续性，又诉求了这一款新车的特点：用再生材料建造。既体现了产品个性，又体现了社会环保意识。

广告主题系列策略，是企业在发布广告时依据每一时期的广告目标市场的特点和市场营销策略的需要、不断变换广告主题、以适应不同的广告对象的心理欲求的策略。

功效系列策略则是通过多则广告逐步深入强调商品功效的广告策略。这种策略或是运用不同的商品观念来体现商品的多种用途；或是在多则广告中的每一则都强调一种功效，使消费者易于理解和记忆；或者结合市场形式的变化在不同时期突出宣传商品的某一用途，起立竿见影的促销作用。

三、时间策略

广告的时间策略，就是对广告发布的时间和频度作出统一的、合理的安排。广告时间策略的制定，要视广告产品的生命周期阶段、广告的竞争状况、企业的营销策略、市场竞争等多种因素的变化而灵活运用。

广告的时间策略在时限运用上主要有集中时间策略、均衡时间策略、季节时间策略、节假日时间策略等四种；在频度上有固定频度和变动频度两种基本形式。广告的时间策略是否运用得当，对广告的效果有很大影响。

集中时间策略，主要是集中力量在短时期内对目标市场进行突击性的广告攻势，其目的在于集中优势，在短时间内迅速造成广告声势，扩大广告的影响，迅速地提高产品或企业的声誉。这种策略适用于新产品投入市场前后，新企业开张前后、流行性商品上市前后，或在广告竞争激烈时刻，以及商品销售量急剧下降的时刻。运用此策略时，一般运用媒介组合方式，掀起广告高潮。

2003 年 4 月至 5 月，位于广州广园东路的楼盘凤凰城展开强势媒体攻势，在短短几个星期之内，投放各种媒体的广告额达 3000 万。无论是广州的日报、晚报、都市报、电台、公共汽车车身、候车亭、电视台等传统媒体及户外媒体，密密麻麻布满有关凤凰城的广告。只要你打开报纸、坐上公共汽车、打开电视、收听广播，都没有躲凤凰城广告信息的围追堵截。目之所触、耳之所听、抬头所见、翻报而读，全都写着凤凰城三个字。如此强力的广告投放在广州的房地产业是很少见的，这种集中投放式的广告策略虽然引起一部分人的反感，但是效果也是显著的——在短短五一黄金周七天时间中，凤凰城的成交量突破七个亿。可以说，凤凰城的集中式的广告投放策略是非常成功的。这种策略的要点就在于在短时间内将产品的信息以多渠道的方式，向目标客户群发起总进攻。无论是偏好哪一种信息接收方式或者媒体阅读方式的消费者，在如此密集的广告投放面前，始终都无法躲得过其广告信息的轰炸。

均衡时间策略，是有计划地反复对目标市场进行广告的策略，其目的是为了持续地加深消费者对商品或企业的印象，保持显在消费者的记忆，挖掘市场潜力，扩大商品的知名度。在运用均衡广告策略时一定要注意广告表现的变化，不断予人以新鲜感，而不要长期地重复同一广告内容，广告的频度也要疏密有致，不要予人以单调感。

像可口可乐、百事可乐、微软、IBM 等行业巨头，无论是公司还是其主打产品，绝大部分的消费者都耳熟能详，而且，其品牌号召力也非常巨大。但是，除了在新产品面世时的正常广告投放外，我们不定时还能在有关媒体上见到这些公司一些已有旧产品的广告信息。这种均衡时间广告投放策略其目的显然不再只是产品本身信息的传达，而更是负担着唤醒消费者与产品之间的情感沟通。从市场推广的角度看，该策略适合于产品的高度成熟期，消费者对产品的记忆与好感只须间隔性地提醒，而无须密集地接触。而广告投放的间歇期的长短，则要视市场竞争的激烈程度而定。

季节时间策略主要用于季节性强的商品，一般在销售旺季到来之前就要开展广告活动，为销售旺季的到来做好信息准备和心理准备。在销售旺季，广告活动达到高峰，而旺季一过，广告便可停止。这类广告策略要求掌握好季节性商品的变化规律。过早开展广告活动，会造成广告费的浪费，而过迟，则会延误时机，直接影响商品销售。

节假日时间策略是零售企业和服务行业常用的广告时间策略。一般在节假日之前数天便开展广告活动，而节假日一到，广告即告停止。这类广告要求有特色，把品种、价格、服务时间以及异乎寻常之处的信息突出地、迅速地和及时地告诉消费者。

2003年和2002年报刊广告刊登额的月度趋势图明显地表现出了这一规律性，即每年的三个长假——春节、五一、十一对报刊广告影响非常明显，广告投放额在这三个节假日前后出现大起大落。具体来看，在2月（2002年和2003年的春节均在2月）、5月和10月的报刊广告额处于三个波谷，均比上个月份有较明显的下降。而在这些假日的前期（12～1月、4月和9月），则是每年广告投放的一个高峰期。由此可以看出，长假对报刊广告投放的影响颇深，产生了较为明显的“假日经济效应”。

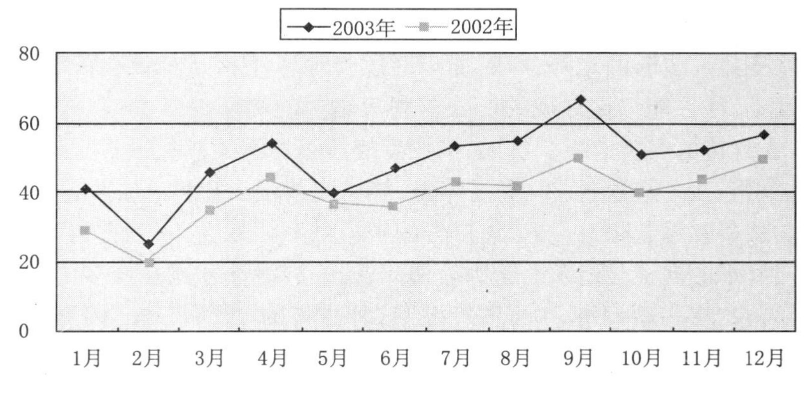

图9－4　2002～2003年全国报刊广告投放趋势图，单位：亿元

（资料来源：北京紫恒星评估有限责任公司，http://zi7.cn/zjsq2442.html）

广告的频度是指在一定的广告时期内发布广告的次数，在策略上可根据实际情况需要，交替运用固定频度和变化频度的方法。固定频度方法是均衡广告时间常用的时间频度策略，其目的在于实现有计划的持续广告效果。固定频度法有两种时间序列：均匀时间序列和延长时间序列。均匀时间序列的广告时间按时限周期平均运用。如时间周期为五天，则每五天广告一次，若为十天，则每十天广告一次，依此类推。延长时间序列是根据人的遗忘规律来设计的，广告的频度固定，但时间间隔越来越长。变化频度策略是广告周期里用各天广告次数不等的办法来发布广告。变化广告频度可以使广告声势适应销售情况的变化。常用于集中时间广告策略、季节与节假日广告时间策略，以便借助于广告次数的增加，推动销售高潮的到来。

一般认为，高频度广告在销售产品过程中具有很强的说服力，信息频度越高，可能看到广告商品的长处并购买的消费者就越多。而在高度竞争的市场环境中，频度并非越高越能产生效益。原因在于，在与竞争对手商品比较时，频度水平的变化可使消费者察觉到商品价值。当竞争对手没有品牌优势时，广告信息的独特性质能促动消费者注意到信息的新意，受到更多关注，企业推出的品牌便可轻易超越竞争对手，信息频度的使用自然应相对减少。但当品牌与竞争对手相比肩或属同质产品时，商品创造性因素减少、许多相似商品同时做广告所产生的干扰，使消费者难以回忆起广告内容，信息需要更多频度以被注意和记住。由此可见，由于竞争对手情况的不同，导致频度的变化和调整。因此，企业对广告频度的策划，应基于最具冲击力的竞争对手的频度上，确定较高或较低水平，以抵抗竞争对手的促销攻击。遗憾的是，许多企业为尽快获利，在频度水平设置上往往趋向于高频度，结果造成广告支出的浪费，甚至付出惨重代价。以补钙产品为例，据统计，仅2000年6月份，各种补钙产品在电视上竞相投放，费用高达2.9亿元，如此密集的广告轰炸及其巨额投入，胜出者却廖廖无几，即便是盖中盖、巨能钙，市场知名度虽高达95%、80%，但实际产品尝试率却仅有31%和27%，企业主本想以高频度说服消费者购买给定品牌，却因同竞争对手信息频度的竞相博弈而使广告作用锐减。

上述各种广告时间策略可视需要组合运用。如集中时间策略与均衡时间策略交替使用，固定频度与变化频度组合运用等。广告时间策略运用得法，既可以节省广告费，又能实现理想的广告效果。这是广告策略中极为重要的一环。究竟一个商品广告在一种媒介上投放几次，才可以使人们记住它，这一问题的研究目前还处在摸索阶段，但目前亦有研究表明至少是六次，即一个人接触同一个广告六次便会记住这个广告。如果有关此类问题的研究有所突破，将会使广告的刊播工作在科学、合理、有效的轨道上运行。

除了有计划地安排广告时间之外，有时能审时度势地利用指某种社会问题、事件所造成的时势策划广告宣传活动，往往能够比常规的广告时间策略更能吸引公众的眼球，提高广告宣传的心理影响力，增强广告宣传的客观效果。例如，伊拉克战争爆发不久，凭借一则在《伊拉克战争报道》中插播的“多一些润滑，少一些摩擦”的电视广告，统一润滑油大出风头。润滑油类产品在此期间播放广告可直接与战争联系起来，再加上该广告的解说词一语双关，不仅宣传了企业的品牌，而且明确表达了人们对和平的向往与追求。正因为如此，统一润滑油才能在众多的电视广告品牌中脱颖而出。事实证明，像“多一些润滑，少一些摩擦”这种独特的“战争广告”内容频频出现在消费者眼前，不断地震撼着消费者的视听，企业通过能够在此时引发观众感情共鸣的情节让消费者接受其产品。

2003 年 10 月搭车“神五”飞天的蒙牛，巧妙借助航天进行事件营销，配合着身穿宇航服的促销员和其他各种醒目的航天宣传标志，将印有“中国航天员专用奶”标志的牛奶推向了全国各大超市、卖场中，广告策划主题借用“神五”飞天，一方面给蒙牛注入了新的民族个性：爱国、公益和责任感，同时向消费者传达了蒙牛产品质量信赖程度之高的品牌信息，用等同于航空食品的严格标准来证明蒙牛产品的健康和营养，从而有力地推动终端销售。一时间，喝“航天员专用牛奶”，拥有航天员般健康的身体成为一种时尚。

上述广告能够从时事中选取素材，把企业的宣传活动、主题内容融合于时事之中；根据时事需要，抓住机遇，及时进行相关主题的宣传。正确处理公众需求与企业利益、社会文化与企业发展之间的关系，寻求到社会效益与经济效益的最佳结合点，这无疑是企业利用时事策略成功策划的典范。

四、明星策略

明星，一向因为高知名度、高曝光率被看作是商品通向消费者的最好介质或桥梁，所以，利用明星来传播企业产品，借此提高产品知名度，从而扩大产品的市场份额，已被大大小小的企业看作是销售促进的“宝典”，事实也确实非常有效。我们细数一下，国外的、国内的、港台的有名气的明星，几乎都拍过广告，球王贝利为索尼公司的录像带做广告；摇滚歌星迈克·杰克逊为百事可乐做广告；田径运动员卡尔·刘易斯为松下画王做广告……。国际品牌宝洁、联合利华、欧莱雅个个都是运用明星广告策略的超级高手。索芙特在“从星”策略的运用上，也可谓是出神入化：从林心如的“索芙特格格”代言木瓜白肤和“斑干净”祛斑系列产品，到周迅诠析“原浆”系列洗面奶，再到张柏芝演绎纤脸洗面奶、纤脸滋润霜、腹部苗条霜和“水白晶”系列护肤产品，无一不是个双赢的结果。广告产品通过众明星的名人效应，迅速提高产品的知名度，进而提高产品的品味，同时使销量和效益倍增。

广告人研究认为利用明星做广告至少有三个理由：名人认可、名人可信、魅力与从众效应。成功的明星广告是策略的成功,他们共同的特点就是能将明星的作品、形象、特点与企业的产品有机地结合;广告受众(消费者)在记住明星的同时,也记住了企业的品牌与产品。能将明星的形象和品质迅速转移到了产品上来。运用明星策略需要注意:

(一)明星与品牌个性的贴切程度

一般来讲,使用明星代言广告是希望在短期内通过明星创造出较高的品牌知名度,所以在选用明星时,必须深入考察其个性是否与企业要传达的产品概念相吻合,使用什么样的广告创意才能让广告以最好的方式传递出产品的个性。以赵薇为例,她以电视剧《还珠格格》中可爱活泼的"小燕子"一角成名,因此,她在乐百氏 AD 钙奶广告中带着小孩子们一起唱儿歌,做游戏时配之"小燕子"俏皮、逗人的表情和动作,就很符合 AD 钙奶的产品特性,所以广告策划获得了成功。如果明星与品牌个性不符,则会造成品牌的稀释,削弱品牌形象。如金嗓子喉宝大手笔地聘请世界巨星罗纳尔多拍摄广告,广告的画面是:罗纳尔多右手生硬地拿着一盒金嗓子喉宝,脸上的笑容僵持而又莫名其妙,广告效果自然可想而知。

(二)明星的个人素养和职业道德

选择明星代言品牌,不仅仅要考虑其知名度如何,媒体曝光率是否足够,还要考虑明星的个人素养。在明星广告策划中,明星仅有知名度是远远不够的,还要具备一定的美誉度,这样消费者才会产生信赖感。如果一个明星名气很大,但名声不好,那肯定不会受到消费者欢迎。如一些知名企业与刘翔、姚明等体育明星携手制作的系列广告颇为引人注目。选择这样的明星显然是比较可靠的,他们一直以来所接受的严格训练,制度上的保障事实都是企业所获得的无形保障。而刘翔与姚明两人,更是有专业团队维护其形象。聘请明星做形象代言人,除了让他们拍摄广告外,还要求他们在日常生活中也能身体力行地维持品牌的形象。浙江曾看到一家袜厂请来张惠妹做形象代言人,花了很多钱,但除了将张惠妹的形象印在标签上,并没有其他的利用。这样的代言,花费很多,但是对品牌的传播却又极其有限。

图 9-5　姚明代言的广告

(图片来源:姚明王朝, www.yao11.net)

(三)明星是否同时为多种产品代言

策划明星广告主要是出于吸引消费者眼球的目的,如果明星同时为多种产品代言,就有可能混淆产品形象,扰乱消费者注意。因此在实际操作中,应该尽量寻找那些还没有被过度开发的对象,这有利于使品牌形象更加清晰。从消费心理层面考虑,同一明星如果多次在不同产品广告中抛头露面也会个人留下善变、不可信任的感觉,毕竟不同的产品有着不同的价值形象定位。

(四)代言统一品牌的明星之间是否有连续性

在大多数情况下,明星作为品牌代言人不是一成不变的,随着产品的不断创新和品牌内涵的提升,明星广告策划也要求明星有所变换。然而频繁更换代言人代价是非常高昂的,老是同一副面孔又难免让你觉得乏味。怎么办呢?最好的方法,就是制订周详的传播策略,让你的代言人分阶段、分层次地进行品牌代言。周杰伦与动感地带这对组合就很能说明问题,从最初"我的地盘我作主"到如今的音乐主题诉求,周杰伦一跟到底,已经成为动感地带鲜明的品牌符号之一。频繁地更换代言人或许能在短期内获得关注,但对于品牌的深入传播终归是不利的。因此,在选择新代言人时需要考虑新旧代言人之间的连续性,他们号召的是否为同一个消费群体,这个消费群体是否符合企业的目标定位。耐克公司的广告宣传尤其重视一致性和连续性,先后选择的阿加西、麦肯罗、巴克利、乔丹、坎通纳,都能很好地强化耐克“活力、积极、进取、成功”等品牌个性。

如何将明星效应最大化是“明星”策略的关键和重点,因此企业采用“明星”广告策略时,最好一定要找到明星被世人认同的巅峰状态,或上升发展状态,能够使之成为企业无限可被传播的资源;同时要为明星“度身订造”广告,使明星的气质与产品的气质合二为一;而在传播上应该使娱乐与说教、软硬广告兼施。明星广告是一把双刃剑,运用好了,会给企业带来意想不到的效果,但如果运用不当,也许它会使你大把烧钱而业绩毫无起色乃至伤及企业筋骨。

百事可乐运用的明星广告策略往往别出心裁。在与老对手可口可乐的百年交锋中,百事可乐广告常有好戏出台,使可口可乐备感压力。其中,百事可乐运用独特的音乐推销与明星完美结合,是它的一个重要传播手段。

1998 年,百事可乐百年之际,百事推出了一系列的营销举措。1998 年 1 月,郭富城成为百事国际巨星,他与百事合作的第一部广告片,是音乐“唱这歌”的 MTV 情节的一部分。身着蓝色礼服的郭富城以其活力无边的外型和矫健的舞姿,把百事一贯的主题发挥得淋漓尽致。此片在亚洲地区推出后,引起了年轻一代的普遍欢迎。1998 年 9 月,百事可乐在全球范围推出其最新的蓝色包装。配合新包装的亮相,郭富城拍摄了广告片”一变倾城”,音乐“一变倾城”也是郭富城新专辑的同名主打歌曲。换了蓝色“新酷装”的百事可乐,借助郭富城“一变倾城”的广告和大量的宣传活动,以“ask for more”为主题,随着珍妮·杰克逊、瑞奇·马丁、王菲和郭富城的联袂出击,掀起了“渴望无限”的蓝色风暴。

这是百事最成功的广告案例之一,但不是唯一的一个。在百事可乐一长串的代言人名单上,还有麦当娜、莱昂纳尔·里奇、琼·格拉夫、瑞奇·马丁、“小甜甜”布莱妮,以及亚洲地区的刘德华、郭富城、周杰伦、郑秀、F4……实际上,百事可乐每年的签约代言人名单,完全可以被视为年度最受年轻人欢迎明星的名单。

图 9-6 郭富城代言的广告

(图片来源:腾讯·大渝网,http://cq.qq.com/a/20061122/000203_18.htm)

音乐的传播与流行得益于听众的传唱,百事的音乐营销成功正在于它感悟到了音乐的沟通魅力,这是一种互动式的沟通。好听的歌曲旋律,耀眼闪亮的明星,都是与消费者沟通的最好语言。有了这样的讯息,品牌的理念也就自然而然深入人心了。

第四节 广告促销策略

促销即销售促进(Sales Promotion,SP),又称“营业推广”,是企业的一种营销艺术,凡是企业以创造消费者需要为目的所从事的各种活动,都属于促销范畴。从狭义而言,促销是指以创造一种即时销售为主要目的,对同业(指中间商)或消费者提供短程激励,以诱使其购买某一特定产品的活动。这一定义强调了以下要素:①促销的对象不仅是消费者,还有中间商;②促销的关键性因素是“激励”;③促销一般只是在一个相对短的周期中进行。今天促销在企业营销沟通中的地位越来越重要,由于促销的大量运用,它已与广告运用融为一体。很大一部分的广告运动在其推广中都与促销统一运作,促销活动甚至成了广告策划中的一个重要组成部分,因此从事广告策略运作也就必须把握促销。

一、促销的作用

在美国广告促销是一项金额巨大的业务,从20世纪80年代以来一直处于上升之中。如1980年全美国广告费用是530亿美元,用于促销的费用是490亿美元;到1986年,促销费用上升为1020亿美元,在当年全美促销广告费总预算中占64.6%,而广告费仅占35.6%;1996年,全美用于国内广告的费用为1740亿美元,而广告促销费用则高达2000亿美元。为什么商界乐于把大量资金投入到促销之中呢?这是因为促销本身具有特殊的、难以替代的功能。

第一,有效地加速新产品进入市场的进程。每一种新产品问世时,因为消费者对产品还不了解,都需要各种推动力,通过一些必要的促销措施,可以刺激广大消费者对新产品的兴趣和积极反应,并先行试用。日清公司曾举行过"开杯乐的叉子像什么?"的促销活动。一支吃面的叉子会像什么呢?这引起了人们非常大的好奇。在好奇心的驱使下,很多消费者为了获得一支叉子,而去超市购买开杯乐方便面,然后仔细观察,并将答案反馈给公司,公司则会根据活动规则赠予不同的奖品,这不但提高了开杯乐的销量,而且带给消费者新鲜感,更制造了话题性,从而迅速提高了开杯乐品牌的知名度。在现代市场中,由于存在着多元选择和购买惯性,往往在新产品推向市场时,很难受到消费者的关注和选择。宝洁公司的纸尿裤品牌——帮宝适刚刚在中国上市时,为了使消费者认识到该品牌明显高于其他品牌的质量优势,他们运用促销技术,承诺消费者只要购买任意一款其他品牌的纸尿裤,就可以来帮宝适的专柜来换取一份他们的适用装。如果消费者购买的是帮宝适产品更可以同时获赠其他赠品,比如由知名妇婴专家编辑的母婴指南VCD或育婴手册。这次促销活动取得了非常大的成功。保洁公司通过使用对比,不仅提高了帮宝适的销量,更向消费者展示了他们的专业价值,加深了宝洁品牌在消费者心中的专业地位。现在,帮宝适是中国纸尿裤市场的第一品牌。在帮宝适的成功中,最初运用大赠送的促销手段,鼓励消费者尝试新产品,并最终赢得市场青睐,实在功不可没。

第二,是通过最初的消费者来带动连续购买。运用促销手段鼓励消费者试用只是一次短暂的接触,如果消费者对产品认可,则很有可能再次购买或带动周围的人购买产品。顶新集团的超级福满多在刚上市时,为了更多地争取在校学生这一方便面的主力购买群体,举行了一次声势浩大的派送活动。工作人员走近学生宿舍,挨门挨户将"超级福满多"送到每名学生手中,同时进行集2个超级福满多的空袋即可兑换牙膏、相册、饭勺之类奖品的活动。这次活动共送出10万包方便面。活动结束之后,顶新集团在新一轮的消费者调查中发现,他们的学生消费者比重有了十分明显的增加——他们成功了!养生堂龟鳖丸为了保证服用者连续购买的积极性,曾经推出过一项促销措施,凡持有产品包装盒,即可享受某种条件的优惠。其目的就是要对消费者再次购买形成激励,最终形成购买习惯。麦当劳公司曾经创下了一项纪录,他们使众多消费者连续28天光顾了他们的餐厅!一切都要归功于一套以28个国家的旅行者扮相出现的史努比玩具,例如有身穿唐装的"中国史努比"和身穿美国国旗图案衬衫的"美国史努比"。麦当劳公司每天推出一款,连续推出28天。为了集齐一整套史努比,众多消费者甚至不惜连续多日在麦当劳店外等候。每一年麦当劳都会推出各种各样的促销玩具来吸引消费者的光顾,这些玩具种类繁多,创意百出,十分招人喜爱,而在某种程度上,玩具的形象也向消费者暗示了麦当劳的品牌形象。

图 9－7　麦当劳玩具

（图片来源：露天拍卖，http://goods.ruten.com.tw/item/show? 11071112718213JHJpic）

第三，就是刺激成交，提高销售额。扩大产品消费有两种途径，其一是增加现有消费群体的消费量；其二是扩大消费群体。所以促销对产品而言，面临着两种选择，或者通过促销活动，展示产品的新用途；或者向更大范围推广产品；或者兼而有之。为了销售一款新型的高顶客货车，福特公司曾经与可口可乐公司联合举办过一次促销活动。消费者被要求根据该款新车的货仓容积量，来猜测货仓内可以容纳多少罐可口可乐，猜中者就有机会得到一辆该款新车。另外，活动还设有 10 个小奖，获奖者每人可得 12 箱可口可乐。这次促销活动被命名为"猜中肚量，送您一辆"引起了消费者的极大兴趣。人们纷纷到福特经销店内填写答案，参观车辆者络绎不绝，不少人由此了解了这款车的诸多性能和优点，福特公司的该款车型也因此销量大增。

第四，是有效地挑战和击败竞争者。促销常被用来抵抗竞争者的各种活动，使自己在竞争中占据主动地位。在市场活动中，处于劣势地位的竞争者，为了能够挤进市场，往往喜欢发动促销攻势。而处在领导地位的领先品牌，为了保持市场占有率，也会制定出促销战略，以对付层出不穷的挑战。雀巢公司在成都市场将甜奶粉作为长期的特价商品。当竞争对手进行特价促销时，雀巢公司就把这个销量最大的主打产品特价销售，用以瓦解竞争对手的特价攻势。同时，作为大卖场中销量最大的品牌，雀巢的特价策略对其他品牌也有相当大的恫吓作用，它的降价会对其他品牌造成很大压力。但雀巢公司只把甜奶粉这一种产品作为固定的狙击性产品，其他产品则不参与经常性的特价促销，从而保证了其他产品的利润和雀巢品牌的价值。

第五，是带动关联产品的销售。这是促销活动的一个附加成果。通常促销只是针对具体产品或品牌进行的，它之所以会有某种连带效用，关键是因为同一品牌的不同产品在消费者心目中具有某种一致性联系，因此当一个产品由于促销而受到消费者追捧时，对其姊妹产品往往也会有好感。

当然，促销作为集中性销售推广手段，可以帮你实现很多的商业目的，由于其本身的某种局限，有些目的也无法完成，因此在运用促销时要适当注意以下方面：

（1）促销无法建立顾客对品牌的忠诚度。促销通常能够达成对某一产品或品牌的直接试用，但这往往是一次短程激励，与此相伴随的往往有某种暂时性利益承诺。一个产品或品牌要建立品牌忠诚度，只有在对产品或品牌满意的基础上，经过一定周期的试用才可能实现。所以运用促销方法，在短程中可能形成购买激励，但这种激励一旦停止，除非产品本身对消费的某种需要的确有满足性，否则顾客就有可能转移到其他品牌。

（2）运用促销无法挽回销售衰退趋势。销售衰退往往是在产品生命周期的后期，此时由于市场衰竭，产品销售也日趋衰竭。许多公司在这一时期为了保持市场，大多喜欢采用促销手段。其实促销运用只能实现其短暂收益以延缓产品死亡，并不能拯救垂死的产品。

（3）促销对不被接受的产品无济于事。所谓不被接受的产品，是指市场本身没有价值，或者不能给消费者提供某种利益。这种产品在市场上没有什么实用价值，其不被市场接受是由于产品本身的原因。对于这类产品，无论采用多么高明的计划也无济于事。

（4）明确的促销目的是制定一个成功促销计划的重要前提，唯有目标明确，才能准确界定促销活动所针对的主要人群，并依此选择适合的促销方式。然而，大多数企业在进行促销活动时却喜欢从企业的角度出发，企业想到什么促销方法就用什么，促销结果决不会令人满意。

二、广告促销策略

由于促销对象不同，目的各异，在运用促销策略时也有所选择。广告促销的方式几乎是无限的，它取决于市场变化的实际和促销计划者的想象。当然，这并不是说促销可以任意为之，事实上在长期的市场实践中，促销已形成了一些基本的模式，被证明是行之有效的和具有相当的可操作性。广告促销主要有以下几种类型：

（一）明示型广告促销策略

姜子牙卖肉，鼓刀扬声。广告促销策略中被运用得最为广泛的当属这类。吆喝叫卖，让消费者知道让利实惠的商品推广活动正在进行。在这类广告促销策略中，最重要的因素是极力烘托促销的核心利益点，以引起消费者的注意，投其所好，瞄准并迎合消费者的消费习惯和心理。因此，广告促销策划中，突出强调能给予的“利益”，强烈地刺激消费者的购买欲望，满足消费者贪利的消费心理是不二法则。无论是商品的价值促销还是价格促销，广告风格直白有力最具竞争力：在广告语言上，讲究言简意赅，直接点出利益所在，标题新颖引人瞩目；在广告色彩运用上简洁鲜明烘托主题；广告创意以贴近生活，浅显易懂为佳，力图以简单而有力的刺激诉求点，来激发消费者的购买欲望。如，在康师傅方便面新包装上市的广告促销中，广告宣传语为“康师傅全新包装上市啦，汤好、料好、调料精，仅售两元钱，太棒啦！”，该广告仅一句话就给予了三个利益点：新产品、高质量、低价格。诸如此类的广告实在是不胜枚举——广告表现执行上打硬仗，铺垫商品的促销实惠点。当然，当广告使消费者对促销商品觉得“食之无肉，弃之可惜”时，就要调整广告诉求的刺激力度角度。

当然，选择这种策略也要认清广告对象是哪一层次的消费群体，因为不同的消费者的认识能力是不同的。针对知识水平较高，理解判断能力较强的消费者，采用双向式呈递策略较好。双向式呈递策略是把商品的优劣两方面都告诉消费者，让消费者感到广告的客观公正，结论由自己推出。因为这个层次的消费者普遍对自己的判断能力非常确信，不喜欢别人替自己做判断。如果广告武断地左右他们的态度，会适得其反引起逆反现象，拒绝接受广告内容。但对判断力较差，知识狭窄，依赖性较强的消费者，采用单向式呈递信息的方式较适宜。这个层次的消费者喜欢听信别人，自信心较差。所以针对这些特点，广告应明确指出商品的优势，它给使用者带来什么好处。直接劝告消费者应该购买此物，效果更明显。

（二）馈赠性广告促销策略

指企业通过发布带有馈赠行为的广告以促进商品销售的广告策略，可采用广告赠券、样品赠送、减价销售、赠品、抽奖等各种形式。它的心理基础是通过刺激广大顾客希望获得馈赠品的心理而扩大商品销量。

广告赠券，赠送折价券是促销工作中最古老也最能显示其生命力的一种方式。基本思路就是以其代替一部分款项，在购买约定产品时，可以获得一定的折价抵扣。食品、饮料和日用品的报刊广告多用此法。如酒店经营者对餐饮顾客实施一种“满一百送二十”的优惠活动，凡餐饮费超过100元，每百元赠送20元折价券给消费者，约定顾客下次消费时可以用此抵扣。这样折价券不仅满足了顾客要求优惠的心理，而且也是一种鼓励顾客使用并重复购买的报酬方式。

除广告赠券外，广告与商品样品赠送配合也是一种介绍商品的有效方法，最大的诱惑就是可以免费获得产品，但费用很高。大多数新产品在其推出之初，一项重要的市场目的就是争取消费者试用。由于一般潜在顾客在使用老的品牌消费上已具有某种惯性，本能地对新品牌有一种拒绝心理。样品赠送的目的是为消费者提供某产品一定的用量，借以确切地判断该产品的优点所在。如口香糖生产商赠送一支完整的口香糖零散品，潘婷洗发精赠送一次洗发用的试用品。样品赠送可以通过邮送样品至目标顾客、上门发送或包装附赠、店堂赠送等多样方式达到引起顾客购买反应的效果。

通过附送赠品的方式对消费者的即时冲动购买效果十分明显。人们除了购买到得意的商品，还常常会不断向别人介绍自己所得的赠品，那是一种意外收获感的流露，这在心理学上叫做“利益诱惑”。在电视商业广告中，这种技巧经常被广泛使用。例如，“今天引人眼球的商品在这儿！某某牌笔记本电脑，现在是本店销售量第一的人气商品。而且该款笔记本还安装了制作明信片的软件，所以购买后就立即能够制作明信片。还有，这款笔记本还配备了赠品——打印机，再有就是还准备了著名的某某牌数码相机也随即奉送。”这就是“利益诱惑”的技巧。开始对赠品进行提示，随后才介绍商品，再往后是挨个对赠品进行详细的介绍，“钓”起顾客的兴趣。

对消费者进行促销，不论采取什么方式，说穿了都是一种让利行为。作为让利，最直接的莫过于减价销售，是指在约定时间里，为鼓励消费者购买而对商品采取的一种价格优惠措施，如节日减价、季节性减价、最后销售减价、每日特定产品减价等。就其对市场的刺激而言，减价促销确有某种强力推进作用。比如，长虹彩电曾经多次采用减价策略，几乎每一次都使其销售额和市场占有率大幅度提高，最后迫使竞争对手不得不举起减价大旗竞相效仿。减价促销策略是一种极具杀伤力、极为短促的突击手段。企业采取这种方式，通常是处在某种特定背景下：或者市场竞争过于激烈，竞争各方相持不下；或者产品库存较多，资金周转不畅；有时运用减价策略，是为了吸引消费者对整个产品系列产生购买欲望。如酒店里推出每日一款特价菜，原本几十元一份的菜肴可能只卖几元，其目的是为了通过这一款菜来带动整个酒店的销售。减价方式非常多，在广告策划中，常常是作为一种有力的配合出现。但必须提出的是，减价促销也是一柄双刃剑，既可以帮助企业赢得顾客，也可能对公司及产品造成危害。不少企业过于崇信减价，在销售中动辄减价，殊不知这样做的恶果是，一方面造成消费者对其价格变动的反应疲软；另一方面，不断减价不利于公司及产品形象，容易失去消费者的信任。

中奖广告是一种抽奖中奖形式的广告推销手段，在国外很流行，也具有一定的效果。它以奖品或奖金作为促销诱因，以直接消费者为对象，迎合消费者对个人运气的尝试心理，设置各种等级的奖额和奖品，以达到某种既定促销目标。运用抽奖形式，可以促使消费者牢记商品的品牌，激发其试用意念。中奖广告在设计时必须认真考虑的是获奖的密度和奖额的大小，刺激要有力度，设置就必须合理。奖项设置太少，中奖几率很低，难以激发人的兴趣；有时奖项虽多，但奖额很小，也很难激发参加者的热情。所以奖项设计一定要适当，当然有奖销售也不能沦为不正当竞争。

（三）活动型广告促销策略

活动促销也是广告促销的常用策略，指伴随活动的形式发布广告以促进商品销售的广告策略。此策略的特点是可以使广大顾客在享受娱乐的过程之中了解企业的产品信息。最常见的活动形式有出资赞助文艺节目和电视剧、广播剧的制作等。此外，顾客有奖征答也是广告的有效形式，它以对产品的认识和对企业形象的认识为目的，间接地引发购买欲望。如海南养生堂的女性美容营养保健品朵尔胶囊，在观念上推崇“由内而外的美丽”，为了宣传这种观念，设计了促销竞赛

“女人什么时候最美”。此外还有其他多种多样的竞赛,如商品命名,征求广告语、猜新品价格等。在奇瑞QQ车还未推出之际,奇瑞就开始利用网络,开展了新车竞猜价格的活动。这种新颖的形式很快激起了许多网民的兴趣。由于网络的便利和迅捷的特性,很快扩大了影响,到最后竟有60万人浏览了网页,参与活动的有20多万人,使得QQ未上市就火了一把。随后开展的网络活动如“‘奇瑞QQ’flash设计大赛,”“我的QQ,饕餮2005”大型网友互动活动等都获得了不错的反响。奇瑞就是以新鲜的产品设计加上独特的品牌传播方式,创造性地以较低的成本获得轰动的效果,出其不意地赢得了低端的微型轿车市场,并在这个细分市场上保持领跑的位置。

促销活动主题设计,这是促销很关键的一环。名正才能言顺,名字好才能好办事,尤其是在广告信息爆炸、产品信息泛滥的时代,要抢占消费者眼球,的确需要一个好的概念,好的概念不仅争夺眼球,而且还能俘获人心。比方说,五粮液开发长安星酒,紧扣产品的“星”的概念,击中社会上有代表性的“星”级人物,不断地进行“星级服务、星级享受”等形式的体验促销。蒙牛在夏季促销攻势中,针对消费者,提出“体味自然之旅”的主题,在18000名入选消费者中,全面展开了体验蒙古大草原的旅游活动。随着这些活动的深入,对企业形象及产品宣传的意义,要远远大于直接的产品促销。

(四)广告事件营销策略

事件营销在企业界颇为流行,作为一种追求变化和动态传播的促销方法,它的基本含义是指企业整合本身资源,通过具有创意性的活动与事件,形成某种大众关心的话题和议论焦点,进而吸引社会和媒体注意,利用媒体报道和消费者参与,以期提升企业形象和产品销售。事件营销与活动营销的区别在于它要发掘具有扩张力和社会价值的“事件”,需要广告策划找准落脚点,即找到和热点和事件本身有关联的节点,然后对节点进行演绎和拓展,使产品的属性或者品牌的形象延伸力能与热点和事件产生密切的附属感,从而使得消费者对于热点和事件的关注度辐射到广告产品上,推动销售的增长,增强对产品和品牌的好感度。

1995年元旦,杭州百货大楼鞋帽商场推出“金鞋卡”的促销策划,活动主旨是保证质量、信誉销售。当时的市场背景是,杭州一家小型商场在国家倡导“反暴利”的背景之下,提出了“十点利销售”,借助媒介宣传形成了一股颇具声势的促销旋风。百货大楼鞋帽商场作为业界领头羊,推出这次促销活动,主要目的不是薄利和降价,而是把销售的视点转换了一下,要求对消费者负责任,把质量和信誉作为第一位因素。由于“十点利”的宣传颇具声势,“金鞋卡”的推出有意借用其运作方式,进行逆向宣传,提出商业销售必须在保证合理的利润之下才能实现良性运转,才可能保证消费者的利益不受侵害。暴利不足取,“十点利”也值得商榷。这样一来,原来只是一项普通促销运作的“金鞋卡”活动,由于注入了一个新的卖点,不仅提升了自己的形象,而且取得了促销成效。据统计,活动之后,商场销售比前一个月提高了30%。

运用事件营销,是促销策划中最具有创意性同时也是最为复杂的一种模式,其中一个核心问题是必须要有一个真正可以运用的好事件,那么,好事件的标准是什么呢?至少必须满足几方面要求:

第一,这个事件必须具有积极的社会意义。它不能只是企业的某种孤立行为,必须具有一种社会普遍性,即便是纯属企业自身的行为也必须能引发出某种普遍的社会意义。这样事件才可能有价值。

第二,这个事件必须与受众生活息息相关,必须在引发之后能够成为广为关注的一个话题。这样事件才可能激发大众参与的兴趣。

第三,这个事件一定要有创新性,即便是对一些表面上不新鲜的现象,也要挖掘出新的内涵,才能引起媒介的关注。

可以说,一个成功的事件营销,是一种综合营销战略的运用,其价值与效果不可低估。

(五)联合广告促销策略

两家或两家以上的企业,借用相互资源,联合进行的促销,称之为“联合促销”,如果结合品牌合作(Co-branding)、品牌联盟(Brand Alliances)的概念,联合促销则不难理解。例如美国德尔塔航空公司和迪斯尼乐园打出这样的广告:“德尔塔和迪斯尼,带你进入冒险之旅”,鼓动消费者乘坐德尔塔的飞机前往迪斯尼乐园度假。通过这样的方式,双方都能从飞机票、门票和商品的销售上升中获利。这种联合促销实际上也是战略联盟的一种——战略营销联盟,一种双赢的促销伙伴关系。

联合促销其实是一种策略,体现在操作中就是一种方法,它更多地体现在组织形式上的创新。因此,如果策划得力、控制到位,联合促销可以从多方面起到良好的效果。

第一,费用分摊,降低营销成本。联合促销的费用一般是由双方共同投入,相当于双方为你进行一定程度的免费促销。企业影响扩大了,销量增加了,促销费用减少了,营销成本降低了。1998年12月至1999年1月,全日美实业(上海)有限公司、北京汇联食品有限公司、美国雅培制药有限公司等婴幼儿产品企业,联合举办了免费爱心大礼包赠送活动。包中有“嘘嘘乐”免洗尿裤4片,“汇力多”婴儿苹果泥1瓶,“雅培”奶粉试用装1包,“五月花”面巾纸试用装1包。这种多家企业联合起来派送的样品包,费用由几家公司分摊,花钱少而效果好。联合促销的显著优势就是企业之间通过联合增加大型活动的可行性。具体讲,单个企业没有能力开展的促销活动可以顺利进行,如展销会、订货会等的举办,往往需投入较大的人力、物力和资金,中小企业难以独立支撑,多家联办则可以很好地解决费用分担等问题。

第二,消费融合,实现品牌互动。首先是扩大了消费群体。联合各方的消费群体肯定不会完全重叠,甚至重叠度很低。比如购买“小天鹅”洗衣机的顾客不可能都是“碧浪”洗衣粉的使用者,否则“碧浪”就不会与小天鹅联合。因为双方不存在利益冲突,通过联合促销,企业可吸引对方的消费者,从而扩大自己产品的消费群体。小天鹅和碧浪的联合不仅仅是进一步扩大各自品牌的影响,而且是借对方的资源来扩大消费全体,以开拓更大的市场空间。

联想与可口可乐将合作在全国很多城市举行现场活动,包括双方的促销活动和现场的展示活动。联想需要了解如何使电脑更容易被大众接受的推广方式、媒介选择、宣传思路,同时,可口可乐在做网站推广、以“数码”为主题的活动时,也需要有更多的更专业的市场推广经验可以借鉴。

第三,资源共享,提高规模效应。通过联合可以获得规模效应。如果企业的生产和服务没有得到充分的使用,生产更多的产品和提供更多的服务可能产生规模效应。况且企业在降低营运费用的情况下反而能提高销量,单位产品的成本降低,更能显现出规模效应。南航独揽科龙一年航空货运1300万元的业务,降低了单位成本,取得的规模经营效应。在大型展览活动中,企业通过联合,可以使得促销的商品品种、规格、花样相对齐全,对消费者的吸引力增强。因此,联合促销可以使某一企业以较小的促销费用取得较大的促销成果。

第四,功能互补,提升促销效果。联合促销有时能获得单独促销无法获得的效果;在小型促销中,通过产品打包或提供方便而提高效果;同时,也可以提高服务层次,通过与其他企业共享销售队伍,分销渠道,使顾客能够更方便购买,得到更好的服务,来提高产品的歧异性,增强顾客忠诚度。例如,武汉市中南商业大楼的布匹销售专柜,曾专门请了几名技术高超的裁缝在其旁边开设

“店中店”,此举吸引了很多消费者前去买布,因为可以就近请好裁缝为自己量体裁衣。有的消费者干脆请裁缝做自己买布的参谋,不但布匹销售增加了不少,裁缝店生意也非常火爆,这种联合促销达到了单独促销无法达到的效果。

总之,联合促销作为一种促销策略或方法,在促销中占有重要的位置,是解决内部资源不足、优化促销方案的方式之一。

【本章小结】

广告的心理策略、广告的宣传策略、广告的促销策略分别作用于广告活动的全过程。它需要企业在明确广告活动的总方向、总目标后,结合以上几种策略的特点有的放矢地选择,并进行灵活的组合,对增强广告的影响,保证广告活动产生预期的整体效果,实现广告活动的最大效益都起到关键性的作用。

但任何一种策略都不可以机械地、独立地割裂使用。

【复习思考】

1. 权威策略和明星策略在运用时要注意哪些问题?

2. 你是如何理解广告宣传策略中的时间策略的?

【实训练习】

1. 业务员小王是一家企业在A市场的负责人,负责整体市场的运作。上半年市场销售一直比较正常,没有太大的波澜,在进入下半年开始,市场中的竞争者对其旗下的一款产品开展了强有力的促销活动,一时对小王企业的产品销售产生了一定的影响,小王在没有经过详细的市场调查后立即给总部打了申请同样也开展了一场类似的促销活动,回击对手。结果使市场销量的确得以回升,但促销活动结束后,公司整体产品的价位体系却被打乱,市场一片混乱。事后通过了解得知竞争对手对其旗下一款产品开展促销的目的只是在于消化库存而已,得知实情的小王懊悔不已。请结合广告促销的策略分析小王的失误。

(参考答案:针对小王的问题我们可以看到:小王促销时没有充分考虑促销的目的性,如果只是单纯地把产品在做促销作为你的促销导向,那就只能跟在人家屁股后面走了;其次,了解产品本次促销的理由是什么—是新品上市企图引起消费者关注或者是老包装产品退出市场解决库存问题;最后,还应该清楚产品促销能引起的后果是什么—会导致我们的固定顾客转移?会扩大行业份额?然后再确定有无及时跟进促销的必要和促销的思路。)

2. 请提炼上海通用在投放凯越广告时所采用的策略,并分析其中的原因。

2003年7月8日是凯越正式发布的日子,这一天上海通用在17份大众都市报上发布了大幅广告,其中12个整版,5个半版,以广告强势隆重登场。此后几天广告投放的日广告量维持在6到10个左右,到了7月下旬第四周广告量明显减少,日广告量下降到1至2个。对于同一份媒体,凯越7月份广告一般出现2~3次,每周只会投1次。总计7月份,上海通用汽车有限公司为别克凯越投放广告119次,广告费用按刊例价格合计860.46万元。凯越的广告形式涉及报纸的整版、半版、1/4版和杂志的整页、双整页等多种规格,以及黑白、彩色两种版色。凯越7月份投放在平面媒体上的广告主要有两个版本,一个版本是车头面对读者,下书广告词“别克凯越,全速启程”,接着是解释主体广告语的一段文字;另一个版本是车尾朝向读者,左边多了一幅手拿桥梁模型的设计师照片，下书“引领美学，而不被美学引领”，然后也是一段解释主体广告语的文字，但和前一个版本略有不同，后面还多出五项产品说明，这是前一个版本所没有的。第一个版本的广告在前期大量使用，共计97次，而后一个版本仅在7月下旬开始出现，共计出现了10次。

凯越的广告媒体主要选择了读者覆盖面较广的大众媒体，尤其是各大城市的强势都市类媒体，如《深圳特区报》、《广州日报》、《华西都市报》和《北京晚报》等，这些媒体有一个共同特点就是在当地具有较高的市场占有率和极大的舆论影响力，它们的广告一般能够带来较高的关注率。同时上海通用凯越选择《中国经营报》、《商业周刊》和《中国汽车画报》、《汽车之友》等业界具有非凡影响力的行业媒体。

上海通用将重点区域市场放到了广东，其全部广告费用的1/5集中于此。华东的山东、浙江和江苏作为上海通用的根据地，也有较大规模的广告投放，但都比广东的投放力度弱得多。尤其是没有在上海、北京两个大城市大量投放广告。

（参考答案：作为新品牌新车型，迅速树立品牌形象是初期广告宣传的第一要务，而第一个版本就很好地贯彻了这一策略。到了下旬，上海通用开始注重产品本身的宣传，推出了带有重要产品特点介绍的第二个广告版本，但在广告形式上又很相近，在凯越广告系列中可以起到一个承上启下的纽带作用。

上海通用此举很好地配合了凯越的集中市场广告策略，不仅能够有效地覆盖凯越的潜在消费者，而且还能树立凯越在大众中的良好品牌形象。像《中国经营报》、《商业周刊》这类媒体，其读者大多是公司管理层人士，与凯越的“时代中坚者”产品定位基本吻合，广告效果到位。对于《中国汽车画报》和《汽车之友》这类汽车行业类杂志，其读者除了很大一部分试车迷外，还有重要的部分就是计划购车者，他们看这些汽车杂志主要是为了选车。这些杂志媒体的传阅率高，保存时间长，凯越在这些媒体上的广告到达率必然很高，效果明显。

这是非常明显的集中市场广告策略，“有所为有所不为”，集中火力强攻消费潜力大的市场。全国性媒体受众虽然能够覆盖很大的地理范围，但对于具体的区域来说，广告到达率低，针对性差。上海通用也意识到了这个问题，因而其广告在这类媒体受众范围较窄，与凯越轿车的目标消费者较为吻合，从而使有限的广告费用得到很好的利用。广东人的购车偏好正逐步向中档车转移，经济型车在广东市场逐步萎缩，广州本田虽然在广东市场具有很高的占有率，但其价位偏高，上海通用正是看准了广东人的购车心理，在广东市场强势出击，意图取得广东市场较大份额。北京的轿车消费市场虽然广阔，但也是群雄逐鹿的地方，各大厂商在此都有重兵部署。上海通用在凯越上市初期有意避开市场锋芒，等到广东市场功成名就再来集中力量猛攻北京市场。上海通用投放凯越广告时，在时间上选择了集中与分散相结合的实施策略。）

3. 请将广告促销的多种策略灵活组合，根据自己收集或已掌握信息，为某产品设计一个简单的促销方案。

第十章　广告测评策略

【引入案例】

“公牛”的形象提升

1985 年美国企业界共做了 850 亿美元的广告投资，为了使这笔巨大的广告费发挥应有的效果，广告客户在广告效果的研究上投下了大笔的资金。下面就是一则广告内容经一再测评、修改而成为杰出广告的例子。

MerrillLynch 是美国一家全国性的连锁保险金融企业，以“公牛”作标志，多年来它的广告均以一群公牛在平原上奔驰来表现，但是该公司一直希望树立成功者脱颖而出的形象。经过广告效果测评，该公司了解到，在消费者的心目中，成功者的形象必须是突出的，不可能与一群公牛一起狂奔。

因此，该公司的广告修正为一头公牛走进水晶专卖店，象征节节高升。这种用一头公牛表现的广告形象，使 MerrillLynch 真地超越其他同行成为美国保险业市场占有率最高的公司。

由此可见，广告制作的首要问题是明确诉求对象，了解什么样的消费者以什么动机购买什么样的产品，再根据多次测评的效果，逐渐地修正广告的内容，最后才能达到最高的广告效果。

（案例来源：中国广告网 http://www.cnad.com/）

【本章概述】

本章重点在于广告效果测评的程序和方法。本章难点在于广告效果测评的方法和指标。

【学习目标】

掌握广告效果的含义、特点、分类、广告测评的原理以及方法。

【本章重难点】

本章重点在于广告效果测评的程序和方法；难点在于广告效果测评的方法和指标。

广告活动的属性是以效益最大化为基准的经济行为，任何一项广告活动都要投入一定的物力、财力和人力，并使其“产出”，即广告效果最大化。随着市场经济的发展，广告投资越来越大，人们对广告效果也越来越关注。19 世纪成功的企业家约翰·瓦纳梅克有一句名言：“我明知自己花在广告方面的钱有一半是浪费了，但我从来无法知道浪费的是哪一半。”为了查明究竟是哪一半浪费掉了，哪一半在起作用，广告人员每年要花费大量的时间和金钱进行调查研究，设法研究测评某项广告或广告运动是否达到了预期的效果。广告效果评估或测评在整个广告运动中占有极其重要的位置,它已成为检验广告运动成败、提高广告运动水平的重要手段。

第一节 广告效果概述

一、广告效果的含义

广告效果是指广告作品通过广告媒体传播之后所产生的作用与影响,或者说是媒体接受者对广告活动的综合反应。简单地说,广告效果是广告对其接受者所产生的影响及由于人际传播所达到的综合效应。比如,新产品广告,通过广告活动促使消费者了解本品牌优点,从而改变已有品牌消费习惯;企业形象广告,通过广告活动宣传企业独特的形象,从而在公众心目中建立企业的良好印象,使消费者对本企业及其各种产品产生亲近感、认同感,最终促进产品销售。

二、广告效果的特征

广告效果既体现于广告整体运作进程中,又存在于广告表现的实施过程中,更显露于广告活动告一阶段之后。因此,广告活动的各部环节都会影响到广告效果。同时,广告活动效果还受到市场环境、社会环境、政治环境及文化心理的影响。而且企业产品策略、价格策略、销售通路及促销策略的微小变化都会影响到广告效果。这一切,都导致调查广告效果的复杂性。所以我们必须了解广告效果本身具有哪些特征。

(一)复合性

广告效果是经济效果、心理效果、社会效果的统一。单从经济效果来看,在广告活动过程中的企业的经济效益,销售情况受到 4P 因素的影响,分别为 Production(产品)、Price(价格)Place(渠道)Promotion(销售促进),而销售促进又包括广告(Advertising)公关(Public Relation)、促销(Sale Promotion)等,广告活动只是销售促进的一种手段,美国的市场营销专家曾细说影响产品销售的因素竟有 37 个之多。因此很难断定广告活动的最终效果就是广告活动本身的效果。所以说广告效果不是单一的,不是可以用简单的方式加以区分的。它是一种复合多种因素与极为复杂的传播活动的结果。

(二)累积性

广告活动是一个连续、动态的过程,消费者接收信息的过程也是一个动态的过程。消费者从接触广告到完成购买,中间有一个心理积累的过程。首先引起消费者的注意,激发消费者的兴趣,从而使消费者形成偏爱直至发生购买行为,行动上又由偶然购买到形成品牌忠诚。广告效果的形成或实现,往往有一定的时空距离,大多数广告效果需要较长的周期。因此,广告活动的开展,应确定长远战略的目标,这样才能把眼前利益和长远利益结合起来。

(三)迟效性

广告效果的发生,受多种因素的影响,广告效果不是一个立竿见影的简单过程。许多广告效果的产生,往往是经过一段时间或更长的时间才产生的。广告活动对消费者产生了心理影响,但销售效果在一段时间后才表现出来。比如,消费者看到了某品牌空调的广告,也产生了购买欲望,但考虑到自己的经济实力,尚不能立即购买,直到具备了一定的经济实力后才能购买。所以,在研究广告效果时,要区别广告效果的即效性和迟效性,不能简单地从眼前效益判断。

(四)间接性

广告促进消费者达成认知、理解或态度改变,最终实施购买行为,使企业获得经济效益,这称为广告效果的直接性。有时接收者虽然接收到广告信息,并对广告商品建立了深刻认识,但本人由于某种原因而未实现购买行为,却介绍他人购买,这就是广告效果的间接性的表现。

三、广告效果的分类

广告效果是个多维的复合型概念,从不同角度对广告效果进行分类,以便根据不同类型的广告效果,采取不同的测评方法,取得较为科学的测评结果。

(一)按照涵盖的内容影响范围划分

按照影响范围划分,广告效果包括经济效果、心理效果和社会效果。这是广告效果测评的基本分类。

1. 广告的经济效果

广告的经济效果,指广告活动对社会经济结构和消费者经济生活的影响。广告主运用各种传媒介绍或推广产品,会对生产、流通、分配、消费等社会经济环节产生影响,如广告对企业竞争力的影响、对产品价值的影响、对价格的影响、对经济周期的影响等等。而且广告也在有意无意地改变着消费者的需求和选择,从而扩大商品的市场份额,增加企业利润。广告经济效果是广告效果最基本的内容,直至20世纪60年代,经济效果一直是评价广告好坏的唯一标准。

2. 广告的心理效果

广告的心理效果,是指接收广告的人数、接收的人对广告的印象以及引起的心理效应。它并非直接以销售情况的好坏作为评断广告效果的依据,而是以广告的收视听率、察觉率、兴趣与欲望、产品知名度等间接促进销售的因素为根据。

3. 广告的社会效果

广告的社会效果,是指除商品或服务本身的信息之外,广告信息对社会法律、法规、社会价值取向、文化时尚、传统道德等各种社会精神方面的影响。

(二)按产生效果的时间划分

一项广告活动展开后,从时间关系上看,广告产生影响和变化,会有多种情况:

1. 即时效果

广告发布后,很快就能产生效果。如商场里的POP广告,会促使顾客立即采取购买行动。

2. 近期效果

广告发布后在较短的时间内产生效果。通常是在一个月、一个季度、最多一年内,广告商品的销售额有了较大幅度的增长,品牌知名度、理解度等有了一定的提高。近期效果是衡量一则广告活动是否取得成功的重要指标。

3. 长期效果

指广告在消费者心目中所产生的长远影响。消费者接受一定的广告信息,一般并不是立即采取购买行为,而是把有关的信息存储在大脑中,在需要进行消费的时候产生效应,广告的影响是长期的、潜在的,也是逐步积累起来的。

在广告活动中,不仅要追求广告的即时效果和近期效果,而且应该重视长期效果。在市场竞争加剧,需要运用整合传播的现代营销战略中,广告的长期效果更为重要。

(三)按对消费者的影响程度和表现来划分

主要可分为到达效果、认知效果、心理变化效果和促进购买效果。

1. 到达效果

广告能否被消费者接触,要看有关广告媒体的"覆盖率"如何。如印刷媒体的发行量、电子媒体的视听率等的测评,为选择广告媒体指出方向。

2. 认知效果

是要测评消费者接触了广告信息后,对广告的印象和记忆的程度,反映广告受众在多大程度上"听过或看过"广告。这主要通过测评消费者对广告的知晓率、理解率、喜爱度、购买欲望率等。

3. 心理变化效果

指消费者接触广告时所产生的心理变化,只能通过调查、实验室测试等方法间接得到。

4. 促进购买效果

指消费者响应广告诉求所采取的有关行为。这是一种外在的、可以把握的广告效果。一般可以采取"事前事后测评法"得到数据。

以上分类方法是广告效果测评中一些较常用的分类方法。在实际的测评中,可以根据具体的测评要求和情况,灵活运用一些其他分类方法。

四、广告效果测评的指标

衡量、评价广告效果的指标是多方面的,主要包括以下几个方面:

(一)广告经济效果的测评指标

广告经济效果的指标测评,主要测评广告之后商品销售额和利润额的变化情况:①增加了还是减少了;②增加或减少的程度如何,等等。为了更直观、更有效地考察所投入广告费与所产生的经济效果的关系,在销售额和利润额两个基本指标的基础上,要结合广告费等其他数量指标推算一些相对的经济指标。

1. 广告费用指标

该指标表明广告费与销售额或利润额之间的对比关系,主要包括销售费用率、利润费用率以及单位费用销售率、单位费用利润率。

销售费用率、利润费用率主要反映获得单位销售额或单位利润所要支出的广告费用。例如,某期广告的销售费用率或利润费用率是0.2,这表明该期内每获得1元的销售额或利润额,就要支付出0.2元的广告费用。销售费用率或利润费用率越低,广告的效果越好;反之,则广告的效果越差。

单位费用销售率、单位费用利润率分别是销售费用率、利润费用率的倒数,表明每支付单位价值的广告费用所能获得的销售额或利润额的数量。单位费用销售率或单位费用利润率越高,广告的效果就越好;反之则效果越差。

2. 广告效果指标

该指标包括销售效果比率和利润效果比率,表明广告费用每提高一个百分点,销售额或利润额所增加的百分点数,反映出广告费用变化快慢程度与销售额或利润额变化快慢程度的对比关系。销售效果比率或利润效果比率越大,表明广告效果越好;反之,则效果越差。

3. 广告效益指标

该指标表明本期每支付单位价值的广告费用能够使销售额或利润额增加的数量。该相对经济指标反映出广告费用与广告后销售增加额或利润增加额的对比关系，包括单位费用销售增加额（广告销售效益）和单位费用利润增加额（广告利润效益）。广告效益越大，广告效果也就越好；反之，则效果越差。

4. 市场占有率指标

该指标包括市场占有率和市场占有率提高率。市场占有率是企业生产的某种产品，在一定时期内的销售量占市场同类产品销售总量的比率。该指标在一定程度上反映了本企业产品在市场上的地位与竞争的能力。企业的市场占有率提高，意味着产品的竞争能力增强和产品的销售量增加。因此，还可以用单位广告费提高市场占有率的百分比，这一相对经济指标测评广告的经济效果。即用单位费用销售增加额与同行业同类产品销售总额对比，也就是用市场占有率提高率来衡量广告的市场开拓能力。

若企业的广告活动战略主要用于进行市场扩展、渗透，则往往选取这一指标来测评广告效果，进而衡量广告活动是否达到了预期的结果。

5. 广告相关系数指标

相关系数指标表示的是两个或者两个以上经济变量之间相互关系的程度。两个经济变量之间的相互关系有正相关、负相关和不相关。正相关是指两个经济变量同时按相同方向变动，即它们同时增加或者同时减少；负相关是指两个经济变量同时按相反方向变动，即其中一个变量增加，另一个变量减少，反之亦然；不相关（也称零相关）是指两个经济变量彼此没有联系，一个变量变动对另一个变量不产生任何影响。

广告效果相关系数值在 +1 ~ -1 之间。此系数若为正值，则为正相关，表示广告成功；此系数若为负值，则为负相关，表示广告失败；此系数若为 0，则为不相关，表示广告效果等于零。

6. 广告效果系数指标

要排除广告以外的影响因素，单纯测评广告的销售效果，较为严谨的方法是采用广告效果指数法，即把同性质的被检测者分为两组，其中一组看过广告，另一组未看广告，然后比较两组的购买效果，最后将检测的数字结果利用频数分配技术进行计算，从而得出广告效果系数。

广告效果系数越大，表明该种或该期的广告效果越好。应该说明的是，这一指标只适用于同一地区、同一媒体的不同广告或不同期的广告效果的比较，其他情况不能简单搬用。

（二）广告心理效果的测评指标

广告心理效果的测评，即测评广告经过特定的媒体传播之后对消费者心理活动的影响程度。广告既然旨在影响消费者的心理活动与购买行为，就必然与消费者的心理过程发生联系。广告信息作用于消费者而引起的一系列心理效应，主要表现在对广告内容的感知反应、记忆巩固、思维活动、情感体验和态度倾向等几个方面。对这几个方面进行测评的指标称为广告心理效果测评的心理学指标。

消费者在接触广告之后产生心理效应，同时客观地引起人体一系列的生理变化，如瞳孔直径的变化、脑电波图的变化等。随着科学技术的发展，人们运用各种精密仪器测评这些生理变化，并作为衡量广告心理效果的指标。我们称这些指标为广告心理效果的客观性指标。

1. 广告心理效果测评的心理学指标

（1）感知程度的测评指标。该指标主要用于测评广告的知名度，即消费者对广告主及其商品、商标、品牌等的认识程度。该指标可分为阅读率和视听率两类：

A. 阅读率指标可以细分为注目率和精读率。

注目率——能够辨认出过去曾看过的广告中厂商的名称或商标，而认得该广告的标题或插图的读者占总读者数的百分比。

精读率——能够记得该广告50%以上内容的读者占总读者数的百分比。

B. 视听率指标分为视听率和认知率。

视听率——广告节目的视听户数占拥有电视机（或收音机）户数的百分比。

认知率——认知广告名称的人数占广告节目视听户数的百分比。

感知程度的测评，一般宜在广告的同时或广告后不久进行，以求得测评的准确性。

（2）记忆效率的测评指标。该指标主要是指对广告的记忆度，即消费者对广告印象的深刻程度，是否能够记住广告内容（品牌特性、商标等）。

消费者对广告内容的记忆效率，一般是指对广告重点诉求的保持或回忆的能力与水平。记忆对刺激潜在消费者的购买行为具有重大意义。当他们产生购买欲望时，往往随意或不随意地回忆起值得信赖的商店或有过好感的商品，由此影响购买决策。消费者对广告内容记忆效率的高低，反映出广告策划的水平及影响力。广告要获得较好的传播效果，就必须提高人们对广告信息的记忆效率。

（3）思维状态的测评指标。消费者对广告观念的理解，是消费者对广告思维状态的反映，也是对广告反映事物的本质掌握。思维状态的测评，即是测评消费者对广告观念的理解程度与信任程度。

通过对理解度和信任度的测评，不仅可查明消费者能够回忆起多少广告信息，更主要的是可查明消费者对商品、品牌、创意等内容的理解与联想能力，确认消费者对广告内容的信任程度。

（4）情感激发程度和测评指标。好感度是测评情感激发程度的主要指标，又称为广告说服力。主要是指人们对广告所引起的兴趣如何，对广告的商品有无好感。好感的程度包括消费者对广告商品的忠实度、偏爱度以及品牌印象等。

能否激发消费者的情感，是广告能否达到心理目标的重要标志。在广告创作中，对每一个环节、每一个部分都应赋予健康的情调，引导消费者对美好事物的向往与追求，使之产生各种有益的情感体验，才能取得较好的心理效应。

（5）态度倾向的测评指标。广告是一种信息传播的手段，旨在影响消费者对某种产品、某个品牌、某生产厂家的态度倾向。对于态度倾向的测评，主要包括购买动机和行动率这两项指标。

购买动机是测评广告对消费者购买行为的影响，即了解消费者购买是随意的还是受广告的影响。

行动率有两方面内容：由广告引起的立即购买行为和由广告唤起的潜在购买准备。

2. 广告心理效果测评的客观指标

（1）眼动轨迹描记图。研究表明，人们在观看广告时，眼球处在不断的运动中，这种运动就是眼睛对广告画面的不断扫描运动。如果使用眼动轨迹记录仪，就可以较清晰地把瞳孔运动的轨迹描记下来，形成眼动轨迹图。

从眼动轨迹图上可以清楚地了解消费者在观看广告画面时眼睛的注视次序和重点部位，从而为广告的设计制作提供科学的依据。

（2）瞳孔直径的变化。有关研究表明，当人们注视感兴趣的客体时，瞳孔直径会出现扩大的反应。可以推知,当消费者在观看一则饶有兴味的广告时,会伴随出现瞳孔的扩大。换言之,瞳孔直径的变化可以作为广告效果测评的客观性指标。

(3)皮肤电反应。广告播映中,人们通过视觉、听觉将信息传及大脑,情绪处于兴奋、激动状态,皮肤汗液分泌的增加又会使皮肤的导电性(皮肤电阻)和皮肤的电位发生变化,从而造成皮肤电反应的变化。这种变化可以作为情绪反应的可靠生理指标。消费者在观看感兴趣的广告或喜欢的商品时,情绪的波动将导致皮肤电的变化。因此,皮肤电的变化可以作为测评广告效果客观性的指标。

(4)脑电波图的变化。人们在观看广告时大脑会产生自发电活动(经收集、放大而记录下来形成脑电波图)。这种活动通过脑电波图的变化而表现出来。当消费者完全被广告画面所吸引时,会出现 14 赫兹 ~25 赫兹的低幅快波(β 波);而不感兴趣时大脑中会出现一种 8 赫兹 ~13 赫兹的高幅慢波(α 波)。因此,通过脑电波图的变化,可以测评消费者接触广告以后所产生的心理感应。

(5)视觉反应时。视觉反应时是指消费者观察或看清广告对象所需的时间。它同样可以作为广告效果测评的一种客观性指标。消费者对广告的视觉反应时越短,说明广告越简洁明了,主题越突出,效果反应越好。

(6)瞬时记忆广度。这是利用速示器在极为短暂的时间内向消费者呈现一幅广告,在广告刚刚结束后有选择地要求消费者立即报告刚才所看的广告中某些对象的内容,从而得出消费者在观察广告时的瞬时记忆广度。消费者在一瞬间所能看到的东西越多,即瞬时记忆广度越大,表明广告的主题明确,创意新颖,策划成功。

3. 广告社会效果的测评指标

广告构思、广告语言以及广告表现要受到法律或伦理道德的制约,并应服从于一定的文化艺术准则。在国外,有人将此归纳为广告的法规限制和广告的自我约束。所谓自我约束,是由广告主、广告公司、媒体公司或由上述各企业组成的团体进行的自我限制,不是从法律方面,而是从社会道德、伦理、风俗习惯、文化艺术等方面,对广告构思和表现手法等的限制。

测评广告的社会效果,其依据是一定社会意识形态下的政治观点、法律规范、伦理道德以及文化艺术标准的约束。在不同的社会意识形态下,这些约束标准有本质的不同。

当然,检验广告的社会效果不能简单地以某种指标的高低来衡量,而要通过对社会效果的一些公认的、基本的指标测评和评价,并结合其他社会环境因素进行综合考察。

(1)法律规范指标。利用广告法规来管理广告是世界各国对广告进行制约的普遍方法。这一标准具有权威性、概括性、规范性、强制性的特点,适用于衡量广告中具有共性的一般问题。大多数广告法规属于特定的国家范畴,但也有例外,即属于国际公约性质的,如国际商会通过的《国际商业广告从业准则》等。

(2)伦理道德指标。在一定时期,一定的社会意识形态下,具有特定的伦理道德标准,它表明人们较为普遍的价值取向。这一标准受到民族特性、宗教信仰、风俗习惯、教育水平等社会文化因素的影响。我国发布的广告,无论是广告的内容还是广告的表现形式,都应符合现时社会伦理道德的要求。

(3)文化艺术指标。广告的创作必须符合一定的文化艺术标准。各国的文化传统、风俗习惯有着自己的特殊性和历史的延续性,形成了各国在文化艺术上的不同观念和风俗。例如,在我国,广告的形式必须服从内容的要求,不能搞形式主义,华而不实;广告的画面、语言、文字、音乐、人物形象不能有低级庸俗、不健康的内容和情调;广告创作与表现,必须继承民族文化,尊重民族习惯,讲求民族风格;同时要有选择地借鉴国外先进的、合理的艺术表现形式与创作手法,等等。

第二节　广告效果测评的原理

一、广告效果测评的意义

广告宣传是现代企业在市场上开展的重要促销活动之一。广告宣传是企业的一项投资行为,它的产出状况直接关系着企业的命运。在市场经济条件下,企业是国民经济运行的基本细胞,是社会财富的主要创造者。企业的命运实际上也就是国民经济整体的命运。因此,广告效果与国民经济的整体运行有着密切的关系。

广告主通过各种媒体传播了大量广告信息,也投入了数额巨大的广告费用。全世界一年约投放广告费3570亿美元,排在一、二位的,美国每年约投入广告费1886亿美元,日本的广告费每年约达331亿美元。我国自改革开放以来,广告投入约以年均40%的速度增长,在20世末,一年已有620多亿人民币(不到75亿美元)的广告费投放。花这么多费用来做广告,其目的就是要取得一定的效果。因此,很有必要对广告效果进行测评。

除此之外,广告效果测评的意义还表现在以下几个方面:

(1)有利于整个广告活动经验的总结。广告效果测评是检验广告计划、广告活动合理与否的有效途径。在测评过程中,要求与计划方案设计的广告目标进行对比,衡量其实现的程度,从中总结经验,吸取教训,为下阶段的广告促销打下良好的基础。

(2)有利于广告主进行广告决策。某一时期的广告活动结束之后,必须客观地测评广告效果,检查广告目标与企业目标、目标市场、营销目标的吻合程度,以正确把握下一阶段的广告促销活动。如果对广告活动的成效胸中无数,就会使广告主在经营决策上盲目行动,误入歧途。

(3)有利于提升广告作品的质量。只有优秀的、有创意的广告作品才能在浩瀚的信息海洋中脱颖而出,才能吸引广告受众日渐挑剔的眼睛和耳朵,才能给忙忙碌碌的受众留下一点记忆,才能最终促成消费者购买行为。因此,广告"说什么"和"怎么说"就成为能否吸引受众的注意力,增强受众的记忆力,激发受众的购买动机的决定因素。通过广告效果测评,可以了解受众对广告作品的接受程度,分析其主题是否突出,形象是否有魅力,是否符合目标市场心理需求等,从而促进企业改进广告的设计与制作,提高广告作品质量。

(4)有利于与其他营销活动的配合,促进整体营销目标的实现。测评能够较客观地肯定广告活动所取得的效益,也可以找出除广告宣传外影响企业产品销售的原因,企业可据此调整生产经营活动,确保营销目标的实现。

总之,企业都非常关注通过媒介传播广告之后,目标消费群到底受到了多大程度的影响。广告效果测评对于企业开发成功的广告、有效运用广告费、提升产品品牌形象和拉动销售等都具有重要的意义。

二、广告效果测评的原则

为保证广告效果测评的准确性,在广告效果测评实施的过程中,应该遵循一定的原则。

(一)目标性原则

广告效果具有时间累积性、复合性与间接性等特点,因此对广告效果的测评必须有明确而具体的目标,不可空泛。例如,要确定广告效果测评的内容是长期效果还是短期效果,如果是短期效果,是测评销售效果还是心理效果;如果是心理效果,是测评认知效果还是态度效果;如果是认知效果,是商标的认知效果还是商品特性的认知效果,等等。只有明确、具体地确定广告效果的测评目标,才能选择科学的方法与步骤,取得预期的测评效果。

(二)综合性原则

影响广告效果的因素多且复杂,在具体测评过程中还有不可控因素的影响。因此,无论是测评广告活动的经济效果、社会效果还是心理效果,都要综合考虑各种相关因素的影响。即使是测评某一具体广告,也要考虑广告表现的复合性能、媒体组合的综合性能以及时空、地域等条件的影响,才能准确地测知广告的真实效果。从全面提高广告效益来说,广告效果的测评应该是广告的经济、社会、心理效果等的综合评定。

(三)可靠性原则

广告效果测评的结果只有真实可靠,才能起到提高经济效益的作用。在效果测评中,样本的选取一定要有典型性、代表性;对样本的选取数量,也要根据测评的要求,尽量选取较大的样本;测试要多次进行,反复验证,才能获取可靠的检测结果。

假若多次测试的结果都大致相同,其可靠程度就高,否则此项测试必有问题,有必要做进一步研究。另外,每次测试的条件要大体一致,才能得出正确的答案。

(四)经常性原则

广告效果在时间上有推移性,在形式上有复合性,在效果上有间接性等特点。对广告效果的测评,不能有临时性观点。进一步说,某一时间和地点的广告效果,并不一定就是此时此地该广告的真实效果,它也许包括前期广告的延续性或其他营销活动的影响等。所以,应该掌握前期广告活动和其他营销活动及其效果的全部资料,才能推定现实广告的真正效果。同时,广告效果测评的历史资料提供了大量的检测经验与教训,对现实的广告效果测评工作有很大的参考价值。而且,长期的广告效果测评,只有在经常性的短期广告效果测评(并掌握详细的测评资料)的基础上才能进行。

(五)经济性原则

进行广告效果测评,所选取的广告样本的测评范围、地点、对象、方法以及测评指标等,既要满足测评的要求,也要充分考虑企业经济上的承受力,尽可能做到以较少的费用支出取得满意的测评效果。具体实施中,在制定测评计划时,要从满足测评要求和企业的经济条件出发,严格实行经济核算,选取最佳测评方案,力求做到广告效果测评的费用低、效果好。

(六)简便易行原则

制定广告效果测评计划,在不影响测评要求和准确度的前提下,要尽可能使测评方案简便易行。或者说,测评方案不仅要在理论上可行、而且在实施中有较强的可操作性。

三、广告效果测评的程序

为了确保广告效果测评结果的质量,使整个测评评估工作有节奏、高效率地进行,必须加强组织工作,合理安排测评、研究程序。广告效果测评的研究程序如下:

(一)确定研究问题

从事广告效果测评首先要明确研究的问题,以便确定收集材料和组织材料的基准和解释材料的依据。一般来说,涉及广告效果测评的研究问题主要有:广告的表现手法、广告媒介、组成广告作品的各要素、广告不同刊载位置的相对价值、广告的易读性等。

(二)制定测评计划

为了保证广告效果测评有步骤、有系统地进行,达到测评的预期目的,必须制定一套科学的广告效果测评实施计划与方案。广告效果测评的计划,一般应包括测评的目的与要求、测评的步骤与方法、测评的项目与指标、测评的时间与地点、测评的范围与对象、测评人员的安排与分工、测评费用与预算等。

(三)实施测评计划

按照计划,到指定的具体地点,找具体调查对象,开展有目的的访问、调查工作;同时,要注意方式方法,用事前准备好的表格、提纲等,开展有针对性的测评、调查。测评人员对出现的问题,要善于随机应变,具体分析和对待,要紧密围绕既定目标与要求,保证测评计划的顺利完成。

(四)整理资料,分析结果

收集资料后,必须将获得的资料加以整理、分析和解释,看它是否与原来的假设相符合,找出实际效果与预期答案的差距,分析产生差距的原因何在,寻求问题的根源。

(五)提出研究报告

研究报告是广告效果分析、检验、评估过程的书面总结,也是正确测评广告效果、提高广告活动管理水平必不可少的步骤。研究报告的内容主要包括:

前言:前言一般有该次测评的目的、所研究的问题及其范围、测评的组织及人员情况等。

报告主题:报告主题应包括测评的时间、地点、内容及所导致的结果的详细情况;测评、研究问题所应用的方法;各种指标的数量关系;计划与实际的比较;经验的总结与问题的分析;解决问题的措施与今后的展望、改善广告促销的具体意见等。

附件:附件包括样本分配、推算过程、图表及附表等。

四、广告效果测评的要求

广告效果测评事关广告活动的总体评价和广告投资的效益。广告效果测评计划的目的是为了保证广告效果测评的顺利实施,并达到测评的预期目标。

完成一项优秀的广告效果测评的基本要求是:

(一)精心准备、精心计划

广告效果测评涉及多方面因素,非常复杂,但意义重大。因此,首先要精心准备、精心计划,拟定全面的测评方案,确定测评步骤,才能使广告效果测评工作顺利进行;以达到预期效果。根据广告主与测评人员双方的协商,广告公司应该委派专门的负责人,写出与实际情况相适应的广告测评工作计划。如果广告效果测评小组与广告主不存在隶属的关系,就必须签订相关的协议。按照测评的整体要求,双方应在洽谈的基础上就广告效果测评的目标与要求、时间与地点、范围与对象、测评的内容、步骤与方法、测评人员的安排与分工、质量要求、费用预算、完成的时间、双方的权利与义务等方面订立正式的广告效果测评合同。

(二)运用多种测评手段,坚持定量与定性相结合的原则

要根据测评目的的要求,运用多种测评手段进行测评,并在定量分析的基础之上根据专业人

员的经验做定性分析，这样才可能从数据中找到事物的真谛，使广告效果测评反映事物的本来面貌。

（三）考虑多方面因素，确定广告的实际效果

任何一次广告活动，都不是在真空中进行的。影响广告活动效果的因素是多方面的，要充分重视广告活动之外的各方面因素的影响，找出问题的根源所在。

（四）听取多方面意见，以大多数人的意见为准

广告活动的目的就是对大多数人产生影响，因此，广告效果测评要听取各方面的意见，这样广告效果测评才可能真正反映问题。

（五）要选取目标消费者

广告活动的目标对象是特定的，它是建立在产品分析、消费者分析基础之上的，是根据企业营销策略确定的。因此，广告效果测评应主要听取目标对象的意见，以求广告活动真正有的放矢。

（六）切忌以偏概全

广告效果测评的结论要来自对各种资料的全面分析，切忌以偏概全、以点代面。在测评过程中，要注意收集多方面资料，并做全面、客观分析，力争使广告效果测评反映全面情况。

（七）做好事前—事后测量

事前—事后测量是指一种测量程序，即在广告正式刊播前进行广告前测试，以了解目标消费者在广告发布之前对广告品牌的了解与态度；在广告发布后，再进行测试，并把结果与前面的测试结果相比较，两个结果之差会体现出整个广告活动的效果。如果没有事前测试，就无法确定广告发布后测试的结果是早已存在的，还是本次广告活动带来的效果，也就无法确定广告活动的效果到底有多大。广告效果测评贯穿广告活动的始终。对一次广告活动而言，广告效果测评不是简单地进行一次或两次，而是根据测评内容，反复进行多次。要使每一次测评结果都能有机结合、互相联系、互为补充，就必须建立可比体系，在样本的选定、问卷的设计、统计方法的运用上要考虑前后的联系，使一次广告活动过程中的多次广告效果测评结果之间产生有机联系，以利于企业和广告人掌握多方面资料。

第三节　广告效果测评的方法

测评方法基本上可以分为直接测评与间接测评两大类。直接测评，即测评者根据对调查对象进行调查所收集到的第一手资料对广告效果进行测评，主要方法有访问法、观察法、实验法。间接测评，即测评者根据广告原始调查资料对广告效果所进行的分析与测评。直接测评与间接测评大都利用统计分析技术对检测结果进行综合分析与检验。

现代广告效果测评，除了采用直接测评和间接测评的方法以外，还逐步采用现代数学方法和电子计算机技术对广告效果进行定性与定量的分析，以求获得更加精确的测评结果。

一、广告经济效果的测评

广告的经济效果是广告活动的最佳效果体现，它集中地反映出工商企业在广告促销活动中的

营销状况,广告经济效果的测评是衡量广告活动的中心环节。广告的经济效果除了可以进行定性研究之外,更多地是利用某些指标进行定量分析。

整个广告活动过程的测评包括:事前测评、事中测评、事后效果测评三部分。只有坚持广告效果的全面测评,才有可能完整、真实地反映广告促销活动的全貌。

(一)经济效果的事前测评

广告效果的事前测评,是指在广告正式发布之前,邀请有关广告专家或消费者代表审查广告存在的问题,或运用各种仪器测评人们的心理活动反应,对广告播出后可能产生的效果进行预测和评估。其目的是了解人们对广告作品各方面的可能反应,包括对广告的理解,广告文字、图案、声像对人的视觉、听觉及心理的影响,同时根据测评结果,及时调整广告的内容和表现形式,避免广告传递信息的方向性错误,提高广告的成功率。

事前测评,可以深入研究消费者的购买动机与购买欲望。当消费者或用户对商品的认识模糊不清;或当商品的某种特殊性能、作用尚未被人们所觉察时,就要利用广告的事前测评来衡量信息在传播过程中可能引起消费者什么样的反应,并采取相应行动。事前测评主要采用销售实验法,即模拟一个销售环境,通过实验的方法来检验广告的效果。销售环境有各种不同的模式,例如:

(1)利用商品推销员或导购员在商店里或走家串巷进行商品宣传活动,散发商品性能、使用说明书;免费赠送小包装商品等。这种广告宣传可直接导致商品销售量的变化,使商品销售量逐步增大,广告的质量越来越高。

(2)通过电视媒体,将录制好的广告内容在典型的购物环境中播放,观察其所造成的销售效果。

(3)将同类商品的包装及商标去掉,在每种商品后安放一则宣传广告和说明卡片,观察每种商品销售状况,哪种商品销量明显增大,说明这种商品的广告宣传效果好。

销售实验法的优点在于顾客的有目的购买,因此,广告宣传的效果测评能够反映出真实的数据。缺点是评价方法和结果比较粗糙、笼统。例如,事前广告测评所带来的销售效果变化究竟是环境模拟的原因、产品本身的原因,还是各种广告宣传的原因?如果是广告引起促销,那么究竟是广告标题、文字还是图像的作用呢?这些问题销售实验法都无法解答。这种方法只能初步测评广告质量的优与劣。

(二)经济效果的事中测评

广告效果的事中测评是在广告已开始刊播后进行的,是在广告作品正式通过各种媒体发表后,到整个广告活动结束之前对广告效果所作的检测与评估。事中测评可以直接了解媒体接受者在日常生活中对广告的反应,得出的结论也更加准确可靠,它可以检验广告效果的事前测评和预测事后测评的结果,并为事后测评积累必要的数据和资料。

事中测评直接针对于进行中的广告宣传的目标与策略,一般很难进行修改,只能对具体方式、方法进行局部的调整和修补。它主要是为了检验广告战略、广告策划的执行情况与实际情况的吻合程度,以便能够及时地发现问题,随时予以纠正。事中测评的主要方法有销售地区实验法、分割测评法、促销法等。

1. 销售地区实验法

销售地区实验法是实地测验法的一种,它的目的是直接检测广告的销售效果。具体做法是,先将销售地区分为实验城市与控制城市,将实验城市所选择的商店销售记录下来,然后在实验城市进行新的广告活动。在控制城市与实验城市环境条件大体相同的情况下,控制城市并不进行新的广告宣传活动。

经过一段时间后，将实验城市与控制城市实验前后的销售量加以统计比较，便可测评进行新的广告活动与不进行广告活动的相对比较效果。举例如下：

假设选取A、B两城市进行销售地区实验，A为实验城市，B为控制城市。在A市进行电视广告宣传，两个月后，结论如表10－1所示。

表10－1 单位：万元

	销售额（实验前）	销售后（实验期后）	销售额增加（%）
A市（实验城市）	84	92（做广告）	9.5
B市（控制城市）	102	108（不做广告）	5.98

从表10—1可以看出，A市利用电视媒体后，销售额增加了9.5%；B市不做广告，销售额只增加了5.98%。A市如果不做广告，理论上只应增加5.9%，而经过广告后，净增加了3.6个百分点，销售额净增3.044万元。如果A市所投入的广告费少于3.044万元，则广告是成功的。

这种方法的优点是能够比较客观地实际检测广告水平，尤其对一些周转率极高的商品，如节令商品、流行商品等更为有效。缺点是检测时间长短不易确定，影响市场各种可变因素不易控制。因此，如采用销售地区实验法，必须舍去一些次要的变量，这些次要变量的选择恰当与否在相当程度上制约着检测效果的有效性。

2. 分割测评法

分割测评法是检测同一媒体上惟有某一因素不同的广告效果。具体做法是，一则广告刊登在报纸或杂志的一半版面上，另一则广告刊登在同期的另一半版面上，然后将二者以同等数量寄给读者。读者中有一部分人可见到第一则广告，而另一部分人可看到第二则广告。将信息反馈统计后，即可得到两则广告销售效果的比较值。

这种方法的优点是检测对象比较明确，检测的条件比较一致，回函率较高，因而检测结果准确率也较高。缺点是承担机械分刊印刷的媒体十分有限，而且费用较大，同时也会有竞争广告采用同样方法影响检测效果。

3. 促销法

选择两个区域，第一个区域只发布广告，停止一切促销活动；第二个区域既发布广告，又进行各种促销活动。经过一段时间，将两个区域的销售量进行比较，测出广告效果在促销活动中所占的比重。

（三）经济效果的事后测评

广告效果的事后测评是指在整个广告活动之后所作的一种效果评估，是整个广告活动效果测评的最后阶段。广告效果的事后测评是评价广告活动的最终指标，是广告主判断广告活动效益的依据。比如说此次广告活动原设定的目标是提高知名度8%、理解度7%、购买意图度6%、购买度5%，在广告活动后则要测评哪一项已超越目标，哪一项还未达到目标，并以此作为下次广告活动设定目标的基础。广告效果的事后测评虽然不能直接对已经完成的广告宣传进行修改或补充，却可以全面、准确地对已做的广告活动的效果进行评估，以便总结经验，纠正错误，为下一次广告活动打好基础。

广告经济效果的事后测评，基本上采取实地调查法，即根据广告商品的销售额、利润以及使用状况等的记录资料与同期广告量进行分析比较，以时间序列或相关分析来把握广告的总体效果。

在实际广告测评中应用较广的是事前事后测评法和小组比较法。

1. 事前事后测评法

事前事后测评法，就是实际调查广告活动前后的销售情况，以事前、事后的销售额、利润额并结合广告费等因素，作为衡量广告经济效果的数量指标。具体包括以下几种方法。

（1）广告费用比率法

$$销售(或利润)费用率 = \frac{本期广告费总额}{本期广告后销售(或利润)总额} \times 100\%$$

$$单位费用销售(或利润)率 = \frac{本期广告后销售(或利润)总额}{本期广告费总额} \times 100\%$$

例如，若某企业某季度的广告费为 4 万元，该广告商品获利润 100 万元，运用上面公式计算，则利润费用率为 4%，单位费用利润率为 2500%，利润费用率越小，单位费用利润率越大，广告效果越好。

（2）广告效果比率法

$$销售(或利润)效果比率 = \frac{本期销售(或利润)额增长率}{本期广告费用增长率} \times 100\%$$

假设某公司为了配合旺季销售，第四季度的广告费用增长率为 50%，而该季销售额增长率为 20%，由此推算出销售效果比率为 40%。销售效果比率越大，则广告效果越好。

（3）广告效益法

$$单位费用销售(或利润)增加额 = \frac{本期广告后销售(或利润)总额 - 上期广告后(或未做广告前)销售(或利润)总额}{本期广告费用总额}$$

假设某企业第四季度广告费总额为 0.4 万元，销售总额为 100 万元，第三季度的销售总额为 90 万元，则单位费用销售增加额为 25 元，即每元广告效益为 25 元。广告效益值越大，则效果越好。

（4）市场占有率法

$$市场占有率 = \frac{本企业产品销售量(额)}{同行业同类产品销售总量(额)} \times 100\%$$

$$市场占有率提高率 = \frac{单位广告费用销售增加量(额)}{同行业同类产品销售总量(额)} \times 100\%$$

上面所举的例子中，广告费用的增加会促使销售额的增加，但不是绝对的。假若产品已进入衰退期，即使广告费继续增加，销售额也不会有大的变化，只是延缓衰退而已，这是由产品生命周期所决定的。

（5）盈亏分界点计算法

这种方法的关键是确定平均销售费用率。即

$$平均销售费用率 = \frac{广告费用}{销售额}$$

用符号代入推导，

$$L = \frac{X + \Delta X}{C}$$

所以 $\Delta X = LC - X$

式中：X——基期广告费；

ΔX——报告期广告费用增加额；

C——报告期销售额；

L——平均销售费用率。

计算结果，若$\triangle X$为正值，说明广告费使用合理，经济效果较好；若为负值，则需要压缩广告费用开支。

现假定有关材料统计：甲、乙、丙三家公司某年广告平均销售费用率为0.096%，举例如下：

甲公司：

$$\triangle X = 218000000 \times 0.096\% - 1190 = 208090(\text{元})$$

乙公司：

$$\triangle X = 207060000 \times 0.096\% - 17100 = 181677.6(\text{元})$$

丙公司：

$$\triangle X = 41995000 \times 0.096\% - 6792 = 33523.2(\text{元})$$

由此可见，甲公司广告费利用情况最好，乙公司次之，丙公司需压缩广告费用。

(6)“有控制组事先事后设计”实验法

这种实验方法是以一个或几个自变量为依据，研究其他一个或几个因变量的方法。假定设计关系如表10—2所示。

表10—2

	实验组	控制组
事先测评	X_1	Y_1
事后测评	X_2	Y_2

实验变量结果：$(X_2 - X_1) - (Y_2 - Y_1)$

实验结果以百分率表示，其公式为

$$E\% = \left[\left(\frac{X_2 - X_1}{X_1}\right)\right] - \left[\left(\frac{Y_2 - Y_1}{Y_1}\right)\right] \times 100\%$$

例如，某妇女服装商店举行冬令女式外衣展销，店方计划对一种新款外衣的市场效果进行测评，于是制定“事先事后”实验方案（把展销会本身当作一个广告实体，图10－1）。

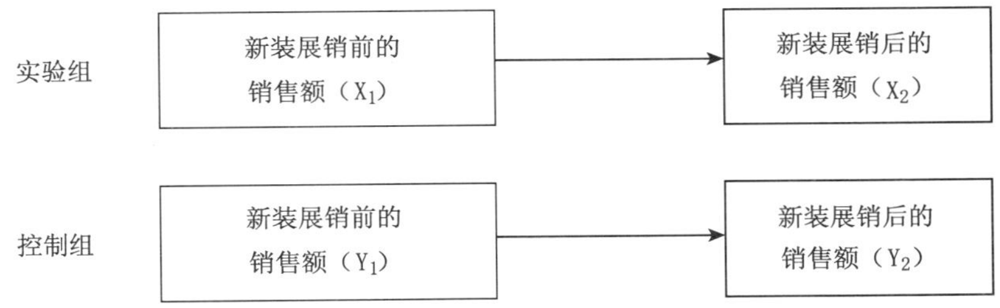

图10—1　事前事后试验方案

展销期为一个月，一个月后的结果如表10－3所示。

表10－3

	展销前	展销后
实验组	10	15
控制组	10	12

代入公式，

$$E\% = \left[\left(\frac{15-10}{10}\right)\right] - \left[\left(\frac{12-10}{10}\right)\right] \times 100\% = 30\%$$

由此可知，通过展销新装销售效果提高了30%。

2. 小组比较法

小组比较法，常用的有广告效果指数法和相关系数法等。

(1)广告效果指数法。根据小组比较，在广告推出之后，进行消费者调查：是否看过广告；是否购买过广告商品。假定调查结果如表10－4。

表10－4

	看过广告	未看过广告	合计人数
购买产品商品	A	B	A+B
未购买产品商品	C	D	C+D
合计人数	A+C	B+D	N

表中：A——看过广告而购买的人数；

B——未看过广告而购买的人数；

C——看过广告而未购买的人数；

D——未看过广告又未购买的人数；

N——被调查的总人数。

从表10－5可以看出，即使在未看过广告的人中，也有$\frac{B}{B+D}$的比例购买了广告的商品。所以要从看过广告而购买的A中，减去因广告以外影响而购买的$(A+C)\times\frac{B}{B+D}$人，才是真正因为广告而唤起的购买效果，用这一人数除以被调查的总人数所得的值，称为广告效果指数(advertising effectiveness index)，常用AEI表示。计算公式如下：

$$AEI = \frac{1}{N}\left[A-(A+C)\times\frac{B}{B+D}\right]\times 100\%$$

例如，某企业做过两次广告，每次广告之后，经调查所得资料及AEI计算结果如表10－5、表10－6示。

表10－5　**第一次广告**　单位：人

	看过广告	未看过广告	合计人数
购买广告商品	41	24	65
未购买广告商品	51	84	135
合计人数	92	108	200

$$AEI = \frac{1}{200}\left[41-92\times\frac{24}{108}\right]\times 100\% = 10.28\%$$

表 10－6　第二次广告　单位:人

	看过广告	未看过广告	合计人数
购买广告商品	52	20	72
未购买广告商品	45	83	128
合计人数	97	103	200

$$AEI=\frac{1}{200}\left[52-97\times\frac{20}{103}\right]\times100\%=16.58\%$$

从计算结果可以看出,第一次广告后效果指数为 10.28%,第二次广告后效果指数为 16.58%,第二次广告比第一次广告效果显著。

(2)相关系数法。小组比较法,还可以采用相关系数法进行推算,其计算公式为:

$$F=\frac{AD-BC}{\sqrt{(A+B)(C+D)(A+C)(B+D)}}$$

式中,F 为相关系数;A,B,C,D 的含义与广告效果指数法相同。

一般来说,相关系数值在 0.2 以下称为低效果;在 0.2～0.4 之间称为中等效果;在 0.4～0.7 之间称为较高效果;在 0.7 以上则为高效果。

还以上面的式子为例。

第一次广告的相关系数

$$F=\frac{41\times84-24\times51}{\sqrt{65\times135\times92\times108}}\approx0.238$$

第二次广告的相关系数

$$F=\frac{52\times83-20\times45}{\sqrt{72\times128\times97\times103}}\approx0.356$$

由此可见,第二次广告的相关系数大于第一次广告的相关系数,表明第二次广告比第一次广告的效果更为显著。这与用广告效果指数法测算所得到的结论一样。

如果前后两次广告的文稿内容不同,或创作手法不同,或媒体选择不同,那么可以得出结论,第一次广告表现或媒体选择使得广告影响更大。以此调查结果为依据,可酌情修改企业已制定的广告策略、广告表现和媒体组合,以便使广告充分发挥促进销售的巨大潜在功能。

二、广告心理效果的测评

消费者购买商品的心理活动,首先是从对商品的认识开始的。认识商品的过程,就是消费者对商品个别属性的各种不同感觉加以联系和综合的反映过程。这一过程主要是通过消费者的感觉、知觉、记忆、思维等心理活动来完成的。消费者的认识过程是购买行为的重要基础。心理学家告诉我们,一种新信息的接受过程起码要必备三个要素,它们是注意、理解和接受。广告对消费者心理活动的影响程度,反映在对消费者认识过程、情感过程和意志过程的影响程度上。广告信息作用于消费者而引起一系列心理效应,这些心理效应是相互联系、相互促进的。一则广告成功与否,与它能否有力地促进消费者的心理效应直接相关。因此,对广告心理效果的测评,可以直接在上述各种心理活动中进行。

(一)心理效果的事前测评

在广告作品尚未制作完成或正式发布之前进行各种测验,或邀请有关专家、消费者团体进行现场观摩，审查广告作品存在的问题，或在实验室运用各种仪器来测评人们的心理活动效应，对广告作品可能获得的成效进行评价，是广告作品心理效果的事前测评方法。应根据测评中产生的问题，及时调整广告策略，修正广告作品，提高广告的成功率。

1. 专家意见综合法

在广告文本或媒体组合计划做好后，往往是拿出几种可供选择的方案，请有关广告专家、推销专家进行评价，多方面、多层次地对广告文本及媒体组合方式将会产生的效果做出预测。通过详细记录，综合专家的各项意见及讨论的重点，来预测广告推出后可能产生的效果。

专家意见综合法是事前测评中比较易行的一种方法。测评过程容易掌握，费用不高。但是，值得注意的是，所聘请的专家应该能够代表不同的广告创意趋向，以保证获得的意见权威、全面。

2. 消费者评定法

这种方法是让消费者直接审定广告效果，可以请内部职工或同行评审提意见，也可以直接征求顾客意见。征求意见时，可以同时设计几幅广告，请评审者从中择优；也可以设计一幅请评审评价。前者广告设计者要多做几个样本，后者则要求评审者有较高的评审能力。

这种方法只需采用广告设计草图，成本低廉；一旦选定查询对象，很快便可判断出哪一则广告宣传效果最好。运用这种方法通常可以收集到大量有关消费者购买习惯的资料，但也有不足之处：一是较难获取准确信息。调查表明，消费者对第一眼（视觉）看到的广告印象往往最深，但此广告并不一定是最成功的。二是调查结果容易流于一般化，缺少独到见解。

3. 检查表测验法

检查表测验法又称要点采分法。首先设计一个广告要点采分表（或广告效果评价表，表10－7）；然后请消费者给广告评分，以此来测评广告效果。

表10—7中包括若干个项目，各项目的优劣用加权系数值表示，其总和为1.0。要测评广告效果，需要给每个项目逐一评分（满分100），再用每一项的加权系数乘以该项的评价分数，然后求各项乘积的和，其值的大小反映广告效果的程度。该值越接近100，广告效果越好；反之，则效果越差。

表10－7　　广告要点采分表

评价项目	评价依据				加权系数	积分
吸引力	吸引注意力的程度（视觉形象与听觉感应）				0.2	
认知性	对广告销售重点的认识程度				0.2	
易读性	能否了解广告的全部内容				0.1	
	广告引起的兴趣如何				0.1	
说服力	对广告商品的好感程度				0.1	
	由广告引起的立即购买行为				0.2	
行动率	由广告唤起的潜在购买准备				0.1	
优劣分数线	最佳广告 80分－100分	优等广告 60分－80分	中等广告 40分－60分	下等广告 20分－40分	最差广告 0分－20分	

加权求和公式为

$$U = W_1F_1 + W_2F_2 + \cdots + W_nF_n = \sum_{i=1}^{n} W_iF_i$$

式中：U——广告效果；

W_i——各项加权系数，表示各项的相对重要性；

F_i——各项评价分数。

如果是多人评价，则独立评分，求出和值后，再求出全体评价结果的平均值，即为所求广告效果评价值。

4. 仪器测评法

随着科学技术的发展，对人类生理变化进行测试的仪器也在不断地创新和完善。在广告界，作为一种辅助性手段，借助仪器测试广告效果的做法被广泛采用。

(1)视向测验(eye camera test)。人们的视线一般总是停留在所关心或有兴趣的地方，越关注，视线停留时间越长。视向测验器就是记录下观看广告图文各部位的视线顺序及其时间长短的装置。

根据测评眼动轨迹描记图和各部位注目时间比例，可以预知：

· 文字直写与横写的易读性如何，从而决定文字的排列顺序。

· 视线顺序是否符合作者设计的意图？有无不被人注意的部分？从而加以调整。

· 画面中最吸引人的注视部位是否符合作者意愿？凡不符者，均可再行改进。

(2)瞬间显露器测验。瞬间显露器分为文度式、振子式、道奇式、哈佛式等。常用的是哈佛式，它是利用电源的接断刺激，在短时间(1/2 秒或 1/10 秒)内呈现并测评广告各要素的注目程度。

通过这种方法，可以测知：

· 印刷广告中，画面设计的抢眼程度。

· 广告构图的位置效果，以决定标题、图样、文案、公司名称等的适当位置。利用构图设计，可将艺术效果量化，在某些情况下，区分艺术效果与广告效果的作用，以便在两者中进行调整或取舍。比如大标题的位置，成功的设计应是既抢眼又悦目，在两者不可兼得的情况下，艺术效果应服从广告效果的需要。

· 文案的易读程序、标记的识别，应体现出设计的完整结构。

(3)记忆鼓测验。记忆鼓是心理实验室广泛采用的仪器之一。它是专门用来测验一定时间内人们对广告作品的记忆量。主持测试者用回想或再确认法，测验被调查者对文案的记忆，从而估计出品牌名称、公司名称、主要广告内容等易于记忆的程度。

(二)心理效果的事后测评

心理效果的事后测评，是建立在广告心理目标，即知名率、记忆率、理解率、好感率及购买意图率等目标的基础上，根据广告心理目标的不同要求，采用各种不同的测评方法。

1. 认知测评法

不论广告目的如何，它总要让人看到、读到或听到。在同一杂志上所做的不同广告，有的可能得到 80% 的阅读率，有的可能只得到 5% 的阅读率。测评认知的程度，就是让调查对象看一份广告，然后问他是否见过，如果回答“见过”，说明他对这则广告有所认知。其中比较有名的方法是斯塔夫阅读率调查法，即广告刊载后，在报纸发行次日，杂志下期出版之前的规定日期，对读者进行抽样调查。调查人员出示报纸或杂志，询问被调查者是否看过广告，从而将被调查者分为三类：

A 类：看过该广告，即能够辨认出曾看过该广告；

B 类：认真看过该广告，即不但知道该商品和该企业，而且能够记得广告的标题或插图；

C 类：浏览过并能够记得该广告 50% 以上的内容。

在此基础上，统计各类被调查者人数，分别计算注目率、阅读率、精读率。然后计算出广告的阅读效率。

$$注目率=\frac{A类的人数}{被调查总人数}\times100\%$$

$$阅读率=\frac{B类的人数}{被调查总人数}\times100\%$$

$$精读率=\frac{C类的人数}{被调查总人数}\times100\%$$

$$广告阅读效率=\frac{刊物销量\times每类读者的百分比}{所付的广告费用}$$

斯塔夫的这套方法虽然比较陈旧,但仍得到了实际应用。这主要是由于广告测评的社会性需要不断增加。广告委托客户认为,这些信息资料尽管不太准确,但它在一定程度上仍然反映了广告的效果。

2. 视听率测评法

这种方法主要用于测评广播和电视的广告效果。具体做法是,抽取若干样本家庭进行调查,统计出三方面的数据:

A 类:电视机或收音机的拥有户数;

B 类:广告节目的视听户数;

C 类:认知广告名称的人数。

然后分别进行推算。

$$视听率=\frac{B类的户数}{A类的户数}\times100\%$$

$$认知率=\frac{C类的户数}{B类的户数}\times100\%$$

由于电视或广播广告重复率高,所以应当在广告播放一定周期或若干次后作多次测评,以求得较为准确的测评结果。

3. 回忆测评法

广告的目的就在于让消费者获得信息,然后留下记忆。回忆测评法就是用来测评心理效果的记忆度和理解度。可分为纯粹回想法和辅助回想法两种。

纯粹回想法是让消费者独立地对已推出的广告进行回忆,调查人员只如实记录回忆情况,不对消费者进行任何提示。

辅助回想法是调查人员给消费者某种提示,如广告的商标、品名、标题和插图等。在一定的提示下,调查消费者能够回忆出广告多少内容以及理解程度和联想能力。辅助回想法询问的项目或内容越具体,所获得的反馈信息越能鉴定广告理解程度的高低。

4. 态度测评法

一个人的态度很难用直接方法去观察,只能从其言辞或行动去作推测性了解。态度测评法所采用的具体形式有问卷、检查表测验、语意差别法、评等标尺法等。其中语意差别法是比较常用且简便易行的方法。

语意差别法是美国伊利诺伊大学奥斯古等人的研究成果。它的原理是广告刺激与反应之间必有一联想传达过程,通过对这种过程作用的测评,就可以得知消费者各具差异的言辞。例如,测评广告作品中人物留下的印象,可以让消费者在一系列各具差异的评语中进行选择,消费者尽可能选择最合己意的词语:美丽、丑恶;健康、衰弱;快乐、忧伤等,调查者也可事先将回答分成等级并排列好，让调查对象进行选择。最后根据所选答案进行统计处理，所得出的大部分答案被认为很能说明问题。

5. 综合测评法

以上四种心理效果的测评方法具有局限性，只反映广告心理效果的部分情况。综合测评法弥补了这些缺陷，它将上次广告的综合心理效果与本次广告的综合心理效果用坐标图加以比较，从而综合衡量出广告的总体效果。综合测评法又称传播幅度形态法，举例如图10—2。

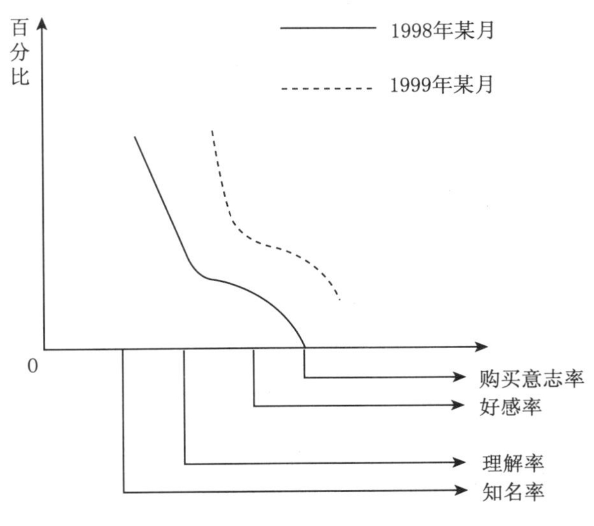

图10—2　传播幅度形态示意图

当然，测评广告各种心理效果的指标并不一定都是同程度的"平行"发展，有些可能提高得快些，有些可能提高得慢些，但这些差别都可成为设定下次广告活动目标的依据。

综合测评法的优点是广告心理效果的测评比较全面，能够提供广告活动效果的综合性指标，便于人们检验广告活动的整体效果。但是，综合测评法只是检测广告心理效果的方法之一。它不能代替其他方法；同时，测评的结果还要结合各种商品的特性、品牌占有率和商品普及率等进行具体分析。

三、广告社会效果的测评

广告的社会效果，主要表现在广告对消费者产生的社会影响。广告社会效果的测评，要从法律规范、伦理道德、文化艺术、风俗习惯、宗教信仰等各个方面进行综合考察、评估。

广告发布之前，可对其产生的社会效果进行预测、评估，可采用专家意见综合法。通过专家对广告的语言、表现及手段等诸要素，从法律规范、伦理道德、文化艺术等社会不同方面的反映进行评定，并对其产生的社会效果进行估测。

广告发布之后，其社会效果的测评常采用来函反响统计测评法进行。这种方法以广告后不同顾客所做出的各种反响为依据，测评广告的社会效果。它要求企业把广告宣传后收到的来函逐项详细登记，据以分析用户接受广告宣传的反响。例如，北京红星炊事机械商店登出广告后，将600多封来信逐一统计，发现70%来自县供销社经营的饭馆，10%来自饮食服务公司和饭店，其余20%来自厂矿、部队的食堂。从中可以看出广告对社会各方面的影响程度。

广告的社会效果，首先体现在广告必须具备真实性，即广告的内容必须如实反映产品的质量和功能，实事求是地向消费者传递产品的各种信息。这种信息分为单方面信息和双方面信息。单方面信息的广告，只宣传商品或劳务的优点；双方面信息的广告在宣传优点的同时，也承认商品可能存在某些缺点和不足。广告过分地进行单方面宣传，常会引起消费者的反感和不满，因为它带有虚假性；若此时进行客观而全面的宣传，反而会产生意想不到的社会效果。例如，一家钟表企业某年推出一款新型手表，但市场上问津者寥寥无几；后来它们登了一个“揭短”广告“这种手表走得不太准确，24 小时会慢 24 秒，请君购买时务必三思。”此广告使该产品产生了意想不到的销售效果。

广告的宣传与传播，从一个侧面反映了国家的社会伦理道德与文明建设水准。真实是广告的生命，在商品经济快速发展的今天，广告必须把真实性这一原则放在首位。广告的商品与劳务必须实事求是，这样才能为企业提供准确的信息，为消费者提供完美的精神享受，从而促进经济的发展。通过广告的传播，把高尚的社会风尚和道德情操同追求美的享受有机地结合起来，开阔人们的视野，充实内心世界。

【本章小结】

广告效果是指广告作品通过广告媒体传播之后所产生的作用与影响，或者说是媒体接受者对广告活动的综合反应。广告效果的特性主要表现在复合性、累积性、迟效性、间接性等方面。

广告效果的测量指标有：广告经济效果的测评指标（广告费用指标、广告效果指标和广告效益指标等）、广告心理经济效果的测评指标（心理学指标和客观指标等）和广告社会效果的测评指标（法律规范指标、伦理道德指标和文化艺术指标）。

广告效果测评应该遵循目标性原则、综合性原则、可靠性原则、经常性原则、经济性原则和简便易行原则。

广告效果测评的研究程序有：①确定研究问题；②制定测评计划；③实施测评计划；④整理资料，分析结果；⑤提出研究报告。

广告效果测评的方法有：

广告经济效果的测评，可用销售实验法、销售地区实验法、分割测评法、促销法、事前事后测评法和小组比较法等。

广告心理效果的测评可用专家意见综合法、消费者评定法、检查表测验法、仪器测评法、认知测评法、视听率测评法、回忆测评法、态度测评法和综合测评法等。

广告社会效果的测评，要从法律规范、伦理道德、文化艺术、风俗习惯、宗教信仰等各个方面进行综合的考察、评估。

要有效开展广告效果测评活动，必须明了测评目的，正确选用测评方法，科学制定并实施测评方案，认真整理、分析测评资料，提出广告效果的测评报告。

【复习思考】

1. 什么是广告效果？
2. 试举例说明广告效果的特性。
3. 广告效果测评应遵循哪些原则？
4. 广告效果的测评指标有哪些？
5. 经济效果测评有哪些方法可供选择？

6. 广告效果测评的实施过程应如何操作?
7. 什么是广告效果的事前测评?什么是广告效果的事后测评?
8. 按广告效果测评时间的不同,如何对评价方法进行选择?

【案例分析】

案例 1

台湾开利冷气广告效果测评案例

1. 背景

(1)广告活动开展时考虑的因素

· 开利的品牌资产——冷气的专业。

· 台湾冷气市场被日本品牌所主导。

(2)初期广告要解决的问题

· 品牌知名度(品牌上市)。

· 品牌形象的建立——专业。

· 说服消费者——开利是冷气的专业。

2. 效果测评标的物

1990~1991 年度电视广告片。

3. 验证项目

基于上述背景,在这次广告效果的测评中,期待获得验证的项目有:

(1)消费者在购买冷气时,会考虑的重要项目是什么?

(2)“冷气的专业”这一定位,对购买决策是否有效?

(3)广告表现方式能否清楚传达出定位——“冷气的专业”?

4. 发现及修正

经过广告效果的追踪调查,主要有以下三个方面的发现:

· 强冷、安静、省电三项,是购买冷气的三大直接考虑因素。

· “冷气的专业”这一形象,在购买过程中是有效的。

· 广告表现方式虽然可建立“冷气的专业”这一形象,但缺乏与消费者的相关性。

基于以上的发现,1991 年的广告修正方向为:

· 仍继续传递品牌形象——冷气的专业。

· 加强与消费者的关联——广告表现手法与广告讯息均须加强传达与购买有较直接关系的三大因素。

5. 测试结果

(1)品牌知名度:

未提示	提示后	
1990 年	29.3	65.5
1991 年	43.5	100.0

续表

(2)广告偏好度:		
	1990 年	1991 年
喜欢	39.5	72.2
普通	52.3	12.3
不喜欢	8.1	15.4
(3)语意量表:		
	1990 年	1991 年(表示同意的%)
开利适合我家使用	23.3	62.3
广告让我觉得开利是专业的	68.6	67.3
广告让我觉得开利是高科技的	51.2	67.3
广告让我觉得开利是高品质的	58.1	71.4

6. 开利冷气广告效果测评的最大特色

研究人员对广告策略,品牌的定位十分清楚,因此在调查设计过程中有清楚的研究假设与测评项目,可以获得所要的验证答案。因此,除了未提示情况下的询问外,本次调查运用许多量表测试,以直接测评原先的假设。

(资料来源:马谋超,广告心理,第 1 版,北京出版社,2000)

【分析提示】研究人员对广告政策、品牌的定位十分清楚,因此在调查设计过程中有清楚的研究假设与测评项目,可以获得所要的验证答案。因此,除了未提示情况下的询问外,本次调查运用许多表测试,以直接测评原先的假设。

【案例 2】

象牙牌香皂的来历

1879 年的一个星期天,宝洁公司的创始人之一——哈里 · 普罗克特先生——在教堂做礼拜时,听到了《圣经》第 45 节赞美诗中的一段话:"你所有的衣服里都散发着来自象牙宫殿的浸药、芦荟和肉桂的气味。"善于捕捉细节的哈里记住了"象牙"这个字眼,后来"象牙"就成了宝洁公司生产的白色香皂的名字。

1881 年 12 月,宝洁公司的第一个品牌——象牙牌香皂问世。公司声称这种香皂具有"漂浮性",而且纯度达到 99.4%。它的广告设计勾勒出这样一幅画面:在树林里,一个赤脚小天使站在一个清水塘边,水面上漂着一块象牙牌香皂。广告语是:除了"象牙",还有哪种香皂能如此呢? 由于以前大多数香皂是黄色和棕色的,而且容易使皮肤干燥或损坏衣服,而"象牙"香皂则以纯洁、柔和、有浮力的形象出现,而且从一开始,宝洁公司就强调"象牙"香皂的柔和性完全适合于婴儿,在广告中婴儿的画面也常常出现,所以消费者很容易就将圣洁、纯净和柔和的感觉与"象牙"这一品牌名称联系在一起,留下了极佳的印象。结果产品一上市就大受欢迎,成为一代名牌。

上述案例是宝洁公司初期的一则广告,请你为该广告设计出可行的事前测评方法。

【分析提示】建议该广告选择等级测评法。

【实训练习】

请找几则自己熟悉的广告,并自找样本,用要点打分法对它们的广告效果进行测评。

第十一章　广告管理策略

【引入案例】

欧典地板事件始末

2006年"3.15"晚会曝出了一个令很多中国人非常吃惊的消息，著名的"欧典"地板造假！在此之前，欧典地板的表现可谓风光：欧典是木地板行业第一家也是唯一一家连续6年使用3·15标志的品牌，在3月14日刚刚公布的2005年度北京人喜爱的消费品牌中，欧典被评为家居类北京人喜爱的地板品牌。每一块欧典地板都被打上鲜明的3·15标志的烙印；它还荣膺国家免检产品称号，是"进口地板"中唯一全部合格的产品；它号称源自德国，全球同步上市！营销全球80多个国家，是欧洲"百年品牌"！在德国，获得过最高级别的"蓝天使"环保认证，它的地板因为"洋"，最高曾卖到3888元/平方米的天价！平均价格也高达2008元/平方米！

欧典地板专卖店销售人员称，欧典敢于卖出2008元一平方米的高价格，除了德国制造、选材苛刻外，最主要的原因就是德国品牌。

欧典企业提供的印制精美的宣传册上也写着：德国欧典创建于1903年，在欧洲拥有1个研发中心5个生产基地，产品营销全球80多个国家。此外，在德国巴伐利亚州罗森海姆市拥有占地超过50万平方米的办公和生产厂区。

而知情人士向"3·15"提供了一个消息：德国欧典总部根本不存在，欧典存在严重的欺诈消费者行为！对此，欧典企业总裁闫培金予以否认，称欧典德国总部坐落在罗森海姆市。

为弄清真相，央视驻德国记者专程前往该市进行调查，当地工商管理部门告知，在他们的登记资料中并没有一家叫欧典的企业。央视记者调查发现，欧典宣称的所谓德国总部，其实是当地一家木产品企业汉姆贝格公司，但这家公司声明，与欧典也没有任何产权隶属关系。

不仅德国欧典不存在，记者在国内工商部门查询发现，被欧典公司在网站和宣传材料上频频使用的"欧典(中国)有限公司"也根本没有注册过。经查询得知，欧典这个商标在2000年才正式注册，注册人是1998年成立的北京欧德装饰材料有限公司。

欧典还号称，在北京建立了合资地板加工基地，地址在通州工业区。但是，记者在通州工业区唯一的地板生产企业——吉林森工北京分公司生产车间发现，欧典地板正在这里进行生产和包装，但产品标签上却没有标注真实的生产厂家吉林森工。

据调查，欧典在北京门头沟工业区某厂、大兴某小厂以及湖北、杭州等多地均有过生产，除部分产品包装上标注生产基地为欧典(中国)生产基地外，其他大部分都没有标注生产厂家和地址。欧典负责人表示，他们的地板是世界上最好的地板，但在"3·15"期间，却遭受全国各地多位消费者的投诉，一位先生买了半年之后，地板就开始缩水变形，而且投诉也变成了长达一年的扯皮。

"3·15"之后半年，欧典总裁终于承认企业夸大宣传，并公开向消费者道歉。风波在人们的怀疑中慢慢逝去。

但是人们留在心头的疑问并未完全消失:一个虚假的产品和企业怎么会得到那么多的荣誉?这背后还有什么问题?中消协对申请"3·15标志认证"的产品,有着"严格的审核程序与审核标准"。在中国消费者协会网站公布的"近期获许使用《3·15标志》名单"中,由"北京欧德公司"生产的"欧典地板"产品名列其中,其"截止使用日期"为"2007年8月1日"。欧典地板事件发生后,人们还能继续相信中消协吗?这样的一个完全国产的产品又怎能获得进口产品的免检标志,国家机关的公信力何在?在事件发生后相当长的一段时间,人们不仅不能够相信欧典地板,而且发现了地板行业的全行业造假的迹象,行业的信任危机也不可避免地发生了!

欧典事件引发了全国范围内的消费信任危机,而这一切都是虚假广告惹的祸!

(资料来源:新华网引自《新京报》, http://news.xinhuanet.com/fortune/2006-03/16/content_4307543.htm)

【本章概述】

本章主要介绍了对广告这一经济现象应如何进行有效的管理,以促进其健康发展。解释了广告管理的基本概念以及进行广告管理的意义;同时还介绍了相关广告管理的法规及国家如何对广告进行管理;最后阐述了广告行业及广告企业应如何加强自律性管理,以共同促进广告业的繁荣发展。

【学习目标】

通过本章学习,使学生认识到虚假广告的危害和广告管理的重要性,掌握广告管理的内涵和广告法规的内容,了解广告自律的基本内容,从而在未来从事与广告相关的工作时,对广告活动有正确的把握。

【本章重难点】

本章重点在于广告管理范畴、广告法对广告行为的制约、广告行业的自律管理。

本章难点在于对广告行业应具备的自律管理的认识。

第一节　广告管理概述

一、广告管理的含义

随着市场经济的发展,我国广告业开始了飞速的发展,然而在发展的同时,也出现了虚假广告盛行等不良现象,为了规范广告业,使广告业的发展服从其内在的运行机制和外部约束机制,广告管理逐渐受到广告行业和政府的重视。

广告管理从管理实施的主体及其管理方式上看,一般分为宏观广告管理与微观广告管理两方面。

宏观广告管理指依法对广告有权管理的政府行政主管部门依据法律、法规和相关条例,对企业的广告活动进行的审批、监督、管理和规范的行为。目前,对广告监督管理的主要政府主体是各级工商行政部门,它们对广告的监管主要体现在以下几个方面:一是对广告行为和广告内容审查其合法性,并对企业日常经营中的正常广告行为予以批准和监督;二是接受社会组织和消费者投诉,对不合法的及违背公序良俗的广告予以查处。处罚的手段包括通报批评、没收非法所得、罚款、责令赔偿等方式。但以上还仅仅是从狭义的角度来介绍宏观广告管理。

除了各级工商行政管理部门对广告行为的监督管理以外,能够对从事广告活动的广告主机构和人员行为产生监督、检查、控制和约束作用的法律、法规、社会组织或个人,社会舆论与道德规范都构成对广告的广义宏观管理。

微观意义上的广告管理则是指广告经营者和广告主根据广告内在的活动规律和市场意愿,在合法的基础上对广告的策划与创意、组织与制作、发布和传播、内容及形式、费用预算等进行自我审查,对广告的效果进行评估的一系列过程。

二、广告管理的范畴

广告管理体制是国家关于广告管理的总体框架,包含:

(1)广告行政管理。国家通过一定的行政干预手段,或者按照一定的广告管理的法律、法规和有关政策规定对广告行业和广告活动进行监督管理。

(2)广告行业自律制度。广告主、广告代理业、广告传播媒介进行行业的自律,订立行业规范等。

(3)广告社会监督机制。社会新闻媒体、相关组织、竞争对手、消费者等对广告活动的举报、投诉等。

这三项机制以政府职能部门、广告行业、广告经营者、及包括社会舆论组织及消费者组织在内的社会大众为四个主体,从各自的角度出发,制定了一系列广告法规和制度,对广告行业的方方面面实施了规定,规范了广告业的经营和发展,促使广告业朝着健康、有益的方向发展。

具体说来,广告管理的范畴包括以下几个方面:

(一)广告主管部门的宏观管理活动

主要是以行政的力量对广告活动进行监督和管理。具体说来,有以下几个方面的内容:一是广告公司的设立和广告经营业务的批准,或者说是广告经营资格的认定。广告公司的设立、企业的广告发布和媒体的广告经营资格须得到工商管理部门的批准。这儿应当注意,不同的行政机关管理不同的广告业务,我国与广告宏观管理相关的法律法规甚多,但也容易出现谁都可以管,又谁都不管的局面。我国《广告法》规定,县级以上人民政府工商行政管理部门是广告监督管理机关。二是建立广告审查制度,广告审查机关在广告交付设计、制度、代理和发布前,对广告主的主体资格、广告内容及其表现形式和有关证明文件或材料的审查,并出具与审查结果和审查意见相应的证明文件的一种广告管理制度。三是监督广告发布过程中的合法性。四是接受社会各界的投诉并做出处理决定。

(二)广告行业协会的自律管理

广告行业协会对下属会员具有一定的管理职责,主要通过行业自律来实现。它的实现途径主要是:一是通过制定行业公约要求所有会员单位遵守而达到自律。中国广告协会四届三次理事会议通过了《广告宣传精神文明自律规则》,并经国家工商局批准后执行,就是这一自律方式的体现;二是举办各种活动,一方面促进行业的技术进步和发展,另一方面对不遵守规矩的会员单位施以强大的行业压力,迫使其自觉自律。客观上说,广告对人们日常行为生活的影响已经日益深入,人们的日常消费甚至生活方式的形成在许多方面都受到广告的强烈影响,优秀的广告可以促进人们好的消费模式的产生,恶劣的广告甚至会败坏整个社会的风气和道德。因此,维护广告行业的规范化运作,杜绝社会道德问题产生于广告作品中就是行业协会需要处理的重要问题。

(三)其他行业协会的自律管理

每个行业都有自己的行业协会,这些行业协会的出现在很大程度上促进了行业的良性循环发展。反映在广告上,就是每个行业协会主要通过鼓励行业内部的正当竞争、抑制不正当竞争来实现的。比如行业内部过于激烈的并且有损行业良性发展的价格战,或者是为了牟取行业利益哄抬物价而形成的价格战略联盟,它们的行为最终必然会体现在广告上,行业自律使得恶性竞争减少,从而合法的有利于行业优化的优秀广告会增多。

(四)广告经营企业的自律

广告经营企业主要是指广告公司,它们的管理职责在于对广告业务和广告进行内部审查,一是确定其合法性和合规性,二是考虑广告发布以后可能产生的社会效应,三是综合衡量广告是否符合广告主的广告目标,是否能够实现其预期利益。

(五)广告企业主的自律管理

企业在实际运作过程中,有一些广告并不通过广告公司制作和发布,也不通过媒体公开发布,比如有些企业经常会发布一些传单、DM 广告、海报等,这些广告有些经过了审批,有些纯粹是企业自身行为。这些广告往往问题较多,过度夸张,产品的宣传容易脱离现实,企业自律必不可少。

(六)社会组织与个人对广告的监督

广告直接面向大众,而且直接影响到社会大众利益,赋予社会及公众以监督权是非常必要的。一旦发现违法广告,或者广告侵害到社会或个人利益,那么可以采取两种措施来解决,一是向相关主管部门投诉和建议,二是直接向法院起诉。

(七)广告经营媒体的广告管理

广告经营媒体发布广告也要事先取得广告经营资格,在企业发布广告时,媒体应当要求其出示企业营业执照,如果广告损害了消费者利益,媒体可能会承担连带责任。

三、广告管理的意义

广告具有强大的社会功能，它在引导公众消费、传播道德倾向等方面具有无与伦比的效率。更兼之广告经常是重复播放，其投放的频率越高，对社会公众的影响就越大。因此，对广告的监管不仅仅有关一个广告行业的事，还对整个社会产生举足轻重的影响。具体说来，广告监管的意义主要有以下几条：

（一）对广告进行审查，保护消费者合法权益

我国广告业采取审批制，一是对广告公司的经营资格进行审批，要求其具备一定的营业场所、设备和专业广告人员，二是要求广告的每一次发布都必须到相关机关登记备案，批准以后才可实施，这样就会将明显违法的和不符合社会利益的广告在面世之前就已经剔除，保护了消费者的合法权益。

（二）维护社会的公平和正义，维护社会公序良俗不受恶俗广告的影响

广告法中明确规定，广告应当真实、合法、符合社会主义精神文明建设的要求；广告不得含有虚假的内容，不得欺骗和误导消费者；广告内容应当有利于人民的身心健康，促进商品和服务质量的提高，保护消费者合法权益，遵守社会公德和职业道德，维护国家的尊严和利益。总之，通过适当的广告管理，不管是公益广告还是商业广告，都可以成为倡导和促使社会道德和国民素质进步的武器。

（三）通过严格监管，促使广告行业优胜劣汰，促进广告行业良性发展

市场的竞争可能会产生两种结果，如果有一个良好的外部环境，广告行业就会使好的企业脱颖而出，而差的企业被自然淘汰。而如果没有良好的外部监管和内部自律，则有可能会出现虚假横行的现象，不仅整个广告行业会走向恶性循环，而且会严重危害消费者权益的保障，扰乱市场经济秩序，最终危害国民经济的进步和发展。

（四）广告公司和广告主的良好自律可以生产出更多更优秀的广告作品

优秀的商业广告最重要的标准在于它具有多少商业价值，能够帮助企业创造多少利润，这些是可以衡量的。优秀广告生产的越多，其创造的商业流通的价值就会越大，产生的经济效益和社会效益就会越明显。广告除了商业价值之外，还具备一定的艺术性，好的广告也是一种很好的视听享受，优秀广告的创意甚至比电影还精彩。

（五）规范的广告管理可以有效地保护广告主的利益

促使企业着眼于长期利益，摒弃营销近视症，树立品牌意识，同时借助于广告手段迅速传播品牌知名度和美誉度，使广告企业拥有良好的企业形象和品牌认知，极大地促进产品销售，使整合营销的功能得以实现。而没有规范的广告管理，这一切都是不可能的。广告公司与广告主是两个平行的利益单位，广告公司服务于广告主，并从广告主那里获得广告收益。但是两者之间的利益并不完全一致，广告主想要得到的是最佳的广告作品并有效传播，广告公司想要得到的是服务费用，有时为了自己的利益，广告公司可能会做出损害广告主利益的事情。只有广告管理的规范化才能有效地保护广告主的合法权益。

四、广告管理的方法

（一）设置专门的组织、部门和人员

在广告的宏观管理中，也就是相关行政部门进行的广告管理中，主管部门工商局设有广告科，负责对广告经营资格、广告业务发布的审批。专业的广告公司为了向顾客提供更好的服务，一方面是向专业化方向发展，比如有些公司只作平面媒体，有些公司只作网络媒体，有些公司专业制作户外媒体等。大多数较大型的专业广告公司设置有创意部、策划部、制作部、客户部等部门，这为广告公司的流程化管理提供了条件。对于广告主来说，大的企业也设置有专门的广告部，一些小的广告由本部门完成，另一些较大的制作则联合专业的广告公司完成。根据国家工商局发布的《广告审查员管理办法》第二条要求，设立广告审查员是建立广告业务管理制度的一项内容。广告经营者、广告发布者应当依照本办法的规定，配备广告审查员，并建立相应的管理制度。而第三条规定，广告经营者、广告发布者设计、制作、代理、发布的广告，应当经过本单位广告审查员书面同意。

（二）建立严格的程序

广告经营组织应该建立起一整套严格而科学的广告创意、制作和发布的程序，比如在广告调查中如何才能确保数据的真实可靠并具有典型性，广告的创意和制作与广告主过去的广告有没有沿袭性，风格是否统一，制作的广告是否符合企业的市场营销战略和广告策略，与目标市场定位是否能够吻合等。

（三）设置广告的评价机制

包括广告前评价、广告中评价和广告后评价。广告在正式发布前有一系列的过程，比如广告调查和预测、目标顾客定位、创意的筛选、广告的制作、客户的沟通和定稿、媒体的选择和媒介策略的制定。广告中的过程实际是广告发布和传播的过程，广告公司和广告主应当在此期间密切监视广告的发布是否按时和保持高质量，并实时监测广告发布期间广告与销售量之间的关系，并适时修改广告策略的执行，使广告达到最佳效果。

（四）使用一定的技术手段

由于技术的进步和广告形式的多样性，对广告的管理也应当采取一定的技术手段才能更好地实现。比如网络广告可以实时监测，流览量和点击率可以即时得到结果，现在的数字有线电视也可以通过技术手段即时地知道收视率的状况。因此，对广告的管理必须使用更多的技术手段，这样才可以使广告管理更有效率。

（五）发布行业报告引导行业发展

广告协会和大的广告公司会针对本地区的广告实施监测，针对某些问题和行业发展状态和趋势发布报告，通过这些报告和年度的行业会议来引导本行业的良性发展，这也属于广告管理的一部分。

第二节 广告法规管理

广告的法规管理指各级工商行政部门和其他相关部门依据国家规范广告活动的相关政策、法规,对广告活动及其参与者进行监督、检查、控制和协调、指导的过程。广告管理法规的出现是广告事业发展、国家社会经济发展及国家法规完善的需要。

一、广告法及相关法规体系

广告法,是指调整广告活动过程中所发生的各种社会关系的法律规范的总称。

广告法不仅仅是指名称为《中华人民共和国广告法》的法律规范,还包括涉及广告内容的其他法律规范,可以说,广告法是指以《中华人民共和国广告法》为主体,以一系列涉及广告内容的其它法律规范为辅助的法律体系。它不是单指某一个具体的法律,而是一系列法律法规的集合,它包括以下几个方面。

(1)宪法,国家的根本大法,具有最高的法律地位。公民、组织和政府的一切行为都必须符合宪法的要求,广告行为和广告管理也不例外。

(2)法律,国家最高机关权力机关根据立法程序制定和颁布的规范性文件。在我国专指全国人民代表大会以及人大常委会制定和颁布的规范性文件。《中华人民共和国广告法》是专门规范广告行为的法律。此外与广告管理相关的法律有:《中华人民共和国民法通则》、《中华人民共和国消费者权益保护法》、《中华人民共和国反不正当竞争法》、《中华人民共和国商标法》、《中华人民共和国计量法》、《中华人民共和国产品质量法》、《中华人民共和国食品卫生法》、《中华人民共和国烟草专卖法》、《中华人民共和国环境保护法》、《中华人民共和国未成年人保护法》、《中华人民共和国国家通用语言文字法》等。

(3)行政法规,国家政府行政管理机关为执行法律和履行职能,在其职权范围内,根据宪法和法律赋予的权限,所制定和颁布的规范性文件。如 1987 年由国务院制定和颁布的《广告管理条例》。

(4)行政规章,政府工商行政管理部门会同有关部、委、办、局联合制定的部门规章。如《广告管理条例施行细则》、《欺诈消费者行为处罚办法》、《广告语言文字管理暂行规定》、《医疗器械广告审查办法》、《医疗器械广告管理办法》、《化妆品广告管理办法》、《医疗广告管理办法》、《药品广告审查办法》、《药品广告审查发布标准》、《临时性广告经营管理办法》、《酒类广告管理办法》、《户外广告登记管理规定》、《食品广告发布暂行规定》、《保健食品广告审查暂行规定》、《烟草广告管理暂行办法》、《房地产广告发布暂行规定》、《广告经营许可证管理办法》、《印刷品广告管理办法》、《农药广告审查办法(修正)》、《农药广告审查标准》、《兽药广告审查办法(修正)》、《兽药广告审查标准》、《广告经营资格检查办法(修正)》、《外商投资广告企业管理规定》、《商标法实施细则》等。

二、广告法规对广告活动的管理

这些法律法规共同构成了广告监管的较为完整的体系,它们对所有广告活动产生相应的引导、规范和制约的作用。具体说来,有以下几个方面的作用:

（一）广告法规对广告主的规范与制约

《广告法》第2条规定：广告主“是指为推销商品或者提供服务，自行或委托他人设计、制作、发布广告的法人、其他经济组织或者个人”。

广告主必须是具有行为能力，能够承担发布广告所引起的法律责任的法人、经济组织工作或者个人。广告主作为广告的发起人，广告的出资人，广告的决定者，必须能对自己的行为负责，能对广告可能会产生的法律后果负责。

《广告法》第22条规定：“广告主自行或者委托他人设计、制作、发布广告，所推销的商品或者所提供的服务应当符合广告主的经营范围。”如果广告主所发布的广告宣传内容超出其经营范围，其行为就是违法广告行为。

《广告法》第24条规定：广告主自行或者委托他人设计、制作、发布广告，应当具有或者提供真实、合法、有效的下列证明文件：

（1）营业执照以及其他生产、经营资格的证明文件；

（2）质量检验机构对广告中有关商品质量内容出具的证明文件；

（3）确认广告真实性的其他证明文件。

依照本法第34条的规定，发布广告需要经过有关行政主管部门审查的，还应当提供有关批准文件。

广告主委托设计、制作、发布广告，应当委托具有合法经营资格的广告经营者与广告发布者。

广告主在广告使用他人名义、形象的应事先征得他人书面同意。

对于法律、行政法规禁止生产、销售的商品或提供的服务，广告主不得自行或委托他人设计、制作、发布广告。

（二）广告法规对广告经营者与广告发布者的规范与制约

1. 广告经营者与广告发布者必须取得合法的经营资格

《广告管理条例施行细则》第三条规定：申请经营广告业务的企业，除符合企业登记等条件外，还应具备下列条件：（一）有负责市场调查的机构和专业人员。（二）有熟悉广告管理法规的管理人员及广告设计、制作、编审人员。（三）有专职的财会人员。（四）申请承接或代理外商来华广告，应当具备经营外商来华广告的能力。第四条规定：广播电台、电视台、报刊出版单位，事业单位以及法律、行政法规规定的其他单位办理广告经营许可登记，应当具备下列条件：（一）具有直接发布广告的媒介或手段。（二）设有专门的广告经营机构。（三）有广告经营设备和经营场所。（四）有广告专业人员和熟悉广告法规的广告审查员。第五条规定：中外合资经营企业、中外合作经营企业以及外资企业申请经营广告业务，按照《外商投资广告企业管理规定》，参照《条例》、本细则和其他有关规定办理。第六条规定：申请经营广告业务的个体工商户，除应具备《城乡个体工商户管理暂行条例》规定的条件外，本人还应具有广告专业技能，熟悉广告管理法规。

2. 规定了广告经营者、广告发布者的责任和义务

（1）依据法律、行政法规查验广告证明文件，核实广告内容。对内容不实或者证明文件不全的广告，广告经营者不得提供设计、制作、代理服务，广告发布者不得发布。

（2）广告经营者、广告发布者必须从事其审批登记时由工商行政管理部门核定的经营范围内的广告业务，不能超越其经营业务范围。

（3）不得在广告活动中进行任何形式的不正当竞争。

（4）从事广告活动要依法订立书面合同，明确各方的权利和义务。

(5)建立健全广告业务的承接、登记、审核、档案管理制度,保证其能正常地开展活动,也便于能进行全面有效的监督。

(6)广告收费应当合理、公开,收费标准和收费办法应当向物价和工商行政管理部门备案。

(7)广告发布者应向广告主、广告经营者提供媒介覆盖率、收视率、发行量等真实资料与信息。

(8)法律、行政法规规定禁止生产、销售的商品或者提供的服务,以及禁止发布广告的商品或服务,不得设计、制作、发布广告。

(三)广告法规对广告内容的规范与制约

1. 对虚假广告、欺诈消费者行为和不正当竞争行为等做了概念上的界定

所谓虚假广告,就是指广告内容是虚假的或者是容易引人误解的。一种是商品宣传的内容与商品的客观事实不符,另一种是指可能使宣传对象或受宣传影响的人对商品的真实情况产生错误的联想,从而影响其购买决策的商品宣传。这类广告的内容往往夸大事实,语意模糊,令人误解。比如,在广告中对质量未达到国家标准的商品谎称已达到国家标准的要求,非优质产品谎称已获某级政府颁发的优质产品证书,使用劣质原材料制成的商品谎称使用某种优质原材料制成,或者使用"全国第一"、"誉满全球"字样,等等。

沃尔沃汽车曾经有过一个虚假广告的例子。一辆巨型卡车冲向了一排轿车,卡车所到之处所有轿车被撞得残破不堪,只有沃尔沃保持例外。广告播出后,美国联邦贸易委员会(U. S. Federal Trade Commission,简称 FTC)马上指控沃尔沃及其广告代理斯卡利广告公司在广告创意中没有真实反映出其他轿车的性能。FTC 的指责主要集中在这个广告的不真表现——沃尔沃轿车的结构受到了加强,所以承受卡车震荡较轻,而其他轿车的支持结构却早已有所损坏。这个诉讼的结果是沃尔沃公司和斯卡利公司各向美国财政部支付 15 万美元,以作为对虚假广告的处罚。我国广告法也明确禁止做比较性广告,不得诋毁和故意贬低其他产品。

《反不正当竞争法》第九条对制作虚假广告的行为明确予以禁止:"经营者不得利用广告或者其他方法,对商品的质量、制作成分、性能、用途、生产者、有效期限、产地等作引人误解的虚假宣传。广告的经营者不得在明知或者应知的情况下,代理、设计、制作、发布虚假广告。"

1996 年 3 月 15 日国家工商行政管理局颁布《欺诈消费者行为处罚办法》,其第三条规定:经营者在向消费者提供商品中,有下列情形之一的,属于欺诈消费者行为:(一)销售掺杂、掺假,以假充真,以次充好的商品的;(二)采取虚假或者其他不正当手段使销售的商品份量不足的;(三)销售"处理品"、"残次品"、"等外品"等商品而谎称是正品的;(四)以虚假的"清仓价"、"甩卖价"、"最低价"、"优惠价"或者其他欺骗性价格表示销售商品的;(五)以虚假的商品说明、商品标准、实物样品等方式销售商品的;(六)不以自己的真实名称和标记销售商品的;(七)采取雇佣他人等方式进行欺骗性的销售诱导的;(八)作虚假的现场演示和说明的;(九)利用广播、电视、电影、报刊等大众传播媒价对商品作虚假宣传的;(十)骗取消费者预付款的;(十一)利用邮购销售骗取价款而不提供或者不按照约定条件提供商品的;(十二)以虚假"有奖销售"、"还本销售"等方式销售商品的;(十三)以其他虚假或者不正当手段欺诈消费者的行为。

第四条又规定:经营者在向消费者提供商品中,有下列情形之一,且不能证明自己确非欺骗、误导消费者而实施此种行为的,应当承担欺诈消费者行为的法律责任:(一)销售失效、变质商品的;(二)销售侵犯他人注册商标权的商品的;(三)销售伪造产地、伪造或者冒用他人的企业名称或者姓名的商品的;(四)销售伪造或者冒用他人商品特有的名称、包装、装潢的商品的;(五)销售伪造或者冒用认证标志、名优标志等质量标志的商品的。

《反不正当竞争法》对不正当竞争行为也作了清晰的界定，企业如果利用不正当竞争行为进行广告的，也属于违法。其第九条规定：经营者不得利用广告或者其他方法，对商品的质量、制作成分、性能、用途、生产者、有效期限、产地等作引人误解的虚假宣传。广告的经营者不得在明知或者应知的情况下，代理、设计、制作、发布虚假广告。

2. 建立广告审查制度

根据《广告法》，目前推行的广告审查制度表现为事前审查与事后审查两方面。

(1)事前审查

在广告发布前对其内容及表现进行审查，是法律、法规为保证广告真实、合法而确定的一项重要法律制度和管理制度。

《广告法》第 34 条规定："利用广播、电影、电视、报纸、期刊以及其他媒体发布药品、医疗器械、农药、兽药等商品的广告和法律、行政法规规定应当进行审查的其他广告，必须在发布前依据有关法律、行政法规由有关行政主管部门对广告内容进行审查；未经审查，不得发布。"

同时广告法中亦规定对广告经营者、广告发布者要依据法律、行政法规查验有关证明文件，核实广告内容。在广告正式发布之前，必须对广告经营者、广告发布者的主体资格、其相关文件的真实、合法、有效性及广告的内容和表现形式的合法性进行审查。

(2)事后审查

广告正式发布之后，为确保广告发布质量，维护社会经济秩序，保护消费者的合法权益，广告监督管理机关对广告内容进行监测和检查。这种事后监测包括对所有广告的固定的，连续进行的监测，对消费者或相关组织举报的问题广告的监测，及对上级部门提出的问题广告的监测等等。

3. 规范了广告发布的一般标准

如对广告内容的审查，《广告法》即作了详细的规定。对于所有广告，都必须遵守以下几方面的要求：

(1)广告内容真实、合法，不得虚假、欺骗和误导消费者。

(2)内容和形式要健康、积极。

(3)表述与允许要清楚明白。规定广告中商品的性能、产地、用途、质量、价格、生产者、有效期限、允诺或者服务的内容、形式、质量、价格、允诺有表示的，应当清楚明白。

1)数据和资料要真实、准确，并表明出处。涉及专利的应当标有专利号和专利种类。

2)不得贬低其他产品或者服务。

3)容易识别和区别于其他非广告信息。

4)不得侵犯他人的合法权益。

5)不得有《广告法》第 7 条所禁止的情形。

4. 对某些特殊广告内容做了禁止性规定

如《广告法》第七条规定：广告内容应当有利于人民的身心健康，促进商品和服务质量的提高，保护消费者的合法权益，遵守社会公德和职业道德，维护国家的尊严和利益。广告不得有下列情形：使用中华人民共和国国旗、国徽、国歌；使用国家机关和国家机关工作人员的名义；使用国家级、最高级、最佳等用语；妨碍社会安定和危害人身、财产安全，损害社会公共利益；妨碍社会公共秩序和违背社会良好风尚；含有淫秽、迷信、恐怖、暴力、丑恶的内容；含有民族、种族、宗教、性别歧视的内容；妨碍环境和自然资源保护；法律、行政法规规定禁止的其他情形。第八条又规定：广告不得损害未成年人和残疾人的身心健康。

针对具体的商品，国家也出台了一些具体的办法，如《酒类广告管理办法》中规定，酒类广告中不得出现以下内容：鼓动、倡导、引诱人们饮酒或者宣传无节制饮酒；饮酒的动作；未成年人的形象；表现驾驶车、船、飞机等具有潜在危险的活动；诸如可以"消除紧张和焦虑"、"增加体力"等不科学的明示或者暗示；把个人、商业、社会、体育、性生活或者其他方面的成功归因于饮酒的明示或者暗示；关于酒类商品的各种评优、评奖、评名牌、推荐等评比结果；不符合社会主义精神文明建设的要求，违背社会良好风尚和不科学、不真实的其他内容。

《烟草广告管理暂行办法》认为烟草广告，是指烟草制品生产者或者经销者（以下简称烟草经营者）发布的，含有烟草企业名称、标识，烟草制品名称、商标、包装、装潢等内容的广告。国家对烟草广告的禁止性规定更为严格：禁止利用广播、电影、电视、报纸、期刊发布烟草广告。禁止在各类等候室、影剧院、会议厅堂、体育比赛场馆等公共场所设置烟草广告。禁止利用广播、电视、电影节目以及报纸、期刊的文章，变相发布烟草广告。在国家禁止范围以外的媒介或者场所发布烟草广告，必须经省级以上广告监督管理机关或者其授权的省辖市广告监督管理机关批准。烟草经营者或者其被委托人直接向商业、服务业的销售点和居民住所发送广告品，须经所在地县级以上广告监督管理机关批准。同时，烟草广告中不得有下列情形：吸烟形象；未成年人形象；鼓励、怂恿吸烟的；表示吸烟有利人体健康、解除疲劳、缓解精神紧张的；其他违反国家广告管理规定的。

类似的禁止性规定在《广告法》和相关的一些法规中还有很多，禁止性规定向企业明确了哪些是不能做的，是一道高压线。

5. 限定了法律对广告的管辖范围

如《广告管理条例施行细则》第二条规定的管理范围包括：（一）利用报纸、期刊、图书、名录等刊登广告。（二）利用广播、电视、电影、录像、幻灯等播映广告。（三）利用街道、广场、机场、车站、码头等的建筑物或空间设置路牌、霓虹灯、电子显示牌、橱窗、灯箱、墙壁等广告。（四）利用影剧院、体育场（馆）、文化馆、展览馆、宾馆、饭店、游乐场、商场等场所内外设置、张贴广告。（五）利用车、船、飞机等交通工具设置、绘制、张贴广告。（六）通过邮局邮寄各类广告宣传品。（七）利用馈赠实物进行广告宣传。（八）利用其他媒介和形式刊播、设置、张贴广告。

三、广告法规对违法行为的处罚

（一）广告违法行为的类型

广告违法行为是指广告主、广告经营者、广告发布者违反了《广告法》及其他有关法律、法规，依法应承担法律责任的行为。违法广告行为可以分为违法经营广告及违法发布广告两种类型。

违法经营广告主要是针对广告主及广告经营者而言，包括无证经营及超越法定经营范围经营等形式。

违法发布广告则是指广告主、广告经营者及广告发布者违反广告法规的规定发布广告的行为。这类现象是现有违法广告行为中比较常见的，如虚假广告、新闻广告、假冒广告、诱惑性广告、不公正比较广告、侵权广告、无合法证明发布的广告等等。

（二）广告法规对违法行为的处罚

这些广告违法行为损害了消费者的合法权益，危害了市场健康发展。为保证我国市场经济健康发展，众多经济实体展开公开公正的市场竞争，应该严厉抵制虚假广告和不正当竞争行为，规范广告行为，为此，我国广告法对广告活动中各种违法行为根据其侵犯的法律主体不同都规定了相应的处罚，主要包括民事处罚、行政处罚、刑事处罚。

1. 民事处罚

广告行为侵犯了他人的民事权利或没有履行相应的民事责任时应承担的赔偿责任。

在广告活动中，发布虚假广告，欺骗和误导消费者，使购买商品或者接受服务的消费者的合法权益受到损害，由广告主依法承担民事责任；广告经营者、广告发布者明知或者应知广告虚假仍设计、制作、发布的，应当依法承担连带责任。广告经营者、广告发布者不能提供广告主的真实名称、地址，应当承担全部民事责任。社会团体或者其他组织，在虚假广告中向消费者推荐商品或者服务，使消费者的合法权益受到损害的，应当依法承担连带责任。

广告法规定，广告主、广告经营者、广告发布者出现下列侵权行为之一的，依法承担民事责任：在广告中损害未成年人或残疾人的身心健康的；假冒他人专利的；贬低其他生产经营者商品或服务的；广告中未经同意使用他人名义、形象的；其他侵犯他人合法民事权益的。

2. 行政处罚

广告行为违反广告法规和其他行政法律应承担的处罚，主要包括：停止发布广告；责令公开更正；通报批评；没收非法所得；罚款；停业整顿；吊销营业执照或广告经营许可证。

利用广告对商品或者服务作虚假宣传的，由广告监督部门责令广告主停止发布、并以等额广告费用在相应范围内公开更正消除影响。并处广告费用一倍以上五倍以下的罚款；对负有责任的广告经营者、广告发布者没收广告费用，广告费用一倍以上五倍以下的罚款；情节严重的，依法停止其广告业务，已经给用户和消费者损害或利益损失的，责令补偿、赔偿损失。

发布违禁广告的，责令负有责任的广告主、广告经营者、广告发布者停止发布、公开更正，没收广告费用，并处以广告费用一倍以上五倍以下的罚款；情节严重的，依法停止其广告业务。

《反不正当竞争法》第 24 条规定：经营者利用广告或者其他方法，对商品作引人误解的虚假宣传的，监督检查部门应当责令停止违法行为，消除影响，可以根据情节处以一万元以上二十万元以下的罚款。广告的经营者，在明知或者应知的情况下，代理、设计、制作、发布虚假广告的，监督检查部门应当责令停止违法行为，没收违法所得，并依法处以罚款。

未经广告审查机关审查批准发布药品、医疗器械、农药、兽药等商品广告的，由广告监督管理机关责令负有责任的广告主、广告经营者、广告发布者停止发布，没收广告费用，并处以广告费用一倍以上五倍以下的罚款。

广告主提供虚假证明文件的，由广告监督管理机关处以一万以上十万以下的罚款。伪造、变造或者转让广告审查决定文件的，由广告监督管理机关没收违法所得，并处一万元以上十万元以下的罚款。构成犯罪的，依法追究刑事责任。

广告审查机关对违法的广告内容作出审查批决定的，对直接负责的主管人员和其他间接责任人员，由其所在单位、上级机关、行政监察部门依法给予行政处分。广告监督管理机关和广告审查机关的工作人员玩忽职守、滥用职权、徇私舞弊的，给予行政处分。

3. 刑事处罚

广告行为违法性质恶劣、后果严重、非法所得款项数额较大，已经构成了犯罪所应承担的刑事责任。例如：利用广告进行颠覆国家的反动政治宣传；利用广告推销淫秽色情产品等。

但大家注意，《广告法》将违法广告处罚权授予工商行政管理部门，但同时并行的一些条例、规章又将广告的部分监督管理权授予了其他行政管理部门。比如药品广告的监测属于药品监督部门、户外广告的管理属于城管部门等，同时监管权限、范围、责任等方面又规定得不够明确具体，这样比较容易出现“谁都有权管，但谁都不管”的情况。这是值得注意的一个问题。

第三节　广告自律管理

2003年底，两则丰田公司汽车广告在网络上引起不小的波澜。其一为刊登在《汽车之友》第12期杂志上的“丰田霸道”广告：一辆霸道汽车停在两只石狮子之前，一只石狮子抬起右爪做敬礼状，另一只石狮子向下俯首，背景为高楼大厦，配图广告语为“霸道，你不得不尊敬”；其二为“丰田陆地巡洋舰”广告：该汽车在雪山高原上以钢索拖拉一辆绿色国产大卡车，拍摄地址在可可西里。“这是明显的辱华广告！”很多网友留下如此文字。

图11－1　丰田霸道广告图片

图11－2　丰田陆地巡洋舰广告图片

很多网友认为，石狮子有象征中国的意味，“丰田霸道”广告却让它们向一辆日本品牌的汽车

"敬礼"、"鞠躬"。"考虑到卢沟桥、石狮子、抗日三者之间的关系,更加让人愤恨"。对于拖拽卡车的"丰田陆地巡洋舰"广告,很多人则认为,广告图中的卡车系"国产东风汽车,绿色的东风卡车与我国的军车非常相像。"为此,众多网友在新浪汽车频道等专业网站发表言论,认为丰田公司的两则广告侮辱了中国人的感情,伤害了中国人的自尊。更有网友发出言语过激的评论。

《汽车之友》杂志广告部负责人沈克在接受记者电话采访时承认:"出现这样的事情,原因在于我们对广告把关不严,我们没有在广告的图案上细抠,而把关不严说明我们的政治觉悟不高。"

北京工商行政部门随后即介入此事,责令有关单位进行整改。几日后日本丰田汽车公司和一汽丰田汽车销售公司联合约见了十余家媒体,称"这两则广告均属纯粹的商品广告,毫无他意",并正式通过新闻界向中国消费者表示道歉。

在致歉信中,丰田表示,"对最近中国国产陆地巡洋舰和霸道的两则广告给读者带来的不愉快表示诚挚的歉意","目前,丰田汽车公司已停止这两则广告的投放"。丰田表示,将从今天起在全国30家媒体上刊登致歉信,并已就此事向工商部门递交了书面解释。此事件充分地说明,一则不当的广告可能会引发严重的社会后果和公司危机,如果处理不当,甚至会危及公司的生存。

该广告的刊发与公司的自律机制有很大的关系。一是广告公司对广告人员的创意把关不严,二是公司对广告可能造成的后果预料不足,三是汽车公司及杂志部门对广告管理机制的不严谨。丰田是全球著名、规模庞大的跨国汽车公司,它授意全球分公司可以有权决定当地的广告发布,而不必上报批准,自律机制的不严谨为该事件的发生埋下了隐患。

(资料来源:新华网, http://news.xinhuanet.com/newmedia/2003 - 12/03/content_1211372.htm)

一、广告自律管理的概念及特点

(一)广告自律的概念

广告行业自律,又叫广告行业自我管理。它是指广告主、广告经营者和广告发布者通过自行制定广告自律章程、公约和会员守则等方法,对自身从事的广告活动进行自我约束、自我限制、自我协调和自我管理,使其行为符合国家的法律、法规和职业道德、社会公德的要求。广告行业自律的主体是作为广告行业组织成员的广告公司、媒体广告部门和企业广告部门。广告行业自律的依据是广告行业组织自订的章程、规定和广告行业共同订立的公约、准则等。这些章程、规定、公约、准则构成了广告行业自律的体系。广告行业自律的监督执行机构是广告行业组织——广告协会。

(二)广告行业自律的特点

广告自律是广告协会在综合会员单位意见的基础上,通过自律宣言的形式实现的。它表明广告行业中所有的企业自愿遵守的最基本的准则。广告行业的自律对广告行业的发展以及企业自身的发展是有着很好的积极意义的,良好的行业自律秩序有助于企业在一个公开公平的环境下自由地竞争,使每一个广告企业都处于同一起跑线,避免恶性竞争,有助于赢得广告主的信任。同时,广告行业的自律对广告企业也有所约束,比如要求企业遵守诚信行为,不能只讲产品的好处,要真实地描述产品等。这也有利于广告企业的具体操作。

(1)广告自律可以优化广告道德的监督体系。法律力量、行政力量和自律力量是一个统一体,前两者属于他律,后者是自律的力量,广告行业协会、广告经营单位和广告客户主要由自己的道德感驱使,在理解相关法律规定的基础上而做出的自律行为,构成的广告监督体系的重要一环。

(2)行业自律必须在法律、法规允许的范围内进行。

(3)行业自律与政府管理的基本目的一致,都是为了广告行业的健康发展,但是层次又有所不同,行业自律的直接作用目的是维护广告行业在社会经济生活中的地位,维护同业者的合法权益。

(4)行业自律的形式和途径是建立自律规则和行业规范,调整的范围只限于资源加入行业组织或规约者;而政府的管理是通过立法和执法来实现,调整的范围是社会的全体公民或组织。

(5)管理的性质不同。行业自律的组织者是民间行业组织,它可以利用行规和舆论来制裁违约者,使违约者失去良好的信誉,但它没有行政和司法权;而国家行政管理则是以强制力为保证,违法者要承担法律责任。

二、广告自律管理的主要内容

(一)承诺遵纪守法

行业自律规则要把承诺遵纪守法放在第一位,在法律的指导和约束下实现行业自律。一般来说,行业自律规则应该比法律的规定更加严格和具体,否则就失去了行业自律的意义。

(二)承诺广告真实可信

广告经营者应明确承诺"广告的内容要真实、准确",如实反映商品性能,不以任何形式误导消费者。

(三)承诺广告要遵守公认的道德准则

思想性是广告的灵魂,广告的表现形式和广告的内容要积极、健康,要遵守广告法规的规定和社会公认的道德准则。

(四)行业成员之间互相监督

行业成员之间要互相监督。如果发现有违反自律规则的行为,要有处罚机制,否则行业自律就会流于形式,形同一纸空文。

(五)行业成员之间交流沟通经验

行业成员之间还应该互相交流经验,目的是使中国广告业的整体素质不断提高,赶上世界先进水平。广告行业自律的形式有三种,分别是:建立行业协会、制定自律章程,进行行业指导及其自检互检并公开承诺。

广告公司在自律管理过程中要注意,制作广告时应当进行内部审查,一般可以集中从以下几个方面着手:

(1)对广告违法行为的自我审查。《中华人民共和国广告法》第七条规定,广告不得"使用国家机关和国家机关工作人员的名义",而重庆诗仙太白酒厂在其产品的广告中曾打出"市政府接待专用酒"的广告语,被重庆市工商局查处。

(2)广告的道德倾向的自我审查。广告的道德倾向是经常容易出问题的一个地方,因此,对这一方面的审查必须要执行。

(3)对是否存在过度的夸张和与事实不符的宣传的自我审查。广告既是艺术,又是科学,这是一个定论。作为艺术,可以进行适当的夸张,更好地达到广告想要达到的效果。但是过度夸张就违背了广告的原则,变成虚假广告。过去有一个关于香皂的广告词"今年二十,明年十八",最初时存在很多争议,有一些人认为,今年二十,明年十八,怎么可能呢? 不可能的事情给说了出来,那就是欺骗! 最后国家工商局将其定义为合理夸张。实际上,这就是一个在艺术上合理夸张的典型案例。但是有些商品的确存在着过度宣传行为，可口可乐公司推出一款 Dasan 瓶装水，其广告语是“高超工艺过滤，确保纯净”、“特别添加矿物质，口感清爽”，消费者却批评认为这种水和自来水没有什么两样，结果被国际消费者协会评为 2007 年度最差四大商品之一。

(4)对是否存在抄袭争议的自我审查。广告是一个思想产品，有时候创意和策划人员看的多了，一是在思想上存在一种局限性，二是任何思想成果总是在前人的基础上得到的，三是制作人员也许并不认为这种相似性是有争议的，四是在某种情形下也有可能存在恶意抄袭的可能性。抄袭是一种侵权行为，而广告的生命力在于真实性和创新性，抄袭的广告不仅侵犯了别人的权利，而且也不可能达到效果。因此，在这些方面认真审查是非常有必要的。

(5)技术性审查。自我审查时无论是哪一方肯定要检查其画面、文字、整体的结构布局、广告重点是否突出等内容。这些属于技术性审查，这些内容决定了顾客的注意力能否集中到本企业的广告上，从而决定了广告本身的价值和所能够创造的价值。技术性审查需要审查者具有较高的广告分辨能力和水准。

(6)预测性审查。在广告发布之前，对广告所能产生的所有效果的判断都是一种虚拟的假设，而预测性审查则可以得出更接近于真实的结果。预测性审查是指通过各种手段来判断广告可能产生的效果，比如通过在广告观众身上设置传感器，监测其在观看广告过程中的心跳、血压、脉搏、汗腺的分泌等生理指标，来判断广告可能对观众造成的心理影响。通过种种手段都可以进行有效的预测性审查。

三、广告自律管理的过程

广告行业的自律管理需要经过如下的几个阶段：

(一)广告经营单位在广告制作完成之前的自我审查

广告制作完成之前需要很多个步骤，每一个步骤都需要审查，在广告制作完成之后，还需要专职审查员的专业审查，在确保广告具有合法性、符合社会公共道德、符合企业广告目标之后，才会提交给客户。

(二)广告客户的自我审查

广告客户的自我审查的内容包括两类：一类是自己制作的广告，另一类是委托广告公司制作的广告。无论哪一形式，企业都应当审慎考虑，确保广告播出后能达到较为理想的效果。因为在广告总体的费用构成中，广告的制作往往所占费用比例较小，而广告传播的费用所占比例最大。在正式将广告稿件拿给媒体发布之前，提前发现广告中不妥当之处，就等于节省了大量的开支，因此是非常必要的。

(三)广告媒介的审查

媒介也有自己的专职广告审查人员，在现实中，他们往往注重形式的合法，而较少考虑内容的合法性和道德性。他们最经常审查的内容主要有：企业营业执照、广告经营登记许可证、广告批文等。只要手续齐备，企业登广告基本上是不受阻碍的。

(四)广告发布之后的自纠正

并不是每一个广告都会成为一个成功的广告，为企业带来远超广告费用的利润，在实践中，失败的广告案例多到不可计数。企业应对刚刚播出的广告进行即时的监控，一旦发现广告的社会反响不好，与自己的期望利益背道而驰，就应当果断地停止现有广告的传播，采取措施加以补救。比如,修改其中不太妥当的地方,或者将现有广告废弃,重新设计广告。

四、广告自律管理的组织协调

我国广告社会监督的运行分为三个层次,由上而下,逐层推进,构成一个有序的整体,并自成体系。

(一)社会公众对广告的全方位监督

从国家食品药品监督管理局和省级、各地食品药品监督管理局监测到的药品违法广告和信息分析,药品违法广告主要问题表现在许多广告未经批准进行宣传,处方药违法在大众媒介进行宣传,擅自篡改审批内容进行违法发布以及用名人、公众人物、患者证明药品疗效的宣传。据统计,2007 年 1 至 9 月,国家食品药品监督管理局通过监测,共发现严重违法药品广告 33 130 份,全部移送到工商行政管理部门查处。目前,国家食品药品监督管理局已经对近 600 份报纸和 60 家地市级的电视台进行监测,中国境内所有已审批的药品广告,都可以在国家食品药品监督管理局网站进行查询。但是我们可以发现,相对国家行政机关监测的媒体,没有被监测到的媒体更多,而且违法广告往往根本不经过行政机关私自发布广告,因此,社会公众对广告的监督就必不可少。事实上国家也欢迎公众发现违法广告后可向相关主管部门举报。随着网络技术的发展,社会公众可以在网络上随意发表自己的见解,将违法广告随时曝光在人们的面前,也有利于政府与公众更好地就广告监管达成互动。社会公众在监督过程中,也会与广告的经营者、发布者和企业主动联系,增强企业的自律性。

(二)广告管理中的社会组织监督

这里的社会组织是指一些非官方机构,主要包括中消协、中广协和各类行业组织,他们起到中枢保障作用。虽然他们没有国家强制力,但他们在本行业内具有权威性,行业内企业对行业协会和各级消协基本上采取协商和服从的态度。

(三)新闻传媒的舆论监督

新闻媒介既是广告的经营者和受益者,又担当了社会正义的维护者的角色。欧典地板、全国牙防组事件如果没有新闻媒体的参与不可能声势如此之大,百姓的权益也很能得到维护。最典型的就是每年一度的央视“3. 15”晚会,每年全国最典型最恶劣的广告欺诈案例往往就是在这里被曝光。随着技术的发展,除了传统媒体之外,网络媒体也日益能够代表社会公众的利益,而且公众参与的积极性和便利性会更强一些。网络媒体在广告监督中所起的作用也越来越大。新闻媒体的广告部门一方面对广告负有积极的审查和监督的责任,另一方面也有义务帮助企业提升广告水平,维护广告企业的广告利益。

必须理解的是,广告行业的自律一定是在他律的基础上实现的。在市场经济占主导的经济体里,企业追逐利润是天经地义的,在追逐利润的过程中,利用广告扩大宣传获取短期的暴利很容易被拿来作为企业竞争的重要手段,只有在外部有了完善的法律体系和监管环境,行业自律才能得以实现。

【本章小结】

本章从宏观和微观两种角度阐述了广告管理这一概念,在国家、社会和广告业对广告的管理活动中,国家起着支撑的作用,进行着一种硬管理;而广告业界对广告的管理则主要是行业的一种内部自我管理和约束,是一种软管理;社会对广告则起到全面监督作用。这三方面缺一不可,组成一个有机的管理体系。

国家对广告通过制定、颁布广告法规，建立专门管理机构，查处违法行为等方式来实现管理。随着广告业的发展，相关法律的完善，已形成一个广告管理的系列化的法律、法规体系，成为国家对广告行为进行管理的法律依据。为了实现真正高效的管理，相关法规对违法广告行为作了界定，并根据应承担的法律责任列明了处罚的标准。

行业、企业自律管理是广告管理不可分割的部分，如果说国家对广告行为的法规管理是一种外部约束，那行业、企业自律管理是一种内部约束，也是广告业健康发展的基本保障。

【复习思考】

1. 为何要实施广告管理，它的必要性在哪里？试结合现实加以阐述。
2. 什么叫做广告管理体制，广告管理系统包括哪几个方面？
3. 为什么要有行业自律，行业自律的特点是什么？
4. 消费者对广告业的监督表现在哪里？试举出实际案例加以说明。
5. 广告管理机关依法对广告发布者实施管理的主要内容包括哪几个方面？

【案例分析】

随意买一份报纸，分析其中的广告，看是否有违法的成份？如果有的话，试分析其存在的根源。

【实训练习】

1. 无锡市某公司，未经工商部门登记，擅自在公园、商场等地发布由其经销的“沙枣茶”的印刷品广告。在广告中宣传其具有“润肠清积，调整排泄；生血降脂、清热解毒；促进消费、改善睡眠；清糖平压，平衡内分泌和抑制诱导癌细胞自杀”的作用，适应范围“糖尿病、高血压、高血脂等”。该公司对产品的功能、适应范围、成份作引人误解的虚假宣传的行为被北塘工商分局查获。北塘工商分局对其作出责令停止发布、消除影响、罚款 1.5 万元的处罚。国家卫生部颁发的《保健食品管理办法》第 2 条明文规定：保健食品是不以治疗疾病为目的的食品，而该公司在印刷品广告中声称具有治病功能，显然是在故意扩大其产品的功效，误导消费者。同时严重违反了《反不正当竞争法》第 9 条第一款中“经营者不得利用广告或者其他方法，对商品质量、制作成份、性能、用途等引人误解的虚假宣传”的规定，构成了不正当竞争行为。它不仅扰乱了市场竞争秩序，而且直接损害了消费者的切身利益。

思考：在日常生活中，类似的广告行为在我们的身边曾经发生过吗？其数量如何？请试举一例。上述案例有哪些地方不符合相关法律规定？对此类违法行为应如何处置？如何才能从根源上消除违法广告的产生？通过对上述问题的分析，请思考广告管理的重要性和必要性，并讨论如何才能使广告主和广告经营者产生自觉的自律行为。

2. 在周围各类媒体上寻找有违法或违规现象的广告，针对此广告的具体表现、影响效果及整改措施，给该广告所属企业写一封建议信。

附录:中华人民共和国广告法

中华人民共和国广告法

1994年10月27日第八届全国人民代表大会常务委员会第十次会议通过

1994年10月27日中华人民共和国主席令第34号公布

第一章　总则

第一条　为了规范广告活动,促进广告业的健康发展,保护消费者的合法权益,维护社会经济秩序,发挥广告在社会主义市场经济中的积极作用,制定本法。

第二条　广告主、广告经营者、广告发布者在中华人民共和国境内从事广告活动,应当遵守本法。

本法所称广告,是指商品经营者或者服务提供者承担费用,通过一定媒介和形式直接或者间接地介绍自己所推销的商品或者所提供的服务的商业广告。

本法所称广告主,是指为推销商品或者提供服务,自行或者委托他人设计、制作、发布广告的法人、其他经济组织或者个人。

本法所称广告经营者,是指受委托提供广告设计、制作、代理服务的法人、其他经济组织或者个人。

本法所称广告发布者,是指为广告主或者广告主委托的广告经营者发布广告的法人或者其他经济组织。

第三条　广告应当真实、合法,符合社会主义精神文明建设的要求。

第四条　广告不得含有虚假的内容,不得欺骗和误导消费者。

第五条　广告主、广告经营者、广告发布者从事广告活动,应当遵守法律、行政法规,遵循公平、诚实信用的原则。

第六条　县级以上人民政府工商行政管理部门是广告监督管理机关。

第二章　广告准则

第七条　广告内容应当有利于人民的身心健康,促进商品和服务质量的提高,保护消费者的合法权益,遵守社会公德和职业道德,维护国家的尊严和利益。

广告不得有下列情形:

(一)使用中华人民共和国国旗、国徽、国歌;

(二)使用国家机关和国家机关工作人员的名义;

(三)使用国家级、最高级、最佳等用语;

(四)妨碍社会安定和危害人身、财产安全,损害社会公共利益;

(五)妨碍社会公共秩序和违背社会良好风尚;

（六）含有淫秽、迷信、恐怖、暴力、丑恶的内容；

（七）含有民族、种族、宗教、性别歧视的内容；

（八）妨碍环境和自然资源保护；

（九）法律、行政法规规定禁止的其他情形。

第八条　广告不得损害未成年人和残疾人的身心健康。

第九条　广告中对商品的性能、产地、用途、质量、价格、生产者、有效期限、允诺或者对服务的内容、形式、质量、价格、允诺有表示的，应当清楚、明白。

广告中表明推销商品、提供服务附带赠送礼品的，应当标明赠送的品种和数量。

第十条　广告使用数据、统计资料、调查结果、文摘、引用语，应当真实、准确，并表明出处。

第十一条　广告中涉及专利产品或者专利方法的，应当标明专利号和专利种类。

未取得专利权的，不得在广告中谎称取得专利权。

禁止使用未授予专利权的专利申请和已经终止、撤销、无效的专利做广告。

第十二条　广告不得贬低其他生产经营者的商品或者服务。

第十三条　广告应当具有可识别性，能够使消费者辨明其为广告。

大众传播媒介不得以新闻报道形式发布广告。通过大众传播媒介发布的广告应当有广告标记，与其他非广告信息相区别，不得使消费者产生误解。

第十四条　药品、医疗器械广告不得有下列内容：

（一）含有不科学的表示功效的断言或者保证的；

（二）说明治愈率或者有效率的；

（三）与其他药品、医疗器械的功效和安全性比较的；

（四）利用医药科研单位、学术机构、医疗机构或者专家、医生、患者的名义和形象作证明的；

（五）法律、行政法规规定禁止的其他内容。

第十五条　药品广告的内容必须以国务院卫生行政部门或者省、自治区、直辖市卫生行政部门批准的说明书为准。

国家规定的应当在医生指导下使用的治疗性药品广告中，必须注明”按医生处方购买和使用。”

第十六条　麻醉药品、精神药品、毒性药品、放射性药品等特殊药品，不得做广告。

第十七条　农药广告不得有下列内容：

（一）使用无毒、无害等表明安全性的绝对化断言的；

（二）含有不科学的表示功效的断言或者保证的；

（三）含有违反农药安全使用规程的文字、语言或者画面的；

（四）法律、行政法规规定禁止的其他内容。

第十八条　禁止利用广播、电影、电视、报纸、期刊发布烟草广告。

禁止在各类等候室、影剧院、会议厅堂、体育比赛场馆等公共场所设置烟草广告。

烟草广告中必须标明“吸烟有害健康”。

第十九条　食品、酒类、化妆品广告的内容必须符合卫生许可的事项，并不得使用医疗用语或者易与药品混淆的用语。

第三章　广告活动

第二十条　广告主、广告经营者、广告发布者之间在广告活动中应当依法订立书面合同，明确各方的权利和义务。

第二十一条　广告主、广告经营者、广告发布者不得在广告活动中进行任何形式的不正当竞争。

第二十二条　广告主自行或者委托他人设计、制作、发布广告，所推销的商品或者所提供的服务应当符合广告主的经营范围。

第二十三条　广告主委托设计、制作、发布广告，应当委托具有合法经营资格的广告经营者、广告发布者。

第二十四条　广告主自行或者委托他人设计、制作、发布广告，应当具有或者提供真实、合法、有效的下列证明文件：

（一）营业执照以及其他生产、经营资格的证明文件；

（二）质量检验机构对广告中有关商品质量内容出具的证明文件；

（三）确认广告内容真实性的其他证明文件。

依照本法第三十四条的规定，发布广告需要经有关行政主管部门审查的，还应当提供有关批准文件。

第二十五条　广告主或者广告经营者在广告中使用他人名义、形象的，应当事先取得他人的书面同意；使用无民事行为能力人、限制民事行为能力人的名义、形象的，应当事先取得其监护人的书面同意。

第二十六条　从事广告经营的，应当具有必要的专业技术人员、制作设备，并依法办理公司或者广告经营登记，方可从事广告活动。

广播电台、电视台、报刊出版单位的广告业务，应当由其专门从事广告业务的机构办理，并依法办理兼营广告的登记。

第二十七条　广告经营者、广告发布者依据法律、行政法规查验有关证明文件，核实广告内容。对内容不实或者证明文件不全的广告，广告经营者不得提供设计、制作、代理服务，广告发布者不得发布。

第二十八条　广告经营者、广告发布者按照国家有关规定，建立、健全广告业务的承接登记、审核、档案管理制度。

第二十九条　广告收费应当合理、公开，收费标准和收费办法应当向物价和工商行政管理部门备案。

广告经营者、广告发布者应当公布其收费标准和收费办法。

第三十条　广告发布者向广告主、广告经营者提供的媒介覆盖率、收视率、发行量等资料应当真实。

第三十一条　条法律、行政法规规定禁止生产、销售的商品或者提供的服务，以及禁止发布广告的商品或者服务，不得设计、制作、发布广告。

第三十二条　有下列情形之一的，不得设置户外广告：

（一）利用交通安全设施、交通标志的；

（二）影响市政公共设施、交通安全设施、交通标志使用的；

（三）妨碍生产或者人民生活，损害市容市貌的；

（四）国家机关、文物保护单位和名胜风景点的建筑控制地带；

（五）当地县级以上地方人民政府禁止设置户外广告的区域。

第三十三条　户外广告的设置规划和管理办法，由当地县级以上地方人民政府组织广告监督管理、城市建设、环境保护、公安等有关部门制定。

第四章　广告的审查

第三十四条　利用广播、电影、电视、报纸、期刊以及其他媒介发布药品、医疗器械、农药、兽药等商品的广告和法律、行政法规规定应当进行审查的其他广告，必须在发布前依照有关法律、行政法规由有关行政主管部门(以下简称广告审查机关)对广告内容进行审查；未经审查，不得发布。

第三十五条　广告主申请广告审查，应当依照法律、行政法规向广告审查机关提交有关证明文件。广告审查机关应当依照法律、行政法规作出审查决定。

第三十六条　任何单位和个人不得伪造、变造或者转让广告审查决定文件。

第五章　法律责任

第三十七条　违反本法规定，利用广告对商品或者服务作虚假宣传的，由广告监督管理机关责令广告主停止发布、并以等额广告费用在相应范围内公开更正消除影响，并处广告费用一倍以上五倍以下的罚款；对负有责任的广告经营者、广告发布者没收广告费用，并处广告费用一倍以上五倍以下的罚款；情节严重的，依法停止其广告业务。构成犯罪的，依法追究刑事责任。

第三十八条　违反本法规定，发布虚假广告，欺骗和误导消费者，使购买商品或者接受服务的消费者的合法权益受到损害的，由广告主依法承担民事责任；广告经营者、广告发布者明知或者应知广告虚假仍设计、制作、发布的，应当依法承担连带责任。

广告经营者、广告发布者不能提供广告主的真实名称、地址的，应当承担全部民事责任。

社会团体或者其他组织，在虚假广告中向消费者推荐商品或者服务，使消费者的合法权益受到损害的，应当依法承担连带责任。

第三十九条　发布广告违反本法第七条第二款规定的，由广告监督管理机关责令负有责任的广告主、广告经营者、广告发布者停止发布、公开更正，没收广告费用，并处广告费用一倍以上五倍以下的罚款；情节严重的，依法停止其广告业务。构成犯罪的，依法追究刑事责任。

第四十条　发布广告违反本法第九条至第十二条规定的，由广告监督管理机关责令负有责任的广告主、广告经营者、广告发布者停止发布、公开更正，没收广告费用，可以并处广告费用一倍以上五倍以下的罚款。

发布广告违反本法第十三条规定的，由广告监督管理机关责令广告发布者改正，处以一千元以上一万元以下的罚款。

第四十一条　违反本法第十四条至第十七条、第十九条规定，发布药品、医疗器械、农药、食品、酒类、化妆品广告的，或者违反本法第三十一条规定发布广告的，由广告监督管理机关责令负有责任的广告主、广告经营者、广告发布者改正或者停止发布，没收广告费用，可以并处广告费用一倍以上五倍以下的罚款；情节严重的，依法停止其广告业务。

第四十二条　违反本法第十八条的规定，利用广播、电影、电视、报纸、期刊发布烟草广告，或者在公共场所设置烟草广告的，由广告监督管理机关责令负有责任的广告主、广告经营者、广告发布者停止发布，没收广告费用，可以并处广告费用一倍以上五倍以下的罚款。

第四十三条　违反本法第三十四条的规定，未经广告审查机关审查批准，发布广告的，由广告监督管理机关责令负有责任的广告主、广告经营者、广告发布者停止发布，没收广告费用，并处广告费用一倍以上五倍以下的罚款。

第四十四条　广告主提供虚假证明文件的，由广告监督管理机关处以一万元以上十万元以下的罚款。

伪造、变造或者转让广告审查决定文件的，由广告监督管理机关没收违法所得，并处一万元以上十万元以下的罚款。构成犯罪的，依法追究刑事责任。

第四十五条　广告审查机关对违法的广告内容作出审查批准决定的，对直接负责的主管人员和其他直接责任人员，由其所在单位、上级机关、行政监察部门依法给予行政处分。

第四十六条　广告监督管理机关和广告审查机关的工作人员玩忽职守、滥用职权、徇私舞弊的，给予行政处分。构成犯罪的，依法追究刑事责任。

第四十七条　广告主、广告经营者、广告发布者违反本法规定，有下列侵权行为之一的，依法承担民事责任：

（一）在广告中损害未成年人或者残疾人的身心健康的；

（二）假冒他人专利的；

（三）贬低其他生产经营者的商品或者服务的；

（四）广告中未经同意使用他人名义、形象的；

（五）其他侵犯他人合法民事权益的。

第四十八条　当事人对行政处罚决定不服的，可以在接到处罚通知之日起十五日内向作出处罚决定的机关的上一级机关申请复议；当事人也可以在接到处罚通知之日起十五日内直接向人民法院起诉。

复议机关应当在接到复议申请之日起六十日内作出复议决定。当事人对复议决定不服的，可以在接到复议决定之日起十五日内向人民法院起诉。复议机关逾期不作出复议决定的，当事人可以在复议期满之日起十五日内向人民法院起诉。

当事人逾期不申请复议也不向人民法院起诉，又不履行处罚决定的，作出处罚决定的机关可以申请人民法院强制执行。

第六章　附则

第四十九条　本法自 1995 年 2 月 1 日起施行。本法施行前制定的其他有关广告的法律、法规的内容与本法不符的，以本法为准。

参考书目

[1] 当代广告学/〔美〕威廉・阿伦斯.－北京:华夏出版社,2001
[2] 当代广告学教程/何辉.－北京:北京广播学院出版社,2005
[3] 广告策划.2版/周鸿铎.－北京:中财政经济出版社,2005
[4] 广告策划/陈培爱.1版.－北京:中国商业出版社,1996
[5] 广告策划/梁绪敏,石束.－济南:山东大学出版社,2004
[6] 广告策划/饶德江.－武汉:武汉大学出版社,2002年(第2版)
[7] 广告策划与管理/严学军.－北京:高等教育出版社,2006
[8] 广告创意/丁邦清、程宇宁.－长沙:中南大学出版社,2003
[9] 广告创意方要/李东.－长沙:中南大学出版社,2007
[10] 广告道德与法律规范教程/陈绚.－北京:中国人民大学出版社,2002
[11] 广告监管与自律/刘林清.－中南大学出版社,2003
[12] 广告理论与实务/娄炳林,廖洪元.－北京:高等教育出版社,2001
[13] 广告媒介研究/陈俊良.－北京:中国物价出版社,2005
[14] 广告协会与广告行业管理(广告大观综合版)/金培武.－北京:商务印书馆,2007
[15] 广告学/何猛修.－上海:复旦大学出版社,2002
[16] 广告学/苏徐.－北京:北京理工大学出版社,2007
[17] 广告学概论/陈培爱.－北京:高等教育出版社,2004
[18] 广告学概论/张建华.－北京:机械工业出版社,2006
[19] 广告学教程/蔡嘉清.－北京:北京大学出版社,2004
[20] 广告学教程/倪宁.－北京:中国人民大学出版社,2001
[21] 广告学教程第二版/李宝元.－北京:人民邮电出版社,2004
[22] 广告学原理/陈培爱.－上海:复旦大学出版社,2004
[23] 广告学原理/杨建华.－广州:暨南大学出版社,2003
[24] 广告学原理/曾振华,胡国华,黄清华.－广州:暨南大学出版社,2006
[25] 广告学原理与实务(第6版)/维尔斯(美)等.－北京:北京大学出版社,2007
[26] 广告学原理与实务/李志刚.－重庆:重庆大学出版社,2004
[27] 广告原理与实务/刘大纶.－上海:高等教育出版社,2007
[28] 广告原理与实务/尚徐光.－北京:电子工业出版社,2005
[29] 广告原理与实务/庾为.－北京:首都经济贸易大学出版社,2007
[30] 广告原理与实务/赵兴元.－大连:东北财经大学出版社,2002
[31] 克莱普纳广告教程/〔美〕J.托马斯.拉塞尔 W.罗纳德.莱恩.－北京:中国人民大学出版社,2005
[32] 现代广告学/冯拾松,江梅芳.－北京:科学出版社,2007
[33] 现代广告学/胡锐.－杭州:浙江大学出版社,1996
[34] 现代广告学/苗杰.－北京:中国人民大学出版社,1994
[35] 中国新闻事业发展史/黄瑚.－上海:复旦大学出版社,2002